北京市教育委员会文件选编

2015

北京市教育委员会办公室　编

方志出版社
Publishing House of Local Records
2016年·北京

编辑说明

一、为全面贯彻党的教育方针，依法治教，实现教育管理的科学化、规范化，北京市教育委员会办公室于1996年开始编辑《北京市教育委员会文件选编》，并逐年出版。该书是一部面向北京市教育管理机构、北京地区各级各类学校及教育事业单位的资料性工具书，也是图书馆、资料室收藏的综合性文献资料。

二、《北京市教育委员会文件选编》（2015）编辑工作遵循重要性、指导性和实用性原则，共收录2015年1月1日至12月31日的各类教育工作文件200余份。

三、该书收录的文件以下行文件为主，对于部分上行文件根据需要也作了必要的收录，并附有上级或主管单位的批复或复函。

四、为方便读者使用，该书对于国务院、教育部以及北京市人大常委会、北京市人民政府及有关部门当年颁发的有关教育工作文献也作必要的收录。

五、该书采用分门别类和“先级后类”的编辑体例，设有26个大类。每一大类中的文件以发文时间为序排列，个别重要文件置于该类文件前。

六、该书在编辑过程中，对原文的标题和公文格式作了必要的修订和调整，省略了发文印章等。

七、该书设有分类目录和文件目录。为方便读者使用，在附录中设有文件字拼音索引。

2016年6月

分 类 目 录

文件目录

行政规范

综　　合

法制建设

学前教育

基础教育

高等教育

职业与成人教育

学习型城市建设

民办教育

德　育

体育·卫生

科技与艺术教育

校外教育

教育研究·教材

科　研

招生·考试

学生管理

教育信息化

人事·机构

财　务

学校后勤

安全·保卫

监察·审计

交流合作

语言文字

教育督导

行政规范

北京市教育委员会文件选编

（2015）

北京市教育委员会
北 京 市 财 政 局

关于印发《北京市高校、教科研部门支持中小学发展项目管理办法（试行）》的通知

京教财〔2015〕3 号

各区县教委、财政局，各相关单位：

现将《北京市高校、教科研部门支持中小学发展项目管理办法（试行）》印发给你们，请遵照执行。

2015 年 1 月 12 日

北京市高校、教科研部门支持中小学发展项目管理办法（试行）

第一章 总 则

第一条 为落实党的十八届三中全会、市委十一届四次全会关于“深化教育领域综合改革”的精神，根据《国务院关于深入推进

义务教育均衡发展的意见》（国发〔2012〕48号）要求，按照全市教育综合改革的总体部署，不断扩大优质教育资源覆盖面，实施北京市高校、教科研部门支持中小学发展项目。

第二条　为保障高校、教科研部门支持中小学发展工作的顺利实施，根据首都基础教育综合改革目标任务和财税体制改革相关要求，按照本市教育管理、预算管理相关规定，结合工作实际，制定本办法。

第三条　本办法适用于参与高校、教科研部门支持中小学发展工作的普通高等学校、北京教育科学研究院、北京教育学院，区（县）教委及其所属教科研部门（以下简称“高校、教科研部门”）和相关中小学校（以下简称“项目学校”）。

第二章　项目内容

第四条　高校、教科研部门支持中小学发展旨在充分发挥首都高校资源优势和市、区（县）两级教科研力量，帮助项目学校整体提升办学水平和育人质量，进一步扩大优质教育资源，促进基础教育均衡发展。项目从2014年启动，为期三年。

第五条　项目实施中，选择专业力量较强、教科研优势明显、优质教育资源集中、支持意愿较高的高校、教科研单位作为支持单位。选择办学规模适中、具备工作条件和基础、具有一定发展空间和提升潜力且主动发展愿望强的项目学校作为接受支持学校。各年度具体参与项目的高校、教科研部门和中小学校名单以市教委每年制定的实施方案为准。

第六条　高校支持中小学发展工作的主要内容：帮助中小学提升办学理念、加强品牌建设、优化学校管理、开发特色课程、推进学科建设、深化教学研究、助力师资培养、开放资源共享等。教科研部门支持中学发展的主要内容：教研员在中小学兼课、做示范课和研究课、组织教师培训、加强骨干培养、健全研修制度、开展教育改革实验等。

第三章　组织与管理

第七条　市教委牵头负责协调高校和市、区（县）两级教研部门支持中小学发展，制定项目管理办法和年度实施方案，指导、监督高校、教科研部门、区县的项目实施，开展政策落实情况调研、检查和评估。市财政局负责对市级项目经费预算审核，安排项目经费，并对经费使用情况会同主管部门实施监督检查。

第八条　区县教委项目实施的管理责任主体，负责区域内统筹协调，确立专门部门和人员负责有关项目工作，并制定实施方案，协调高校和教科研部门开展工作，指导推进中小学项目实施，对项目执行的进度和效果进行监督检查。区（县）财政局会同区（县）教委做好项目预算审核工作，加强对资金的监管。

第九条　高校、教科研部门根据市教委整体部署要求，结合区县、项目学校发展需求和工作实际，确定支持或合作内容，统筹协调内部人财物等资源，按照签订的合作协议推进项目实施，帮助项目学校提升整体办学水平，确保每年工作任务和质量达到预定绩效目标要求。按照市和区（县）预算管理相关规定，提高资金使用效益。

第十条　项目学校指定专人负责，积极主动做好与高校、教科研部门的对接，与高校、教科研部门共同制定合作方案和实施细则。通过合作办学，主动谋求学校发展，进一步明确学校发展规划，凝练办学特色，切实提高学校办学品质和育人质量。

第四章　经费管理

第十一条　高校、教科研部门支持中小学发展所需经费由市级财政承担。市级财政经费支持项目实施，所需经费纳入年度预算。

第十二条　高校、教科研部门支持中小学发展，经费标准为每校每年 200 万元。高校支持中小学发展经费主要用于高校支持人员劳务、师资培养培训、课程及资源建设、教育教学实践研究、资源设施共享、学生社团活动、与项目相关的必要的基本耗材购置；教科研部门支持中小学发展经费主要用于教科研部门支持人员劳务、教科研指导与实践活动、教师培训、教师工作室、教改实验等。具体支出内容包括劳务费、专家咨询费、印刷费、会议费、培训费、专用材料费、市内交通费。

第十三条　项目经费中用于人员劳务费的额度不得超过经费总额的 60％，其中涉及“三公经费”、会议费、印刷费、培训费等一般性支出应严格执行市级和相关区县有关政策规定。要按照厉行节约的原则，统筹、调剂高校、教科研部门和项目学校的存量资产及其他资源支持项目实施。项目经费不得用于各类罚款、捐款、赞助、设备购置、基本建设和单位员工福利性支出。

第十四条　市教委应于项目开展前一年度 10 月底前编制下一年项目实施方案，市、区（县）教委并根据年度项目实施方案编制预算，经市、区（县）财政局审核后下达预算。

第十五条　接受经费拨付的高校、教科研部门、区县教委等单位要建立健全经费管理制度，严格执行国家和北京市有关预算管理、财务会计管理规定，按照预算批复内容执行预算，项目经费要单独建账管理，确保专款专用，不得截留、挤占和挪用。

第十六条　项目预算一经批复，不得自行调整。预算执行过程中，因项目发生终止、撤销、变更，确需预算调整的，根据预算管理要求履行报批程序。

第十七条　高校，区县教委，市、区（县）教科研单位要加强对项目经费使用情况的跟踪监测，及时反馈项目实施中出现的资金管理问题。每年 6 月底前，将上年度项目实施的总体情况、资金使用和管理情况以书面形式报市教委。市教委将有关情况汇总函告市财政局。

第十八条 符合政府采购条件的，项目单位要严格按照政府采购相关规定，履行政府采购程序，实施政府采购。

第十九条 使用项目经费形成的资产，要纳入接受拨款单位的会计核算与资产管理。相关单位要健全财务管理制度，严格按照国家和北京市国有资产管理有关规定加强管理，防止国有资产流失。

第二十条 项目结余资金按照我市有关规定执行。

第五章 监督检查

第二十一条 市教委、市财政局要加强对项目的绩效管理，将项目纳入年度部门绩效评价范围，开展绩效评价。定期调研、指导高校、区县教委、学校项目进展情况，保证教育教学质量达到课程标准要求。

第二十二条 高校，区县教委，市和区（县）教科研部门应接受教育、财政、审计、纪检、监察等部门的检查与监督。

第二十三条 对项目单位弄虚作假、截留、挪用、挤占专项经费等违反财经纪律的行为，财政部门会同相关部门按照《中华人民共和国预算法》、《财政违法行为处罚处分条例》（国务院令第427号）等法律、法规进行严肃处理，依法追究相关责任人的行政责任。

第六章 附 则

第二十四条 本办法由市教委、市财政局按照职责分工解释。

第二十五条 本办法自2015年2月10日起施行。

北京市教育委员会
北 京 市 财 政 局

关于印发《北京市外籍教师参与中小学英语教学改革项目管理办法（试行）》的通知

京教财〔2015〕4号

各区县教委、财政局，各有关单位：

现将《北京市外籍教师参与中小学英语教学改革项目管理办法（试行）》印发给你们，请遵照执行。

2015年1月12日

北京市外籍教师参与中小学英语教学改革项目管理办法（试行）

第一章 总 则

第一条 为落实党的十八届三中全会、市委十一届四次全会关于“深化教育领域综合改革”的精神，根据《国务院关于深入推进义务教育均衡发展的意见》（国发〔2012〕48号）要求，按照全市教育综合改革的总体部署，不断扩大优质教育资源覆盖面，切实改进中小学英语教学，积极回应社会和家长的需求，启动实施北京市外籍教师参与中小学英语教学改革项目。

第二条 为保障外籍教师参与中小学英语教学改革项目顺利实施，根据首都基础教育综合改革目标任务和财税体制改革相关要求，按照本市教育管理、预算管理相关规定，结合工作实际，制定本办法。

第三条 本办法适用于外籍教师参与中小学英语教学改革项目涉及的高校、民办教育机构、区县教委和中小学校。

第二章 项目内容

第四条 外籍教师参与中小学英语教学改革项目从 2014 年开始，为期三年。市教委委托高校和民办教育机构协助中小学聘请外籍教师，外籍教师以带班授课、开展英语角、英语社团等课外活动，开发英语校本课程，参与教师培训等方式，带动参与项目的中小学校（以下简称“项目学校”）深化课程教学改革，提高英语师资水平，切实改进英语教学方式和学习方式，着力培养学生英语的听说综合应用能力，以英语教学特色带动学校整体办学水平提升。

第五条 市教委选择外籍教师资源丰富、社会信誉度好、有参与积极性的在京高校协助中小学聘请外籍教师。市教委通过政府采购程序选择社会信誉度好、适应教学改革需求、参与积极性高、具有外籍教师中介服务资质的民办教育机构作为供应商协助中小学聘请外籍教师。高校、民办教育机构协助中小学聘请的外籍教师必须具备外国人来华工作相关法律法规要求的、承担中小学英语教学任务所需以及本项目要求的相应条件。

第六条 配合基础教育综合改革总体部署，重点为高校支持小学音体美特色发展、高校创办附中附小、教科研部门支持中学发展、民办教育机构支持小学英语教学改革等项目涉及的学校配备外籍教师，项目学校一般为具备一定工作条件和基础、有实际教学需求并有较大提升潜力和发展空间的学校。以小学为主，兼顾中学，项目学校由市教委在项目实施上一年度确定。

第七条　按照就近就便、有利管理的原则，一所高校集中对接一至二个区县；民办教育机构服务对象根据合同确定。原则上每所中小学配备1名外籍教师，部分规模较大的项目学校以及高校的附中附小可适当增加外籍教师人数。

第三章　组织与管理

第八条　市教委负责统筹推进项目，牵头制定项目管理办法和年度实施方案，建立项目保障机制，协调市公安局、市财政局、市人力社保局、市政府外办等相关单位协同推进；负责确定高校外籍教师分配方案和准许聘用民办教育机构的项目学校名单；履行部门集中采购程序，确定民办教育机构供应商，做好项目的标后管理工作；督促协调高校、民办教育机构按照要求协助聘请外籍教师；指导区县教委、项目学校落实项目实施方案，并就项目推进情况进行调研、检查和评估。市财政局负责对项目经费预算进行审核，会同主管部门对经费使用管理情况实施监督检查绩效考核。

第九条　区县教委负责统筹区域内项目实施，安排专门部门和固定人员负责有关项目工作，协调高校、民办教育机构、区县相关部门、项目学校共同开展工作，统筹安排、指导项目学校做好外籍教师的教育教学管理、日常管理和生活服务，对项目执行的绩效进行监督检查。区（县）财政局负责做好项目预算审核下达工作，加强对资金管理使用的监管。

第十条　高校、民办教育机构发挥外籍教师聘请渠道和平台的优势，按照项目确定的条件，协助聘请适合的外籍教师服务于中小学，确保按照年度实施方案聘请的外籍教师全部到岗。在中小学使用和管理过程中做好沟通、培训、指导、协助工作。按照相关管理办法，依法依规、经济有效地使用好项目经费。

第十一条　项目学校负责指定专人负责，积极主动做好与高校的对接，或在市级确定的民办教育机构中标供应商目录中按照招投标确定的价格选定合适的机构签订合同，落实外籍教师管理和服务的主体责任。依照国家和北京市对来华务工人员管理的相关政策规定，加强对外籍教师的管理，为外籍教师开展工作提供必要的工作、生活保障；为外籍教师安排相应的教育教学任务，充分利用外籍教师资源积极开展英语教学改革，切实提高学校英语教学质量。

第四章　经费管理

第十二条　市级经费支持外籍教师参与中小学英语教学改革项目实施，所需经费纳入年度财政预算。

第十三条　由高校协助聘请的外籍教师按照每人每年 35 万元的标准给予支持；由民办教育机构协助聘请的外籍教师按照每人每年不高于 21 万元的标准给予支持。

第十四条　拨付高校的经费主要用于支付外籍教师薪酬（根据合同约定，可含来华交通补贴、办理相关手续的费用补贴等）和对外籍教师进行管理服务的相关支出，其中外籍教师薪酬不低于 27 万元。管理费主要用于支付外籍教师招聘（含中介费、参加招聘会、组织面试等）、外籍教师日常管理服务（含日常联络、生活服务、应急处理等）、外籍教师管理培训（含外籍教师培训、开展调研、考核评估等）、对中小学指导服务（含办理聘请手续、外籍教师使用和管理培训、组织交流研讨、指导英语教学改革）等方面的支出，包括劳务费、专家咨询费、印刷费、会议费、培训费、专用材料费、市内交通费、通讯费、邮电费、委托业务费、手续费。其中涉及“三公经费”、会议费、印刷费、培训费等一般性支出应严格执行市级和区县有关政策规定。已包含在外籍教师薪酬的支出事项，不得在管理费中重复列支。

第十五条　民办教育机构协助聘请外教经费主要用于外籍教师薪酬、支付民办教育机构中介费。其中外籍教师薪酬福利不低于17万元。支付民办教育机构的中介费用根据政府采购价格确定。

第十六条　市教委应在项目开展上一年度10月底前确定参与项目的高校、项目学校名单，并抄送市财政局。市、区（县）教委及其所属项目学校根据年度项目实施方案，编制项目预算，经市、区（县）财政局审核后下达预算。

第十七条　参与项目的高校、项目学校等单位要建立健全经费管理制度，严格执行国家和北京市有关预算管理、财务会计管理规定，严格按照预算批复执行，项目经费要单独建账管理，确保专款专用，不得截留、挤占和挪用。

第十八条　项目预算一经批复，不得自行调整。预算执行过程中，因项目终止、撤销、变更，确需预算调整的，根据预算管理要求履行报批程序。

第十九条　高校、区县教委要加强对项目经费使用情况的跟踪监测，及时反馈项目实施中出现的资金使用管理问题。区县教委应于每年6月底前，将上年度项目实施的总体情况、资金使用和管理情况以书面形式报送市教委。市教委负责将有关情况汇总后函告市财政局。

第二十条　项目结余资金按照我市有关规定执行。

第五章　监督检查

第二十一条　市教委、市财政局负责对项目实施绩效管理，将项目实施情况纳入年度部门预算绩效评价范围，开展绩效评价。市教委牵头会同市级相关部门定期对高校、民办教育机构、区县教委及其所属项目学校工作开展情况进行调研、指导和监督检查，保证外籍教师的教育教学质量达到约定的质量要求，尤其是在学生英语听说能力方面要有明显改进。

第二十二条 高校、民办教育机构、区县教委及其所属项目学校应接受教育、财政、审计、纪检、监察等部门的检查与监督。

第二十三条 对高校、项目单位弄虚作假、截留、挪用、挤占专项经费等违反财经纪律的行为，财政部门会同相关部门按照《中华人民共和国预算法》《财政违法行为处罚处分条例》（国务院令第427号）等法律、法规进行严肃处理，依法追究相关责任人的行政责任。

第六章 附 则

第二十四条 本办法由市教委、市财政局按照职责分工解释。

第二十五条 本办法自2015年2月10日起施行。

北京市教育委员会
北京市人力资源和社会保障局
北京市民政局
北京市残疾人联合会

关于印发北京市特殊教育工作先进集体和先进个人奖励暂行办法的通知

京教基二〔2015〕2号

各区县教委、人力社保局、民政局、残联，各高等学校，各有关单位：

现将《北京市特殊教育工作先进集体和先进个人奖励暂行办法》印发给你们，自2015年3月20日起施行，请遵照执行。

2015年2月4日

北京市特殊教育工作先进集体和先进个人奖励暂行办法

第一章　总　则

第一条　为贯彻落实《特殊教育提升计划（2014～2016年）》（国办发〔2014〕1号），推进实施《北京市中小学融合教育行动计划》（京政办函〔2013〕24号），表彰奖励在北京市特殊教育工作中做出突出贡献的先进集体和个人，进一步增强特殊教育工作者的荣誉感和责任感，营造良好的特殊教育发展社会氛围，根据《北京市加强评比达标表彰活动管理实施细则（试行）》（京办发〔2012〕3号），结合本市实际，制定本办法。

第二章　评选周期、评选范围及表彰名额

第二条　北京市特殊教育工作先进集体和先进个人每五年组织一次评选。同一集体和个人不得连续两次参加同一奖项的评选。

第三条　先进集体的评选范围是在特殊教育工作中做出突出贡献、产生良好社会效益和影响的特殊教育学校（院）、融合教育学校、幼儿园和具有特殊教育职能的福利机构等。

第四条　先进个人的评选范围是教育、民政、残联等部门成绩突出的特殊教育工作者，包括特殊教育学校的教职工、普通学校附

设特教班以及从事随班就读工作、送教上门工作的干部、教师，高等院校、职业教育学校、学前教育机构从事特殊教育的教职员工，福利机构从事特殊教育的教职员工。

第五条 北京市特殊教育工作先进集体每次奖励60个，先进个人每次奖励200名。

第六条 副局级（含）以上单位和个人原则上不参加评选。处级干部不超过参评总数的20%。

第三章 评选条件

第七条 参评特殊教育工作先进集体要同时符合以下条件：

（一）全面贯彻党和国家的教育方针及有关特殊教育工作的法规、制度，能切实维护残疾学生受教育权益。

（二）领导班子团结，锐意创新进取，办学理念先进。学校和福利机构各项管理制度齐全，机构完整。

（三）办学行为规范，设备设施齐全，能够满足教育教学需要和学生要求。

（四）师资配备完整，整体素质高，全体教职员工爱岗敬业，注重教书育人，重视对残疾人教育教学活动的研究。

（五）教育成果显著，特色鲜明，获得社会和家长（监护人）的广泛认可，在当地具有良好的办学声誉和较高的办学水平。

第八条 参评特殊教育工作先进个人要同时符合以下条件：

（一）热爱特殊教育事业、爱岗敬业、从事特殊教育工作3年以上。

（二）善于学习、勇于创新、业务精干，在推动特殊教育事业发展或学校改革、康复训练等方面取得突出成绩，具有引领示范作用。

（三）承担国家、市、区县特殊教育科研和实验任务，以及在教科研活动评选中取得优异成绩者，优先考虑。

（四）先进个人的评选应向学校及福利机构的一线教师倾斜。

第四章 组织领导和评选程序

第九条 评选工作由市教委、市人力社保局、市民政局、市残联相关领导组成评选表彰工作领导小组，负责评选表彰工作的组织实施。领导小组下设办公室，办公室设在市教委基础教育二处，负责评选表彰的日常工作。

第十条 各区县根据评选表彰工作领导小组确定的名额分配方案，由教育行政部门负责牵头组成评选工作小组，在充分酝酿的基础上推荐北京市特殊教育工作先进集体和先进个人候选单位和个人，并报送评选表彰工作领导小组办公室审核。推荐对象应由所在单位民主推荐，领导班子集体研究决定，在本单位公示时间不少于5个工作日。推荐机关事业单位干部参评先进个人，需按照干部管理权限征求纪检监察、组织人事、计划生育等部门意见。

第十一条 评选表彰工作领导小组办公室对区县和相关单位上报的推荐材料进行初审，确定拟表彰单位和人选名单，报评选表彰工作领导小组审定。

第十二条 评选表彰工作领导小组对评选表彰工作领导小组办公室提交的名单进行审定，并在本系统进行为期5个工作日的公示。公示无异议后，市教委、市人力社保局、市民政局、市残联共同做出表彰决定。

第五章 工作要求

第十三条 各级教育、人力社保、民政和残联等部门要严格按照评选程序开展工作，对于在评选表彰工作中伪造事迹、弄虚作假、隐瞒严重错误或严重违反规定程序的，撤销奖励并通报批评。

第十四条 坚持以精神奖励为主的原则，为获奖单位颁发奖牌，为获奖个人颁发证书和奖金。

第六章　附　则

第十五条　本办法由市教委负责解释。

第十六条　本办法自2015年3月20日起实施。

北京市教育委员会

关于2015年义务教育阶段入学工作的意见

京教基二〔2015〕3号

各区县教委，燕山教委：

根据教育部《关于进一步做好小学升入初中免试就近入学工作的实施意见》（教基一〔2014〕1号）、教育部办公厅《关于进一步做好重点大城市义务教育免试就近入学工作的通知》（教基一厅〔2014〕1号）等有关要求，为依法保障本市适龄儿童少年接受义务教育权益，经市政府批准，现就2015年本市义务教育阶段入学工作提出如下意见，请各区县结合实际认真贯彻执行。

一、指导思想

2015年本市义务教育阶段入学工作，要全面贯彻党的教育方针，深入贯彻落实党的十八大，十八届三中、四中全会精神，依据相关法律法规要求，落实《国务院关于深入推进义务教育均衡发展的意见》（国发〔2012〕48号），按照巩固成果、完善制度、推进改革的总体思路，深化义务教育领域综合改革，大力促进教育公平，统筹城乡义务教育资源均衡配置，全面实施素质教育，努力提高义务教育质量和学校办学水平，着力完善义务教育入学规则，积极推行学区制和九年一贯对口招生，保持政策的连续性和稳定性，确保本市义务教育阶段入学各项工作有效推进。

二、工作原则

（一）坚持政府统筹，将义务教育阶段入学工作作为政府行为予以保障。

（二）坚持区县为主，组织实施本区县义务教育阶段入学工作。

（三）坚持免试、就近，确保适龄儿童少年接受义务教育。

（四）坚持程序规范，把义务教育阶段入学工作作为规范办学的重要环节，做到公平、公正、公开。

三、入学条件及工作要求

（一）坚持免试就近入学。凡年满6周岁（2009年8月31日以前出生）的本市户籍适龄儿童均须按区县教委划定的学校服务片参加学龄人口信息采集，免试就近入学。

完成小学教育的学生，应当进入初中继续接受并完成义务教育。各区县教委要在市教委统筹指导下，根据适龄学生人数、学校分布、所在学区、学校规模、交通状况等因素，合理进行单校划片或多校划片。单校划片学校采用对口直升方式招生，即一所初中对口接收片区内所有小学毕业生入学。多校划片学校，先征求入学志愿，对报名人数少于招生人数的初中，学生直接入学；对报名人数超过招生人数的初中，以随机派位的方式确定学生。随机派位工作由区县教委统一组织，邀请相关单位和家长代表参与。

全市使用统一的小学和初中入学服务系统，将每一个学生入学途径和方式全程记录，教育行政部门依据权限进行查询和监控。各区县要公布学校的服务片区。

（二）做好非本市户籍适龄儿童少年入学工作。持有区县教委开具的《台胞子女就读批准书》、全国博士后管理部门开具的《博士后研究人员子女介绍信》及其父（或母）的《进站函》、部队师（旅）级政治部开具的随军家属证明及现役军人证件、区县侨务部门开具的《华侨子女来京接受义务教育证明信》等证明的适龄儿童少年按本市户籍对待。

非本市户籍的适龄儿童少年，因父母或其他法定监护人在本市工作或居住，需要在本市接受义务教育的，由其父母或其他法定监护人持本人在京务工就业证明、在京实际住所居住证明、全家户口簿、在京暂住证、户籍所在地街道办事处或乡镇人民政府出具的在当地没有监护条件的证明等相关材料，到居住地所在街道办事处或乡镇人民政府审核，通过审核后参加学龄人口信息采集，并到居住地所在区县教委确定的学校联系就读；学校接收有困难的，可申请居住地所在区县教委协调解决。各区县政府按照北京市非本市户籍适龄儿童少年接受义务教育证明证件材料审核指导要求，结合实际制定并公布实施细则。各区县应建立非本市户籍适龄儿童少年接受义务教育证明证件材料联合审核机制。

（三）进一步规范特长生入学工作。除市教委批准的可招收体育、艺术和科技特长生的学校原则上面向本区县招收特长生以外，其他学校一律不得以特长生的名义招收学生。特长生招生项目和数量要向中华优秀传统文化、非物质文化遗产方向倾斜。各区县教委要向社会公布特长生招生计划并统一组织特长生入学。2015 年各区县招收特长生比例不得超过 2014 年。

（四）凡属区县以上人民政府人才引进计划的海外归国人员、各类引进人才的子女入学，按相关规定，由区县教委协调解决。

对持有烈士子女、台籍学生、华侨子女、现役军人子女、全国劳动模范子女身份证明的学生，按相关规定，在同等条件下给予照顾。

民办学校、寄宿学校等其他入学由区县教委根据市教委有关文件精神制定具体入学方案。

（五）实行计划管理。义务教育阶段入学实行计划管理。各区县要加强入学需求前瞻预测，按照学龄人口数量、小学毕业生数量和中小学校办学规模等制定小学、初中招生计划并报市教委备案。各学校未经批准不得擅自调整招生计划。

（六）加强学籍管理。北京市中小学管理信息系统将依据小学和初中入学服务系统建立新生学籍。

（七）杜绝违规操作。各区县教委严格执行市教委统一规定的时间表和入学工作程序；坚决治理乱收费；坚决禁止公办学校单独或与社会培训机构联合或委托举办各类以选拔生源为目的的培训班；坚决禁止学校私自招生；坚决禁止在义务教育阶段入学工作中组织任何形式的考试、测试和面试选拔学生，严禁将各种竞赛成绩、奖励证书作为入学依据；坚决禁止初中校违规在小学非毕业年级提前招生。认真接受群众监督，认真对待群众来信来访，依法严肃处理违规违纪事件。对违规违纪事件在依法处理前要及时通报。

各区县教委是本区县义务教育阶段入学主责单位，要统一组织入学工作，加强对本区县义务教育学校入学工作的指导、监督和检查，会同乡镇人民政府、街道办事处组织和督促适龄儿童少年在新学年开学时入校就读，防止义务教育阶段学生辍学。

市区县教委和教育督导室将继续对义务教育阶段入学工作开展重点督导检查。

（八）各区县教委要依据本意见精神制定本区县义务教育阶段入学工作实施细则，报区县政府批准后向社会公布实施。要及时公布当年义务教育学校（含民办）学校性质、办学规模、经费来源、招生计划及接收学生的结果等信息。做好入学工作宣传，加大对区域内义务教育均衡发展和学校质量提升、特色建设等方面的宣传力度。

本意见自2015年3月8日起实施。

附件：北京市2015年义务教育阶段入学工作时间表

2015年2月6日

附件

北京市 2015 年义务教育阶段 入学工作时间表

时间	工作内容
5 月 1 日	启动小学和初中入学服务系统
5 月 4～5 日	区县教委受理回户口所在区县和到家庭实际居住地所在区县初中入学申请、审核、登记工作
5 月 9～10 日（周六、日）	准予招收特长生的学校受理小学毕业年级学生报名
5 月 16～17 日（周六、日）	对报名的小学毕业年级体育、艺术和科技特长生进行特长测试
5 月 24 日（周日）	民办学校、寄宿制学校在小学和初中入学服务系统中完成跨区县招生工作
5 月 31 日	小学入学信息采集截止
6 月 13～14 日（周六、日）	小学审核入学信息
6 月 19 日前（周五）	初中校向区县招生部门上报学校新生名单
6 月 26～27 日（周五、六）	各区县招生部门办理回户口所在区县或家庭实际居住地学生档案交接事宜
6 月 30 日前（周二）	区县教委将各初中校新生名单审核下发
7 月 3 日开始（周五）	各中小学（含接收小学毕业生的特殊教育学校）发放新生《入学通知书》
9 月 1 日	生成小学和初中学生学籍信息
9 月 15 日	生成小学和初中学生学籍

北京市教育委员会

关于做好2015年初中入学体育艺术和科技特长生工作的通知

京教体艺〔2015〕2号

各区县教委：

为深化教育领域综合改革，落实《教育部办公厅关于进一步做好重点大城市义务教育免试就近入学工作的通知》（教基一厅〔2014〕1号）以及《北京市教育委员会关于2015年义务教育阶段入学工作的意见》（京教基二〔2015〕3号）精神，现将做好2015年初中入学特长生有关事项工作通知如下：

一、可招收特长生学校

（一）体育类：北京奥林匹克教育学校体育后备人才培养基地、国家级体育传统项目学校、北京市体育传统项目学校。

（二）艺术类：北京市中小学艺术教育特色学校、北京市学生金帆艺术团承办学校。

（三）科技类：北京市中小学科技教育示范学校、北京市学生金鹏科技团承办学校。

二、招生范围

具有招收体育、艺术和科技特长生资格的学校，原则上面向本区县进行招生，招生项目要向中华优秀传统文化、非物质文化遗产项目倾斜，具体项目由各区县结合地域特色选择设立。

三、工作要求

（一）落实文件，领会精神

各区县要严格贯彻落实相关文件精神，进一步规范初中入学体育、艺术和科技特长生工作，2015 年各区县招收特长生比例不得超过 2014 年。

（二）明确标准，制定方案

各区县要加强对初中入学特长生工作科学化和规范化管理，制定相关标准，统一组织特长生入学工作并对录取的特长生进行审核。严禁在初中入学工作中组织任何形式的文化课考试，严禁将各种竞赛成绩、奖励证书作为报名及入学的依据。3 月 30 日前将本区县体育、艺术和科技特长生招生工作方案报我委体卫艺处备案（区县教委主管主任签字，并加盖区县教委公章），同时报送电子版。

相关工作方案和学校的计划名额等信息，须在区县教育考试中心官网明显位置进行公示，公示期不少于 5 日。

（三）规范程序，严谨操作

各学校要在公平、公正和公开的前提下，根据市教委确定的时间（2014 年 5 月 16 日至 17 日）开展体育、艺术和科技特长生入学考查工作。

各区县要在 5 月 22 日前将体育、艺术和科技特长生录取信息（入学登记号、姓名、性别、小学所在学校、项目、拟录取初中学校等）在区县考试中心官方网站进行公示，公示期不少于 5 日。

2015 年 2 月 16 日

北京市教育委员会
北 京 市 财 政 局

关于印发《北京市民办教育机构参与中小学学科教学改革项目管理办法（试行）》的通知

京教财〔2015〕8号

各区县教委、财政局，各相关单位：

现将《北京市民办教育机构参与中小学学科教学改革项目管理办法（试行）》印发给你们，请遵照执行。

2015年2月28日

北京市民办教育机构参与中小学学科教学改革项目管理办法（试行）

第一章 总则

第一条 为落实党的十八届三中全会、市委十一届四次全会关于“深化教育领域综合改革”的精神，根据《国务院关于深入推进义务教育均衡发展的意见》（国发〔2012〕48号）要求，按照全市教育综合改革的总体部署，不断扩大优质教育资源覆盖面，本市启动并实施北京市民办教育机构参与中小学学科教学改革项目。

第二条　为确保民办教育机构参与中小学学科教学改革项目的顺利实施，根据首都基础教育综合改革目标任务和财税体制改革相关要求，按照本市教育管理、预算管理相关规定，结合工作实际，制定本办法。

第三条　本办法适用于民办教育机构参与中小学学科教学改革项目涉及的民办教育机构、区县教委和中小学校（以下简称“项目学校”）。

第二章　项目内容

第四条　民办教育机构参与中小学教学改革项目从2014年启动，为期3年。项目旨在充分发挥民办教育机构在师资、教学、课程、管理等方面的优势，激发中小学办学活力，改进教学方式，提高师资和教育质量，带动学校整体提升办学水平。

第五条　民办教育机构参与中小学学科教学改革项目主要包括民办教育机构参与小学英语教学改革、民办教育机构参与中学学科教学改革（以下简称“参与中小学教学改革”），引入民办教育机构开展委托办学（以下简称“委托办学”）等工作。其中开展委托办学采取一校对口服务为重点，向周边辐射模式。

第六条　参与中小学教学改革的服务内容包括开展学科教学和对教学工作实施综合管理；委托办学的服务内容包括开展学科教学、组织专题辅导、参与社团活动、课程开发建设、提供课程教学资源、开展师资培训、介入学校管理等。

第七条　项目实施中，市教委通过部门集中采购的形式选择社会信誉度好、适应学科教学改革需求、参与积极性高的民办教育机构，为具有一定工作基础、规模适宜、有自主发展需求、短期内有较大提升空间的项目学校提供服务，具体名单以市教委每年制定的实施方案中公布项目学校为准。

第三章 组织与管理

第八条 市教委负责统筹协调市级各有关部门、区县教委、民办教育机构推进项目实施，牵头制定项目管理办法，会同市财政局于项目开展前一年度10月底前确定年度项目实施方案；履行部门集中采购程序，确定民办教育机构，做好项目的标后管理工作；委托成立项目实施办公室，制定民办教育机构提供服务及派遣教师资质的指导性意见，指导、监督和检查区县项目管理和执行。市财政局负责审核项目经费预算，会同市教委对项目经费使用管理情况实施监督检查和绩效考核。

第九条 区县教委负责按照全市部署，做好统筹管理工作，明确主责部门和责任人，确定项目学校及引进民办教育资源的方式，推进本区县项目实施，重点做好指导项目学校选定民办教育机构、学习培训、交流研讨、跟踪调研、绩效评估等项目管理工作。区县财政局负责审核项目经费预算，加强对预算执行全过程的监督和绩效评价工作。

第十条 民办教育机构负责派出有资质的优秀教师（均为中国籍教师），在合同期内保证派出教师的工作时间和人员的相对稳定，加强对派出教师的绩效管理。自2015年起，经政府采购程序入围的民办教育机构与区县教委确定的项目学校签订合同，履行服务职责。合同期限一般为一年。

第十一条 项目学校是项目服务的受益方，同时是项目实施主体，应落实主体责任。项目学校应按照市、区县总体安排，将项目纳入学校整体发展、年度工作和教学计划，明确项目工作目标，细化并落实项目计划和实施方案；结合教育教学工作需求，在市级确定的民办教育机构中选择合适的机构；加强组织领导和经费管理，指定专人负责，突出重点并接受绩效评估检查。加强对参与学校教学改革的民办教育机构派出教师和教育质量的绩效管理。

第四章　经费预算管理

第十二条　市级经费支持项目实施，所需经费纳入年度财政预算。支持项目包括参与中小学教学改革和委托办学。

第十三条　参与中小学教学改革经费，根据政府采购结果支付课时费、综合管理费。其中，课时费标准为小学每课时240元、中学每课时300元，综合管理费标准为不高于5万元/校。受托民办教育机构应按照合同约定派遣符合项目学校要求的教师参与项目学校教育教学工作，将课时费严格用于提高教育教学工作水平和派出教师的职业素质，加强项目综合管理。

第十四条　委托办学经费主要用于因委托办学发生的委托业务费，标准为每校每年不高于100万元，具体金额根据委托办学合同确定。受托民办教育机构应按照合同约定派遣教师参与项目学校教育教学、对项目学校教师开展培训、参与项目学校课程开发建设、参与项目学校综合管理等工作。

第十五条　区县教委、项目学校根据市教委、市财政局下达的项目学校名单和采购民办教育资源计划编制预算，市、区县财政局根据年度项目实施方案审核下达预算。

第十六条　区县教委、项目学校要建立健全经费管理制度，严格执行国家和北京市预算管理、财务会计管理规定。项目经费要单独建账管理，确保专款专用，不得截留、挤占和挪用，不得用于各类罚款、捐款、赞助、设备购置、基本建设和各种福利性支出。

第十七条　区县教委、财政局要加强对项目经费使用情况的跟踪监测，及时反馈项目实施中遇到的问题。每年6月底前，区县教委将上年度项目实施的总体情况、资金使用和管理情况以书面形式报市教委。市教委将有关情况汇总函告市财政局。

第十八条 区县教委负责督导所属项目学校应严格按照预算批复执行预算。项目预算一经批复，不得自行调整。预算执行过程中，因项目终止、撤销、变更，确需预算调整的，根据预算管理要求履行报批程序。

第十九条 项目结余资金按照我市有关规定执行。

第五章 监督检查

第二十条 市教委要加强对项目的绩效管理，将项目纳入年度部门绩效评价范围，开展绩效评价。定期指导区县、学校报告活动的进展情况。对民办教育机构提供的服务情况开展调研、评估、检查和督导，保证教育教学质量达到相应的课程标准要求。对服务评价较差的民办教育机构，由市教委会同市财政局出具负面清单，取消其继续参与该项目及其他相关课改项目的资质。

第二十一条 区县教委和项目学校要加强对民办教育机构派遣教师的日常监管和集中考评，并接受财政、审计、纪检、监察等部门的检查与监督。市教委和市财政局适时对区县和中小学校的项目执行情况进行检查或抽查。

第二十二条 对于弄虚作假、截留、挪用、挤占项目经费等违反财经纪律的行为，财政部门会同相关部门按照《中华人民共和国预算法》、《财政违法行为处罚处分条例》（国务院令第 427 号）等法律、法规处理，依法追究相关责任人的行政责任；构成犯罪的，依法追究刑事责任。

第六章 附则

第二十三条 本办法由市教委、市财政局按照各自职责分工解释。

第二十四条 本办法自 2015 年 3 月 25 日起施行。

北京市教育委员会

关于做好2015年初中毕业升学体育考试工作的通知

京教体艺〔2015〕3号

各区县教委：

为深化教育领域综合改革，强化体育课和课外锻炼，落实《北京市推进中小学校体育工作三年行动计划（2013～2015年）》，推进本市初中毕业升学体育考试（以下简称“体育考试”）改革，确保体育考试“公开、公正、公平”，现将2015年体育考试工作的有关事宜通知如下：

一、提高对体育考试工作重要性的认识

体育考试是高级中等学校招生考试科目之一，目的在于督促学校全面贯彻党的教育方针，保质保量上好体育课，落实学生每天一小时校园体育活动时间，提高学生体质健康水平；引导学生积极参加体育锻炼，掌握1至2项运动技能，达到《义务教育体育与健康课程标准》规定的标准和《国家学生体质健康标准（2014年修订）》的基本要求。

二、加强对体育考试工作的组织和领导

（一）高度重视体育考试各项工作。各区县要高度重视体育考试的组织和实施，要成立由教委主管领导负责的体育考试领导小组和考务办公室，成员由区县教委相关科室、考试管理部门、教学研究部门以及纪检监察等部门共同组成。区县教委有关业务科室要支持考试管理部门做好现场体育考试的相关保障和监察工作。区县体育考试领导小组和考务办公室要认真制定考试工作的组织实施方案，完善考场管理办法；提高安全防范意识，建立安全保障措施，消除安全隐患，确保师生安全。各区县教委要从保障学生身体健康的角度出发，提前做好应对雾霾等恶劣天气的预案，确保体育考试顺利进行。

（二）加强现场体育考试的组织与管理。市区考试管理部门要做好体育现场考试的组织与管理。区县教委要加强领导，考试管理部门要认真组织，教研部门和有关单位要积极配合并参与体育考试工作；各部门要明确分工，落实责任，通力合作，切实加强现场体育考试的组织与领导。2015 年，全市采用仪器设备对男生 1000 米跑和女生 800 米跑进行测试，各区县要根据市教委《关于 2015 年中考体育现场考试部分项目统一采用仪器设备进行测试的通知》（京教函〔2015〕18 号）要求，做好考试仪器设备的选定工作，并结合工作实际制定实施方案和应急预案，确保体育考试各项工作平稳推进，考试结果公平、公正。

（三）加强对免考和缓考考生的管理。区县要严格执行免考和缓考的申请程序和标准，申请免考和缓考的考生必须符合要求并办理相关手续。

（四）严格执行考务人员资格和考场布置标准。各区县在选派考务员时，要严格执行有关资质要求，逐步建立一支相对稳定的体育考试组织与管理队伍，提高体育考试的专业化水平。各区县要结合自身工作实际，对考务员和辖区内初三体育任课教师进行统一培训，明确考试各项流程和考生技术动作规范标准。要结合体育考试采用仪器设备测试的实际，继续探索标准化体育考场的建设，维护体育考试的严肃性和公信力。

（五）制定完善的体育考试实施方案。各区县应根据全市的统一要求，结合本区县的实际情况，尽快制定详细的 2015 年现场体育考试和过程性考核实施方案，于4月1日前分别报市教委体卫艺处和北京教育考试院中招办备案。

三、加大对体育考试工作的监督和检查力度

（一）加强对现场体育考试的监督与检查。各区县要充分考虑体育考试组织管理工作的复杂性，成立体育考试纪律监督检查小组，强化考试监督机制，对体育考试工作进行全程监督。市教委将成立由北京教育考试院、北京教育科学研究院及相关专家共同参与的北京市体育考试纪律监督巡视组，加强对区县体育考试工作的检查和监督，坚决杜绝舞弊行为的发生。

（二）加强对过程性考核的监管。过程性考核继续按照“分层管理、分工负责、责任到人、违规必究”的原则进行管理，区县教委要加大对体育过程性考核的监督和检查力度，要求辖区内学校严格执行统一的考核内容和标准，采取有效措施，确保过程性考核结果真实、可信、公正、透明。

附件：2015年北京市初中毕业升学体育考试方案

2015年3月12日

附件

2015年北京市初中毕业升学体育考试方案

一、考试的原则和要求

体育考试要体现“公开、公正、公平”的原则，有利于鼓励学生积极参加体育锻炼并养成良好的习惯，有利于体育课堂教学质量的提高，有利于加强对体育课的规范管理。

现场考试必须按照全市“四统一”原则进行，即统一考试项目、统一成绩评定标准、统一考试规程和统一考试时间。

为保证考试的公平，杜绝舞弊行为的发生，所有考生都必须经过考场外和考场内两次检录方可进入考试程序。两次检录后，必须将学生的考试成绩登记表按要求进行密封，在进行学生成绩登录时方可拆封。市教委、考试院和教科院将在考试巡视期间进行监督检查。

二、考试的内容和项目

体育考试以《义务教育体育与健康课程标准》（2011 年版）运动技能领域（水平四）规定的相关内容，以及《国家学生体质健康标准（2014 年修订）》测试内容为基本范围。具体为：耐力（男生：1000 米，女生：800 米）、力量（男生：引体向上或原地正面掷实心球，女生：仰卧起坐或原地正面掷实心球）和技能（篮球运球绕标志物）。男生的必考项目为 1000 米和篮球运球绕标志物 20 米往返，限选项目为引体向上、原地正面掷实心球；女生的必考项目为 800 米和篮球运球绕标志物 20 米往返，限选项目为仰卧起坐、原地正面掷实心球。考生可从限选项目中选择 1 项。

三、考试成绩的评定

（一）普通考生的成绩评定

体育考试各单项成绩满分为 10 分，考生各考试项目的成绩评定标准见附录 1 和附录 2，三个项目成绩之和与学生的过程性考核成绩一起计入升学考试的总成绩。

现场考试和过程性考试均保留原始成绩，不单独进行“四舍五入”的处理。考试结束后，两者相加，按照“四舍五入”的原则处理，作为学生本年度体育考试的最终成绩。

（二）免考及缓考的申请和成绩评定

由于体育考试的特殊性，允许学生申请免考或缓考。各区县要严格执行免考和缓考的办理规定，控制免考和缓考考生的比例。

免考办理程序为：学生持相关证明，填写《2015 年初中毕业升学体育现场考试免考申请表》，经家长签署意见、学校初审盖章、区县中小学卫生保健所确认后，由学校报区县体育考试考务办公室审定。

根据学生申请免考的原因，其成绩评定办法如下：

第一类：因残疾丧失运动能力而不能参加体育考试的免考学生，应当凭市残联颁发的残疾证书，办理免考体育的相关手续，现场考试应当以满分30分记录；过程性考核的计分办法按照《北京市初中体育过程性考核方案》中的规定，根据学生参加体育活动的时间给予10分（满分）至6分（60%）的分数评定。

第二类：在初中阶段因病不宜参加剧烈运动而长期免修体育课的学生，不能参加考试，其最终成绩按照总分（40分）的60%（24分）记分。

第三类：因临时伤病不能参加现场体育考试的学生，其最终成绩由两部分合计组成：一是现场考试成绩满分（30分）的60%（18分），二是过程性考核成绩（与正常学生的计分办法相同）。

女生特殊生理期或考生因临时伤病等原因，不能在规定时间参加现场体育考试者，可以申请缓考。

第一，在考试开始前申请缓考者，办理要求如下：女生特殊生理期间，填写《2015年初中毕业升学体育现场考试缓考申请表》，缓考考生、学校医务人员和学校负责人均须签字，经区县体育考试领导小组负责人签字同意；因伤病原因申请缓考的考生，办理程序同上，但必须出具县级及以上医疗部门诊断证明。

第二，经两次检录进入考场后申请缓考者，办理要求如下：女生特殊生理期，填写《2015年初中毕业升学体育现场考试缓考申请表》，缓考考生、考试现场医务人员和学校负责人均须签字，经区县体育考试领导小组负责人签字同意；伤病原因申请缓考的考生，办理程序和要求同上。

区县考试管理部门需在统一体育考试后，将本区县缓考人员名单、缓考的时间和地点上报考试院。缓考应当在区县统一体育考试结束后的第二周集中组织，并严格按照统一体育考试的相关要求实施。

在规定时间内仍不能参加缓考的学生，按免考第三类学生处理。

（三）其他特殊情况的考生成绩与评定

既不符合免考条件，也不能按照普通考生的成绩评定办法进行成绩评定的考生，其成绩评定办法参照京教体美〔2010〕19号文件有关要求执行。

四、考试的组织和实施

为保证考试工作的顺利实施，区县体育考试在考试领导小组和考务办公室的组织和领导下，考试现场设总考务长1人；考务长和工作人员数量由区县根据有关要求和实际情况设置。

区县选派的总考务长、考务长、发令员、计时员、丈量员和计数员必须具备以下两个条件：一是教育系统内在职人员；二是具有中华人民共和国教师资格证（体育与健康学科）。男生1000米和女生800米测试器材厂商派驻的技术人员除外。

各区县要坚持严肃体育考试的考风考纪，坚决杜绝违纪、舞弊行为的发生。

（一）考试方式

各区县统一组织实施，集中测试，当场向考生公布成绩。

（二）考试时间

现场体育考试必须在学生毕业当年的5月份进行，具体时间由区县确定。同一区县的考生必须在区县统一规定的时间内进行考试，每名考生的全部项目必须在一个单元内（半天内）连续完成。

如遇恶劣天气等特殊情况，由区县考试领导小组决定是否中断考试。由于上述原因中断考试，不能在一个单元内考完3个项目的考生，经考务办公室批准，可在当天考完。如当天不能考完，已经考试的项目成绩无效，其补考时间另行安排。

（三）考试顺序

男生1000米和女生800米是考生最后进行的考试项目；其他项目的考试顺序由区县统一自行安排。

（四）考试场地和器材

考试的场地应在封闭的、有 6 条以上环形跑道的 400 米田径场上进行，采用仪器设备测试；器材除本文件有明确的规定外，应符合初三年级的体育教学要求。考前必须对场地器材的安全性和准确性进行检查。

（五）考试规则

1. 1000 米和 800 米

（1）场地器材规格及设置要求

考试的场地应在封闭的、有 6 条以上环形跑道的 400 米田径场上进行，考试所需的标志线清晰，起点线和终点线应该设置明显的标志。在耐久跑的起点和终点必须设置摄像装置，拍摄各组考生的起跑和终点冲刺情况，以备考生对自己的成绩存在争议时查取。

（2）考务员组成及职责分工

耐久跑考评组每组应设考务长 1 人，要根据所用仪器设备的需求安排其他考务人员；考务长应合理安排考试进程并处理考试过程中与考试结果公平性相关的各种事宜；发令员负责组织考生及时准确地集结在起跑位置并监督学生按指令起跑；计时员负责逐一唱读考生成绩；记录员唱读、记录成绩，并根据考试标准进行评分。

（3）考试操作规范及要求

考务员负责将考生按小组带至起点，考务长逐一核对考生号码，确认准确无误后进入考试程序。

在起跑前，要组织考生按照仪器设备测试的规范要求做好各项准备工作。

考生跑完全程，按秒表的分、秒记录成绩，不足 1 秒不计入成绩。

每个考生只有一次考试机会，每组考生人数不超过 15 人；考生应采用站立式起跑，弧形起跑线出发，起跑口令发出前越过起跑线为犯规。起跑后不分跑道。跑程中不得踏进跑道左侧跑道线，不得推、拉、阻挡他人跑进，不得由他人带跑，同时遵循右侧超越的田径规则。考生在考试过程中无犯规现象，记录成绩有效。

（4）考生以下行为属于犯规行为

发令前，身体的任何部位触及或越过起跑线；

跑进中踏进跑道左侧跑道线；

跑进中推、拉、阻挡他人跑进；

跑进中由他人领跑，或借助他人的力量跑进。

2. 篮球运球往返

（1）场地器材规格及设置要求

测试场地设置在篮球场内或者平整的塑胶场地上，具体设置要求如下：

长 20 米，宽 7 米。起点线前 5 米处开始设置标志杆，共设 5 排，每排 2 根；各排标志杆之间相距 3 米，同排的两根标志杆底座中心点之间相距 1 米，距同侧边线 3 米。设置方式如图所示：

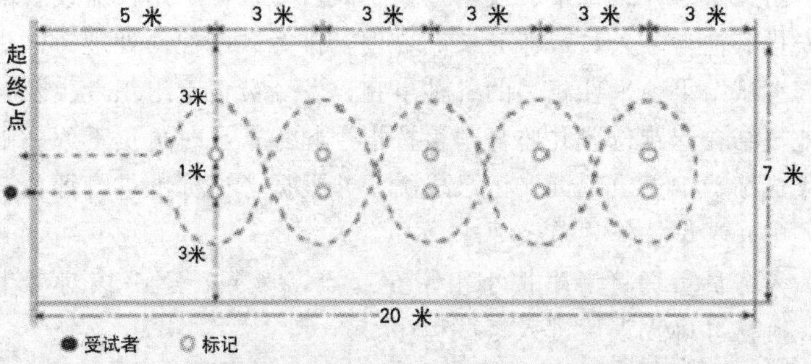

场地设置示意图（“---”为运球路线）

测试器材包括秒表、发令哨、30 米卷尺、标志杆 10 根（杆高不低于 1.2 米）、篮球。其中，篮球的规格为 6 号（其重量为 510～567g，周长为 724～737mm）；秒表必须是经国家认证认可监督管理委员会批准的相关认证机构认证合格的产品。

（2）考务员组成及职责分工

每个篮球考试场地应设考务长 1 人，发令员 1 人，计时员 2

人，记录员 1 人；考务长负责检查场地器材，监督考试过程，处理考试过程中各种与考试结果公平性相关的事宜，监督记录员准确记录考生成绩，向考生宣读考试成绩；发令员负责发令并检查报告犯规情况；计时员负责判定、唱读考生成绩；记录员唱读、记录成绩，并根据考试标准进行评分。

（3）考试操作规范及要求

考务员负责组织并将考生带至考试场地，考务长安排考生做熟悉场地的运球练习，每位考生至少有 1 次练习机会，具体由区县统一规定。练习结束后进入正式考试程序。

考生听到发令员报号时，持球站立在起（终）点线后，发令员发令后，考生两脚方可移动，并按图中箭头所示方向运球依次过杆。运球过程中，若考生暂时失去对球的控制，但球未出测试场地，考生可自行捡回，在对球失去控制处继续运球，计时不停表。

发令员发令后，两名计时员分别单独计时，考生与球均返回起（终）点线时方可停表，计时结束。

若考生在考试过程中无犯规现象，记录成绩有效，考生成绩以记取的较次成绩为准；若考生在考试过程中犯规，该次成绩无效。

每名考生有两次机会，所有成绩都必须如实记取，每次都以较次成绩为准，最终成绩为两次较次成绩中较好的一次；两次考试均犯规无成绩者，只可增加一次机会；仍然犯规者，考生该项成绩为零。

测试成绩以秒为单位记录，精确到小数点后 1 位（0.1 秒），小数点后第 2 位数非“0”时进 1。

（4）考生以下行为属于犯规行为

出发时抢跑；

运球过程中双手同时触球；

运球高度超过考生肩部；

膝盖以下身体部位触球；

“翻腕”等其他规则不允许的违例行为；

漏绕标志杆；

碰倒标志杆；

考试期间，人或球出测试区域；

通过终点时人球分离（考生到达终点的瞬间，必须单手或双手触球）。

3. 原地正面掷实心球

（1）场地器材规格及设置要求

投掷区要设在坚实、平坦的地面上，宽4米，长不少于20米，并有明显的区域标志线。场地中应设置6分、7分、8分、9分和10分的标识线，标识线长度至少与投掷区同宽，使考生和考务员能够做出清晰的判断。

考试用球的重量为2kg，表面材质为橡胶。

（2）考务员组成及职责分工

每个考试场地应设置考务长1人，丈量员2人，记录员1人；考务长处理考试过程中与考试结果公平性相关的各种事宜，监督记录员准确记录考生成绩，向考生宣读考试成绩；丈量员负责观察实心球着地点，丈量远度，并准确唱读考生成绩；记录员唱读、记录成绩，并根据考试标准进行评分。

（3）考试操作规范及要求

考务员将考生带至考试场地，考务长安排考生做熟悉场地的考前投掷练习，每位考生至少有1次练习机会，具体由区县统一规定。练习结束后进入正式考试程序。

考试开始后，考生站在投掷线后，两脚前后或左右开立，身体面对投掷方向，双手举球至头上方，稍后仰，原地用力把球向前方掷出；球出手前，考生的双脚均不能移动；球出手的同时，一脚可以向前迈一步，但不得触碰或越过投掷线。

每人投掷3次，每次球落地后，丈量员须做出标记；3次投掷结束后，丈量并记录考生的最好成绩。丈量距离为投掷线后沿至球着地点后沿之间的垂直距离。记录以米为单位，取一位小数。

犯规者当次成绩无效。三次均无成绩者，只能增加一次投掷机会，仍然犯规者，考生该项成绩为零。

（4）考生以下行为属于犯规行为

投掷过程中，身体任何部位触及投掷线或投掷线前地面；

球出手前有助跑动作；

投掷过程中双脚同时离地。

4. 引体向上

（1）场地器材规格及设置要求

在高单杠上进行，考试所用器材应符合《中华人民共和国国家标准》（GB/T19851.1—2005）和（GB/T19851.2—2005）中关于初中生用单杠的规格要求；根据实际情况，可分别设置高度不同的场地，供考生选择；单杠下的地面材质铺设必须充分考虑考生落地时的安全，可选用松软的沙子、体操垫等。区县根据实际情况，可向考生提供防滑的镁粉，供考生选择使用；也可不予提供，但同一区县必须统一要求。

（2）考务员组成及职责分工

每个考试场地应设置考务长 1 人，计数员 1 人，记录员 1 人；考务长处理考试过程中与考试结果公平性相关的各种事宜，监督记录员准确记录考生成绩，向考生宣读考试成绩；计数员负责判定考生成绩并进行唱读；记录员唱读、记录成绩，并根据考试标准进行评分。

（3）考试操作规范及要求

考务员将考生带至考试场地，考务长逐一核对考生号码，确认无误后进入考试程序。

考生听到考务员报号后，走到杠下跳起，双手正握杠，直臂悬垂，身体呈静止状态后，开始做第一次引体向上的动作；屈臂向上引体至下颏超过横杠上沿，恢复直臂悬垂后为完成一次；动作未达到此规格者，不计次数；考试时间从双手握杠开始，到双手离杠结束。考生的成绩按成功完成的引体次数计取。每个考生只有一次考试机会。

(4) 考生的犯规行为

没有从静止动作开始考试；

两次动作之间，手臂没有充分伸直；

动作完成时，下颏未超过杠面。

引体向上的考试过程中，出现犯规行为者，不计取犯规时的次数，但考生可以继续考试。

5. 一分钟仰卧起坐

(1) 场地器材规格及设置要求

考试场地设在平整的地面上，考生在大体操垫上完成考试，计数员坐在体操垫的侧面，在同一组考生中，每位计数员只负责一位考生的判罚工作。

考试使用的大体操垫应符合以下规格要求：

第一，大小：长 2 米、宽 1 米、厚 0.1 米；

第二，材料：泡沫塑料和泡沫乳胶，采用帆布或人造革外皮。

(2) 考务员组成及职责分工

每个考试场地应设置考务长 1 人，计数员人数与考生人数一致，记录员 1 人，以上人员由女教师组成；考务长处理考试过程中与考试结果公平性相关的各种事宜，监督记录员准确记录考生成绩，向考生宣读考试成绩；计数员负责判定并准确唱读考生成绩；记录员唱读、记录成绩，并根据考试标准进行评分。

(3) 考试操作规范及要求

考生身体仰卧在垫上，双手五指交叉贴于头后，同时，两臂打开，手背及手臂均触垫；双脚放置在垫上，两腿屈膝（两膝可稍分开），大小腿呈直角；一人双手压住考生脚背。起坐时，双肘必须触及两膝；仰卧时，贴于头后的两手背及肩胛骨必须触垫。按一分钟内完成的次数计取成绩。考生只有一次考试机会。

(4) 考生以下行为属于犯规行为

起坐时，双肘未触及两膝；

仰卧时，手背及肩胛骨未触垫；

考试过程中，臀部离垫。

考试过程中，出现犯规行为者，犯规时所做的仰卧起坐不计数，但考生可以继续进行考试。

五、考生须知

（一）不得携带任何通讯工具进入考场。

（二）应穿着运动装、运动鞋，但鞋底不得有铁钉、胶钉或塑料钉。

（三）考前应做好充分的准备活动，考试后应做好整理活动。

（四）要认真遵守考场纪律和考试规则；尊重并服从引导员、考务员的指挥和判定。

（五）考试成绩当场公布，对考试成绩有疑问者，应立即向引导员提出，以便及时查询。

（六）女生特殊生理期及生病受伤的考生，应及时按要求办理缓考手续，并按区县考务办公室安排的时间参加缓考。

（七）因伤病不能按规定参加考试的学生和残疾学生，应在考试前按有关规定办理免考手续。

（八）考生要关注考试前的身体状况，保证不带病、不带伤参加考试，避免出现伤害事故。

（九）体育考试是一次性考试，没有补考。三个项目都考完的考生，不能申请参加缓考。

（十）对考务工作有意见，应通过学校向区县考务办公室反映；考试中存在的舞弊行为，考生有权直接向区县或市体育考试领导小组举报、申述。

（十一）考生填写的各类表格由市考试院统一发布。

（十二）遵守考试管理部门制定的其他有关规定。

六、考务员须知

（一）现场体育考试考场为封闭考场，无专门证件、未经批准不能进入考场。

（二）在考场内，不能携带任何能与外界进行沟通的通讯工具。

（三）遵守考试管理部门制定的其他有关规定。

附录：1.2015 年初中毕业升学体育现场考试成绩标准（男）

2.2015 年初中毕业升学体育现场考试成绩标准（女）

附录 1

2015 年初中毕业升学体育现场考试成绩标准（男）

1000 米（分/秒）	篮球障碍运球（秒）	引体向上（次）	掷实心球（米）	分数
3′37″	11.9	13	10	10
3′40″	12.3	12	9.4	9.5
3′46″	12.9	11	8.6	9
3′52″	13.3	10	8.1	8.5
4′03″	14	9	7.8	8
4′13″	14.4	8	7.6	7.5
4′23″	15	7	7.4	7
4′36″	16.1	6	6.9	6.5
4′49″	16.8	5	6.6	6
4′52″	17.2	4	6.4	5.5
4′57″	17.5		6	5
5′03″	18	3	5.7	4.5
5′08″	18.6		5.4	4
5′13″	19.1	2	5.1	3.5

续表

1000 米 （分/秒）	篮球障碍运球 （秒）	引体向上 （次）	掷实心球 （米）	分数
5′18″	19.7		4.8	3
5′21″	20.3		4.5	2.5
5′26″	21.4	1	4.1	2
5′29″	22.5		3.7	1.5
5′31″	23.6		3.3	1
5′33″	24.5		3	0.5

附录 2

2015 年初中毕业升学体育现场考试成绩标准（女）

800 米 （分/秒）	篮球障碍运球 （秒）	仰卧起坐 （次/分钟）	掷实心球 （米）	分数
3′24″	13.3	49	7.6	10
3′27″	13.8	47	7.4	9.5
3′30″	14.5	44	7.2	9
3′34″	15.1	42	7	8.5
3′42″	15.9	40	6.8	8
3′49″	16.4	37	6.6	7.5
3′55″	17.1	34	6.4	7
4′03″	18.2	30	6	6.5
4′12″	19.1	27	5.6	6

续表

800米（分/秒）	篮球障碍运球（秒）	仰卧起坐（次/分钟）	掷实心球（米）	分数
4′20″	19.6	26	5.5	5.5
4′25″	20.1	25	5.4	5
4′28″	20.6	24	5.3	4.5
4′32″	21	23	5.1	4
4′36″	21.5	22	4.9	3.5
4′40″	22	21	4.5	3
4′45″	22.5	20	4.3	2.5
4′50″	23	19	4	2
4′55″	23.8	18	3.8	1.5
4′58″	24.9	17	3.7	1
5′03″	25.8	16	3.6	0.5

北京市教育委员会

关于做好2015年高级中等学校招收体育艺术科技特长生工作的通知

京教体艺〔2015〕4号

各区县教委：

为全面贯彻党的十八届三中全会精神，进一步推进素质教育，促进学生全面发展，根据《北京市教育委员会关于做好 2015 年高级中等学校考试招生工作的意见》（京教计〔2015〕9 号），现就本市高级中等学校招收体育、艺术、科技特长生工作有关事项通知如下：

一、可招收特长生学校

具有招收特长生资格的学校包括三类：

（一）体育类：北京奥林匹克教育学校体育后备人才培养基地学校、国家级体育传统项目学校、北京市体育传统项目学校。

（二）艺术类：北京市中小学艺术教育特色学校、北京市学生金帆艺术团承办学校。

（三）科技类：北京市中小学科技教育示范学校、北京市学生金鹏科技团承办学校。

二、招生范围

北京奥林匹克教育学校体育后备人才培养基地学校、国家级体育传统项目学校、北京市学生金帆艺术团承办学校、北京市学生金鹏科技团承办学校可面向全市招生。

北京市体育传统项目学校、北京市中小学艺术教育特色学校、北京市中小学科技教育示范学校在本区县范围内招生。

三、招生比例

招收体育、艺术、科技其中一类特长生的学校，特长生招生计划原则上不得超过本校当年招生计划总数的 5%；招收其中两类特长生的学校不得超过本校当年招生计划总数的 10%，招收全部三类特长生的学校不得超过本校当年招生计划总数的 15%。

其中，具有全市招生资格的首都功能核心区和城市功能拓展区（东城区、西城区、朝阳区、海淀区、丰台区、石景山区）的学校，须按照招收特长生计划 15%的比例，面向城市发展新区和生态涵养区进行名额分配。

四、工作程序

（一）体育特长生

1. 学校测试

各学校依据体育专项测试成绩，并结合《北京市高级中等学校招生简章》招生计划数，按照1：1的比例上报参加市级体育特长生统一测试的名单，名单在校内公示5日。公示结束后向合格的学生发放市级统一测试报名表。

2. 市级测试

通过了学校体育特长生测试的学生须参加全市统一测试，测试工作由北京教育考试院组织实施，报名及测试办法另行通知。全市统一测试合格学生名单在北京教育考试院官方网站上公示5日。

测试项目包括：田径、足球、篮球、排球、棒球、垒球、游泳、乒乓球、跆拳道、武术、手球、羽毛球、健美操、艺术体操、射击、射箭、定向越野以及舞龙、舞狮、空竹、珍珠球、毽球民族传统体育项目。

（二）艺术、科技特长生

1. 市教委制定艺术、科技特长生的测试标准，各区县参照执行。

2. 区县要制定本区县艺术、科技特长生测试工作方案，方案包括测试时间、地点、测试项目、组织机构、安全预案等内容。4月15日前，各区县将测试方案上报我委体卫艺处备案。

3. 各区县根据全市测试时间统一组织测试。

4. 各区县须将测试合格学生名单上报市教委，合格名单在市教委官方网站公示5日。公示结束后，将合格学生名单纳入特长生招生数据库，作为学校录取的依据。

五、工作要求

（一）各区县要加强对特长生测试、选拔工作的科学化和规范化管理，确保组织实施严密。

（二）特长生选拔要坚持公平、公正、公开的原则，认真为符合报考条件的学生办理相关手续，防止漏报。

（三）各学校要严谨、周密地组织好本校的测试工作，同时，做好各项安全保障工作，制定应急预案，确保测试工作有序进行。

（四）本通知自 2015 年 4 月 13 日起实施。

2015 年 3 月 13 日

北京市教育委员会

关于加强基础教育装备安全与质量管理工作的意见

京教基二〔2015〕10 号

各区县教委，各有关单位：

为提高基础教育装备安全与质量管理工作水平，全面落实《北京市中小学培育和践行社会主义核心价值观的实施意见》《北京市基础教育部分学科教学改进意见》《北京市中小学校办学条件标准》等文件要求，结合我市实际，经市教委 2015 年第 1 次主任办公会研究，现提出如下意见：

一、发展基础与面临形势

教育装备伴随广大师生学习成长，直接作用于教育教学过程，是全面推进素质教育、促进教育公平、实现教育现代化的物质基础。目前，教育装备工作已经发展成为软件与硬件相结合、配备与应用相结合、管理与服务相结合的综合性工作。做好教育装备工作，对深化课程改革、提高教育质量、培养学生科学素养和实践能力具有重要作用。近年来，我市基础教育装备水平不断提高，有力促进了基础教育优质均衡发展。同时，教育领域综合改革对教育装备提出了更高要求，家长和社会对学生身心全面健康发展越来越关注。

从总体上看，我市基础教育装备管理还不能很好适应这些要求，主要表现在：第一，教育装备的安全与质量水平有待提高；第二，教育装备“重建配、轻管用”的现象较为突出；第三，教育装备的教育教学适用性有待增强；第四，教育装备标准化工作有待加强。这些问题应当引起足够重视，并采取有效措施加以解决。

二、主要目标与工作原则

抓好安全与质量是做好教育装备工作的核心要求，要保证教育装备工作更加符合教育教学规律和学生成长规律。加强教育装备安全与质量管理，主要目标是：全面提升教育装备安全与质量水平，努力构建现代化的教育装备管理工作体系，充分发挥教育装备在培养学生实践能力和创新精神过程中的重要作用。工作原则是：以人为本、服务教育、质量至上、节能环保、保障安全。

三、推进措施与重点工作

各区县要切实转变职能，创新管理方式，确保各项工作落到实处。

（一）加强教育装备安全管理

建立健全教育装备安全隐患排查制度，切实避免教育装备安全事故。加强教育装备建设、配置安全工作，推进实验室规范化建设，开展实验室环境质量监测等工作。加强教育装备安全管理工作，健全实验室、实验仪器管理制度，完善实验室用水、用电安全制度，强化危险品监管。加强教育装备安全教育，特别关注实验室、体育设施、涉水涉电等方面，确保教师学生规范使用教育装备。要切实改善教室空气质量，多种举措加强通风换气，努力为孩子们提供空气清新的学习环境。

（二）加强教育装备质量管理

建立完善教育装备质量管理体系，形成市、区县、学校三级教育装备质量监测网络，推动解决社会关注的中小学学生用品安全、质量问题。加强与质量监督、工商管理等部门的沟通合作，探索建立教育装备产品质量抽查监督机制，推动规范教育装备市场。面向教育装备采购、入校、使用全过程，开展教育装备安全与质量追踪监督，定期抽查在中小学配备量大、与学生安全健康高度相关的教育装备，并向全市通报结果。

（三）加强采购和验收环节管理

严格执行《中华人民共和国政府采购法》《中华人民共和国招标投标法实施条例》，加强教育装备产品招标采购环节管理，充分做好采购前调研和技术参数论证，设置合理的评标标准，建立投标人带样品参加评审、中标样品封存等常态化制度。全面建立教育装备产品到货验收制度，加强入校环节管理，不符合安全、质量要求的产品，坚决不允许进入学校。对于在使用中发现存在安全和质量问题的教育装备，坚决对采购、管理、使用等环节进行责任倒查追究。

（四）加强教育装备教育教学适用性评估

开展教育教学适用性评估，是推动教育装备与教育教学实践深度融合的重要举措。市、区县教育装备管理部门要与教科研机构合作，探索成立教育装备协同创新研究机构，建立教育装备教育教学适用性评估机制（具体评估办法由北京市教育技术设备中心另行制定）。教育教学适用性评估要按照公平、公开、公正的原则进行，一方面全面评估教育装备产品的安全性能、节能环保、材料工艺、结构设计、教学效果等方面，定期公布评估结果，促进社会监督；另一方面各级教育装备管理部门要加强对实验室、图书馆（室）等专用设施改扩建的指导，参与设计施工和验收。

（五）加强图书馆建设

中小学图书馆建设，要以满足师生阅读需求，服务学生综合素质提升为中心。要逐步建立市、区县、校三级图书准入机制和更新机制，优化藏书结构和质量。要提倡打破传统边界，多种形式促进图书资源有效流通，鼓励配置图书到学生身边，以学生有效阅读作为评价图书馆工作的主要标准。要加强阅读指导，促进学生阅读活动开展，不断提升学生母语素养。加强标准化建设，建成一批市级示范性中小学图书馆，推动图书馆成为学生阅读资源中心和活动成长中心。

（六）提升标准化工作水平

加强标准化建设是做好教育装备管理工作的基础，各区县教委、中小学校、幼儿园要把贯彻实施标准作为教育装备工作重点。北京市教育技术设备中心要加强与质监部门合作，推动教育装备安全标准、管理服务标准和通用性、基础性产品标准建设，特别是完善实验室、仪器设备的安全管理标准，逐步形成涵盖建设、配置、管理、使用和评估等方面的标准化体系。

（七）建设专业化队伍

统筹学校、科研、社会力量，成立北京市教育装备专家指导委员会，为重大决策提供咨询服务。加强教育装备队伍专业化建设，加强对实验员、图书馆员、资产管理员培训，鼓励教师自制创新教具，加强对教师实验教学技能培训，促进教育装备与教育教学实践的深度融合。

（八）推进教育装备管理信息化

创新管理手段，建立教育装备管理公共服务平台，为教育装备安全与质量管理、动态信息评估等提供服务。区县教育装备管理部门和学校应定期分级报送工作信息。建立教育装备安全与质量信息公开机制，发生教育装备安全质量事故或存在风险隐患的，要及时上报北京市教育技术设备中心，北京市教育技术设备中心要及时面向全市警示风险、防控隐患。加强中小学校办学条件管理系统建设，全面掌握基础数据，完善教育装备过程化管理、动态化评估机制，为政府宏观决策提供可靠依据。

四、组织机构与保障机制

教育装备安全与质量管理工作坚持市级统筹、区县为主。市教委成立领导小组，办公室设在北京市教育技术设备中心；区县教委成立相应教育装备工作领导机构，明确职责，开展工作。

市教委统筹规划全市基础教育装备安全与质量管理工作，指导北京市教育技术设备中心做好规划实施；加强教育装备专业化队伍建设；联系质量监督、工商管理、检验检测和科研机构，开展质量抽查监督等工作；指导中小学实验室等专用教室建设和管理；分析和通报全市教育装备安全与质量管理信息；联合教科研部门开展教育装备教育教学适用性评估；开展全市教育装备技术指导、培训及安全质量检查。

区县教委指导本区域教育装备业务部门，制定教育装备安全与质量管理的具体办法，指导学校开展相关工作；监控本区域教育装备工作信息并向市级教育装备部门报送；及时发现并解决教育装备产品安全质量隐患。

中小学校、幼儿园要在区县教育装备管理部门指导下，建立教育装备安全与质量评估排查机制，定期自查自纠安全与质量隐患。要大力培训师生安全、规范使用教育装备，加强实验教学，提高教育装备使用效益。

市、区县、学校要本着对广大教师学生安全健康成长负责的态度，转变工作理念，加大经费投入，完善工作体系，将加强基础教育装备安全与质量管理工作的各项措施落到实处。

本意见自 2015 年 7 月 1 日起施行。

附件：北京市教育装备安全与质量工作领导小组名单

2015 年 5 月 25 日

附件

北京市教育装备安全与质量工作领导小组名单

组　长：付志峰　市教委副主任

副组长：李奕　　市教委委员

褚宏启　北京教育科学研究院副院长

组　员： 徐建姝　市教委基础教育二处处长

李艳春　市教委财务处处长

张小红　市教委学前教育处处长

张凤华　市教委基础教育一处处长

王军　　市教委体育卫生与艺术教育处处长

刘占军　市教委学校后勤处处长

张士佐　市政府教育督导室督导一处处长

马可　　市教委基础教育二处副处长

陆小红　市教委基础教育二处副调研员

丁书林　北京市教育技术设备中心主任

贾美华　北京教育科学研究院基教研中心主任

办公室主任： 丁书林（兼）　北京市教育技术设备中心主任

办公室副主任： 柴旭津　北京市教育技术设备中心副主任

北京市教育委员会
北京市人力资源和社会保障局

关于印发《北京市特级教师评选办法》的通知

京教人〔2015〕9号

各区县教委、燕山教委，市教委有关直属单位：

《北京市特级教师评选办法》已经市教委2015年第3次主任办

公会讨论通过，现印发给你们，自 2015 年 7 月 15 日起施行，请遵照执行。

2015 年 6 月 4 日

北京市特级教师评选办法

为进一步加强本市教师队伍建设，发挥特级教师引领和辐射作用，根据原国家教委、人事部、财政部《特级教师评选规定》和《北京市特级教师管理办法（修订）》，制定本办法。

一、评选的范围、对象

本市幼儿园、中小学、区县教师培训基地、教学研究机构、少年宫（含少年之家、青少年科技馆、站）、职业高中、特殊教育学校、工读学校的在职在岗教师可以参加特级教师评选。

二、评选周期

经市政府同意，特级教师评选工作每 3 年进行一次，由市教委和市人力社保局共同发布评选通知。

三、评选条件

（一）热爱社会主义祖国，全面贯彻党的教育方针，践行社会主义核心价值观，模范遵守国家法律法规。热爱教师职业，模范履行教师职责，教书育人，立德树人，为人师表，团结协作，具有崇高的职业道德和奉献精神。

（二）根据学科教学特点，注重理想信念教育，积极推进素质教育，注重培养学生的综合素质、创新精神和实践能力，促进学生全面发展，关爱学生成长，育人效果显著。

（三）对所教学科具有系统的、坚实的理论和丰富的教学经验，在教学领域形成特色，教学示范作用明显，在本市教育界有一定影响。

（四）具有较强的教育教学研究能力，在教学内容、教材教法和学生成长等方面有深入研究和独到见解并能在学科领域内发挥引领示范作用。

（五）积极承担培养和指导青年教师任务，引领学校和区域内本学科教师队伍建设，在提高教师思想政治素质、业务水平和教育教学能力方面做出突出贡献。

（六）具有《教师法》规定的合格学历，且具有中学高级教师专业技术职务5年以上（含），特别优秀的中青年教师和农村学校教师专业技术职务任职年限可适当放宽。

（七）近五年内正式出版过个人论著（译著），或近五年内在正式出版的期刊上独立（或以第一作者）署名发表本学科相关的论文，具有较高的学术价值与推广价值，对推进素质教育、提高教学质量具有积极指导作用。

（八）在同等条件下，符合以下情形之一者，可优先考虑：

1. 具有从城镇学校到农村学校、优质学校到薄弱学校全职交流任教1年以上和到西部地区支教且表现突出的教师；

2. 国家级、市级劳动模范、优秀教师、优秀班主任及相当荣誉称号获得者；

3. 坚持在农村学校从事教育教学工作9年（含）以上的教师；

4. 担任班主任工作20年（含）以上的教师。

四、评选名额

评选名额将结合本市基础教育发展形势和幼儿园、中小学教师队伍整体情况确定。推荐指标按照各区县评选范围内的专任教师总量按比例分配。

五、评选程序

（一）个人申报、单位推荐

特级教师推荐人选，采取个人申报、组织推荐的办法产生，并在本单位进行民主测评，广泛征求意见，参加测评的人数不少于所在单位在职专任教师的三分之二（含），且同意推荐的比例不低于参加测评人数的三分之二（含）。

（二）区县遴选推荐

区县教委要成立特级教师评选推荐领导小组，组织专家进行评议，并写出评议意见。区县教委根据民主测评与专家评议意见，拟定推荐人选，根据得票多少进行排序，并将推荐人选的名单及其业绩在本区县教委网站进行公示，同时纸质材料由推荐人选所在学校进行公示，公示期7天。确无不良反映，报经区县人民政府同意后上报市教委。

（三）评审、批准

市教委、市人力社保局共同组成由教育、人事部门领导、特级教师及有关专家等参加的特级教师评选委员会。北京市特级教师评选委员会对各区县推荐人选进行评审，提出特级教师初步名单；市教委对初选名单通过市教委网站面向社会进行公示，公示期为7天；经市教委和市人力社保局审定后报市政府批准。

六、材料报送

（一）个人材料按每人一袋准备，并在材料袋封面注明编号（编号按申报者所在区县、学校类别、申报学科顺序编写，如：东城区中学数学第一号，编号为：东中数1号）、姓名、单位、学科，具体材料包括：

1. 北京市特级教师申报表（附件1，略）一式7份；

2. 相关获奖、最高学历、专业技术职务证书等证明材料复印件一式一份，加盖区县教委人事科公章（原件由区县教委主管部门审核），代表本人业务水平的论文或论著不超过3件（均需原件），其他材料提供复印件（须加盖学校公章）；

3. 北京市特级教师推荐人选民主测评表（附件2，略）；

4. 北京市特级教师推荐人选民主测评结果表（附件3，略）；

（二）北京市特级教师人选推荐名册（表样）（附件4，略）1份（请用excel制表，并报送电子版）。

七、工作要求

（一）各有关部门要切实加强组织领导，认真做好评选推荐的组织工作。严禁弄虚作假、营私舞弊，确保评选质量。

（二）各区县在特级教师评选中，要体现向一线教师、学前教育教师、特殊教育教师、农村教师和长期从事班主任工作的教师倾斜。

（三）各区县推荐的特级教师人选中要兼顾各类学校的比例以及各学科之间的平衡。

（四）专任教师参评特级教师，须在近五年内承担过市级及以上教育教学主管部门组织的研究课1次或承担区级教育教学主管部门的研究课不少于3次；参加过教育行政部门组织的市级教学比赛并获奖。近五年来所承担的教学工作周课时数不少于8课时（学校正职领导以外兼课的行政人员，周课时数不少于6课时）。

（五）教研员参评特级教师，须在教学一线任教9年（含）以上（新兴特殊学科除外）。任教研员后，经常深入教学一线示范教学、听课、评课、指导教育教学，总结推广教改经验，并在探索教学内容、教师成长规律、教学方法和减轻学生课业负担等方面做出突出成绩。其指导的教师获得市级及以上教学评比一等奖，指导的教师论文在正式出版的期刊上发表。具有较高水平的教育科研能力，近五年内曾独立主持市级及以上科研课题；获得市级及以上教学成果奖或教育科学研究优秀成果奖或哲学社会科学优秀成果奖；参加过经全国中小学教材审定委员会审定的教材编写。

（六）学校领导（正职）参评特级教师须在参评学科承担教学工作，近五年所承担的教学工作周课时数不少于4课时。在提高学校办学水平、规范科学管理、课程改革等方面经验丰富，业绩突出。重视教师队伍建设，注重学生全面发展，办学效果显著。

（七）教研员和学校领导（正职）的参评比例原则上不得超过20％。

（八）农村专项可适当放宽评审条件。

（九）除市教委直属单位外，评选范围内的他办校（园）按照属地的原则进行推荐申报。

附件：1. 北京市特级教师申报表（略）

2. 北京市特级教师推荐人选民主测评表（略）

3. 北京市特级教师推荐人选民主测评结果表（略）

4. 北京市特级教师人选推荐名册（表样，略）

北京市教育委员会
北京市人力资源和社会保障局
北京市财政局

关于印发《北京市特级教师管理办法（修订）》的通知

京教人〔2015〕12号

各区县教委、人力社保局、财政局，市教委有关直属单位：

《北京市特级教师管理办法（修订）》已经市教委2015年第3次主任办公会讨论通过，现印发给你们，请遵照执行。

2015年6月4日

北京市特级教师管理办法（修订）

第一章 总 则

第一条 为进一步规范特级教师的管理，充分发挥特级教师在师德修养、教书育人、教育科研、指导培养青年骨干教师方面的作用，根据《中华人民共和国教师法》及有关法律法规，结合本市中小学实际，制定本办法。

第二章 特级教师称号、适用范围

第二条 特级教师是国家为表彰特别优秀的中小学教师设立的具有先进性和专业性的荣誉称号。特级教师是师德的表率，育人的模范，教学的专家。

第三条 本市幼儿园、中小学、区县教师培训基地、教学研究机构、少年宫（含少年之家、青少年科技馆、站）、职业高中、特殊教育学校、工读学校（以下简称“教育系统”）的在职在岗特级教师适用本办法。

第三章 特级教师的职责

第四条 特级教师应忠诚党和人民的教育事业，全面贯彻党的教育方针，践行社会主义核心价值观，具有崇高的职业道德和奉献精神，模范履行教师职责；爱岗敬业，教书育人，为人师表。

第五条 特级教师应不断更新教育观念，积极探索，勇于创新，不断提高政治业务素质和教育教学水平，面向全体学生，认真贯彻实施素质教育，出色地做好本职工作。

第六条 特级教师应牢固地树立终身从教的思想，坚持工作在教育教学第一线，为广大教师做出榜样。在教育教学工作中充分发挥示范引领作用，每年在区县及以上范围至少讲授4次研究课或示范课、观摩课、讲评课、学术讲座等，以带动教师群体的专业发展，促进本校和本地区教育质量的提高。

第七条 特级教师应认真总结教育教学、教育科研方面的经验，积极从事教育教学理论研究。根据教育教学改革和发展的目标与要求，结合本校、本地区实际，研究解决教育教学中的问题。每年至少撰写1篇具有较高水平的教育教学研究文章，并在正式出版的期刊上独立发表。

第八条 特级教师应根据本地区和全市教师队伍建设的实际，积极承担培养优秀青年教师的任务。通过传、帮、带，使青年教师提高师德、教育教学能力和实际工作效果；应服从本区县教委和学校的工作安排，参加支援教育相对落后地区与薄弱学校等工作任务，为本地区和全市中小学骨干教师队伍建设做出贡献。

第四章 特级教师的待遇

第九条 特级教师享受特级教师津贴，享受办法按国家有关规定执行。

第十条 各级教育行政部门应当关心特级教师的生活与健康，每年安排一次全面体检；贯彻落实北京市中小学特级教师优诊医疗的相关政策，保证50岁以上的特级教师享受优诊医疗。

第十一条 对退休以后的特级教师，学校和各级教育行政部门及工会组织要继续关心爱护他们。根据实际，鼓励他们在培养青年教师、开展教育教学研究、智力支持等方面继续发挥积极作用。

第十二条 特级教师经费保障。特级教师享受特级教师津贴、体检、考核奖励等待遇，此类经费根据政策纳入区县财政保障范围，在教育经费中安排解决。

第五章 特级教师的使用与考核

第十三条 各级教育行政部门和学校应当为特级教师创造必要条件，充分发挥他们的作用。对年龄较大，教育教学经验特别丰富的特级教师，应选派有事业心、肯钻研的年轻教师做助手，培养年轻教师成长为优秀骨干教师。

第十四条 各级教育行政部门和学校应当根据实际情况积极为特级教师的学习提高提供方便，有计划地安排特级教师参加有关学术交流和研修。市教委定期组织特级教师参加学习、考察和交流等活动，以便不断更新学识、拓宽思路，不断提高他们的思想业务水平。

第十五条 各级教育行政部门和学校应当积极支持特级教师的教育教学改革实验和教育科学研究。对特级教师的教育教学经验、科研成果和先进事迹，应采用多种形式予以宣传推广，以提高当地的办学水平，促进教师队伍建设。

第十六条 各级教育行政部门和学校不应让特级教师兼任过多的行政职务和社会职务，以确保他们有充足的时间和精力做好本职工作。

第十七条 远郊区县特级教师要树立扎根农村、立足农村教育的意识，努力成为农村教育专家，为提高农村基础教育水平继续做出贡献。新评选的特级教师，在本区县教育系统内工作一般不少于5年；其中使用农村专项指标评选的特级教师在本区县教育系统内工作一般不少于10年。

第十八条 积极引导特级教师合理流动。特级教师在本区县教育系统内流动的，须经区县教委同意；在本市教育系统内跨区县流动的，须经市教委同意。

第十九条 各级教育行政部门和学校应切实做好特级教师的管理和服务工作。定期召开特级教师座谈会，并加强与特级教师的联系，从思想上、工作上和生活上关心他们，切实解决他们的实际困难，使他们安心工作，为教育事业做出更大的贡献。

第二十条　各级教育行政部门和学校建立特级教师考核评价制度。区县教委负责特级教师的考核评价工作，建立特级教师考核档案，根据特级教师的职责、条件和考核情况，结合学校的考核工作，每学年度对特级教师进行一次全面的考核和评价，考核分为优秀、合格、基本合格、不合格四个等次。区县教委签署意见后，于每年9月底前统一报市教委备案，对考核优秀的特级教师要给予相应的奖励。各级教育行政部门要建立特级教师数据库，及时掌握特级教师的基本情况、工作绩效和动态。

第二十一条　2016年1月1日起调入我市的外省市特级教师不再执行重新认定为北京市特级教师的有关政策，须参加北京市的特级教师评选，入选后方可享受我市特级教师的相关待遇。

第六章　特级教师称号的撤销

第二十二条　特级教师有下列情形之一的，经区县教委逐级调查核实，报经市教委审核后，上报市政府批准，撤销其特级教师称号，取消相关待遇，并收回特级教师证书。

（一）在评选特级教师过程中弄虚作假，不符合特级教师条件的；

（二）不具备特级教师政治思想条件或不履行本职工作岗位职责，年度考核不合格的；

（三）违反《事业单位工作人员处分暂行规定》及《中小学教师违反职业道德行为处理办法》并受到处分或触犯刑律的；

（四）擅自离岗或因公出国逾期不归的；

（五）违反法律、法规规定的其他情形。

第七章　附　则

第二十三条　本办法由市教委负责解释。各区县教委可根据本办法，结合本地实际制定实施细则。

第二十四条 本办法自 2015 年 7 月 15 日起施行，《北京市特级教师管理办法》（京教人〔2008〕10 号）同时废止。

附件：北京市特级教师考核表（略）

北京市教育委员会

关于印发《关于外省市调入北京的特级教师重新认定的过渡办法》的通知

京教人〔2015〕13 号

各区县教委、燕山教委，市教委有关直属单位：

《关于外省市调入北京的特级教师重新认定的过渡办法》已经市教委 2015 年第 3 次主任办公会讨论通过，现印发给你们，自 2015 年 7 月 15 日起施行，请遵照执行。

2015 年 6 月 4 日

关于外省市调入北京的特级教师重新认定的过渡办法

按照《北京市特级教师管理办法（修订）》的有关规定，自 2016 年 1 月 1 日起调入我市的外省市特级教师不再执行重新认定为北京市特级教师的有关政策，须参加北京市的特级教师评选，方可享受我市特级教师的相关待遇。

鉴于我市仍有部分已调入的外省市特级教师，根据实际情况，这部分人员可申请适用本过渡办法。

一、过渡对象

2015 年 12 月 31 日（含）前调入（人事关系办理完毕）我市的外省市特级教师，未参加过重新认定或重新认定未通过者。

二、过渡方式和期限

市教委计划于 2015 年 10 月和 2016 年 1 月针对符合条件的过渡对象组织两次重新认定工作，认定方式和认定程序不变。此后，我市将不再执行外省市引进特级教师重新认定工作的政策。

三、其他

认定后的特级教师的管理按照《北京市特级教师管理办法（修订）》执行。

北京市教育委员会

关于印发《北京市实施教育部〈义务教育课程设置实验方案〉的课程计划（修订）》的通知

京教基二〔2015〕12 号

各区县教委、各有关单位：

《北京市实施教育部〈义务教育课程设置实验方案〉的课程计

划（修订）》已经市教委 2015 年第 6 次主任办公会通过，自 2015 年 7 月 31 日起施行，现印发给你们，并提出如下要求，请结合实际认真贯彻落实。

一、认真领会和把握《课程计划》的基本要求

（一）发挥课程整体育人价值

充分发挥课程的整体育人价值，体现培养目标、课程标准、教材、教学、评价的整体性、一致性和协调性，关注学生生命的价值和意义。在科学论证的基础上，进一步扩大各区县和学校课程建设自主权。

（二）依据课程标准安排课程计划

进一步把握课程标准，明确学科课程的定位、性质、目标及其与课程整体育人之间的关系，规范课程内容深度、广度和进度，不赶进度、不增难度，尊重教育规律和学生成长规律，促进学生全面健康成长。

（三）倡导课程创新实验

各区县要以课程建设为核心，推动学校提高教学质量，推动学生全面而有个性发展。有条件的区县经充分论证可开展区域课程创新实验，实验方案报市教委基础教育二处备案。

（四）加强学科实践活动课程建设

认真落实北京市基础教育部分学科教学改进意见精神，中小学校各学科平均应有不低于 10％的课时用于开展校内外综合实践活动课程。该类课程可以某一学科内容为主，也可综合相关学科开展。学科实践活动系列课程由市、区县、学校三级共同组织开发实施，鼓励广大社会资源单位参与课程建设。

二、充分保障《课程计划》有效实施

（一）加强组织领导

各区县、学校要充分做好课程、师资、经费、管理等方面配套。各区县教委要依据《课程计划》在 2015 年 8 月 1 日前研制完成本区县义务教育三级课程整体建设一体化课程方案，并报市教委基础教育二处备案。各学校要依据市、区县方案在2015年9月1日前研制完成学校三级课程整体建设一体化课程方案，并报所在区县教委备案。

（二）加强数字化优质教育教学资源及应用体系建设

全市加快开发各学科教育教学资源，创新应用模式，积极探索数字化、移动互联环境中的学习方式变革。各区县要结合实际用好市级建设的北京数字学校、在线教育服务平台、北京市中小学课程教材资源网等资源和应用，要加强特色资源的开发，切实提高教育教学水平。

（三）加强综合实践活动基地建设

市、区县、学校要协同建设好一批适合学生的综合实践活动基地。要充分用好中小学生社会大课堂实践基地、高校、科研院所、博物馆、科技馆、展览馆、纪念馆、企业、社会团体等社会单位资源，开发实施形式多样的实践活动课程。

（四）提升校长、教师课程领导力

全面加强各级教育工作者的课程领导力，使各级教育行政管理者、教科研人员、校长、学校干部教师在课程价值定位、课程规划设计、课程开发、课程实施、课程评价导向、课程管理决策、课程整体推进、课程特色创新等方面能力得到全面提升。

（五）开展督促检查

各区县、学校要结合实际创造性落实《课程计划》，市和区县教委、政府教育督导室将定期组织督导检查。同时加强学科、学校间的交流展示，及时总结经验、发现问题，加强过程性评估和改进。

2015年7月1日

北京市实施教育部《义务教育课程设置实验方案》的课程计划（修订）

为深化教育领域综合改革，落实《北京市中小学培育和践行社会主义核心价值观实施意见》（京政办发〔2014〕52号）、《北京市基础教育部分学科教学改进意见》（京教基二〔2014〕22号）精神，切实解决基础教育中存在的深层次问题，进一步扩大各区县和学校课程建设自主权，特制定《北京市实施教育部〈义务教育课程设置实验方案〉的课程计划（修订）》（以下简称《课程计划》）。

一、课程设置

第一条 义务教育阶段九年一贯整体设置课程，开设品德与生活、品德与社会、思想品德、历史与社会（历史、地理）、科学（物理、化学、生物）、语文、数学、外语、体育与健康、艺术（音乐、美术）、综合实践活动等课程，以及地方课程与校本课程。

第二条 要关注课程的整体育人功能以及学科内、学科间的联系与整合，加强综合实践活动课程的开发与实施，大力培育和践行社会主义核心价值观。

第三条 各区县和学校要认真按照《课程计划》，逐级制定相应的义务教育三级课程整体建设一体化课程方案。不得随意增加或削减课程门类，不得随意改变各门课程的周学时数和学科总学时数。

第四条 各区县和学校要严格执行调整后的课程计划，落实课程标准，保证各类课程的开设和学时要求，确定整体课程安排。在保证课程标准要求的基础上，科学开展课程整合实验，提升课程质量。

二、课程结构

第五条 全年52周，其中教学时间39周、假期（寒暑假、国家法定节假日等）13周。全年39周的教学时间包括上课35周（九年级第二学期减少2周）、复习考试2周（九年级第二学期增加2周）、学校机动2周（用于安排学校传统活动、文化节、运动会、游学等）。

第六条　每周按5天安排教学，周学时总量见课程设置表，每学时平均为45分钟。进一步下放课程自主权到学校，鼓励学校根据学科、课型等积极开展长短课、大小课相结合的课程实验，周总学时时长不得超过相应年级规定的学时总量。如：一年级不得超过1170分钟（26学时×45分钟）。

第七条　各学科平均应有不低于10%的学时用于开设学科实践活动课程，在内容上可以某一学科内容为主，开设学科实践活动，也可综合多个学科内容，开设跨学科综合实践活动；在学时上可与劳动技术、信息技术、研究性学习、社区服务和社会实践活动等统筹使用，也可以与地方课程、校本课程统筹使用。学科实践活动课程由区县、学校具体统筹安排，要做到因地制宜、灵活多样。

第八条　一至六年级课程原则上分类集中安排，如：语文、数学、外语、品德与生活、品德与社会、科学学科等课程可集中安排在上午进行，为学生创造更多自主探究的时间和空间。晨会、班队会、少先队活动等，由学校在学校自主学时内安排。

第九条　一至六年级要在课内留有作业时间，低年级作业要在课内完成，不得布置课外作业；其他年级书面形式课外作业一周布置一次，教师应全批全改。实践类课程中，鼓励小学各年级布置跨学科、跨年级的综合类、探究类作业。

三、综合性课程的开设及选择

第十条　品德与生活、品德与社会、历史与社会、科学、艺术等课程为综合性课程。品德与生活、品德与社会，以及小学阶段的科学均为必修课程。历史与社会、初中阶段的科学、艺术为选择性课程。学生可以在综合性的历史与社会及分科的历史、地理之间选择，在综合性的科学及分科的物理、化学、生物之间选择，在综合性的艺术及分科的音乐、美术之间选择。

第十一条　选学科学、历史、地理，可相应减少地理课程中的自然地理内容。选学历史与社会、物理、化学、生物，则应参照地理课程标准增加自然地理内容。

四、综合实践活动课程

第十二条　综合实践活动课程是国家和北京市规定的必修课，包括学科实践活动、信息技术、劳技、研究性学习、社区服务和社会实践等。旨在使学生通过亲身实践，综合培养人文、科学素养，培育和践行社会主义核心价值观，提高综合运用知识解决问题的能力、交流与合作的能力、创新意识与实践能力。要让学生有适当的劳动体验，通过出出力、流流汗，培养学生正确的劳动价值观。

第十三条　学科实践活动课程的开发和实施，要避免用学科教学内容简单替代，要突出实践性、探究性，尽量依托参观、调研、制作、实验等形式，要逐步形成学科内综合以及跨学科多主题、多层次（知识类、体验类、动手类、探究类等）的系列课程。

第十四条　学科实践活动课程由市、区县、学校三级采取1∶2∶2的模式共同组织落实，形成包括课程目标、课程主题、课程内容、课程实施、课程评价在内的完整课程体系。市级建设课程占学科实践活动总学时的20%；各区县、学校参考市级模式，结合实际建设的课程分别占学科实践活动总学时的40%。

第十五条　学科实践活动课程要充分利用中小学生社会大课堂实践基地、高校、科研院所、博物馆、科技馆、展览馆、纪念馆、企业、社会团体等社会单位资源，支持区县、学校和社会资源单位合作开发实施，鼓励广大社会资源单位积极参与。

第十六条　学科实践活动可采取如下形式与研究性学习、社区服务和社会实践统筹安排：一至八年级每学期15周、每周半天（3学时），校内外共同实施，每学期组织5次（共15学时）校外实践活动（市级1次，区级2次，校级2次）、10次校内实践活动（共30学时）。

第十七条 在七、八年级开展“开放性科学实践活动”，渗透物理、化学、生物、地理等学科知识和能力培养，重点提高学生的科学探究能力。引导和鼓励高校、科研院所、科技馆、企业、社会团体等社会资源单位参与开发、实施“开放性科学实践活动”课程，市级、区县做好社会资源单位课程开发实施的管理和服务。建立“开放性科学实践活动”课程的资源准入、选课、记录、评价、认定机制。

第十八条 学校安排七年级每周1学时、八年级每月1至2学时开展“开放性科学实践活动”指导课，指导学生在校内外开展小实验、小制作等活动，组织做好学生“开放性科学实践活动”课程学习情况的认定填报，有关情况作为中考动手实践类成绩的计入依据。

五、地方课程、校本课程

第十九条 地方课程是由市、区县开发的在本区域范围内统一开设的课程，其中市级地方课程含专题教育综合课程、中华优秀传统文化、书法、中国梦、职业生涯、我们的城市、我爱北京等。校本课程是由学校自主开发实施的课程。

第二十条 专题教育综合课程整合毒品预防、预防艾滋病、环境与可持续发展、安全和自救互救教育、健康教育、礼仪教育等专题，上述原分设的专题课程不再单独实施。专题教育相关主题可结合相关学科整合实施。

第二十一条 要结合实际切实加强少先队教育的实效性，鼓励与各学科融合，采取实践育人的方式，在地方、校本课程中统筹安排少先队教育学时。

第二十二条 市级地方课程一至八年级每周安排1学时；区县级地方课程、校本课程，一至九年级每周共安排1学时，具体由各区县统筹安排。地方、校本课程要充分结合区域经济社会发展需要、学校特色开发和实施。鼓励区县和学校不断丰富课程资源，增强学生对课程的选择权，满足学生个性化的学习需求。

六、其他

第二十三条　体育与健康课程要深入贯彻“健康第一”的原则。各区县和学校要充分利用体育学时、早操、课间操、课外体育活动等形式，切实保障中小学生每天体育锻炼时间不低于1小时。

第二十四条　本课程设置表适用于六三学制的学校，五四学制的学校可参照调整。九年一贯制学校，可在区县教委指导下，加大对各学段间课程的统筹力度。

附件：北京市义务教育课程设置表（略）

北　京　市　教　育　委　员　会
北京市人力资源和社会保障局

关于印发北京市“辛勤育苗”学前教育工作先进集体和先进个人评选表彰暂行办法的通知

京教学前〔2015〕4号

各区县教委、人力社保局：

《北京市“辛勤育苗”学前教育工作先进集体和先进个人评选表彰暂行办法》已经市教委2015年第8次主任办公会审议通过，现印发给你们，自2015年8月15日起施行，请遵照执行。

2015年7月2日

北京市“辛勤育苗”学前教育工作先进集体和先进个人评选表彰暂行办法

第一章 总 则

第一条 为规范“辛勤育苗”学前教育工作先进集体和先进个人评选表彰工作（以下简称“评选表彰工作”），根据《北京市加强评比达标表彰活动管理实施细则（试行）》有关规定，结合工作实际，制定本办法。

第二条 评选表彰工作以激励学前教育系统广大教师和教育工作者献身教育事业，鼓励社会各界人士关心学前教育事业发展，进一步推动我市学前教育事业发展为目的，坚持公开、公平、公正的原则，面向基层和工作一线教职员工，严格按照评选条件和程序进行，以精神奖励为主，物质奖励为辅。

第二章 评选范围、评选周期及表彰名额

第三条 评选范围分别是：

（一）北京市“辛勤育苗”学前教育工作先进集体的评选范围：本市行政区域内通过审批设立的各种形式的学前教育机构以及关心、扶持学前教育事业发展的相关部门。

（二）北京市“辛勤育苗”学前教育工作先进个人的评选范围：全市学前教育系统的所有工作人员，包括行政干部、园长、业务园长、保教主任、教师、保育员、保健医及其他在幼儿园工作的工作人员。关心、扶持学前教育事业发展的其它行业人员，包括幼儿园的举办者、相关机构的研究人员等。

副局级含以上单位和个人不参加评选，处级以上领导干部原则上不超过参评人数的20%，如全市推荐人选中，处级人员所占比例超过20%，由市评选表彰领导小组办公室对处级人员统一排序，择优表彰。

第四条 评选活动每5年进行一次。

第五条 “辛勤育苗”学前教育工作先进集体150个；“辛勤育苗”学前教育工作先进个人500名。

第三章 评选条件

第六条 “辛勤育苗”学前教育工作先进集体的表彰条件：模范执行国家的法律、法规，关心、扶持、推动学前教育事业发展，为学前教育事业做出突出贡献的单位。

第七条 “辛勤育苗”学前教育工作先进个人的表彰条件：热爱祖国，坚持党的基本路线，忠诚人民的教育事业，模范履行职责，具有良好的职业道德，并具备下列条件之一：

（一）模范执行《幼儿园工作规程》《幼儿园管理条例》和《北京市学前教育条例》等法律法规，全面贯彻《幼儿园教育指导纲要（试行）》，热爱幼儿，关心幼儿的全面成长，为人师表，在培养人才方面成绩显著；

（二）认真完成教育工作任务，在学前教育教学改革、教材建设、提高教育教学质量方面成绩突出；

（三）在学前教育教学研究、科学研究、技术推广等方面有创造性的成果，具有较大的科学价值或者显著的经济效益、社会效益；

（四）在幼儿园建设、管理、服务等方面有突出成绩；

（五）关心扶持学前教育事业发展，为推动学前教育事业发展做出突出贡献。

第四章 评选程序

第八条 评选表彰工作要坚持公开、公平、公正原则，严格按照自下而上、逐级推荐。推荐对象由所在单位民主推荐，领导班子集体研究决定，并在本单位公示5个工作日。公示内容包括推荐对象的基本情况和主要事迹。推荐机关事业单位干部，须按照干部管理权限征求组织人事、纪检监察、计划生育等部门的意见。推荐单位审核后，报评选表彰工作领导小组办公室审核。

第九条 评选表彰工作领导小组办公室对推荐材料进行初审，确定拟表彰人选名单，报评选表彰工作领导小组审定。

第十条 评选表彰工作领导小组召开会议，对评选表彰工作领导小组办公室拟表彰人选名单进行审定。

第十一条 对评选表彰领导小组审定的名单在北京市教育信息网进行为期5个工作日的公示。

第十二条 公示无异议后，由市教委会起草表彰决定，并会同市人力社保局会签表彰决定。

第十三条 对评选出的先进集体授予“北京市辛勤育苗学前教育工作先进集体”荣誉称号，颁发奖牌；对评选出的先进个人授予“北京市辛勤育苗学前教育工作先进个人”称号，颁发证书和奖金。

第五章 组织领导

第十四条 市教委和市人力社保局相关领导组成评选表彰工作领导小组，负责评选表彰工作的组织实施。领导小组下设办公室，办公室设在市教委学前教育处，负责评选表彰工作的组织实施。

第六章 工作要求

第十五条 评选表彰工作要坚持评选标准，严格执行评选条件。要坚持把评选表彰与促进发展结合起来，切实使评选表彰活动成为有效推动学前教育事业发展的有效抓手。

第十六条　评选表彰工作要严肃评选纪律，加强监督检查。要注重充分发扬民主，广泛听取基层党政领导和教职员工的意见。

第十七条　经费来源。评选表彰工作经费纳入市教委年度经费预算，严格执行财务制度有关规定。北京市“辛勤育苗”学前教育工作先进个人奖金按照市人力社保局、市财政局《关于做好我市系统表彰奖励奖金发放工作有关问题的通知》的规定执行。

第七章　附　则

第十八条　本市原有规定与本办法不一致的，以本办法为准。

第十九条　本办法实施过程中出现的问题，由市教委负责解释。

北京市教育委员会
北 京 市 财 政 局

关于印发《北京高校学生访学项目管理办法（试行）》的通知

京教高〔2015〕9号

各有关高等学校：

《北京高校学生访学项目管理办法（试行）》已经2015年市教

委第12次主任办公会审议通过，现印发给你们，本办法自2015年8月16日起实施，请遵照执行。

2015年7月16日

北京高校学生访学项目管理办法（试行）

第一章 总 则

第一条 为深化高等教育综合改革，培养更多北京亟需的高水平人才，2014年起北京市组织开展学生访学工作。为加强对项目及项目资金的科学化、规范化管理，提高资金使用效益，根据北京市支持中央共建有关政策和国家有关财经法规以及“北京高等学校高水平人才交叉培养计划”实施要求，制定《北京高校学生访学项目管理办法》（以下简称“访学项目”）。

访学项目主要目的是贯彻国家《中长期教育改革和发展规划纲要（2010～2020年）》战略部署，通过推动北京市属高校学生到国内外知名院校交流访问学习，培养北京亟需的高水平人才，促进北京高校专业结构调整与教育综合改革，促进市属高校与中央院校、海（境）外高校建立合作机制，促进市属高校教学团队建设，使北京高等教育人才培养更加紧密契合北京经济社会发展需求。

第二条 访学项目是指北京市属高校选派学生到中央在京高校或海（境）外知名院校访学的项目，即从市属高校中遴选出若干具有一定专业基础、综合素质全面的优秀本科学生，输送到在京中央高校或海（境）外知名院校与首都经济社会发展需求紧密契合的优势专业，开展长短期访学活动。访学项目包括“双培计划”和“外培计划”两类。双培计划是指从项目参与高校招生过程中或在校本科生中遴选优秀学生，到在京中央高校学习；外培计划是指从项目参与高校招生过程中或在校本科生中遴选优秀学生，派到海（境）外高校学习专业课程。

第三条 本办法适用于北京地区普通高等学校。其中，双培计划主要面向北京地区普通高校，外培计划主要面向北京市属高校。

第二章 项目组织管理

第四条 访学项目坚持以下原则：

（一）学校主导原则。人才培养的具体实施以项目参与高校为主，充分调动人才培养主体的积极性和主动性，尊重教育规律和办学自主权，鼓励学校探索多种模式培养高水平人才。

（二）政府监管原则。加强政府相关部门管理职能，改进管理方式，采取事前评估与事中、事后评估与监管相结合的方式，通过定期组织专家学者对项目实施、经费使用、绩效进行检查、验收和评价，督促高校强化项目管理和实施，提高人才培养质量。

（三）创新机制原则。在教育主管部门的指导下，项目参与高校通过实践探索、互相交流，不断完善学生选拔机制，改进访学学生培养模式和动态管理方式，建立有效的联合培养长效机制。

第五条 市教委联合相关部门负责制定项目实施规划、经费补贴方案、实施方案以及相关政策，负责项目全过程绩效管理，并对项目建设过程中的重大问题进行协调、决策。

第六条 项目参与学校负责对项目进行具体规划、实施、管理和检查，并按照要求组织项目的申报、管理与验收，科学合理使用项目资金。项目参与学校应责成相关部门和人员具体负责双培计划和外培计划的实施。

第七条 访学学生应与派出学校签订协议并按照派出学校的安排办理访学相关手续。访学学生需遵守国家法律和双方学校纪律，加强专业学习，完成培养方案规定的学习任务。

第三章　项目实施方案

第八条　在市教委、市财政局等相关部门的规划和协调下，项目参与学校提出项目具体方案，经报市教委备案后实施。

第九条　项目参与市属高校应与中央高校协商或根据海（境）外高校的条件，制定遴选访学学生的具体办法和选拔标准。

项目参与市属高校招生过程中遴选访学学生，需在招生简章中明确访学学生需要达到的外语水平等条件，并明确不符合接收院校条件的需转入派出市属高校相关专业继续学习。

项目参与市属高校从在校本科生中遴选访学学生，应遵循“公开、公平、公正”的原则，明确遴选访学学生的具体办法和选拔标准。选拔过程中，须设立公示环节，公示应在学校校园网主页信息公开栏公布不少于5个工作日。

第十条　访学项目参与学生实行动态管理，项目参与市属高校应与中央高校联合，共同建立相关数据库跟踪学生成长和发展过程。

双培计划项目参与中央高校应与派出市属高校共同组建联合教学团队，为参加访学学生制定相应培养方案和管理办法，并按双方协议负责组织实施培养工作；培养过程中需为访学学生开设高质量的课程，配备高水平的任课教师，提供优质的学习资源；培养阶段结束后应对参加访学的学生进行考核评价。

外培计划派出市属高校与接收方联合，每年双方共同对访学学生在海（境）外学习情况进行评估。访学学生完成海（境）外学习任务后，需提交学习报告和海（境）外高校接收院系的评语。市属高校须对其进行综合评价，并报市教委备案。

第十一条　项目参与双方高校应签订共同培养学生协议，协议应明确双方在培养访学学生过程中的权利和责任，访学学生毕业证、学位证授予、学分互认与核算、成绩核算、奖学金、学生违纪、危机事件处理等事宜。其中，双培计划签订协议还应明确党团组织管理、医疗、生活物价补贴发放、奖学金评定、助学金、助学贷款等具体事宜。双培计划学生的学费、住宿费向学籍所在市属高校交纳，访学期间的生活物价补贴仍由学籍所在市属高校发放。外培计划学生不再重复享受其他公派出国奖学金及海（境）外访学期间的助学金和生活物价补贴。

第十二条 访学项目参与学生应与派出学校签订协议，协议应明确访学学生的毕业证、学位证授予、学分互认与核算、成绩核算、奖学金、学生违纪、危机事件处理等事宜。其中，参加外培计划的访学学生与派出学校所签协议还须明确签证办理、担保、违约责任等事宜并在公证处公证。出国留学相关手续参照国家留学基金管理委员会相关规定执行。

第四章 项目经费管理

第十三条 访学项目经费主要来源于市财政拨款，鼓励多渠道资助。

第十四条 访学项目经费实行按年度申请，根据招生计划和补贴标准纳入预算单位年度部门预算。

第十五条 访学项目按国家和北京市相关财经法规和开支标准执行，项目参与学校要对经费单独核算，专款专用，不得挪用；应制定项目经费使用方案及管理办法，报市教委备案，同时抄送市财政局备案。

第十六条 双培计划项目补助额度：按生均10万元/年的标准补贴给接收访学学生的中央高校。访学时间不足一年时，根据访学的时间长短及学习内容，按照相应标准确定补贴额度，其中：正常教学学期，按照1万元/月的标准；寒暑期由于开展实习实践活动，消耗品较多，按1.5万元/月的标准给予补贴。年度预算中按照具体访学学生人数相应减少派出高校当年经费预算。

第十七条 双培计划项目经费主要用于教师课酬、实习实践、教学改革、学生管理、学生奖助、后勤保障等学生培养过程中发生的相关费用。具体经费开支内容和分配比例由访学学校结合实际自行制定。项目结束后需报市教委备案。其中：

（一）教师的课酬是指培养学生过程中产生的教师讲课、导师指导学生、专家学术报告等课酬相关补贴；

（二）实习实践费是指培养学生过程中产生的实验实训耗材、实习实践补贴、学生科研训练与创新实践补助等费用；

（三）教学改革费是指直接和访学项目相关的专业、课程、教材资源建设，以及教学管理等方面的教学改革研究与实践所需费用；

（四）学生管理费是指培养学生过程中产生的学生活动、学生管理所需的班主任、辅导员、教学辅助人员等相关管理部门的补贴等费用；

（五）学生奖助费用是指双培计划访学学生所获得的除国家级奖助资金以外的其他奖学金、助学金等费用；

（六）后勤保障费是指学生在访学期间所需的住宿、房屋水电气暖等费用。

第十八条 双培计划项目实施过程中，年初按不超过项目经费的80％由市教委通过北京市与中央共建项目拨付接收访学学生的中央高校，访学学生报到后按实际访学学生人数核算后拨付剩余经费。如因学生提前结束访学时，拨付经费未使用完，经费可延至下一年度用于接收访学学生培养工作。

第十九条 外培计划项目补助额度依据所赴海（境）外高校学费和旅费单独设置，一般不超过生均30万元/年，年度预算中按照具体访学学生人数相应减少派出高校当年经费预算。

第二十条 外培计划经费采取政府与访学学生家庭共同承担的方式。其中政府资金支持范围：

（一）学费：访学学生就读海外高校的学费，根据海外高校收费标准全额资助。

（二）国际旅费：北京与目的地学校之间一次性经济舱往返机票费用。

（三）海（境）外生活费用：对于家庭经济困难的学生，市财政支持访学学生在海（境）外学习期间的基本生活费用，给予固定额度的资助。具体包括：伙食费、住宿费、注册费、交通费、电话费、书籍资料费、医疗保险费、交际费、一次性安置费、签证延长费、零用费和学术活动补助费等费用，具体标准参照财政部、教育部《关于调整国家公派留学人员奖学金资助标准的通知》（财教〔2010〕286号）中国家公派出国留学人员奖学金标准。家庭经济困难学生的认定，一般以享受最低生活保障为基本标准。本市城乡低保家庭学生出具由民政部门核发的北京市城市（农村）居民最低生活保障金领取证或北京市城市居民生活困难补助金领取证；本市城乡低收入家庭学生出具由民政部门核发的北京市低收入家庭救助证；非本市户籍家庭经济困难学生出具户籍所在地最低生活保障管理审批机关核发的低保或低收入证明。非家庭经济困难学生的生活费用市财政局不再支持。

第二十一条　外培计划经费采取统一拨付给派出市属高校的方式，项目实施过程中，项目经费视不同情况作以下处理：

（一）学生未达到海（境）外高校的访学条件无法出境学习的，经费由派出市属高校全额收回由市教委统一退还市财政局；因不可抗力或身体原因（须提交北京市出入境检验检疫局或北京市三级以上医院证明）而无法出境学习的，由学校对已发生的签证、机票、保险等费用进行核销，未发生的金额需退回；因其他个人原因无法出境学习的，须向学校全额退还访学费用，由市教委统一退还市财政局。

（二）学生提前结束访学的，其经费应由派出市属高校对已发生的学费、机票等费用进行核销，未发生的金额收回由市教委统一退还市财政局。

（三）由于非个人原因需要变更学习计划的，访学学生应向派出市属高校提出书面申请，获得批准后方可按新的学习计划开展活动并获得资助。未经派出学校书面批准而擅自改变学习计划的，自动取消访学资格，并退回全部资助费用，由市教委统一退还市财政局。

（四）访学学生在派出前和派遣期间因有违反中国和派往国家或地区法律、违反校纪校规行为，由派出学校取消其访学资格。访学经费全部追回，由市教委统一退还市财政局。

第五章　绩效评价和监督检查

第二十二条　加强绩效管理，采取财政绩效考评、市教委部门评价和高校自评相结合的绩效考评方式。市财政局和市教委将项目完成情况、决算情况和绩效评价结果，作为以后年度项目审核和筛选及编制经费预算的重要依据。

第二十三条　高校要加强对项目执行情况的监督检查，并自觉接受教育、财政、审计、纪检、监察等部门的检查与监督。高校的审计、监察等部门应履行监管职责，依法监督项目的组织申报和实施等活动。

项目建设情况检查是指在项目建设过程中的随机检查，由项目承担市属高校和中央高校共同负责。

检查的主要内容是：（一）项目进展情况；（二）资金的使用情况；（三）项目建设中的主要问题和改进措施。

检查结果应报市教委备案，对于在检查中发现的组织实施不力或擅自调整建设内容的，市教委有权调整或终止项目建设计划的执行。

第二十四条　市教委负责项目的验收总结工作，可视情况采取现场验收或聘请专家验收等方式。

项目验收的主要依据为项目具体规划与方案、项目结题验收总结报告等。

项目验收的主要内容是：（一）建设目标和任务的实现情况；（二）实施效果，取得的成果以及经验分析，对项目实施效果的评价；（三）项目管理情况；（四）资金使用情况。

第六章 附 则

第二十五条 本办法由市教委、市财政局按照各自职责分工负责解释。

第二十六条 本办法自 2015 年 8 月 16 日起施行。

北京市教育委员会
北 京 市 财 政 局

关于印发《北京高校大学生就业创业项目管理办法》的通知

京教学〔2015〕4 号

各普通高等学校：

《北京高校大学生就业创业项目管理办法》已经市教委第 13 次主任办公会通过，现印发给你们，自 2015 年 9 月 1 日起施行，请遵照执行。

2015 年 7 月 29 日

北京高校大学生就业创业项目管理办法

第一章 总 则

第一条 为深入贯彻落实党中央、国务院和市委市政府关于做好高校毕业生就业创业工作的部署及要求，进一步“健全促进就业创业体制机制”“促进以高校毕业生为重点的青年就业”，推进北京高校毕业生就业创业工作实现新突破，2014 年起，北京市出台多项措施支持大学生就业创业。为确保就业创业项目及项目经费科学化、规范化管理，提高资金使用效益，根据北京市支持中央共建有关政策和国家有关财经法规以及“北京高等学校高质量就业创业计划”实施要求，制定本办法。

第二条 “北京地区高等学校大学生就业创业项目”（以下简称“大学生就业创业项目”）是指市教委通过与地方政府、高等学校的合作，为大学生就业创业提供场地、经费、服务等多方面支持，增强大学生的就业创业意识，整体提升北京地区大学生就业创业服务能力的项目。

第三条 “大学生就业创业项目”包括“北京地区高校大学生创业园建设项目”“北京高校示范性创业中心建设项目”“支持北京高校大学生创新、创意、创业实践项目”。其中，“北京地区高校大学生创业园建设项目”是指推进建设“一街三园”的北京高校大学生创业园孵化体系；“北京高校示范性创业中心建设项目”是指支持 40 余所高校开展示范性创业中心建设；“支持北京高校大学生创新、创意、创业实践项目”是指支持 100 个左右大学生创业团队、400 个左右包括“创客”在内的大学生创新创意、创业实践团队。

第四条 项目管理遵守的原则：

（一）科学论证，统筹配置。对申报的项目进行充分论证和审核，严格按照项目目标和任务，科学合理地编制和安排预算。

（二）全程管理，追踪问效。对项目申报、审核、评审、政府采购、监督、决算和绩效评价，实行全过程项目管理。将绩效目标设定、绩效跟踪、绩效评价及结果应用纳入预算编制、执行、监督全过程。

（三）鼓励创新，优势互补。在政府的指导下，项目参与高校通过实践探索、互相交流，不断创新就业创业工作新机制，提升就业创业服务质量。

第五条 本办法适用于北京地区各普通高等学校。

第二章 项目组织管理

第六条 市教委联合相关部门负责制定项目整体实施规划、实施方案以及相关政策，负责项目全过程绩效管理，并对项目建设过程中的重大问题进行协调、决策。

第七条 各项目参与高校要建立本校项目管理制度和办法（含经费使用），并报市教委备案。负责对项目进行具体规划、实施、管理和检查，并按照要求组织项目的申报、管理与验收，科学合理使用项目资金，接受教育、财政、审计、监察等部门对项目实施过程和结果进行监控、检查和审计。

第八条 在市教委等部门的统筹安排下，项目参与学校提出项目申报方案，并由市教委等部门根据项目要求进行评选后实施。

第九条 “北京地区高校大学生创业园建设项目”由北京市教委牵头，区县政府、各高校共同实施，建设市级大学生创业孵化体系。工作目标是构建“一街三园”的大学生创业孵化体系（即在“中关村创业大街”建设“北京高校大学生创新创业服务中心”，在良乡高教园区、中关村核心区及中关村软件园等地分别建设三个市级“大学生创业园”），并带动高校创业园建设，为北京高校大学生创业提供场地、孵化等服务；主要工作内容是与区县政府、高校洽谈并租赁用于大学生创业的场地、为创业企业或团队提供培育和孵化服务、给予创业团队水电、网络基础工作条件保障等。

园区建成后，各高校根据本校大学生创业具体情况，推荐大学生创业团队（公司）申报入驻创业园，市教委及创业园管委会负责入驻企业的评选工作。

第十条 “北京高校示范性创业中心建设项目”是促进各高校加快创业中心建设，全面提高创业工作能力，力争建设一批示范性创业中心，整体提升北京地区高校大学生创业工作水平。主要工作内容是对于高校创业教育与指导、创业队伍建设、创业工作场地、大学生创业场地、创业服务、创业孵化等提供支持，市教委依据“公平、公正、公开”的原则，制定遴选参与高校的具体办法和评审标准，并推进项目建设。

采取“学校自愿申请、市教委组织专家评审”的方式进行选拔，通过2～3年遴选50所左右示范性创业中心建设校。

第十一条 “支持北京高校大学生创新、创意、创业实践项目”是市教委每年面向北京高校全日制在校大学生、应届毕业生开展优秀创业团队评选工作，为优秀创业团队提供资金支持，并优先推荐入驻北京高校大学生创业园。采取“学生申请、学校评审、教委复核”的方式进行选拔。市教委负责制定基本评选标准，参与高校可据此制定本校评选办法，遴选支持项目。选拔过程中，设立公示环节，公示时间应不少于5个工作日。

第十二条 项目申报过程中，学生创业团队如因自身原因不能参与项目的，应主动向学校提出申请。经学校审查并同意后，学校按照条件遴选创业团队予以增补，由学生创业团队和学校出具相关说明，报送市教委备案。如有特殊情况，但不及时说明的，市教委将视情况取消对其的支持。

第三章 项目经费管理

第十三条 项目经费主要来源于市财政专项拨款，鼓励学校、社会等多渠道联合资助。其中：市属公办高校就业创业经费在基本经费定额中列支。

第十四条 “北京地区高校大学生创业园建设项目”经费支持内容，主要用于场地租赁费、办公家具及设备购置、水电物业补贴、云计算资源服务、孵化团队培育与服务以及修缮等。其中：租赁费根据双方签订的合同确定租赁内容，考虑毛坯、装修、精装修等因素，不高于同期同类市场租赁价格。修缮费是指租赁毛坯房给予一次性修缮费。

第十五条 “北京高校示范性创业中心建设项目”按照每个高校50万元标准给予支持，主要用于示范性创业中心建设校的创业教育与指导、创业教师培训、创业工作场地建设、大学生创业场地建设、专家咨询费、劳务费、会议费、差旅费、出版等。

第十六条 “支持北京高校大学生创新、创意、创业实践项目”按照每个创新创意实践团队支持额度不超过5万元、每个创业企业（团队）支持额度不超过20万元的标准补助。具体补贴项目按照大学生创业企业或团队的需求，向学校提出申请，由学校根据本校促进大学生创业的工作目标和要求确定。经费主要用于创新创业实践团队及创业企业的专用仪器设备租赁费、材料费、测试化验加工费、差旅费、会议费、劳务费、专家咨询费、出版/文献/信息传播/知识产权事务费、创业团队培训费（创业团队参加创业培训或提升创业能力而聘用的创业导师所需费用）、创业项目市场拓展费用、社会服务所需费用补贴（如中小创业团队需要聘用专业财务人员、法律顾问等，可以由专项经费中给予一定补贴。）和创业场地费用补贴（创业团队租用场地及互联网接入所需，可由支持经费中给予一定补贴）等。

第十七条 “大学生就业创业项目”经费纳入各项目高校年度预算，经相关部门审核后予以批复。项目经费应单独核算，专款专用，不得挤占和挪用。

第十八条 各项目高校应加强创业项目经费统筹管理，规范预算管理，提高经费使用效益。严格按照本办法项目支持范围编制申报项目预算。严格按照批复预算执行。

第十九条 项目执行中涉及政府采购和资产管理的，严格执行国家和北京市政府采购和资产管理相关政策。

第二十条 项目经费结余资金按照国家和北京市结余资金管理办法执行。

第四章 项目检查与验收

第二十一条 “大学生就业创业项目”由市教委及相关部门在项目建设过程中和完成后进行检查和验收。

第二十二条 市教委及相关部门对项目建设情况进行中期、结项检查。检查的主要内容是：1. 项目进展情况；2. 资金的使用情况；3. 项目建设中的主要问题和改进措施。对于在检查中发现的组织实施不力或擅自调整建设内容的，市教委有权调整或终止项目建设计划的执行。

第二十三条 市教委负责项目的验收总结工作，可视情况采取现场验收或聘请专家验收等方式。

项目验收的主要依据为项目具体规划与方案、项目结题验收总结报告等。项目验收的主要内容是：1. 建设目标和任务的实现情况；2. 实施效果，取得的成果以及经验分析，对项目实施效果的评价；3. 项目管理情况；4. 资金使用情况。

第二十四条 市教委对“大学生就业创业项目”支持的学生创业项目实行动态管理，建立相关数据库跟踪其成长和发展过程。

第五章 绩效评价和监督

第二十五条 加强绩效管理，建立财政评价、市教委部门评价和项目单位自评相结合的三级绩效评价制度。

市教委、市财政局按照本项目管理办法对项目单位的工作开展情况、进度、绩效和经费支持情况进行考核和评价。

项目高校对本单位的就业创业项目实施全过程绩效管理，并组织项目预算绩效评价。

第二十六条　建立市财政、市教委和学校分级监督机制。

市教委、市财政局按照职责加强对项目学校的项目组织实施和经费使用情况的监督检查。

项目高校要建立本校的就业创业项目监督和考评机制，加强对项目执行情况的监督检查，并自觉接受教育、财政、审计、纪检、监察等部门的检查与监督。项目高校的审计、监察等部门应履行监管职责，依法监督项目的组织申报和实施等活动。

第二十七条　市教委将项目完成情况、决算情况和绩效评价结果和监督检查结果，作为以后年度项目审核和筛选及编制经费预算的重要依据。

第二十八条　对有虚报、冒领、截留、挪用、滞留专项经费等行为的，由市财政局、市教委责令限期整改，同时按照国务院《财政违法行为处罚处分条例》进行处理。构成犯罪的，依法移交司法机关追究其刑事责任。

第六章　附　则

第二十九条　本办法由北京市教育委员会与北京市财政局按各自职责分别负责解释。

第三十条　各市属高校加强本校就业创业基础条件和队伍建设也可参照此办法执行，经费由大学生就业创业定额经费中列支，按照本校预算要求进行申报、支出。

第三十一条　本办法自2015年9月1日起施行。

北京市教育委员会

关于驻外使领馆工作人员京籍随任子女义务教育阶段学籍管理若干问题的通知

京教基二〔2015〕13号

各区县教委：

为贯彻落实《中华人民共和国义务教育法》和教育部办公厅、外交部办公厅《关于解决驻外使领馆工作人员随任子女回国后入学问题的通知》（教基厅〔2005〕16号）精神，依法保障驻外使领馆工作人员京籍随任子女接受义务教育，现将驻外使领馆工作人员京籍随任子女义务教育阶段学籍管理有关事项通知如下：

一、入学与注册

（一）适龄驻外使领馆工作人员京籍随任子女小学、初中起始年级回国入学的，按照市教委《关于做好驻外使领馆工作人员随任子女回国就读工作的通知》（京教函〔2006〕66号）精神做好入学工作。

（二）适龄驻外使领馆工作人员京籍随任子女起始年级不能回国入学的，由外交部干部司出具《驻外使领馆工作人员京籍随任子女证明》，小学阶段在片内学校建立学籍，初中阶段在九年一贯对口招生学校或派位学校建立学籍。学生回国后到学籍所在学校就读，或按照市教委《关于做好驻外使领馆工作人员随任子女回国就读工作的通知》（京教函〔2006〕66 号）精神入校就读。

二、日常管理

（一）已建立学籍的学生在随任期间学籍保留在原学校，并在学籍管理系统中标记为“随任”。随任期间，由外交部干部司于每学年最后两周内持外交部干部司当年开具的《驻外使领馆工作人员京籍随任子女证明》到学校为其办理手续，继续保持“随任”标记，学校按照教育行政部门关于学业成绩管理等有关规定为学生办理升级、留级、跳级。

（二）北京数字学校为学籍标记为“随任”的学生提供数字化名师课程资源和实名网络学习空间，开展网上教育教学活动。

（三）学籍标记为“随任”的学生可参加阳光学校、北京数字学校等学习，由所在驻外使领馆负责其日常管理。

三、毕业

驻外使领馆工作人员京籍随任子女在学校规定年限内，通过在学籍所在校、阳光学校、北京数字学校学习，修完教育教学计划规定内容，通过毕业考试，准予毕业。

本通知自 2015 年 9 月 1 日起实施。

2015 年 7 月 29 日

北京市教育委员会
北京市财政局

关于印发《北京高等学校高水平人才交叉培养“实培计划”项目管理办法（试行）》的通知

京教高〔2015〕11号

各有关高等学校：

《北京高等学校高水平人才交叉培养“实培计划”项目管理办法（试行）》已经2015年市教委第15次主任办公会审议通过，现印发给你们，本办法自2015年9月11日起施行，请遵照执行。

2015年8月11日

北京高等学校高水平人才交叉培养“实培计划”项目管理办法（试行）

第一章　总　则

第一条　为贯彻落实《北京高等学校高水平人才交叉培养计划》（京教高〔2015〕1号），加强大学生实践创新能力培养，全面推进北京高等学校教育综合改革，制定北京高等学校高水平人才交叉培养“实培计划”（以下简称“实培计划”）项目管理办法（试行）。

第二条 “实培计划”坚持以“开放共享、实践创新、注重特色”为原则，以培养学生创新精神和实践能力为重点，以建立和完善有利于创新型人才培养的实践教育体系为目标，创新体制机制，深化实践育人综合改革。“实培计划”主要包括北京市大学生毕业设计（论文）项目、北京市大学生科研训练计划深化项目、北京高等学校实验教学开放共享项目三部分。

第三条 本办法适用于北京地区普通高等学校。其中，北京市大学生毕业设计（论文）项目、北京市大学生科研训练计划深化项目主要面向市属高校，北京高等学校实验教学开放共享项目以中央部委属高校为主，适度辐射到具备良好条件的市属高校。

第二章 项目建设内容

第四条 北京市大学生毕业设计（论文）项目采取“双导师”制，遴选优秀学生进入中国科学研究院、中国社会科学研究院等国内知名科研单位接受科研创新训练，以毕业设计（论文）为载体，为学生科研创新能力培养搭建平台。

第五条 北京市大学生科研训练计划深化项目采取“双导师”制，遴选优秀学生进入校外人才培养基地、工程教育实践基地等校外实践教学场所，以解决问题为目标，让学生在真实环境中锻炼实践创新能力和解决实际问题的能力。

第六条 北京高等学校实验教学开放共享项目主要是发挥高校实验实践教学的优势和特色，在充分整合、利用现有优质实验教学资源（包括各类实验教学中心、实验室、校内实习实训基地等）的基础上，建成面向北京地区高校在校生共享、面向社会开放的实验教学共享开放基地，实现区域内资源整合及高校中小学协同育人，提升服务社会、服务高校、服务北京中小学能力。

第三章 项目组织管理

第七条 市教委联合相关部门负责制定项目整体实施规划、实施方案以及相关政策，负责项目全过程绩效管理，并对项目建设过程中的重大问题进行协调、决策。

第八条 项目参与高校要建立本校项目管理制度和办法（含经费使用），并报市教委备案。负责对项目进行具体规划、实施、管理和检查，并按照要求组织项目的申报、管理与验收，科学合理使用项目资金。

第九条 项目参与高校和校外合作单位需按照所签订协议及项目方案做好北京高等学校高水平人才交叉培养“实培计划”相关项目，科学合理使用项目资金。

北京市大学生毕业设计（论文）项目由市属高校申报，市教委遴选认定后公布。高校根据市教委公布项目名单与中科院、社科院等单位签订购买服务协议，协议应明确学校和合作单位双方的责任义务、双方教师指导职责、学生毕业设计（论文）内容和所应达到的水平程度、知识产权及学生安全管理等事宜。

北京市大学生科研训练计划深化项目由市属高校申报，市教委遴选认定后公布。高校需与校外合作单位沟通协调，双方共同制定项目实施方案。

北京高等学校实验教学开放共享项目由市教委统筹协调，项目参与学校提出项目申报方案，经市教委和市财政局审定后实施。

第四章 项目经费管理

第十条 “实培计划”项目经费主要来源于市财政拨款，鼓励多渠道联合资助。

第十一条　“实培计划”项目经费标准及支出范围：

（一）北京市大学生毕业设计（论文）项目给予理工类6万元/人/年、文科综合类4万元/人/年的经费支持。项目经费主要用于高校向中科院、社科院等科研院所购买服务，购买服务协议中明确经费用于学生毕业设计（论文）相关指导、耗材管理、学生补助等。

（二）北京市大学生科研训练计划深化项目给予理工类2万元/项，文科综合类1万元/项的经费支持。项目经费主要用于实验实训耗材、学生实践补贴、校外导师指导、实践过程所需后勤保障等费用。

（三）北京高等学校实验教学开放共享项目每个项目一次性补助理工类200万元，文科经管类100万元。主要用于向其他高校和社会共享开放的改造升级、增加教学设施、开放运行维护、讲解员培训、实验耗材、学生讲解劳务、后勤保障等费用。

第十二条　“实培计划”项目经费纳入市属高校及有关部门年度预算。项目经费应单独核算，专款专用，不得挤占和挪用。

第十三条　项目参与高校加强“实培计划”项目经费统筹管理，规范预算管理，提高经费使用效益，严格执行国家和北京市现行经费管理办法和相关规定。参与项目的部委属高校参照《北京市与中央在京高校共建项目管理办法》执行。

第十四条　“实培计划”项目年初按市教委正式文件确定的项目数，将项目经费拨付至相关高校。由高校根据实培计划具体内容与合作方签署的协议，确定的标准将经费拨至合作方。项目结余资金按照国家和北京市结余资金管理办法执行。

第五章　项目检查与验收

第十五条　“实培计划”项目由市教委及相关部门在项目建设过程中和完成后进行检查和验收。

第十六条 市教委及相关部门对项目建设情况进行中期、结项检查。检查的主要内容是：1. 项目进展情况；2. 资金的使用情况；3. 项目建设中的主要问题和改进措施。对于在检查中发现的组织实施不力或未经批准自行调整建设内容的，市教委有权调整或终止项目建设计划的执行。

第十七条 市教委负责项目的验收总结工作，可视情况采取现场验收或聘请专家验收等方式。

项目验收的主要依据为项目具体规划与方案、项目结题验收总结报告等。项目验收的主要内容是：1. 建设目标和任务的实现情况；2. 实施效果，取得的成果以及经验分析，对项目实施效果的评价；3. 项目管理情况；4. 资金使用情况。

第六章 绩效评价和监督

第十八条 加强绩效管理，建立财政评价、市教委部门评价和项目单位自评相结合的三级绩效评价制度。

市教委、市财政局按照本项目管理办法对项目单位的工作开展情况、进度、绩效和经费支持情况进行考核和评价。

项目高校对本单位的“实培计划”项目实施全过程绩效管理，并组织项目预算绩效评价。

第十九条 建立市教委、市财政局和学校分级监督机制。

市教委、市财政局按照职责加强对项目学校的项目组织实施和经费使用情况的监督检查。

项目高校要建立本校的“实培计划”项目监督和考评机制，加强对项目执行情况的监督检查，并自觉接受教育、财政、审计、纪检、监察等部门的检查与监督。项目高校的审计、监察等部门应履行监管职责，依法监督项目的组织申报和实施等活动。

第二十条 市教委将项目完成情况、决算情况和绩效评价结果和监督检查结果，作为以后年度项目审核和筛选及编制经费预算的重要依据。

第二十一条　对有虚报、冒领、截留、挪用、滞留专项经费等违法行为的，由市财政局、市教委责令限期整改，同时按照国务院《财政违法行为处罚处分条例》进行处理。构成犯罪的，依法移交司法机关追究其刑事责任。

第七章　附　则

第二十二条　本办法由北京市教育委员会与北京市财政局按各自职责分别负责解释。

第二十三条　本办法自 2015 年 9 月 11 日起试行。

北 京 市 教 育 委 员 会

北京市工商行政管理局

关于印发《北京市自费出国留学中介服务资格认定和监管办法（试行）》的通知

京教外〔2015〕3 号

各区县教委、工商分局：

现将《北京市自费出国留学中介服务资格认定和监管办法（试行）》印发给你们，请遵照执行。

2015 年 9 月 30 日

北京市自费出国留学中介服务资格认定和监管办法（试行）

第一章 总 则

第一条 为进一步规范自费出国留学中介服务管理工作，根据《自费出国留学中介服务管理规定》（教育部第5号令）、《自费出国留学中介服务管理规定实施细则（试行）》（教育部第6号令）和《关于做好自费出国留学中介服务机构审批权下放有关事项的通知》（教外综〔2013〕50号）要求，结合我市实际，制定本办法。

第二条 本办法所称自费出国留学中介服务（以下简称中介服务）是指本市具有独立企业法人资格的机构通过与国外合法成立的高等学校和其他教育机构合作，为中国公民自费出国留学提供中介服务的活动。

第三条 自费出国留学中介服务实行行政许可制度。依据《中华人民共和国行政许可法》和国务院相关规定，北京市行政区域内从事自费出国留学中介服务需取得企业法人资格后，再向北京市教育委员会（以下简称市教委）申请《自费出国留学中介服务资格认定书》（以下简称《资格认定书》）。经批准的中介服务机构，由市教委颁发《资格认定书》。

未经市教委资格认定，任何机构和个人不得在本市从事中介服务活动。

第四条 开展中介服务要遵守中国的有关法律、法规，贯彻执行中国自费出国留学政策，促进国际交流和国际化人才的培养，保护留学人员合法权益，规范服务，诚实守信，合理收费。

第五条 市教委负责本市行政区域内中介服务机构的资格认定

和中介服务业务的监督管理。各区县教委协助市教委做好中介服务机构日常监管工作。

第二章 申办条件与资格认定

第六条 申请中介服务资格，应当具备以下条件：

（一）在北京市行政区域内取得营业执照的企业法人，其法定代表人应是具有中国境内常住户口且在京合法居住、具有完全民事行为能力的中国籍公民；

（二）机构法定代表人、主要经营管理负责人应具有大学本科以上学历，熟悉中国及相关国家教育状况、留学政策及签证政策；

（三）开展中介服务的主要工作人员应具有大学专科以上学历、熟悉我国和相关国家的教育情况，至少2名以上人员应具备二年以上从事留学咨询服务的经历，并能提供相关证明材料。工作人员的构成中应当有具备外语、法律、财会和文秘等专业资格的人员。中介机构的工作人员原则上不得少于10人；

（四）有健全的内部管理制度、服务规程和应对突发事件的处置预案；

（五）与具有独立法人资格的国外高等学校或其他教育机构已经建立稳定的合作关系；

（六）用于中介服务业务的办公场所使用面积原则上不少于100平方米；

（七）有必备的资金。机构应当具有一定数量的备用金，以在其服务对象合法权益受到损害时具备相应赔偿能力。

第七条 申请中介服务资格，应向市教委提交以下材料：

（一）《自费出国留学中介服务资格申请表》（式样附后）；

（二）营业执照和企业章程（交验原件，留存复印件）；

（三）法定代表人、主要经营管理负责人的简历、学历证明、身份证明、在京合法居住证明，以上材料交验原件，留存复印件；

（四）与国外高等学校或其它教育机构交流协议和合作情况；

（五）不低于规定备用金数额的银行存款证明；

（六）拟开展中介服务业务的行政区域、业务范围、工作计划、可行性报告等；

（七）有关管理制度，包括服务工作流程、员工管理办法、财务管理制度、应急处置预案等。其中财务管理制度应包括收费、退费的办法；

（八）办公场所有效证明。

各申请机构应对其所上报材料的真实性负责。

第八条 市教委收到申请材料后，在 30 个工作日内做出批准或不予批准的书面决定。予以批准的，书面通知其办理缴存备用金手续。

市教委组织专家对申请材料进行评议，专家评议的时间不计算在审批期限内。

第九条 获准开展中介服务业务的机构应在接到办理备用金缴存手续书面通知之日起 15 个工作日内，到市教委指定的监管银行签署《备用金资金监管协议》及缴存备用金，凭备用金缴存证明到市教委领取《资格认定书》。

第十条 《资格认定书》按教育部统一式样印制，市教委负责登记发放，有效期为 5 年。《资格认定书》有效期截止前 3 个月内，中介服务机构应向市教委申请重新认定中介服务机构资格。申报、审核要求和程序按照本办法第二章的有关规定办理。

中介服务机构逾期未申请或申请未获批准的，自《资格认定书》有效期满之日起，中介服务机构必须停止中介服务活动，并妥善处理好有关未尽的中介服务，并向市教委缴还《资格认定书》，由市教委注销中介服务资格。

第十一条 其它省、自治区、直辖市具有中介服务资格的机构拟在北京市行政区域内开展中介服务业务的，应在本市设立子公司，到工商部门办理登记注册，并到市教委申请资格认定。其申报、审核要求和程序按照本办法第二章的有关规定办理。

第三章　中介服务机构的经营和管理

第十二条　获得资格认定的中介服务机构可以向自费出国留学的人员提供以下服务：

（一）提供有关国家和地区的教育情况、高等学校或其它教育机构招生信息的咨询；

（二）提供有关国家和地区相关法律、法规、政策以及安全防范等咨询；

（三）指导国外有关学校的入学申请，提供真实诚信的文案材料；

（四）指导、协助办理出境所需的签证、认证等手续并提供相关的出国前辅导。

第十三条　获得资格认定的中介服务机构不得开展以下活动：

（一）到义务教育阶段学校开展自费出国留学咨询、讲座、座谈会、介绍会等任何形式的自费出国留学招生宣传等活动；

（二）以承包、转包等方式交由其它机构或个人开展中介服务业务；

（三）代替国外教育机构向服务对象收取学费或组织相关教学活动；

（四）为服务对象编造、提供虚假材料，或者指使、协助、组织服务对象提供虚假材料或伪造相关材料办理自费出国留学；

（五）其他法律法规禁止或者影响教育秩序、侵害自费出国当事人合法权益的行为。

第十四条　中介服务机构应根据《中华人民共和国合同法》的要求与服务对象签订《中介服务合同》，明确双方的权利义务、服务项目、服务时限、服务费用、收费和退费办法、违约责任以及解决争议的方式等事项。服务对象在境外发生纠纷或突发事件时，中介服务机构应及时协助进行处理。

市教委和市工商局共同制定并推荐使用《自费出国留学中介服

务合同（示范文本）》。

第十五条 中介服务机构应在经营场所的显要位置悬挂《资格认定书》和《营业执照》等相关证照，公示服务流程、收费退费项目和标准。

第四章 变更与终止

第十六条 获得《资格认定书》的中介服务机构名称、法定代表人等事项发生变化，应按照本办法第二章的有关规定重新办理资格认定手续。

第十七条 中介服务机构办公场所、主要经营管理负责人发生变化，应在工商部门进行变更登记后，报市教委备案。市教委根据备案内容在《资格认定书》上变更相关信息。

（一）变更办公场所应提交以下材料：

1. 中介服务机构变更办公场所备案书；

2. 中介服务机构的决策机构或上级主管部门关于变更有关事项的决议；

3. 取得新办公场所使用权的有效证明；

4. 《资格认定书》原件和营业执照复印件。

（二）变更主要经营管理负责人应提交以下材料：

1. 中介服务机构变更主要经营管理负责人备案书；

2. 中介服务机构的决策机构或上级主管部门关于变更主要经营管理负责人的决议；

3. 中介服务机构主要经营管理负责人的简历、学历复印件、身份证复印件、在京合法居住证明，以上材料交验原件，留存复印件；

4. 资格认定书原件和营业执照复印件。

中介服务机构相关登记事项变更后或终止留学中介业务时，中介服务机构应按照相关规定进行登记和公示，并及时在本机构网站上更新信息。

第十八条 中介服务机构破产、解散、停业的，应在60日前以书面形式通过所在区县教委向市教委提出终止中介服务业务申请（包括处理善后事宜的措施、资产清算情况、期限和留守人员名单等），经市教委核准后，注销其中介服务资格。

第十九条 市教委注销中介服务机构资格后，抄告市、区工商部门和区县教委。中介服务机构在收到注销资格通知之日起10个工作日内向市教委缴还《资格认定书》，并依法向工商部门办理变更登记或注销登记。

第五章 备用金的使用与管理

第二十条 按照教育部有关规定对中介服务机构实行备用金管理制度，备用金用于支付中介服务机构拒绝或无力承担赔偿责任时，根据人民法院的判决，对其中介服务业务对象合法权益受到的损害进行赔偿。备用金数额为100万元人民币。

第二十一条 中介服务机构应与市教委指定的备用金监管银行签订《备用金资金监管协议》，将备用金存入该银行的专用存款账户，实行专款专用。

第二十二条 备用金的本金和利息归中介服务机构所有，备用金本金由市教委实行监管。未经备用金监管部门同意，任何机构和个人不得擅自动用。

中介服务机构破产、解散、停业时，备用金的本金和利息作为中介服务机构的资产，按照有关规定处置。

第二十三条 中介服务机构无力支付违约、侵权等引起的赔偿或行政罚款、罚金的，可以书面形式向市教委提出动用备用金的申请，并附仲裁机关裁决书或行政管理机关处罚决定书或人民法院的判决书等。

中介服务机构拒不支付罚款、罚金，拒不执行仲裁机构或者人民法院的裁决或判决的，由执行机关依法强制执行。

第二十四条 备用金被动用后，自费出国留学中介服务机构应在60个工作日内将备用金补足至100万元人民币。备用金未补足时不得开展中介服务业务。

第二十五条 中介服务机构被取消、注销中介服务机构资格后，如90日内未发生针对该机构的投诉或诉讼的，可凭市教委出具的证明，到备用金监管银行领取备用金本金及其利息。

第六章 监督管理

第二十六条 市教委会同工商部门依法对在京举办的中介服务机构（含外地机构子公司）进行监督管理。对违法经营的中介服务机构，责令限期整改，并根据整改情况予以公示；对于情节严重、逾期不改正的或拒不整改的，可依法取消其中介服务资格；构成犯罪的，依法追究刑事责任。对未经资质认定、擅自开展中介服务业务的企业，由市教委会同工商等部门依法查处。

第二十七条 区县教委和区县工商部门要根据市教委和市工商局的要求协助做好有关工作。

第二十八条 市教委将获得《资格认定书》的中介服务机构的基本信息和有关变更信息在市教委网站向社会予以公示，按照相关工作规程报送教育部备案。

第二十九条 对中介服务机构实行年度自检报告制度。中介服务机构应于每年三月底之前向市教委提交上一年度《自费出国留学中介服务机构年度自检报告书》（式样附后），市教委将《自费出国留学中介服务机构年度自检报告书》在官方网站向社会予以公示。各中介服务机构对其信息内容的真实性负责，如提供虚假信息将承担相关法律责任。

第三十条 市教委可委托社会专业机构，对中介服务机构进行业务评估，对不能达到相关要求的中介服务机构提出处置意见。

第三十一条 市教委支持鼓励北京留学服务行业协会依据章程

规范行业行为、加强行业自律、提升行业整体服务水平，并对行业协会进行工作指导。

第七章　附　则

第三十二条　暂不接受境外机构、外国在华机构以及中外合资机构和中外合作办学机构的中介服务机构资格认定的申请。

第三十三条　本办法发布前已经批准从事中介服务活动的机构，在《资格认定书》有效期内可继续从事中介服务业务。有效期届满后申请延期的，按照本办法重新认定中介服务资格。

第三十四条　本办法由市教委、市工商局负责解释。

第三十五条　本办法自2015年12月1日起施行。

北京市教育委员会

关于做好2016年初中毕业升学体育考试工作的通知

京教体艺〔2015〕15号

各区县教委、燕山教委：

为进一步深化教育领域综合改革，扎实推进初中毕业升学体育考试（以下简称“体育考试”）改革，确保体育考试“公开、公正、公平”，2016年体育考试按照统一考试项目、统一成绩评定标准、统一考试规程、统一考试时间和统一仪器设备标准的“五统一”要求组织实施。经市教委 2015 年第 21 次主任办公会研究，现将 2016 年体育考试工作有关事宜通知如下：

一、提高对体育考试工作重要性的认识

体育是依据《学校体育工作条例》组织的高级中等学校招生考试科目之一。组织实施好体育考试事关广大考生的切身利益，既是广大考生的期盼，也是落实依法治国、依法行政的必然要求。坚持组织体育考试有利于督促学校全面贯彻党的教育方针，落实健康第一的办学指导思想；有利于《义务教育体育与健康课程标准》和《国家学生体质健康标准（2014 年修订）》的落实；对促进青少年身心健康、体魄强健具有重要作用。区县教委要高度重视，强化管理，确保体育考试顺利进行。

二、做好体育考试改革政策的宣传和培训工作

依据市教委《关于做好 2014 年初中毕业升学体育考试工作的通知》（京教体艺〔2014〕6 号），2016 年体育考试将重点实施两项改革措施：一是扩大考试项目的选择性，增设“足球运球绕标志物”和“排球垫球”两个项目；二是使用仪器设备对各项考试项目的量评部分进行测量。各区县、学校要切实加强考试政策宣传，确保初三年级的体育任课教师、学生及家长充分知情。区县要及时通过会议传达、现场培训等方式，将体育考试改革的精神和要求传达到学校；学校要通过班会、家长会、家长告知书等多种途径向学生及家长说明体育考试的变化；初中校体育教研组要针对体育考试开展教学研讨，并指导学生科学、合理地选择考试项目。

三、加强对体育考试工作的组织和领导

（一）高度重视体育考试各项工作。区县要高度重视体育考试的组织和实施，要成立由教委主管领导负责的体育考试领导小组和考务办公室，成员由区县教委相关科室、考试管理部门、教学研究部门以及纪检监察等部门共同组成。区县教委有关业务科室要支持考试管理部门做好现场体育考试的相关保障和监察工作。区县体育考试领导小组和考务办公室要认真制定考试工作的组织实施方案，完善考场管理办法；提高安全防范意识，建立安全保障措施，消除安全隐患，确保师生安全。各区县教委要从保障学生身体健康的角度出发，提前做好应对雾霾等恶劣天气的预案，确保体育考试顺利进行。

（二）加强现场体育考试的组织与管理。市、区考试管理部门要做好体育现场考试的组织与管理。区县教委要加强领导，考试管理部门要认真组织，教研部门和有关单位要积极配合并参与体育考试工作；各部门要明确分工，落实责任，通力合作，切实加强现场体育考试的组织与领导。针对 2016 年体育考试的新变化，区县要采取应对措施，确保现场考试顺利进行。

（三）规范免考和缓考考生的资格审查及办理程序。区县要坚持实施学生体检审查和健康管理制度，杜绝学生带病带伤参加考试。同时，要加强对免考和缓考考生的管理，严格执行免考和缓考的申请标准，申请免考和缓考的考生必须符合要求并按程序办理相关手续。

（四）做好考试仪器设备的选用工作。2016 年，体育考试将全部采用仪器设备进行测试，各区县要按照《2016 年北京市初中毕业升学体育考试方案》和《北京市中考体育现场考试考务管理规定》以及相关财务制度，于 2016 年 3 月底前完成考试仪器设备的选用工作，所需经费由区县负担。

（五）做好考生学籍卡确认工作。2016 年体育现场考试将统一使用“北京市中小学学生卡（学籍卡）”进行检录和测试。区县要组织学校在 2016 年中考报名工作结束前完成学籍卡的确认工作，确保所有考生的学籍卡能正常读取。

（六）制定完善的体育考试实施方案。区县要按照全市的统一要求和《北京市中考体育现场考试考务管理规定》，结合本区县的实际情况，制定详细的 2016 年现场体育考试和过程性考核实施方案。现场考试方案必须包含应急预案，确保体育考试各项工作平稳推进，考试结果公平、公正。考试方案于 2016 年 4 月 1 日前分别报市教委体卫艺处和北京教育考试院中招办备案。

四、加大对体育考试工作的监督和检查力度

（一）加强对现场体育考试的监督与检查。各区县要充分考虑体育考试组织工作的复杂性，成立体育考试纪律监督检查小组，强化考试监督机制，对体育考试工作进行全程监督。市教委将成立由北京教育考试院、北京教育科学研究院及相关专家共同参与的北京市体育考试纪律监督巡视组，加强对区县体育考试工作的检查和监督。各区县要坚决杜绝舞弊行为，对参与作弊的相关人员要依据相关规定，严肃处理。

（二）加强对过程性考核的监管。过程性考核继续按照“分层管理、分工负责、责任到人、违规必究”的原则进行管理，区县教委要加大对体育过程性考核的监督和检查力度，要求辖区内学校严格执行统一的考核内容和标准，采取有效措施，确保过程性考核结果真实、可信、公正、透明。市教委将组织专家对各区县实施过程性考核的相关工作进行抽查，对弄虚作假和未按要求执行的有关单位和个人，严格追究责任。

本通知自 2015 年 12 月 13 日起施行。

附件：2016 年北京市初中毕业升学体育考试方案

2015 年 11 月 13 日

附件

2016 年北京市初中毕业升学体育考试方案

一、原则和要求

体育考试是升学考试，关系到学校、学生和家长的切身利益，关系到教育公平和社会稳定，因此，考试的组织实施必须坚持“公开、公正、公平”的原则。

现场考试要按照全市“五统一”的要求组织实施，即统一考试项目、统一成绩评定标准、统一考试规程、统一考试时间和统一仪器设备标准。

区县要加强对考试关键环节的监督。市教委、考试院和教科院将在考试巡视期间进行监督检查。

二、内容和项目

体育考试以《义务教育体育与健康课程标准》（2011 年版）运动技能领域（水平四）规定的相关内容，以及《国家学生体质健康标准（2014 年修订）》测试内容为基本范围。男生和女生的考试项目均为 3 项。

（一）男生

1.1000 米，必考项目。

2. 引体向上或原地正面掷实心球（以下简称“实心球”），考生从两个项目中选择一个。

3. 足球运球绕标志物（以下简称“足球”）、排球垫球（以下简称“排球”）、篮球运球绕标志物（以下简称“篮球”），考生从三个项目中选择一个。

（二）女生

1.800 米，必考项目。

2. 一分钟仰卧起坐（以下简称“仰卧起坐”）或实心球，考生从两个项目中选择一个。

3. 足球、排球、篮球，考生从三个项目中选择一个。

学校和任课教师要提前指导学生做好考试项目的选择。体育考试报名结束后，考试项目不能更改。

三、成绩评定

现场考试各项目测试和成绩评定均由仪器设备完成。

（一）普通考生

各单项成绩满分为 10 分，成绩评定标准见附录 1 和附录 2，三个项目成绩之和与学生的过程性考核成绩一起计入升学考试的总成绩。

现场考试和过程性考试均保留原始成绩，不单独进行“四舍五入”的处理。考试结束后，两者相加，按照“四舍五入”的原则处理，作为学生本年度体育考试的最终成绩。

（二）免考考生

学生持相关证明，填写《2016 年初中毕业升学体育现场考试免考申请表》，经家长签署意见、学校初审盖章、区县中小学卫生保健所确认后，由学校报区县体育考试考务办公室审定。成绩评定办法如下：

第一类：因残疾丧失运动能力而不能参加体育考试的学生，应当凭市残联颁发的残疾证书，办理相关手续，现场考试以满分 30 分记录；过程性考核的计分办法按照《北京市初中体育过程性考核方案》中的规定，根据学生参加体育活动的时间给予 10 分（满分）至 6 分（60%）的分数评定。

第二类：在初中阶段因病不宜参加剧烈运动而长期免修体育课的学生，不能参加考试，其最终成绩按照总分（40 分）的 60%（24 分）记分。

第三类：因临时伤病不能参加现场体育考试的学生，其最终成绩由两部分合计组成：一是现场考试成绩满分（30 分）的 60%（18 分），二是过程性考核成绩（与正常学生的计分办法相同）。

（三）缓考考生

女生特殊生理期或考生临时伤病等原因，不能在规定时间参加现场体育考试者，可以申请缓考。

第一，考试开始前申请者，办理要求如下：女生特殊生理期，填写《2016 年初中毕业升学体育现场考试缓考申请表》，缓考考生、学校医务人员和学校负责人均须签字，经区县体育考试领导小组负责人签字同意。因伤病原因申请缓考的考生，办理程序同上，但必须出具县级及以上医疗部门诊断证明。

第二，经两次检录进入考场后申请缓考者，办理要求如下：女生特殊生理期，填写《2016 年初中毕业升学体育现场考试缓考申请表》，缓考考生、考试现场医务人员和学校负责人均须签字，经区县体育考试领导小组负责人签字同意。伤病原因申请缓考的考生，办理程序和要求同上。

在规定时间内仍不能参加缓考的学生，按免考第三类学生处理。

区县要严格执行免考和缓考的办理规定，控制这类考生的比例。统一体育考试结束后，区县考试管理部门需将本区县缓考人员名单、缓考的时间和地点上报市考试院。缓考应当在区县统一体育考试结束后的第二周集中组织，并严格按照统一体育考试的相关要求实施。

（四）特殊情况考生

既不符合免考条件，也不能按照普通考生的成绩评定办法进行成绩评定的考生，其成绩评定办法参照京教体美〔2010〕19号文件有关要求执行。

四、组织和实施

（一）考试方式

各区县统一组织实施，集中测试，当场向考生公布成绩。

（二）考试时间

学生毕业当年的5月份，具体时间由区县确定。同一区县的考生必须在区县统一规定的时间内完成考试，每名考生的全部项目必须在一个单元内（半天内）连续完成。

如遇恶劣天气等特殊情况，由区县考试领导小组决定是否中断考试。由于上述原因中断考试，不能在一个单元内考完3个项目的考生，经考务办公室批准，可在当天考完。如当天不能考完，已经考试的项目成绩无效，其补考时间另行安排。

（三）考试顺序

1000米和800米是考生最后参加的考试项目；其他项目的考试顺序由区县统一自行安排。

（四）场地和器材

考试场地设置在封闭的、有6条及以上环形跑道的400米田径场内，有条件的区县可以把部分项目设置在体育馆内。

所有项目的量评使用仪器设备测试，仪器设备要求见《北京市中考体育现场考试考务管理规定》。考试中使用的其他器材，除本文有明确的规定外，必须是经国家认证认可监督管理委员会批准的相关认证机构认证合格的产品。

每一个单元的考试开始前，必须对场地器材的准确性和安全性进行检查。

（五）场地设置及测试规范

1. 足球

（1）场地器材规格及设置要求

场地设置在田径场中部的平整场地面或独立的足球场上，表面为天然或人工草坪（不能为光滑的硬地），各场地之间相互独立，避免考试过程中互相干扰。设置要求如下：

长 30 米，宽 4 米，场地四周设置明显的标志线。起点线前 5 米处开始设置标志杆，标志杆与两侧边线相距 2 米，共设 5 根，各杆之间相距 5 米。起点线中间 1 米处为考生出发区域。设置方式如图所示：

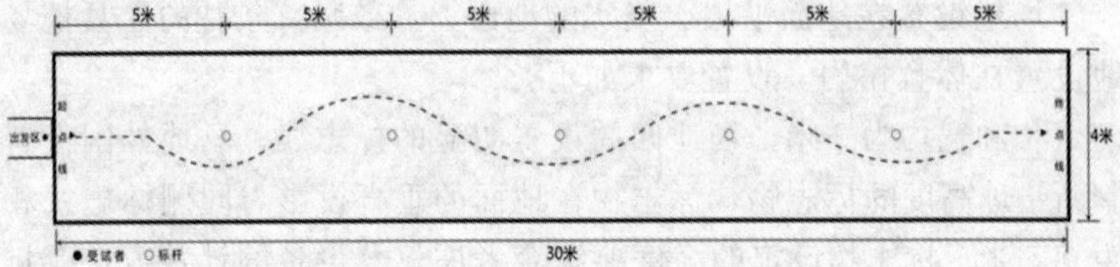

足球测试场地设置示意图

标志杆高不低于 1.2 米，考试用球的规格为 5 号足球（其重量为 396～453g，周长为 680～710mm），球内气压符合足球竞赛规则要求。

（2）测试操作规范及要求

考生听到报号后，将球运至起点线后的出发区域并做好出发准备。发令后，考生运球向前，依次绕杆；球通过最后一个标志杆后，考生至少触球一次，运球通过终点线；人与球均越过终点线后，计时停止。每人测试两次，记录较好成绩。

以秒为单位记录测试成绩，精确到小数点后 1 位（0.1 秒），小数点后第 2 位数非“0”时进 1。

考试犯规时，当次成绩无效；两次均犯规无成绩者，只可增加一次机会；仍然犯规者，考生该项成绩计 0 分。

（3）犯规行为

未从指定区域出发；

出发时抢跑；

手球；

漏绕标志杆；

碰倒标志杆；

球过最后一个标志杆后，到达终点前，脚未触球；

未按要求完成全程路线；

测试期间，人或球出测试区域。

2. 排球

（1）场地器材规格及设置要求

场地设置在地面平坦、坚实的地面上，鼓励有条件的区县把场地设置在体育馆内。设置要求如下：

长和宽均为 3 米，场地四周设置明显的标志线；场地外围设置判断垫球高度的标志物，标志物在地面的垂直投影与同侧标志线相距 0.5 米；标志物设定的高度要综合考虑仪器设备的计数方法、排球直径等影响因素，保证高度符合要求；标志物设置的其他注意事项由区县根据所选仪器设备的实际确定。男生和女生的测试场地要分别设置。

考试用球为排球（不能使用软式排球），其重量为 230～270g，周长为 650～670mm，球内气压符合排球竞赛规则要求。

（2）测试操作规范及要求

考生听到报号后，进入测试区域，原地将球抛起，第一次垫球成功后开始计时，个人连续正面双手垫球，要求手型正确、击球部位准确、达到规定的高度；垫球未超时者，球落地即为一次测试结束，超时者，到规定时间后，考试自动结束。男生垫球的高度（从地面起至球的底部）不低于 2.35 米，女生不低于 2.15 米。测试时，方法正确，高度符合要求的垫球方能计数。计垫球的个数。每次测试的时间不超过 1 分钟。每人测试两次，记录成绩较好的一次。

考生考试时，出现球触及标志物等情况，造成的后果由考生负责；出现犯规行为者，仪器设备立刻停止计数，当次测试结束，垫球数量按犯规时仪器设备记录的个数为准。

（3）犯规行为

采用传球等方式触球；

脚踩标志线或出测试区域。

3. 篮球

（1）场地器材规格及设置要求

场地设置在篮球场内或者平整的塑胶场地上。设置要求如下：

长 20 米，宽 7 米。起点线前 5 米处开始设置标志杆，共设 5 排，每排 2 根；各排标志杆之间相距 3 米，同排的两根标志杆底座中心点之间相距 1 米，距同侧边线 3 米。起点线中间 1 米处为出发区域。设置方式如图所示：

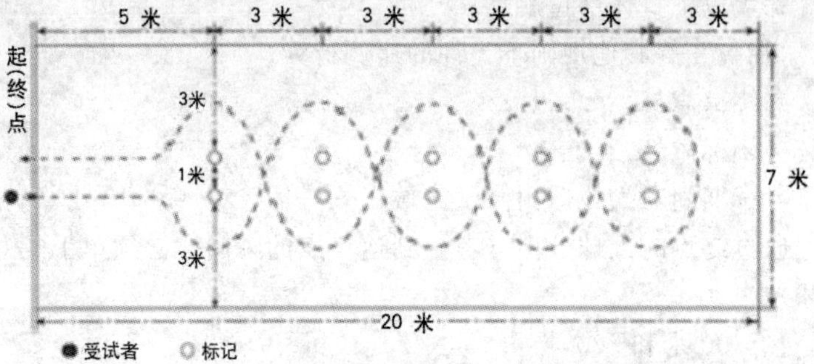

篮球测试场地设置示意图

标志杆高不低于1.2米，考试用球的规格为6号篮球（其重量为510～567g，周长为724～737mm），球内气压符合篮球竞赛规则要求。

（2）考试操作规范及要求

考生听到报号后，持球站立在起（终）点线的出发位置，并做好出发准备。发令后，考生两脚方可移动，并按图中箭头所示方向运球依次过杆。运球过程中，若考生暂时失去对球的控制，但球未出测试场地，考生可自行捡回，在对球失去控制处继续运球，计时不停止。考生与球均返回起（终）点线，计时停止。每人测试两次，记录较好成绩。

测试成绩以秒为单位记录，精确到小数点后1位（0.1秒），小数点后第2位数非“0”时进1。

考生考试时犯规，当次成绩无效；两次考试均犯规无成绩者，只可增加一次机会；仍然犯规者，该项成绩计0分。

（3）犯规行为

未从指定区域出发；

出发时抢跑；

运球过程中双手同时触球；

运球高度超过考生肩部；

膝盖以下身体部位触球；

“翻腕”等其他规则不允许的违例行为；

漏绕标志杆；

碰倒标志杆；

考试期间，人或球出测试区域；

通过终点时人球分离（考生到达终点的瞬间，必须单手或双手触球）。

4.1000米和800米

（1）场地器材规格及设置要求

场地设置在封闭的、有6条及以上环形跑道的400米田径场上，考试所需的标志线清晰，起点线和终点线必须设置明显的标志物。

(2) 考试操作规范及要求

每组考生人数不超过 15 人，采用站立式起跑，弧形起跑线出发，起跑后不分跑道；遵循右侧超越的田径规则。在考试过程中考生无犯规现象，记录成绩有效。每个考生只有一次考试机会。

考生应在 6 分钟之内跑完全程，时间按分、秒记录，不足 1 秒不计入成绩。6 分钟内未跑完全程者，考务员将考生带离跑道，时间按 6 分钟记录，成绩为 0 分。

(3) 犯规行为

发令前，身体的任何部位触及或越过起跑线；

跑进中踏进跑道左侧跑道线；

跑进中推、拉、阻挡他人跑进；

跑进中由他人领跑，或借助他人的力量跑进。

5. 实心球

(1) 场地器材规格及设置要求

投掷区设置在坚实、平坦的地面上，宽 4 米，长不少于 20 米，并有明显的区域标志线。场地中应设置 6 分、7 分、8 分、9 分和 10 分的标识线，标识线长度至少与投掷区同宽，使考生和考务员能够做出清晰的判断。

考试用球的重量为 2kg，表面材质为橡胶。

(2) 考试操作规范及要求

考生站在投掷线后，两脚前后或左右开立，身体面对投掷方向，双手举球至头上方，稍后仰，原地用力把球向前方掷出；球出手前，考生的双脚均不能移动；球出手的同时，一脚可以向前迈一步，但不得触碰或越过投掷线。

每人投掷 3 次，每次球落地后，须做出标记；3 次投掷结束后，记录考生的最好成绩。测量距离为投掷线后沿至球着地点后沿之间的垂直距离。记录以米为单位，取一位小数。

犯规者当次成绩无效。三次均无成绩者，只能增加一次投掷机会，仍然犯规者，考生该项成绩计 0 分。

（3）犯规行为

投掷过程中，身体任何部位触及投掷线或投掷线前地面；

球出手前有助跑动作；

投掷过程中双脚同时离地。

6. 引体向上

（1）场地器材规格及设置要求

在高单杠上进行，考试所用单杠必须符合《中华人民共和国国家标准》（GB/T19851.1—2005）和（GB/T19851.2—2005）的规格要求；根据实际情况，可分别设置高度不同的场地，供考生选择；单杠下的地面材质铺设必须充分考虑考生落地时的安全，可选用松软的沙子、体操垫等。区县根据实际情况，可向考生提供防滑的镁粉，供考生选择使用；也可不予提供，但同一区县必须统一要求。

（2）考试操作规范及要求

考生听到报号后，走到杠下跳起，双手正握杠，直臂悬垂，身体呈静止状态后，开始做第一次引体向上的动作；屈臂向上引体至下颏超过横杠上沿，恢复直臂悬垂后为完成一次；动作未达到此规格者，不计次数；考试时间从双手握杠开始，到双手离杠结束，期间，两次动作之间的时间间隔超过 10 秒者，考试自动结束。考生的成绩按成功完成的引体次数计取。每个考生只有一次考试机会。

考试时，考生出现犯规行为，不计取犯规时的次数，但可以继续考试。

（3）犯规行为

没有从静止动作开始考试；

两次动作之间，手臂没有充分伸直；

动作完成时，下颏未超过杠面。

7. 仰卧起坐

（1）场地器材规格及设置要求

场地设置在平整的地面上，考生在仪器设备上完成测试。

（2）考试操作规范及要求

考生仰卧在测试仪器上，双手五指交叉贴于头后，同时，两臂打开，手背及手臂均触垫；双脚放稳，两腿屈膝（两膝可稍分开），大小腿呈直角；起坐时，双肘必须触及两膝；仰卧时，贴于头后的两手背及肩胛骨必须触垫。按一分钟内完成的次数计取成绩。每一位考生只测试一次。

考生出现犯规行为，犯规时所做的仰卧起坐不计数，但考生可以继续进行考试。

（3）犯规行为

起坐时，双肘未触及两膝；

仰卧时，手背及肩胛骨未触垫；

考试过程中，臀部离垫。

五、体育现场考试其他未尽事宜按照市考试院印发的《北京市中考体育现场考试考务管理规定》执行。

附录：1. 2016 年初中毕业升学体育现场考试成绩标准（男）

2. 2016 年初中毕业升学体育现场考试成绩标准（女）

附录 1

2016 年初中毕业升学
体育现场考试成绩标准（男）

1000 米（分/秒）	足球（秒）	篮球（秒）	排球（次）	引体向上（次）	实心球（米）	分数
3′37″	9.1	11.9	40	13	10	10
3′40″	9.5	12.3	38	12	9.4	9.5

续表

1000 米（分/秒）	足球（秒）	篮球（秒）	排球（次）	引体向上（次）	实心球（米）	分数
3′46″	10	12.9	35	11	8.6	9
3′52″	10.3	13.3	32	10	8.1	8.5
4′03″	10.7	14	29	9	7.8	8
4′13″	11	14.4	26	8	7.6	7.5
4′23″	11.5	15	23	7	7.4	7
4′36″	12.3	16.1	21	6	6.9	6.5
4′49″	12.8	16.8	19	5	6.6	6
4′52″	13.2	17.2	16	4	6.4	5.5
4′57″	13.6	17.5	14		6	5
5′03″	14.2	18	12	3	5.7	4.5
5′08″	14.6	18.6	11		5.4	4
5′13″	14.9	19.1	10	2	5.1	3.5
5′18″	15.2	19.7	9		4.8	3
5′21″	15.5	20.3	8		4.5	2.5
5′26″	15.9	21.4	7	1	4.1	2
5′29″	16.3	22.5	6		3.7	1.5
5′31″	16.8	23.6	5		3.3	1
5′33″	17.3	24.5	4		3	0.5
5′34″	17.4	24.6	3		2.9	0

附录 2

2016 年初中毕业升学体育现场考试成绩标准（女）

800 米（分/秒）	足球（秒）	篮球（秒）	排球（次）	仰卧起坐（次/分钟）	实心球（米）	分数
3′24″	10.1	13.3	40	49	7.6	10
3′27″	10.5	13.8	38	47	7.4	9.5
3′30″	11	14.5	35	44	7.2	9
3′34″	11.4	15.1	32	42	7	8.5
3′42″	11.9	15.9	29	40	6.8	8
3′49″	12.3	16.4	26	37	6.6	7.5
3′55″	12.9	17.1	23	34	6.4	7
4′03″	13.7	18.2	21	30	6	6.5
4′12″	14.4	19.1	19	27	5.6	6
4′20″	14.9	19.6	16	26	5.5	5.5
4′25″	15.4	20.1	14	25	5.4	5
4′28″	16.2	20.6	12	24	5.3	4.5
4′32″	16.8	21	11	23	5.1	4
4′36″	17.3	21.5	10	22	4.9	3.5
4′40″	17.7	22	9	21	4.5	3
4′45″	18.1	22.5	8	20	4.3	2.5

续表

800米（分/秒）	足球（秒）	篮球（秒）	排球（次）	仰卧起坐（次/分钟）	实心球（米）	分数
4′50″	18.6	23	7	19	4	2
4′55″	19.1	23.8	6	18	3.8	1.5
4′58″	19.7	24.9	5	17	3.7	1
5′03″	20.3	25.8	4	16	3.6	0.5
5′04″	20.4	25.9	3	15	3.5	0

综　合

中共北京市委教育工作委员会
北　京　市　教　育　委　员　会
北京市人民政府教育督导室

关于印发2015年工作要点的通知

京教工〔2015〕6号

各高等学校，各区县委教工委、区县教委、区县政府教育督导室，两委机关各处室，各直属单位：

现将《中共北京市委教育工作委员会北京市教育委员会北京市人民政府教育督导室2015年工作要点》印发给你们，请结合实际，认真贯彻落实。

2015年1月28日

中共北京市委教育工作委员会
北　京　市　教　育　委　员　会
北京市人民政府教育督导室
2015年工作要点

2015年全市教育工作的总体要求是：深入贯彻落实党的十八届三中、四中全会和习近平总书记系列重要讲话精神，按照中央和市委市政府决策部署，落实教育中长期规划纲要，全面深化首都教育综合改革，全面推进依法治教，全面加强教育系统党的建设，全面完成“十二五”规划各项任务，进一步提升首都教育现代化水平，为建设中国特色和谐宜居之都提供人才和智力支持。

一、全面加强党的建设，为首都教育改革发展稳定提供坚强保证

1. 加强思想理论建设。深入学习宣传习近平总书记系列重要讲话和关于高校党建工作重要批示精神，举办系列培训班，加强总书记讲话重大理论和实践问题研究。深化中国特色社会主义和中国梦宣传教育，构建培育和践行社会主义核心价值观长效机制。坚持马克思主义指导地位，实施思想引领工程和哲学社会科学骨干教师研修工程，拓展党员线上线下学习培训机制，发挥高校理论优势做好宣传阐释。贯彻《关于进一步加强和改进新形势下高校宣传思想工作的意见》，落实校院两级党组织领导责任和政治责任，组建专家智囊团，加强网络思想文化阵地和内容建设。

2. 加强领导班子和干部队伍建设。坚持社会主义政治家教育家的目标要求，加强思想政治建设，改进干部教育培训工作，举办高校正职专题研修班、高校党委副书记和纪委书记读书班、优秀中青年干部培训班等重点班次，不断提高办学治校能力。制定建设规划，选优配强高校领导班子和干部队伍。修订《北京高校坚持和完善党委领导下的校长负责制的实施办法》、院（系）党政领导班子职责和工作规则暂行规定，完善校、院两级管理体制和运行机制。开展基层党建工作述职评议考核工作，加强对党委书记、副书记、纪委书记履行党建工作职责的考核测评。从严管理干部，切实抓好“一报告两评议”、党委书记离任检查、谈心谈话、请示报告等各项制度落实，健全干部监督管理长效机制。推进事业单位干部人事制度改革。

3. 加强党的组织建设。研究制定全面加强高校党的建设意见，修订高校党建和思想政治工作基本标准，实施高校党建难点项目支持计划。统筹推进学习型、服务型、创新型党组织建设，研究制定加强服务型党组织建设的意见。严格党员领导干部民主生活会和党员组织生活会制度，研究制定提高基层党支部组织生活质量的意见。健全发展党员质量保证体系。深入推进学生党员先锋工程。加强离退休干部思想政治建设和组织建设。发挥好关工委在青少年思想道德建设中的作用。深入推进中小学党建示范点建设。加强民办学校党组织负责人队伍建设。加强党外代表人士队伍建设。

4. 加强党风廉政建设。落实党风廉政建设责任制，推动“两个责任”落到实处。加快推进教育系统纪检监察工作职能、方式、作风的转变。坚持从严治党，大力加强领导班子和领导干部政治纪律、组织纪律和廉政纪律建设，巩固和拓展群众路线教育实践活动成果，持之以恒纠正“四风”。推进廉政风险防控“三个体系”建设，加强对权力运行的制约和监督。加强党风廉政宣传教育、法治教育和廉政文化建设。完善“教检合作”“校检合作”机制，加强案件查办，加大对违法乱纪的惩处力度。切实加强教育行风建设，加大招生工作执法监察和教育乱收费专项治理力度。

5. 切实维护教育系统安全稳定。持续推进各级各类学校“平安校园”创建工作，完成最后一批 13 所高校的入校检查验收。切实做好重大活动、重要时期维护安全稳定工作。落实安全意识和安全知识教育进教材、进课堂，完善校园安全责任体系和安全隐患排查体系。加强综合治理专项机制建设，定期组织校园及周边突出问题隐患排查整治。加大信访矛盾排查化解力度。

6. 加强机关和直属单位党建工作。深入开展党的群众路线教育实践活动“回头看”，认真做好机关干部联系中小学工作，形成作风建设新常态。抓好机关党建宣传阵地建设，组织理论中心组和机关大讲堂学习，加强干部专业化培训。完善评估指标体系，开展机关处室党支部和直属单位党组织党建评估工作。加强教育，完善制度，抓好党风廉政建设。加强机关文化建设，凝练机关文化精神，丰富机关文化生活，建好“职工之家”。深化“送文化、送健康、送温暖”活动，健全为职工办实事解难事机制。

二、全面深化综合改革，持续激发首都教育发展活力

7. 加强规划引领和顶层设计。全面总结评估“十二五”教育规划完成情况，开展“十三五”教育规划研制工作。制定实施首都教育综合改革方案，指导市属高校制定实施综合改革方案。落实重要改革举措实施规划，健全完善各级各类教育改革发展配套文件，巩固成果、深化改革、扩展领域、协同共进。进一步完善教育综合改革统筹协调、督办落实、信息报送机制，保证改革顺利推进。

8. 深化考试招生制度改革。出台普通高中学业水平考试、高中学生综合素质评价、减少和规范中高考加分项目和分值等配套文件。加快推进职业院校分类招考，扩大高职自主招生试点规模。做好2015年中高考改革工作。完善优质高中招生名额分配办法，提高指标分配比例。进一步规范特长生招生。深化中高考命题改革。升级全市统一的小学和初中入学服务系统，完善非本市户籍适龄儿童接受义务教育证明证件材料审核工作，落实好义务教育免试就近入学政策。

9. 引导民办教育健康发展。健全鼓励社会力量兴办教育制度体系，完善公共财政扶持民办教育发展的政策措施。加大民办教育分类指导和分类管理力度，探索与公办学校合作的途径、机制，助推民办教育转型发展。加强对民办教育的监管和服务，建设民办教育行政管理信息化平台。完善民办高校分类年检和评估制度。坚持对民办高校的招生简章备案、宣传监测与公示，加大对违规办学行为的处罚力度。

10. 深入推进京津冀教育协同发展。加强与津冀两地在教育资源需求规划布局上协调对接，建立教育发展规划相互联动协商机制。推进高等教育教学科研资源共享，建立学生课程互选、学分互认协商机制。推进基础教育优质数字化教学资源共享。加强京津冀职业教育实训基地共建，推进教育领域非首都核心功能疏解，支持有条件的优质高等教育和职业教育资源到津冀举办分校或校区。支持北京市属高校在河北省适当扩大本科招生规模。统筹做好对新疆、西藏、青海和南水北调水源区等地的教育对口支援与区域合作工作，通过多种形式，促进受援地区教育水平的提高。

11. 加大教育对外交流合作力度。推动各级各类学校广泛开展国际合作与交流项目，促进国际化新型人才培养，为输送首都优秀人才赴外学习搭建平台。落实《留学北京行动计划》，推进英文授课和精品课程建设，扩大来华留学规模，提高留学生教育质量和层次。做好高水平中外合作办学项目创新试点，加强对中外合作办学机构和项目的评估监管。加强与友好城市、港澳台地区的教育合作。加强孔子学院（课堂）质量建设。

三、深入实施素质教育，着力促进学生全面发展

12. 将核心价值观融入教育教学全过程。落实高校和中小学两个实施意见，制定实施高校思想政治理论课建设体系创新计划，编写核心价值观教学指导手册，修订中小学学科德育指导纲要，推进核心价值观“三进”。分阶段有序推进优秀传统文化教育，推进以优秀传统文化为特色的学校文化建设，开展“少年传承中华传统美德”系列教育活动。深入实施“一十百千”工程、实践育人共同体建设计划，广泛开展“三爱”“三节”“我们的节日”等主题活动和志愿服务。加强职教学生职业道德教育，开展劳模进校园、文明风采比赛、“寻找身边的技艺达人”等活动。加强民族团结教育。

13. 着力提高学生体质健康和运动技能。制定落实推进中小学体育工作的若干意见，推进落实高校体育工作基本标准，大力提升学生体质健康和运动技能水平。增加中小学体育课课时，丰富体育课程资源。组织百项市级阳光体育竞赛活动，建立完善校园足球联赛体系，大力开展冰雪项目，强化学校体育社团建设。政府购买服务实施中小学生运动技能培训计划，支持体育俱乐部、社会体育场馆助力学生体育工作。深化中考体育考试改革，探索增加过程性考核和运动技能考核。全面开展《国家学生体质健康标准》测试，结果列入学生综合素质评价。推动学校体育场馆在寒暑假及节假日向学生开放。

14. 积极促进学生综合素质提升。加大课外活动计划支持力度，深化高校和社会力量支持小学体育、美育发展工作。全面改进美育教学，依托艺术院校推进音乐、舞蹈等课程体系建设，将舞蹈课程试点学校增加至100所。广泛开展学生艺术、科技活动，加强和改进金帆、金鹏等品牌建设。加强校外教育，新建35个乡镇校外教育活动站。加强国防教育和学生军训工作。加强学生心理素质教育与危机预防。

15. 深化课程教学改革。进一步扩大学校课程自主权，改进课程结构。落实学科教学改进意见，实施"中小学开放性语文学习活动计划"和"初中开放性科学实践活动计划"。支持30家社会资源单位开发课程资源，推进中小学10%的课时用于社会实践。立足"北京数字学校"和"中小学综合素质评价系统"，开发100项开放性科学实践活动课程，推动学科教学改进。利用大数据分析技术，构建多元化、发展性的学业评价体系。规范教育教学行为，严格依照课程标准教学，完善中小学生综合素质评价，持续推进中小学生减负。

四、巩固拓展改革成果，构建基础教育新地图

16. 实施第二期学前教育三年行动计划。继续采取多种方式扩大学位供给，满足社会对学前教育多样化的需求。实施幼儿园办园条件提升项目，创设安全适宜的园所环境。实施公办幼儿园运行扶持项目，加大对其他部门单位办园和集体办园的扶持力度。实施民办幼儿园奖励扶持项目，促进民办幼儿园健康发展。加强无证幼儿园分类治理，明确各级政府及相关部门单位责任，强化安全保障机制。加强幼儿师资队伍建设，贯彻落实《3～6岁儿童学习与发展指南》，推动学前教育内涵发展。

17. 促进义务教育优质均衡发展。完成国家区域内义务教育基本均衡验收，推动义务教育优质资源在区域间均衡配置。制定落实《关于推进义务教育优质均衡发展的意见》，巩固深化建设一体化学校、教育集团、教育集群、教育联盟相关体制机制；实行学区制、九年一贯和对口招生；鼓励高校创办附中附小、教研部门和社会力量支持中小学校建设，积极探索名校办民校；引进外教参与教学改革；以信息化推动资源共享等措施，进一步扩大优质资源。进一步加强普通初中校、12 年一贯制学校建设，引导义务教育优质均衡发展。

18. 推动普通高中多样化发展。推动特色高中建设，制定实施高中多样化发展指导意见。推进高中结构、布局调整及管理体制创新，扩大高中办学自主权。支持鼓励城区优质高中的国际部、寄宿部逐步向远郊区县迁移。研究制定高中中外合作办学管理办法，进一步规范办学行为、提高办学水平。加强内地民族班教育管理服务。

19. 保障特殊人群受教育权利。积极做好符合条件随迁子女义务教育工作，推进随迁子女义务教育后在京参加升学考试工作。加强自办学校分类治理，促进已审批自办校办学质量提升。做好学困生干预和行为不良学生教育矫治工作。推进融合教育计划，加大随班就读力度，提升特殊教育办学水平。坚持“助困奖优”结合，落实和完善各级各类教育资助政策，帮助家庭经济困难学生完成学业。

五、加强资源统筹，进一步提升高等教育质量

20. 改革高等教育人才培养模式。深化市属高校与中央高校、国外高校及企事业单位合作，开展“北京高校高水平人才交叉培养计划”。扩大北京学院试点规模。加强高校联盟建设，推进卓越人才培养计划。创新法治人才培养方式。加强专业建设和专业结构调整，积极推动专业群试点工作。推进实践教学改革，加大校内实践创新基地和校外人才培养基地建设。加强质量监控，继续开展本科教育教学质量状况调研和教学审核评估试点。加强研究生教育质量保障和监督体系建设，开展硕士点合格评估，开展学位论文抽检。

21. 提升高校创新服务能力。启动“北京高等学校高精尖创新中心建设计划”，建设 20 个左右在国内外具有重大影响的科技创新和人才培养基地。加强北京实验室建设，力争在核心技术和关键技术领域取得突破。继续实施“创新能力提升计划项目”和“重大成果转化项目”，加快科技创新和哲学社会科学研究成果转化落地。推进科技评价改革工作。

22. 促进大学生高质量就业创业。实施“北京高等学校高质量就业创业计划”，加强大学生职业发展与就业创业指导，设立专项资金，建设“一街三园”的大学生创业孵化园，建立“市级、校级、地域”等多形式立体化就业市场服务体系。积极做好困难群体的就业帮扶工作。完善高校毕业生就业质量年度报告发布和就业状况检查评估机制，推动高校建立招生、培养、就业联动机制。

六、搭建人才培养立交桥，完善职业教育和继续教育体系

23. 加快职业教育改革。制定并实施北京市贯彻落实国务院关于加快发展现代职业教育决定的实施意见，进一步优化职业教育布局结构，拓宽职业人才发展通道，聚焦“高精尖”产业发展需求，整合优质教育资源，推进高端技术技能人才贯通培养改革试点。适应首都功能疏解和经济转型的新要求，调整优化专业布局，发挥职业教育集团的作用，加强和改进公共基础课教学，改革专业课程体系，支持信息化建设，加强“双师型”教师队伍建设，推进“工学结合、校企合作”育人模式改革。

24. 推进学习型城市建设。继续开展学习型示范区县、学校等学习型组织建设，打造首都市民学习品牌。完善市民终身学习平台，加入全球学习型城市网络，办好 2015 年全民终身学习行动周。加强公民继续教育和终身教育服务，支持职业院校开设全民学习课程，开展北京高校继续教育微课程平台及微课程体系建设，支持高校及民间力量探索建立慕课体系。健全学习成果认证制度，建设公益性市民终身学习成果认证系统。支持乡镇成人学校建设，加强新型职业农民培训。

七、转变教育管理职能，全面推进依法治教

25. 不断加强依法行政。推进教育督导条例、终身教育条例等地方性法规立法进程，开展民办教育促进法实施办法、职业教育法实施办法等法规修订调研。加强行政规范性文件审核备案工作，落实重大教育行政决策法定程序，强化依法科学民主决策。深化行政审批制度改革，推进权力清单管理制度，进一步减少直至取消非行政许可审批。推进教育行政执法体制机制改革，加大对违法办学行为的处罚力度。

26. 大力推进依法治校。完成市属高校章程核准，实现“一校一章程”，推动中小学校章程建设。落实教育部系列文件精神，加快现代学校制度建设。深化依法治校相关课题研究，制定落实中小学依法治校实施意见，启动依法治校达标评估活动和示范校创建评比活动。健全法治教育保障机制，在中小学设立法治知识课程，加强干部、教师法治培训，加大法治宣传教育品牌建设力度，全面完成“六五”普法规划，研究制定“七五”普法规划。

27. 创新教育公共服务方式。以服务师生为中心，完善“基础教育在线服务平台”，打造“学习信息推送”“作文辅导”“名师答疑”和“国学诵读”等特色栏目和移动App，推动构建基本公共教育信息化服务体系。开展“一师一优课、一课一名师”活动，汇聚优质数字化教育资源。全市中小学普遍建立班级、校级家长委员会或家长教师协会。推广“父母学院”项目，推进网上家长学校在线学习平台建设。加强教育新闻宣传和信息咨询，强化舆论引导，推进市、区、校各类信息平台和微博、微信公共平台建设，做好教育热线服务工作。

28. 加强语言文字工作。深入落实语言文字规划纲要，不断完善语言文字工作体系，积极研制专项督导办法和社区语言文化建设指导意见。持续做好普通话推广应用工作，大力开展语言文字测试和应用科研工作，扩大汉字应用水平测试试点规模。开展中小学生口语能力培养状况调查，组建辩论俱乐部，评定语言文字规范化示范校，启动市民语言文化阅读季活动。改版升级“北京语言文字网”，建设北京语言文化资源数字博物馆和通用规范汉字听说读写辅助训练系统。

八、创新体制机制，不断强化首都教育发展保障

29. 加强教师队伍建设。加强教师思想政治工作和师德建设，举办高校教师思想理论专题培训班，加大师德先进人物的宣传表彰力度。完善中小学编制管理工作，加大师资培养补充力度，推动实施市属高校与中央高校联合培养定向师范生项目。继续实施中小学教师队伍建设系列工程，推动义务教育学校校长教师交流轮岗，推进中小学教师职称制度改革、教师资格“国标、省考”和定期注册工作。切实发挥中小学校教师奖励激励机制作用。继续实施市属高校人才计划。推进职业院校教师素质提高工程。根据国家有关要求，不断完善薪酬分配机制，积极保障和改善教师待遇。

30. 完善教育经费保障与管理机制。增强市级教育经费统筹能力，进一步完善投入政策，健全投入保障机制，优化经费使用结构。坚持优化存量、用好增量，全面推进绩效管理，提高经费使用效益。不断完善财政转移支付制度，强化重大改革举措资金保障。强化资产管理，加强教育经费监管。扩大内部审计覆盖面，加强领导干部经济责任审计，加大对预算执行与财务收支、基建修缮工程项目、科研经费等的审计力度。推动学校实行“阳光财务”。

31. 加强基本建设和后勤服务。制定落实基础教育设施专项规划，推进城乡中小学建设工程，加快三年规划项目建设。结合北京城市总体规划修编，以非首都核心功能疏解为契机，加快大学新校区和高教园区建设。科学规划市属高校校内建设项目，消除安全隐患，改善办学条件。完善基础教育装备标准体系，开展适用性评估。推进高校食堂、公寓、物业三个标准化建设，发挥高校食堂价格平抑资金作用，完善“农校对接”直供基地建设和采购工作。保障中小学校内就餐食品安全和营养。制定能源监控平台和高校用能限额标准，完成200所学校光伏发电设备安装，推动“阳光校园”“绿色校园”建设。

九、深化教育督导改革，积极促进首都教育健康发展

32. 健全完善教育督导体制机制和工作体系。推进成立北京市人民政府教育督导委员会，加强教育督导内设机构和队伍建设。研究制定《北京市深化教育督导改革意见》，健全和完善督政、督学、监测评估三位一体的现代教育督导体系，健全政府和各级各类学校工作的督导标准和规程，完善各级各类教育发展状况的监测指标体系和工具。加强北京市教育督导与教育质量评价研究中心和北京市督学研修中心的建设和工作指导，积极培育高等学校、研究机构和社会组织参与的第三方教育评价机构，充分发挥社会评价职能和社会监督作用，有序推进管办评分离。

33. 紧紧围绕教育综合改革和育人工作开展重要问题督导和专项督导。积极开展教育法律法规执行情况督导检查，促进依法治教，依法办学；制定基础教育综合改革专项督导方案，开展培育和践行社会主义核心价值观、扩大优质教育资源、深化学科教学改革、招生考试制度和人事制度改革等项目的专项督导，助推基础教育综合改革；继续开展学前教育、职成教育、特殊教育、校外教育、教师队伍建设以及区县教育督导工作等专项督导，督促政府及其相关部门切实履行教育职责。深入推进中小学校责任督学挂牌督导，督促学校坚持立德树人，全面实施素质教育，全面提高教育质量，严格规范办学行为。统筹开展学前教育发展状况、义务教育实施情况与均衡发展状况、中小学生课业负担等监测工作，完善教育工作满意度调查工作，为改进教育教学、管理、决策提供依据和支撑。

34. 积极推进教育督导的专业化建设。探索建立督学任职资格认证制度，完善督学管理制度，做好第十届北京市督学换届工作，组织召开北京市第七次教育督导工作会。加强督学研修培训，推进教育督导队伍专业化发展。加强教育督导调研与科研工作，积极开展教育督导与评估监测理论、标准与工具研究，推进教育督导理论和实践创新。加快推进教育督导信息化建设，建立教育督导综合资源库，积极推进教育督导方式转变；加强教育督导网站、教育督导月刊、专栏和动态建设，举办北京 2015 教育督导与评价研讨会，做好教育督导交流和宣传工作。

35. 深入开展教育机关干部联系中小学工作。健全和完善教育机关干部联系中小学工作制度和机制，不断创新联系工作方式，进一步深入了解联系学校反映上来的问题和需求，跟踪了解督促相关处室、区县协调解决已反馈问题和需求的情况，加强教育机关干部学习、交流和培训工作，提高机关干部联系学校工作的能力和水平，有效发挥联系工作的作用，推动基础教育综合改革和各项工作的落实。继续做好宣传、服务和日常沟通联络等工作，促进机关干部联系中小学校工作的有效开展。

北京市教育委员会办公室

关于印发 2015～2016 学年度各级各类学校校历的通知

京教办发〔2015〕1 号

各区县教委，各普通高等学校、普通中等职业学校、成人学校：

现将 2015～2016 学年度北京市各级各类学校校历印发给你们，请结合本地区、本学校实际情况执行。

一、普通中小学、职业高中（职业中专）

第一学期：

2015 年 9 月 1 日（星期二）开学；

2016 年 1 月 22 日（星期五）结束本学期工作，共 20 周零 4 天；

2016 年 1 月 23 日（星期六）至 2 月 22 日（星期一）放寒假，共 4 周零 3 天。

第二学期：

2016 年 2 月 23 日（星期二）开学；

2016 年 7 月 12 日（星期二）结束本学期工作，共 20 周零 1

天；

2016年7月13日（星期三）至8月31日（星期三）放暑假，共7周零1天。

二、北京市校外教育机构

第一学期：

2015年9月1日（星期二）至2015年12月29日（星期二）活动17周零1天；2015年12月30日（星期三）至2016年1月10日（星期日）放寒假1周零5天。

2016年1月11日（星期一）至2016年2月2日（星期二）活动3周零2天；2016年2月3日（星期三）至2016年2月21日（星期日）放寒假2周零5天。

第二学期：

2016年2月22日（星期一）至2016年6月7日（星期二）活动15周零2天；2016年6月8日（星期三）至7月12日（星期二）放暑假5周。

2016年7月13日（星期三）至2016年8月16日（星期二）活动5周；2016年8月17日（星期三）至2016年8月31日（星期三）放暑假2周零1天。

三、各区县教委和市、区县教学指导部门要结合各自实际，指导中小学校安排好2015～2016学年度教育教学活动。

四、各普通中等职业学校、成人高等学校、成人中等职业学校可根据教育部有关规定和主管部门要求，结合本校实际制定校历或参照上述日期执行。

五、各普通高等学校可根据教育部有关规定，结合本校实际制定校历。

附件：1. 北京市中小学2015～2016学年度第一学期校历

2. 北京市中小学2015～2016学年度第二学期校历

2015年2月17日

附件 1

北京市中小学 2015～2016 学年度第一学期校历

周期＼月日＼星期	一	二	三	四	五	六	日	说明
1		1/9	2	3	4	5	6	一、2015 年 9 月 1 日开学。 二、本学期自 2015 年 9 月 1 日至 2016 年 1 月 22 日，共 20 周零 4 天。 三、2016 年 1 月 23 日至 2 月 22 日放寒假，共 4 周零 3 天。
2	7	8	9	10	11	12	13	
3	14	15	16	17	18	19	20	
4	21	22	23	24	25	26	27	
5	28	29	30	1/10	2	3	4	
6	5	6	7	8	9	10	11	
7	12	13	14	15	16	17	18	
8	19	20	21	22	23	24	25	
9	26	27	28	29	30	31	1/11	
10	2	3	4	5	6	7	8	
11	9	10	11	12	13	14	15	
12	16	17	18	19	20	21	22	
13	23	24	25	26	27	28	29	
14	30	1/12	2	3	4	5	6	
15	7	8	9	10	11	12	13	
16	14	15	16	17	18	19	20	
17	21	22	23	24	25	26	27	
18	28	29	30	31	1/1	2	3	
19	4	5	6	7	8	9	10	
20	11	12	13	14	15	16	17	
21	18	19	20	21	22			

附件 2

北京市中小学 2015～2016 学年度 第二学期校历

周期 \ 星期 月 日	一	二	三	四	五	六	日	说明
1		23/2	24	25	26	27	28	一、2016年2月23日开学。 二、本学期自2016年2月23日至7月12日，共20周零1天。 三、2016年7月13日至8月31日放暑假，共7周零1天。
2	29	1/3	2	3	4	5	6	
3	7	8	9	10	11	12	13	
4	14	15	16	17	18	19	20	
5	21	22	23	24	25	26	27	
6	28	29	30	31	1/4	2	3	
7	4	5	6	7	8	9	10	
8	11	12	13	14	15	16	17	
9	18	19	20	21	22	23	24	
10	25	26	27	28	29	30	1/5	
11	2	3	4	5	6	7	8	
12	9	10	11	12	13	14	15	
13	16	17	18	19	20	21	22	
14	23	24	25	26	27	28	29	
15	30	31	1/6	2	3	4	5	
16	6	7	8	9	10	11	12	
17	13	14	15	16	17	18	19	
18	20	21	22	23	24	25	26	
19	27	28	29	30	1/7	2	3	
20	4	5	6	7	8	9	10	
21	11	12						

北京市教育委员会

关于印发《北京市教育委员会空气重污染应急预案》的通知

京教办〔2015〕4号

各区县教委：

根据市政府《关于印发〈北京市空气重污染应急预案〉的通知》（京政发〔2015〕11号），我委制定了《北京市教育委员会空气重污染应急预案》（以下简称《预案》）。现印发给你们，请结合实际情况，认真组织实施。

市教委《关于印发〈北京市教育委员会空气重污染应急预案〉（试行）的通知》（京教办〔2013〕24号）和市教委《关于修订〈北京市教育委员会空气重污染应急预案（试行）〉的通知》（京教办〔2014〕22号）同时废止。

2015年3月27日

北京市教育委员会空气重污染应急预案

一、适用范围

本预案适用于本市辖区内所有中小学校及幼儿园（含中等职业

学校、外籍人员子女学校、驻华使馆学校、少年宫及校外教育机构）。

二、空气重污染预警分级

根据环境保护部《环境空气质量指数（AQI）技术规定（试行）》（HJ633-2012）分级方法，空气质量指数在200以上为空气重污染。按照《中华人民共和国突发事件应对法》有关规定，依据空气质量预测结果，综合考虑空气污染程度和持续时间，将空气重污染预警分为4个级别，由轻到重依次为蓝色预警（预警四级）、黄色预警（预警三级）、橙色预警（预警二级）和红色预警（预警一级）。

蓝色预警（预警四级）：预测空气重污染将持续1天（24小时）。

黄色预警（预警三级）：预测空气重污染将持续2天（48小时）。

橙色预警（预警二级）：预测空气重污染将持续3天（72小时）。

红色预警（预警一级）：预测空气重污染将持续3天以上（72小时以上）。

三、空气重污染应急措施

根据空气重污染预警级别，分别采取相应的应急措施。主要有：

（一）蓝色预警（预警四级）

小学、幼儿园、少年宫及校外教育机构减少户外活动。

（二）黄色预警三级（预警三级）

中小学、幼儿园、少年宫及校外教育机构停止体育课、课间操、运动会等户外活动。

（三）橙色预警二级（预警二级）

中小学、幼儿园、少年宫及校外教育机构停止户外活动。

（四）红色预警一级（预警一级）

中小学、幼儿园、少年宫及校外教育机构停课。停课期间，中小学、幼儿园应按照“停课不停学”的原则，通过网络、通讯等途径与家长和学生保持联系，提出可参考的合理化学习建议；教师要合理调整教学方式，灵活安排学习内容，指导学生充分利用北京数字学校网络平台和数字化资源开展自主学习。提示家长在家对孩子进行生活和安全教育。

在空气重污染期间，如遇特殊情况，学校可以根据所在地区及周边情况，作出相应调整，报区教委同意后实施。

四、预警发布与解除

市教委成立空气重污染应急领导小组（以下简称“领导小组”），下设办公室负责日常工作。领导小组办公室设在市教委办公室。

领导小组办公室接收市空气重污染应急专项指挥部预警发布与解除指令后，报领导小组组长、副组长，并按照领导小组要求，通过市教委门户网站、短信平台、信息安全传输平台、电话传真等方式向区县教委发布和解除预警信息。区县教委负责组织辖区内中小学、幼儿园（含职业高中、外籍人员子女学校、驻华使馆学校、少年宫及校外教育机构）启动和解除预警响应预案。

五、工作要求

（一）加强组织领导

各成员单位要高度重视空气重污染应急工作，从切实保护中小学生和幼儿园儿童身体健康的实际出发，加强对此项工作的领导，各区县教委要成立空气重污染应急工作领导小组，建立健全工作制度，研究制定科学可行的应急预案，保证此项工作落到实处。

（二）严格落实责任

空气重污染应急工作社会影响面广，责任重大，各成员单位要根据空气重污染应急工作需要抓好各项任务落实，明确职责分工，保证任务到位、责任到位、人员到位，确保万无一失。

（三）加强宣传教育

各成员单位要加强对此项工作的宣传教育，使全体干部师生及家长了解空气重污染应急预案内容，掌握一定的防护知识与技能；加强对舆情的引导，及时做好网络舆情的应对工作。

（四）加强信息报送

各成员单位要加强应急值班，保证通讯联络畅通，及时接收和报送信息，在每次预警发布与解除1小时内按规定上报落实情况。

附件：1. 北京市教育委员会空气重污染应急领导小组及办公室成员名单

2. 北京市教育委员会空气重污染应急职责分工

附件1

北京市教育委员会空气重污染应急领导小组及办公室成员名单

一、市教委空气重污染应急领导小组成员名单

组　长：线联平　市教委主任

副组长：付志峰　市教委副主任

王定东　市教委委员

李　奕　市教委委员

成　员：周　彤　市教委办公室主任

王达品　市委教育工委宣教处处长

韩宝来　市教委民办教育处处长

张小红　市教委学前教育处处长

张凤华　市教委基础教育一处处长

徐建姝　市教委基础教育二处处长

王东江　市教委职业教育与成人教育处处长

王　军　市教委体育卫生与艺术教育处处长

潘芳芳　市教委国际合作与交流处副处长
武怀海　市教委办公室副主任
冯洪荣　东城区教委主任
丁大伟　西城区教委主任
孙其军　朝阳区教委主任
尹丽君　海淀区教委主任
张立新　丰台区教委主任
郝显军　石景山区教委主任
李永生　门头沟区教委主任
顾成强　房山区教委主任
张绍武　通州区教委主任
刘克祥　顺义区教委主任
李成旺　昌平区教委主任
荣俊艳　大兴区教委主任
徐素芝　平谷区教委主任
李连鑫　怀柔区教委主任
杨华利　密云县教委主任
魏旭斌　延庆县教委主任
曾　辉　燕山地区教委主任

二、市教委空气重污染应急领导小组办公室成员名单

武怀海　市教委办公室副主任
王　攀　市委教育工委宣教处副处长
任　军　市教委国际交流与合作处副调研员
彭兴蕊　市教委学前教育处主任科员
牛晓亮　市教委民办教育处主任科员
陈彦舟　市教委基础教育一处
尤立文　市教委基础教育二处
张　兰　市教委职业教育与成人教育处主任科员
张志华　市教委体育卫生与艺术教育处副主任科员

姜　华　市教委办公室
詹伟华　北京教育科学研究院基教研中心副主任
陈　昊　北京教育网络和信息中心电子政务与网络部主任
区县教委主管主任

附件 2

北京市教育委员会 空气重污染应急职责分工

一、市教委职责

（一）办公室

负责接收市空气重污染应急专项指挥部预警发布、解除指令；负责组织发布、解除预警信息；负责信息报送及有关协调工作。

（二）宣教处

负责与市宣传部门联系，通过公众媒体和教育政务微博发布预警信息，分析有关舆情，并做好宣传应对工作。

（三）体育卫生与艺术教育处

负责指导区县、学校、少年宫及校外教育机构制定减少户外活动、停止体育课及比赛活动预警响应预案；负责全市中小学有关户外室外活动、体育课、早操、课间操、业余训练、体育考试和运动会应对安排的预警响应，提出预警信息发布内容；负责收集反馈有关信息。预警指令下达后，负责全面监督检查中小学、校外活动机构应急预案启动及应急响应措施的落实情况，并及时向领导小组办公室反馈。

（四）基础教育一处、基础教育二处

负责指导区县及中小学校制定停课预警响应预案；负责全市中

小学停课应对安排的预警响应，提出预警信息发布内容；负责协调处理群众和媒体举报事项并收集反馈有关信息。预警指令下达后，基础教育一处负责监督检查东城、西城、朝阳、海淀、丰台、石景山区教委应急预案启动及应急响应措施的落实情况，并及时向领导小组办公室反馈；基础教育二处负责门头沟、房山、通州、顺义、昌平、大兴、平谷、怀柔、密云、延庆、燕山地区教委及北京市盲人学校、北京西藏中学应急预案启动及应急响应措施的落实情况，并及时向领导小组办公室反馈。

（五）学前教育处

负责指导区县及幼儿园制定停园预警响应预案；负责全市幼儿园停园应对安排的预警响应，提出预警信息发布内容；负责协调处理群众和媒体举报事项并收集反馈有关信息。预警指令下达后，负责全面监督检查幼儿园应急预案启动及应急响应措施的落实情况，并及时向领导小组办公室反馈。

（六）职业教育与成人教育处

负责指导中等专业学校制定预警响应预案；负责中等专业学校预警响应，提出预警信息发布内容；负责协调处理群众和媒体举报事项并收集反馈有关信息。预警指令下达后，负责监督检查全市中等专业学校（含市教委直属中等专业学校）应急预案启动及应急响应措施的落实情况，并及时向领导小组办公室反馈。

（七）国际合作与交流处

负责指导外籍人员子女学校、驻华使馆学校制定预警响应预案；负责外籍人员子女学校、驻华使馆学校预警响应，提出预警信息发布内容；负责协调处理群众和媒体举报事项并收集反馈有关信息。预警指令下达后，负责监督检查外籍人员子女学校、驻华使馆学校应急预案启动及应急响应措施的落实情况，并及时向领导小组办公室反馈。

（八）民办教育处

负责指导民办学校、民办教育机构制定预警响应预案；负责民办学校、民办教育机构预警响应，提出预警信息发布内容；负责协调处理群众和媒体举报事项并收集反馈有关信息。预警指令下达后，负责监督检查全市民办学校、民办教育机构应急预案启动及应急响应措施的落实情况，并及时向领导小组办公室反馈。

（九）北京教育科学研究院基教研中心、北京教育网络和信息中心

负责在市教委门户网站、北京数字学校同步发布有关预警信息；制定空气重污染红色预警时学校停课的应对措施，通过北京数字学校网站推送中小学同步课程，指导学生在家开展自主学习，保证中小学生“停课不停学”。

二、区县教委职责

（一）区县教委应根据《北京市教育委员空气重污染应急预案》制定分预案，指导所属中小学校及幼儿园（含中等职业学校、外籍人员子女学校、驻华使馆学校、少年宫及校外教育机构）做好预案制定工作，确保预案的可操作性，并在接到预警指令后组织实施。

（二）区县教委应在预警响应期间督促检查所属中小学校及幼儿园（含中等职业学校、外籍人员子女学校、驻华使馆学校、少年宫及校外教育机构）预案的落实情况，统筹协调停课后课程调整和本级组织的学生体育竞赛、体育考试延期调整等工作，努力降低因天气情况对学生学习和锻炼的影响。

（三）区县教委应在预警响应期间确保主管领导、主责部门负责人24小时通讯畅通，并及时收集汇总有关情况上报市教委。

三、中小学校及幼儿园（含中等职业学校、外籍人员子女学校、驻华使馆学校、少年宫及校外教育机构）职责

（一）中小学校及幼儿园（含中等职业学校、外籍人员子女学校、驻华使馆学校、少年宫及校外教育机构）应在区县教委指导下，制定空气重污染应急预案，并在接到预警指令后启动实施。

（二）中小学校及幼儿园（含中等职业学校、外籍人员子女学校、驻华使馆学校、少年宫及校外教育机构）应根据预警级别减少

或停止学生户外运动，组织学生在室内上好体育课或开展体育活动，并通过布置家庭体育作业指导学生开展体育锻炼。

（三）中小学校及幼儿园（含中等职业学校、外籍人员子女学校、驻华使馆学校、少年宫及校外教育机构）应在停课期间，及时通过校园网、班级博客、校讯通、手机短信平台等形式，为家长提供学生在线学习指导，并提示家长控制学生上网时间，做好学生看护工作，保证学生在家安全。

（四）中小学校及幼儿园（含中等职业学校、外籍人员子女学校、驻华使馆学校、少年宫及校外教育机构）应在预警响应期间确保领导干部、教师24小时通讯畅通，注意了解掌握有关情况并及时上报区县教委。

北京市教育委员会

关于印发《北京市教育系统防汛应急预案（2015年修订）》的通知

京教建〔2015〕5号

各区县教委，各级各类学校，市教委直属单位：

按照《北京市人民政府防汛抗旱指挥部关于做好2015年北京市防汛抗旱工作的通知》（京政汛〔2015〕2号）要求，为做好本市教育系统防汛工作，现将《北京市教育系统防汛应急预案（2015年修订）》印发给你们，请结合各自实际，做好本单位防汛应急预案的修订工作并认真落实。

附件：北京市教育系统防汛应急预案（2015 年修订）

2015 年 5 月 5 日

附件

北京市教育系统防汛应急预案
（2015 年修订）

1　总则

1.1　指导思想及工作目标

牢固树立“生命至上，安全第一”的工作理念，建立“集中领导、统一指挥、分级负责、结构完整、功能全面、反应迅速、运转高效”的指挥体系，不断提升指挥决策、预警预防、应急保障和抢险救灾的能力，做好防大汛、抗大洪、抢大险、救大灾、应对极端天气和局部降雨的准备，确保汛期师生的生命安全和国家财产不受损失，结合本市教育系统防汛工作实际，制定本预案。

1.2　基本原则

坚持预防为主、常抓不懈的原则，做好汛前准备与应急处置等工作；坚持统筹兼顾、协调发展的原则，处理好防汛工作与业务工作间的关系；坚持谁主管、谁负责的原则，全面落实防汛责任制。

1.3　适用范围

本预案适用于本市教育系统各单位的防汛应急工作。

1.4　编制依据

依据《中华人民共和国防洪法》《中华人民共和国突发事件应对法》《中华人民共和国防汛条例》《国家突发公共事件总体应急预案》《国家防汛抗旱应急预案》《北京市实施〈中华人民共和国防洪法〉办法》《北京市实施〈中华人民共和国突发事件应对法〉办法》

《北京市突发事件总体应急预案》《北京市防汛应急预案（2014修订）》和其他有关法律、法规及规定。

2 指挥体系及职责

2.1 指挥体系

北京市教育系统防汛指挥体系，按照行政管理关系实行三级管理，分别是北京市教育委员会防汛指挥部（以下简称“市教委防汛指挥部”）、区县教委防汛指挥部、各级各类学校和直属单位防汛工作领导小组（各级各类学校和直属单位防汛工作领导小组按照行政管理关系接受市教委防汛指挥部或区县教委防汛指挥部的监督与指导）。

2.2 市教委防汛指挥部职责

市教委防汛指挥部在北京市防汛抗旱指挥部的指导下组织本市教育系统防汛工作，对本市教育系统各单位的防汛工作实施统一指挥和全面领导。市教委防汛指挥部总指挥由市教委主任担任，副总指挥由主管领导担任，成员由相关处室和直属单位负责人担任，指挥部办公室设在基本建设处。

主要职责是落实北京市防汛抗旱指挥部的各项决定和工作部署；研究制定本市教育系统防汛工作方案、应急预案、防汛责任制等规章制度；指导区县教委和各级各类学校、直属单位防汛指挥体系建设；监督、检查区县教委和各级各类学校、直属单位落实工作方案、应急预案、防汛责任制等规章制度；监督、检查、指导区县教委和各级各类学校、直属单位的汛前准备、宣传教育、培训演练、隐患排查等工作落实情况；统计、上报区县教委和各级各类学校、直属单位防汛物资准备、安全隐患排查、汛期设施设备损毁情况等各类信息；做好市防汛抗旱指挥部与区县教委和各级各类学校、直属单位间各类信息的联动响应，及时将市防汛部门下达的指令、发布的信息传达到区县教委和各级各类学校、直属单位，将本系统发生的突发事件及时上报市防汛抗旱指挥部，并配合相关部门处置本系统突发事件；按照市防汛抗旱指挥部启动的应急响应要求，监督、检查、指导区县教委做好中小学、幼儿园停课、复课等相关工作；指导区县教委和各级各类学校、直属单位，在具备条件的情况下，为社会提供安全的学校设施作为临时避难场所；协助相关部门处置灾后疫情、险情及恢复工作等。

2.3　区县教委防汛指挥部

区县教委防汛指挥部在北京市教委防汛指挥部和区县政府防汛指挥部的指导下组织本区县教育系统防汛工作，对本区县教育系统各单位的防汛工作实施统一指挥和全面领导。区县教委防汛指挥部总指挥由区县教委主任担任，副总指挥由主管领导担任，成员由相关科室负责人担任。

主要职责是落实上级防汛指挥部的各项决定和工作部署，研究制定本区县教育系统防汛工作方案、应急预案、防汛责任制等规章制度；指导各级各类学校、直属单位防汛指挥体系建设；监督、检查各级各类学校、直属单位落实工作方案、应急预案、防汛责任制等规章制度；监督、检查、指导各级各类学校、直属单位做好汛前准备、宣传教育、培训演练、隐患排查等工作落实情况；统计、上报防汛物资储备、安全隐患排查、汛期设施设备损毁情况等各类信息；做好上级防汛指挥部与各级各类学校、直属单位间各类信息的联动响应，及时将上级防汛部门下达的指令、发布的信息传达到各级各类学校、直属单位，将本系统发生的突发事件及时上报上级防汛指挥部，先期介入并配合相关部门处置本系统突发事件；按照市防汛抗旱指挥部启动的应急响应要求，监督、检查、指导中小学、幼儿园做好停课、复课等相关工作；指导各级各类学校、直属单位，在具备条件的情况下，为社会提供安全的学校设施作为临时避难场所；协助相关部门处置灾后疫情、险情及恢复工作等。

2.4　各级各类学校、直属单位防汛工作领导小组

各级各类学校、直属单位防汛工作领导小组按照行政管理关系在北京市教委防汛指挥部或区县教委防汛指挥部的指导下组织本单位防汛工作，对本单位防汛工作实施统一指挥和全面领导。各级各

类学校、直属单位防汛工作领导小组组长由单位行政首长担任，副组长由单位主管领导担任，成员由相关部门负责人担任。

主要职责是落实上级防汛指挥部的各项决定和工作部署；研究制定本单位防汛工作方案、应急预案、防汛责任制等规章制度；抓好应急物资储备、抢险队伍建设、隐患排查等汛前准备工作；按时完成防汛指挥体系建设、防汛工作方案、应急预案、防汛责任制、防汛物资储备、安全隐患排查、汛期设施设备损毁情况等各类信息的统计与上报工作；做好上级防汛指挥部与本单位所属人员间各类信息的联动响应，及时将上级防汛部门下达的指令、发布的信息传达到本单位所属人员，将本单位发生的突发事件及时上报上级防汛指挥部；按照快速、有效、就近的原则，先期处置本单位发生的突发事件，做好人员疏散、排（堵）水等前期工作，配合相关部门做好人员抢救、设施抢险等工作；按照市防汛指挥部启动的应急响应要求和区县教委下达的指令，做好中小学、幼儿园停课、复课等相关工作；在具备条件的情况下，为社会提供安全的学校设施作为临时避难场所；协助相关部门处置灾后疫情、险情及恢复工作。

3　总体要求

3.1　完善规章制度，健全工作机制

各单位要在往年工作的基础上进一步完善本年度的防汛工作方案、应急预案、防汛责任制等规章制度，健全上下联动的工作机制，使之具有实际操作的可执行性，确保及时有效地应对突发事件。

防汛工作方案要涵盖指导思想和工作目标、主要任务及要求、汛前准备、隐患排查、宣传教育、培训演练、汛期应急、机制建设、重点部位、具体措施、工作计划等内容。

应急预案要包含物资保障、抢险队伍建设、预警响应、应急抢险等内容；要细化决策、指挥、响应、处置等环节的具体流程，强化自主预警、自主响应和联动保障措施。

各单位行政首长是本单位防汛第一责任人，要将防汛责任制落实到每个部门、每个责任人，实现防汛责任制全覆盖，并严格执行《北京市迎汛工作责任追究制度》和《北京市关于重大安全事故行政责任追究的规定》的要求，逐级签订《防汛责任书》，对严重失职、渎职、造成重大事故或国家财产损失的单位和个人，依法追究责任。

上下联动工作机制要解决好机制建设、组织协调和落实手段等问题，及时通报雨情、汛情、工情、险情、灾情。

3.2　抓好物资储备，组建抢险队伍

各单位要抓好应急排水、沙袋等常规防汛物资的储备，建立健全物资管理制度，提高管理人员能力，确保汛情发生时，物资能够及时到位，发挥应有的效力。

各单位要组建防汛应急抢险队伍，承担重点区域、重点部位抢险救灾、师生疏散、财产保护、维护秩序、应急物资发放等任务，并配合相关部门做好人员抢救、设施抢险等工作。

3.3　加强隐患排查，落实避险措施

各单位要按照“全面覆盖、无盲区和死角”的工作要求，在汛期坚持开展持续的安全隐患排查活动并及时整改；各区县教委和位于低洼地区、山洪易发区、泥石流等地质灾害易发区、采空区、蓄滞洪区等危险地区周边的各级各类学校和直属单位要积极协调区县防汛指挥部等有关部门和单位落实师生避险措施，制定师生避险预案。

排查及整改的主要内容是防汛工作指挥体系、工作方案、应急预案等制度建立健全情况，特别是位于山洪区、泥石流易发区、采空区、涝洪区等地质灾害易发区、水库、河道、泄洪区等周边地区学校的疏散撤离等应急预案的制定情况；防汛物资储备、抢险队伍建设情况；危旧房屋和围墙等构筑物安全情况；施工项目的排涝及边坡加固等情况；地下人防工事等地下设施雨水倒灌、外墙渗漏、孔口密闭情况；屋面防水渗漏情况；供电、通信、排水等设施设备运转、防护情况；排水设施（进出水口、雨水管道、污水管道等）

通畅情况；防雷击设施维护情况等。

各单位要建立检查台账制度，做好登记备案，反复督促存在安全隐患的单位和责任人，采取必要的措施进行整改，坚决停止使用C级、D级危房，并尽快抢修或拆除，如不能尽早处理，要在周边设置隔离带和警示标志，严禁师生进入。

各单位在具备条件的情况下，积极为社会提供安全的学校设施作为临时避难场所。

3.4 开展宣传教育，组织培训演练

各单位要紧密围绕“关爱生命、远离洪水、人人参与、安全度汛”的宣传主题，按照“应急管理进学校”和“加强全市大中小学、幼儿园的应急知识教育普及工作，每名学生接受公共安全与应急知识教育的日常教学和实践活动时间累计不少于8个学时，各学校每年组织开展2次以上的应急演练”的要求，充分利用手册、卡片、学校宣传栏、主题活动日、避险安全课等方式，开展形式多样的宣传教育、培训演练活动，广泛宣传防汛减灾知识，全面提高管理人员的业务技能与水平，增强师生的安全意识与避险自救能力。

海淀、门头沟、房山、昌平、平谷、怀柔、密云、延庆等区县教委要特别对位于山洪、泥石流等地质灾害易发区周边的学校制定有针对性的宣传教育和应急演练计划，避免重大事故与人员伤亡。

有施工项目的单位要督促施工、监理单位制定防汛工作方案及应急预案，加强施工人员的宣传教育，做好汛期施工安全管理。

3.5 做好应急值守，保障信息畅通

各单位要严格落实汛期24小时值班和领导带班制度，接到防汛部门发布的预警信息或下达的应急响应指令，及时指挥调度相关部门及人员；布控重点部位；利用各种手段及时向所属单位、师生、家长传达信息，提醒师生和家长减少外出、停止户外活动；有外派实习学生的学校或承接实习学生的学校，在汛期尽可能减少实习学生的户外实践活动，及时将信息发布到每一个外出实习的学生；遇有突发事件，立即采取应急预案，组织抢险救灾，并上报情况。

各单位要严格执行《北京市防汛抗旱信息报送办法》的要求，按照“一事一报，有事就报”的原则，及时报送信息，不得迟报、漏报、谎报、瞒报。特殊情况下可先电话报告市防汛抗旱指挥部（24小时值班电话：68556222）和市教委防汛指挥部（24小时值班电话：66074601)，后逐级上报书面报告；遇有通信保障不畅的情况，应采取一切可能手段，向有关部门及周边群众发出求救信息，并以最快的速度恢复通讯联系，保障信息畅通。

每年5月中旬前完成并落实防汛工作方案、应急预案、防汛责任制、抢险队伍、物资储备、避险措施、隐患排查等工作，并将落实情况报上级防汛指挥部备案。

4 应急处置

4.1 信息发布与传达

4.1.1 预警信息的级别与发布

汛情预警包括暴雨预警、地质灾害气象风险预警、洪水预警，由低到高划分为一般、较重、严重、特别严重四个预警级别，并依次采用蓝色、黄色、橙色、红色加以表示。

预警信息由气象、国土、水文部门对外发布，内容包括预警级别、起始或终止时间、可能影响范围、发布机构、发布时间等。

4.1.2 应急响应的级别与发布

应急响应是防汛指挥部门根据三类预警信息及实际汛情而采取的应对行动，从低到高划分为Ⅳ级应急响应、Ⅲ级应急响应、Ⅱ级应急响应、Ⅰ级应急响应。

应急响应信息由市、区县防汛指挥部对外发布、内容包括响应级别、应对措施、安全提示、起始或终止时间等。

4.1.3 信息发布的方式

信息发布的手段包括广播、电视、报刊、电话、微信、微博、手机短信、警报器、显示屏、宣传车或组织人员入户通知等方式。

4.1.4 信息传达

本市教育系统各单位，要通过各种方式采集信息，并及时传达上级防汛部门下达的指令和发布的信息。

4.2 应急响应

应急响应启动后，防汛突发事件未发生时，各单位应做好应急准备工作；防汛突发事件发生时，各单位立转为应急处置工作。

4.2.1 Ⅳ级应急响应

当接到上级防汛指挥部启动Ⅵ级应急响应的指令时，各单位防汛指挥机构的副指挥或副组长要在各自单位指挥，及时指挥调度相关部门及人员、对重点部位进行布控、加强巡查，做好重点部位抢险和危险地区师生避险转移安置工作，并及时向所属单位和个人传达信息。

4.2.2 Ⅲ级应急响应

当接到上级防汛指挥部启动Ⅲ级应急响应的指令时，各单位除执行Ⅳ级响应措施外，还要做好防汛物资调运准备工作；做好防汛抢险队伍随时参加抢险的准备；加强对排水防涝设施、水电气热等管线的巡查，做好供电、通信、排水保障工作；暂停在建工程施工；做好人防工事、普通地下空间的防倒灌工作；及时抢修漏雨房屋；排除低洼院落积水；及时处理倒伏树木；做好师生避险转移安置等防范和处置工作；各区县教委可视情对受灾区域及周边的中小学、幼儿园采取调整上下学时间或停课的安排；在具备条件的情况下，为社会提供安全的学校设施作为临时避难场所；做好灾情统计工作等。

4.2.3 Ⅱ级应急响应

当接到上级防汛指挥部启动Ⅱ级应急响应的指令时，各单位除执行Ⅲ级响应措施外，还要暂停各类集体活动；立即停止在建工程的施工；各中小学、幼儿园可视情自行采取调整上下学时间或停课的安排，并上报区县教委备案，其它单位视情安排错峰上下班；做好伤病员救治和卫生防疫工作的准备；做好灾害处置、秩序维护和师生安置工作，保证在校师生安全。

4.2.4　Ⅰ级应急响应

当接到上级防汛指挥部启动Ⅰ级应急响应的指令时，各单位要全力组织抢险救灾工作，采取有效措施保障师生安全、维护校园稳定；中小学、幼儿园采取停课措施。

4.3　现场处置

各单位接到预警信息、应急响应指令或发生突发事件后，要立即组织师生转移疏散，开展自主抢险和互救抢险，维护校园秩序，及时将受灾情况上报到上级防汛指挥部及所在地区县政府、部门，并采取必要措施防止灾害扩大。

根据事件发展状况，按照“谁先到达谁先处置，逐步移交指挥权”和“谁主管，谁负责”的原则，由属地防汛指挥部和责任单位负责人组成现场指挥部，负责防汛突发事件现场的统一指挥与综合协调工作；组织现场会商，研究处置措施；调度抢险队伍和物资；及时汇报现场指挥调度、抢险救灾情况。

4.4　信息报送

应急响应启动后，各单位按照“零报告”制度向上级防汛指挥部报告汛情信息，内容包括雨情、水情、工情、险情、灾情、应对措施、时间、地点、人员、事件等基本要素和相应的分析等。

当防汛突发事件发生时，各单位立即向上级防汛指挥部或市防汛办报告，详细信息最迟不得晚于事件发生后2小时报告，并及时续报事件情况、发展趋势和处置进展等，事件处置结束后报告事件综合情况。

各单位和个人有权利和义务向市防汛办和相关政府职能部门报告防汛突发事件和隐患，并有权对相关部门的工作过失和不当处置行为进行举报，任何单位不得迟报、漏报、谎报和瞒报防汛突发事件信息。

5　灾后恢复

5.1　灾后救助

各单位要配合相关部门做好受灾师生生活救助、心理辅导、救灾物资发放等工作。

5.2 卫生防疫

各单位要及时清理卫生，配合卫生防疫部门做好污染源的消毒处理等工作。

5.3 抢险物资补充

各单位要及时统计防汛抢险救灾物资消耗情况，按照分级筹措的要求，协调市、区县财政部门及时拨款，保证物资及时补充到位。

5.4 水毁设施设备的修复与配备

各单位要及时检测、统计、上报水毁设施设备情况，并按照事权、财权划分原则协调市、区县发展改革、财政部门下达经费，及时修复与配备，保证教学工作的正常进行。

6 保障措施

6.1 技术保障

各单位要建立和完善防汛应急指挥技术保障措施，满足各种复杂情况下指挥处置的要求。主要包括：供电保障、通信保障、视频会议保障等。

6.2 资金保障

按照《北京市突发事件总体应急预案》《北京市应对突发事件专项准备资金管理暂行办法》，防汛应急资金纳入本市应急资金保险体系，各单位根据实际情况向上级单位申报。

7 奖励与惩罚

各单位要对防汛突发事件发生的原因、过程和损失，以及事前、事中、事后全过程的应对工作，进行全面客观的总结、分析与评估，提出改进措施，形成总结评估报告，并上报上级防汛指挥部。

市教委防汛指挥部对在防汛工作中表现突出或做出贡献的先进集体和个人按照有关规定进行表彰、奖励；对因工作失误造成损失，或玩忽职守、失职、渎职等违法违纪行为，延误突发事件处置，造成重大影响的，要会同相关部门，对有关责任人进行行政处分，构成犯罪的，依法追究刑事责任。

8　预案管理

8.1　预案制定

本预案由北京市教育委员会制定并负责解释，报市防汛抗旱指挥部备案。

各区县教委、各级各类学校、直属单位参照本预案，结合各自实际情况，制定本单位的防汛应急预案，并按行政管理关系报市或区县教委防汛指挥部备案。

8.2　预案修订

市教委防汛指挥部负责适时对本预案进行修订。

8.3　预案实施

本预案自印发之日起正式实施，原《北京市教育系统防汛应急预案（2013 年修订）》（京教建〔2013〕2 号）同时废止。

北京市教育委员会

关于调整 2015～2016 学年度秋季开学时间的通知

京教函〔2015〕229 号

各区县教委，各普通高等学校、普通中等职业学校、成人学校：

为保障中国人民抗日战争暨世界反法西斯战争胜利 70 周年纪念活动顺利举办，按照市政府统一部署，经与教育部沟通，决定对

2015～2016学年度秋季开学时间进行调整。现将有关事项通知如下：

一、2015年暑假顺延至9月6日（星期日），9月7日（星期一）全市中小学校开学。

二、各普通中等职业学校、成人中等职业学校、幼儿园参照上述日期执行。

各普通高等学校、成人高等学校可根据教育部有关规定和主管部门要求，结合本校实际自主安排秋季开学时间，但不得早于9月7日。

三、各区县教委和市、区县教学指导部门要结合各自实际，指导中小学校安排好2015～2016学年度第一学期的教育教学活动。

2015年6月3日

北京市教育委员会办公室

转发教育部办公厅关于落实高校信息公开清单做好高校信息公开年度报告工作文件的通知

京教办函〔2015〕3号

市属各高等学校：

现将教育部办公厅《关于进一步落实高校信息公开清单做好高校信息公开年度报告工作的通知》（教办厅函〔2015〕48号）转发

给你们，请按通知要求做好相关工作。

各校信息公开年度报告应于10月31日前在学校网站首页信息公开专栏向社会发布，报告纸质版（加盖学校公章）和电子版于11月16日前报市教委政府信息公开工作办公室备案。

2015年10月27日

教育部办公厅

关于进一步落实高校信息公开清单做好高校信息公开年度报告工作的通知

教办厅函〔2015〕48号

各省、自治区、直辖市教育厅（教委），各计划单列市教育局，新疆生产建设兵团教育局，有关部门（单位）教育司（局），部属各高等学校：

为深入贯彻《政府信息公开条例》和《高等学校信息公开办法》精神，进一步落实《教育部关于公布〈高等学校信息公开事项清单〉的通知》（教办函〔2014〕23号，以下简称“清单”），做好高校信息公开年度报告编制和发布等工作，推动高校信息公开工作的常态化、规范化、制度化，提高教育透明度，现将有关要求通知如下：

一、各高校要坚持“以公开为常态、不公开为例外”的原则，按照清单要求对照检查各事项公开情况，确保全面、及时、准确地公开清单所列每项信息。同时，加强信息发布、解读和回应工作，充分运用图片、图表、视频等解读方式，切实增强公开实效。

二、各高校要进一步细化主动公开范围和公开目录，做好动态更新，特别要加大招生、财务等重点领域信息公开力度，主动接受外部监督。招生信息公开方面，重点做好录取程序、咨询及申诉渠道、重大事件违规处理结果、录取新生复查结果、考试加分考生资格公示等信息公开工作，及时公开高校自主招生办法、考核程序和录取结果。财务信息公开方面，定期主动公开财务预决算信息，加快实施“阳光财务”，依法依规做好财务信息依申请公开工作。

三、各高校要将编制和公布年度报告作为落实《清单》的重要内容和推动信息公开工作的重要抓手，认真开展总结和相关数据统计分析，及时做好年度报告的编制和公布工作。年度报告应包括下列内容：

（一）概述（主要反映本学年度学校信息公开工作开展的总体情况，包括推动清单落实情况、完善制度机制情况、开展宣教培训情况等）；

（二）主动公开情况（主要反映通过学校网站、校报校刊、新闻发布会、微博、微信等形式主动向校内和社会公开信息的情况及相关统计数据，其中通过信息公开专栏公开清单所列事项的情况要逐项说明并附相关链接，高校招生、财务等人民群众广泛关注的重点领域信息要详细说明公开情况和特色做法）；

（三）依申请公开和不予公开情况（主要反映学校受理信息公开申请的数量、分类及答复情况，依申请公开的收费、减免情况）；

（四）对信息公开的评议情况（主要反映本校师生员工和社会公众对学校信息公开工作进行的评价情况）；

（五）因学校信息公开工作受到举报的情况；

（六）信息公开工作的主要经验、问题和改进措施；

（七）其他需要报告的事项。

四、年度报告的编制应注重内容的丰富性和条理性，数据资料的真实性和完整性，确保信息真实及时，并采用丰富多样的形式，方便公众阅读和获取。报告中统计数据的起止时间为上一年9月1日至当年8月31日。

五、年度报告应于10月31日前在学校网站首页信息公开专栏向社会公布。部属各高校需将报告纸质版（加盖学校公章）和电子版报送教育部备案。其他高校需报学校所在地省级教育行政部门和主管部门备案。教育部将在部门户网站开设专栏汇总展示部属高校年度报告，并适时组织相关督查。

六、各省级教育行政部门负责组织本地高校信息公开年度报告编制和发布工作，对各高校信息公开工作开展督查，并于11月30日前将上一学年本地高校信息公开工作总体情况报送教育部备案。

2015年10月16日

北京市教育委员会

关于做好北京教育年鉴2016卷编纂工作的通知

京教函〔2015〕621号

各区县教委、各高等学校、市教委直属单位、机关各处室：

《北京教育年鉴》（以下简称“年鉴”）是市教委主持编纂的年度性大型资料工具书。为做好2016卷年鉴编辑组稿工作，现将有关要求通知如下：

一、年鉴编纂组织工作在市委教育工委、市教委的领导下，由北京教育年鉴编辑部（以下简称“编辑部”）主持。编辑部负责稿件的审定、编辑、出版和总发行，各单位办公室或综合管理部门指派专人负责提供年鉴文字、图片、影像以及年鉴的发行工作，市教委办公室负责协调、检查。

二、2016卷年鉴编纂工作仍坚持“稳定规模、精选内容、精编文字、规范管理”的原则，突出“全、新、特”的选材标准，全面、客观、真实记录全市各级各类教育改革发展情况。

三、2016卷年鉴出版规模仍然控制在150万字以内，出版形式仍为纸质图书和光盘版。光盘版与纸质版同时出版。

四、2016卷年鉴将采用新的排版软件进行排版，将进一步加大随文图片尺寸的调整，各单位、各部门要全面提高报送图片的质量。图片要求为原始版，分辨率在300DPI以上，像素不低于1800×1200，格式为JPEG或者TIFF，图片内容要突出工作场景。

五、控制文字数量、提高文字质量，是本年组稿工作的重点。各单位、各部门要努力将稿件的数量优势转化为质量优势，全面提高稿件质量。

六、进一步提高年鉴条目写作水平，要做到重点突出、资料翔实、层次清晰。条目既要体现先进的教育教学理念，反映某一领域、某一单位的全局情况，又要通过局部细节记载，生动反映改革创新的具体内容。

七、各单位、各部门要以概况、条目、图片、影像资料4种形式报送稿件。上报稿件需经各单位年鉴特约编辑审改，并经领导审核后于2016年3月15日前报送编辑部。

请各单位、各部门严格落实年鉴编纂方案要求，按时完成2016卷年鉴组稿和编纂工作。编写工作中的有关具体问题请及时与编辑部联系。

2015年12月16日

法制建设

北京市教育委员会文件选编

（2015）

北京市教育委员会

关于印发2015年法治工作要点的通知

京教策〔2015〕4号

各区县教委，各高等学校，各直属单位，市教委机关各处室：

现将《北京市教育委员会2015年法治工作要点》印发给你们，请紧密结合工作实际，认真抓好贯彻落实。

2015年5月13日

北京市教育委员会
2015年法治工作要点

2015年全市教育法治工作的总体要求是：全面深入贯彻党的十八大和十八届三中、四中全会精神，认真落实市委市政府、教育部法治工作部署，紧紧围绕两委一室中心工作，完善制度机制，加强学习培训，营造法治氛围，深入推进依法行政、依法治校，为推动首都教育科学发展、办人民满意的教育提供可靠有力的法治保障。

一、积极推进依法行政，提高教育行政法治化水平

1. 积极推进教育行政审批制度改革工作。做好教育部下放的行政许可、非许可审批事项的承接工作，加快完成配套文件的制定、废止或修订工作。规范行政审批行为，进一步明确审批事项的条件标准，抓紧完善审批工作流程和文书，提高行政审批效率。按照国家和市政府工作部署，研究取消教育类非许可审批事项。

2. 进一步落实行政执法责任制。根据市教委行政审批事项清理结果和市教委行政处罚权力清单，进一步完善和落实行政执法责任制。对教育行政处罚权力清单进行动态维护，严格、规范、公正行使行政处罚权力。规范实施行政处罚裁量基准制度，实行裁量基准动态调整和年度发布制度。健全业务处室重大执法信息会商通报机制，加强对民办学校、中外合作办学机构等办学行为的监督，主动与相关部门加强联系，及时查处教育领域违法行为。强化对区县的执法指导和协调，市和区县教委进一步规范执法程序和文书，认真落实行政处罚案卷评查制度。

3. 认真做好申诉复议案件办理工作。严格按照规定程序办理案件，完善政策法制处与相关业务处室合议办理案件的工作机制，提高案件办理质量。加强对区县教委和学校管理行为的指导，积极运用协调、调解手段办理案件，注重案件办理的实际效果，切实维护学校、教师、学生合法权益。注重加强与教育部、市政府法制办、法院等相关部门沟通。健全重大敏感涉诉案件的应对处置和分析研判机制，积极稳妥化解矛盾纠纷。

4. 加大依法行政学习培训。深入开展法治理念、法治思维和法律知识的学习培训，进一步完善行政机关领导干部学法制度，坚持年度组织集中学法不少于4次，举办法制讲座不少于2次。组织教育系统依法治教培训班。围绕教育热点、难点问题，组织行政执法能力和法律专业知识培训。编写《教育法律纠纷案例评析》。

5. 编辑北京教育法治动态。定期编印《北京教育法治动态》，反映教育法治工作动态，交流依法行政经验，提供及时、有效的教育法律信息服务。

6. 依法主动公开政务信息。贯彻落实《政府信息公开条例》《北京市政府信息公开规定》《北京市教育委员会政府信息公开工作办法》，加强政府信息公开培训，进一步提高政府信息透明度和公众知晓度。推进高校、区县教委和中小学校、直属单位信息公开工作。继续加强电子政务建设，充实丰富网站信息资源。办好“96391”教育咨询服务热线，积极回应公众关切的热点问题，提高行政效率和服务水平。

二、加强教育法治制度建设，服务两委中心工作和教育改革发展

7. 加强教育立法前期调研和准备工作。增强教育立法的计划性、系统性和科学性，积极做好立法前瞻性研究，继续开展《北京市教育督导条例》和《北京市终身学习促进条例》的立法调研工作。进一步了解立法需求，积累立法材料。加强与教育部、市政府法制办和市人大等的沟通，为适时立法做好必要准备。

8. 进一步提高重大决策和规范性文件制定的科学化水平。严格执行行政决策和规范性文件制定程序，强化处室责任意识，严格按照工作流程制发规范性文件。落实合法性和规范性审查要求，加大规范性文件备案监督力度，确保重大决策出台和规范性文件制定的合法性。积极配合市政府法制办做好相关重大行政决策和行政规范性文件合法性审查工作。

9. 做好法律草案意见征询工作。认真完成相关法律法规草案的意见征询工作，客观、全面、准确地反馈教育部门意见，发挥法律法规对我市教育事业的促进和保障作用。

三、扎实推进依法治校工作，完善学校内部治理结构

10. 加强依法治校调查研究。完成中小学依法治校委托课题研究，深入探索依法治校的目标、内涵、关键环节和实施途径，研究制定北京市中小学依法治校实施意见。积极组织依法治校工作研讨交流，发挥、促进学校主观能动性，自主开展依法治校理论研究。

11. 大力开展学校章程建设。抓紧完成市属高等学校章程建设，督促、指导区县教委认真落实中小学校章程建设工作，确保“一校一章程”工作目标落实。以章程建设为牵引，推进学校内部治理结构健全完善，为依法治校提供可靠制度基础。

12. 积极推动依法治校实践。研究建立完善依法治校评价指标体系，启动依法治校达标评估活动，在实践中运用、完善指标评价要素。按照教育部工作部署，全面开展依法治校示范校创建活动。指导区县健全学校法律服务体系，推动建立学校法律顾问制度和未成年学生法律援助机制。

13. 强化依法治校培训交流。组织高校法律事务培训班，加强对学校开展法律事务工作的指导，提升依法实施管理、依法处理和化解学校内部纠纷、问题的能力。借助内外部研究力量和社会资源，通过课题、研讨会等形式，进一步加强依法治校热点、难点工作的理论研究与信息交流。

四、深入开展法治宣传教育，全面落实“六五”普法规划

14. 组织开展“六五”普法检查验收。根据教育部法制办、市法制宣传教育领导小组统一部署，适时安排教育系统“六五”普法检查验收工作。各高校、各区县教委结合检查验收，同步查找工作中存在的薄弱环节和不足，及时提出整改意见，解决工作中存在的问题。

15. 及时总结推广先进典型和经验。全面总结“六五”普法工作成绩和经验，组织拍摄《北京教育系统“六五”普法工作纪实片》，在《现代教育报》中设置教育系统“六五”普法工作专栏，为深化法制宣传教育工作营造良好氛围。挖掘、宣传系统内学法用法的好典型、好经验、好做法，组织“六五”普法先进集体、先进个人等奖项的推荐、评选与表彰。评选教育系统“六五”普法工作创新奖，编制《“六五”普法工作创新成果集》，推广、固化工作模式，提高教育辐射功效。

16. 启动“七五”普法规划研究。在总结教育系统“六五”普法成果基础上，探索符合青少年身心发展需要的普法教育模式，为“七五”普法规划制定提供实践和理论基础，力求新规划中有新思路、新要求、新举措、新发展。

17. 深入开展专题法制宣传教育活动。围绕国家宪法日大力开展宪法学习宣传教育活动。积极开展以保护未成年人权益、增强未成年人法律意识为主题的丰富多彩的学生法制教育实践活动，激发学生学法兴趣与潜能，切实增强学生法制教育实效。认真落实与市法制宣传教育领导小组办公室、市司法局、团市委等单位共同开展“青春船长，法治起航”青少年法制宣传教育活动的相关工作要求，整合校内外青少年法制教育资源，督促各区县教育行政部门及时启动并积极推广“青春船长，法治起航”活动，推动大学生法律志愿服务工作项目与青少年法制教育的有机融合。

18. 加强普法教育优质资源建设。深入推广模拟法庭教育模式，发挥模拟法庭优秀教育成果的教育辐射功效，指导教师利用《中小学模拟法庭教育指导手册》落实教育任务。办好《法治与校园》杂志，积极利用和借助网络、广播、电视、报刊等，丰富学校法制教育的途径和形式。进一步加强与司法行政、政法机关、社会主流媒体等部门组织的协作配合，主动利用和整合各种社会法制教育资源，积极开辟青少年普法教育“第二课堂”。强化法制教育课堂教学主渠道作用，组织编写《学生法制教育读本》，为开展课堂法制教育提供支持。加强优秀法制课件课例资源建设，利用北京市青少年法治教育资源网搭建普法资源共建共享网络。

学前教育

北京市教育委员会文件选编

（2015）

北京市人民政府办公厅

关于印发《北京市第二期学前教育三年行动计划（2015～2017年）》的通知

京政办发〔2015〕31号

各区、县人民政府，市政府各委、办、局，各市属机构：

《北京市第二期学前教育三年行动计划（2015～2017年）》已经市政府同意，现印发给你们，请结合实际认真贯彻执行。

2015年5月25日

北京市第二期学前教育三年行动计划（2015～2017年）

为深入贯彻落实党的十八大关于“办好学前教育”和十八届三中全会关于“推进学前教育改革发展”精神，认真落实《国务院关于当前发展学前教育的若干意见》（国发〔2010〕41号），结合教育部等部门有关工作要求，推动本市学前教育持续健康发展，在实施《北京市学前教育三年行动计划（2011～2013年）》的基础上，结合当前全市学前教育发展实际，制定本行动计划。

一、发展现状

2011年至2013年，本市制定并实施了《北京市学前教育三年行动计划（2011～2013年）》，逐年提高学前教育专项经费，有序扩大学前教育规模，共增加幼儿园677所，在园儿童增加近9万人，基本缓解了“入园难”问题，幼儿园办园条件和办园质量得到显著改善。目前，全市共有幼儿园1922所，在园儿童36.5万人，学前教育改革发展取得了较好成效。

但是，随着首都经济社会的快速发展，本市学前教育的数量、布局、结构与人民群众对高质量、多样化的学前教育需求仍有一定差距。特别是随着“单独二孩”政策的实施，未来几年，全市适龄儿童入园需求仍将保持较快增长趋势，供需矛盾较为突出。

当前学前教育发展面临的主要问题有：一是学前教育资源总量不足，常住适龄儿童学位缺口较大，局部地区“入园难”和“入公办幼儿园难”的问题仍然较为突出。二是现有学前教育成本分担机制未能充分保障非教育部门举办的公办幼儿园可持续发展。三是城乡结合部地区无证办园现象比较突出，安全管理、办园质量等方面难以保障。四是学前教育师资供给不足，幼儿教师职业吸引力不强，幼儿园保教质量有待进一步提高。

二、主要目标

本市学前教育继续坚持“政府主导、社会参与，保证基本、广泛覆盖，公益普惠、优质多样，合理分担、保障运行，保教结合、科学育儿，依托社区、就近就便”的原则，严格落实首都城市战略定位，根据城市空间布局、人口分布特点和适龄人口变化趋势，通过统筹资源、合理布局、优化结构、创新体制机制，采取规划建设、改造扩建、以租代建等方式建设一批公办幼儿园或普惠性民办幼儿园，构建以公办幼儿园和普惠性民办幼儿园为主体、公办民办并举的学前教育服务网络，进一步完善公共财政投入、社会举办者投入和家庭合理分担成本的学前教育运行保障机制，农村地区以公共财政投入为主。

2015年至2017年，通过增加学前教育学位数量，实现全市户籍适龄儿童学前三年学位供给全覆盖，入园率保持在95%以上；努力满足常住适龄儿童入园需求，进一步解决“入园难”问题；对未能入园的在京适龄儿童及其家庭，提供多种形式的学前教育指导服务。

三、重点项目

在对学前教育加大政府投入力度的基础上，通过巩固完善已有成果，积极创新体制机制，不断增强保障能力，进一步保存量、增总量、调结构、建机制、提质量，提供更加公益普惠的学前教育服务。三年内将实施学前教育十大重点项目。

（一）实施幼儿园新建改扩建项目，努力扩大学位供给。2015年至2017年，安排财政性专项经费用于保障幼儿园设施设备投入。一是继续支持新建改扩建幼儿园，特别是新建一批村办幼儿园。二是接收一批小区配套幼儿园并将其办成公办幼儿园或普惠性民办幼儿园。三是现有各级各类幼儿园扩建1000个班级。

（二）实施幼儿园办园条件提升项目，创造安全适宜的教育环境。对部分未进行过达标改造的公办幼儿园实施办园条件达标改造，支持部分普惠性民办幼儿园实施修缮改造，确保幼儿园安全防护设施达标，整体提升办园条件。

（三）实施公办性质幼儿园运行扶持项目，为其稳定运行提供保障。继续加大对公办幼儿园运行保障的投入力度，规范教育部门办园生均经费的拨付和使用，继续提高非教育部门举办的公办幼儿园生均定额补助标准，确保其良性运转。确保不同举办主体的公办幼儿园教师享受同等待遇。

（四）实施民办幼儿园奖励扶持项目，鼓励支持社会力量多形式办园。一是结合民办幼儿园年检、考核、收费备案、教师待遇等情况认定一批普惠性民办幼儿园。参照教育部门办园生均经费标准，对普惠性民办幼儿园给予补贴，鼓励扩大普惠性民办学前教育资源。二是对主动纳入分级分类管理的普惠性民办幼儿园给予奖励，不断提高其办园水平。三是加大对民办幼儿园园长教师的培训力度，选派优秀公办幼儿园教师到民办幼儿园挂职。四是依法保障民办幼儿园教师权益，按照国家和本市有关规定为其办理基本养老、基本医疗、失业、工伤、生育等社会保险手续，并及时足额缴纳社会保险费。民办幼儿园教师在职称评定、评先评优等方面与公办幼儿园教师享有同等待遇。

（五）实施社区学前教育服务中心项目，缓解中心城区及城乡结合部地区入园压力。探索在入园压力大、土地资源紧张的中心城区及城乡结合部地区，依托优质幼儿园，通过以租代建等方式，建设一批社区学前教育服务中心，不断扩大上述区域的优质学前教育资源。

（六）实施无证幼儿园分类治理项目，及时消除安全隐患。建立市、区县两级无证办园管理协调机制，明确各有关部门责任，形成工作合力。在对无证幼儿园进行摸底调研的基础上，按照“审批一批、规范一批、取缔一批”的原则，对无证幼儿园实施分类分步治理，进行动态监管，及时消除安全隐患。设立一批学前教育社区办园点，对符合标准的社区办园点给予奖励。

（七）实施幼教师资培养项目，提高师资供给能力。加强高校学前教育专业建设力度，对扩大幼教师资招生和增设学前教育专业的高校，给予经费扶持。根据幼儿园发展和学位增加情况，有序扩大幼儿教师师资培养规模。积极探索幼儿园卫生保健人员培养的有效途径，采取委托培养等方式，专门培养一批幼儿园卫生保健人员。

（八）实施幼儿园园长教师培训项目，不断提高园长教师素质。采取分层、分类及与重点培训项目相结合的方式，做好公办幼儿园、民办幼儿园园长和教师的在职教育培训。加大安全教育培训力度，提高园长和教师的安全素质。按照教育部要求并结合本市师资培训实际工作，分三年完成对全市幼儿园园长和教师的全员专业培训。

（九）实施学前教育补助项目，努力满足家庭困难和残疾适龄儿童的学前教育需求。继续完善保育教育费减免政策，资助家庭经济困难儿童及残疾儿童接受学前教育。研究调整学前阶段残疾儿童生均经费标准，以幼儿园为依托，加强学前特殊教育资源教室建设，努力为适龄残疾儿童提供优质融合教育。

（十）实施学前教育质量提升项目，全面促进幼儿园内涵发展。一是抓好教育部《3～6岁儿童学习与发展指南》的贯彻落实工作，重点做好《3～6岁儿童学习与发展指南》实验区改革和实验项目推进工作。二是加强0至3岁早期教育基地建设，并给予活动经费支持。三是加强学前教育教研队伍建设与教研管理，安排专职教研员，定期对幼儿园进行业务指导。吸引优秀专业人才充实教研队伍，确保专项教研经费的投入。四是坚持幼儿园分级分类管理，提高保教质量，防止“小学化”倾向。五是健全幼儿园监管体系，完善幼儿园年检制度，加强对各级各类幼儿园的监督管理。

四、保障措施

（一）加强组织领导。各区县政府、市政府各有关部门要高度重视学前教育发展工作，加强对学前教育的统筹规划，加强对薄弱地区和薄弱环节的扶持力度，推动学前教育持续健康发展。市、区县两级要健全教育部门主管、有关部门分工负责的工作机制，形成推动学前教育发展的合力。要充分发挥学前教育联席会议制度作用，及时通报学前教育发展情况，研究解决工作中遇到的重大问题，确保各项任务落到实处。

（二）落实区县政府主体责任。各区县政府是发展本区县学前教育的责任主体，要认真落实本行动计划的各项要求，并负责编制本区县第二期学前教育三年行动计划。要结合本地区适龄人口变化趋势，整合资源，调整结构，合理布局，更好地满足本区县学前教育的多样化需求。管好用好小区配套幼儿园，按照国家和本市相关规定，对小区配套幼儿园建设和使用情况开展普查，对未建、少建或者转作他用的小区配套幼儿园，做好补建和收回工作。按照相关要求核定幼儿园教职工编制数，并按编制内实有人员拨付工资总额。幼儿园在编教师绩效工资总额按照与义务教育阶段同类人员相衔接的原则确定。建立幼儿园园长奖励制度。

（三）强化部门管理责任。教育部门要完善政策，充实管理力量，建立幼儿园信息公示制度，在政府网站及时公开发布幼儿园资质、收费等相关信息。发展改革部门要加大幼儿园建设发展力度，做好幼儿园建设和幼儿园收费监督工作，建立幼儿园收费备案制度，落实幼儿园水、电、燃气收费相关优惠政策。财政部门要加大投入，完善学前教育的投入保障机制，确保本行动计划中提出的经费需求足额到位。由住房城乡建设部门牵头，规划、教育和国土等部门配合，认真落实本市关于加强小区配套幼儿园规划建设和管理有关要求，督促检查区县完成小区配套幼儿园普查、收回、补建等工作，并在政府网站上公布小区配套幼儿园基本信息。人力社保部门要研究完善幼儿园教职工的工资待遇、社会保障和职称评定政策。综治、公安部门要加强对幼儿园安全保卫工作的监督指导与规范管理，整治、净化幼儿园周边环境。卫生计生部门要把幼儿园的卫生保健工作作为公共卫生服务的重要内容，加强监督和指导，落实保健、疾病预防控制、卫生监督执法等工作。税务部门要按照有关法律法规落实相关税收优惠政策。民政、质监、安全监管、食品药品监管等部门要根据职能分工，继续加强对幼儿园的指导与管理。

（四）创新体制机制。解放思想，改革创新，推进幼儿园办园体制、投入机制和用人制度等方面的改革，探索推动学前教育可持续发展的新机制、新方法。加大对幼儿园的扶持力度，探索公办和民办幼儿园运行管理及幼儿园教职工工资待遇、社会保障的财政扶持机制，稳定教师队伍，增加普惠性幼儿园比例，整体提升学前教育质量。研究探索一园两址以上幼儿园园长的奖励机制，保障园长队伍稳定，更好体现其职业价值。建立对公民个人、社会团体、企事业单位等举办普惠性幼儿园的奖励机制，研究出台认定和扶持普惠性民办幼儿园实施办法，努力扩大普惠性学前教育资源。

（五）强化督导检查。教育督导部门要对学前教育开展专项督导，加强对政府责任落实、教师队伍建设、经费投入、安全管理等方面的督促检查，并将结果向社会公示。市教育、发展改革、财政等部门，要对本行动计划的落实情况进行检查评估，并建立问责机制，及时发现和纠正工作中存在的问题。本行动计划目标任务和政策措施落实情况纳入区县政府教育工作实绩考核，2017 年将根据考核结果对学前教育先进区县给予表彰奖励。

各区县第二期学前教育三年行动计划经区县人民政府批准后，于 2015 年 6 月 20 日前报送市教委备案。

基础教育

北京市教育委员会文件选编

（2015）

北京市教育委员会

关于认定第二批中小学学校文化建设示范校的通知

京教函〔2015〕116号

各区县教委、燕山教委：

根据《北京市教育委员会关于评选第二批中小学学校文化建设示范校的通知》（京教函〔2014〕646号）精神，市教委组织专家组，依据创建标准，通过实地指导、现场观摩、听取汇报、查阅材料等方式，对申报北京市第二批中小学学校文化建设示范校的学校进行了评审。根据专家组意见，经研究，认定北京市东城区培新小学等203所中小学为北京市第二批中小学学校文化建设示范校（名单附后）。

学校文化建设是促进学校内涵发展和质量提升的重要内容。各区县教委要充分发挥学校文化建设示范校辐射带动作用，大力推动文化育人，推进学校文化特色建设，促进学校办学品质提升和育人质量提高。被认定的示范学校要结合实际，进一步梳理学校办学理念，加强学校文化体系建设，完善学校实践体系，丰富学校文化内涵，在学校文化建设方面创造更多更好的经验。

附件：北京市第二批中小学学校文化建设示范校名单

2015年4月13日

附件

北京市第二批中小学学校文化建设示范校名单

（排名不分先后）

北京市东城区培新小学
北京市崇文小学
北京市东城区西中街小学
北京市东城区灯市口小学
北京市东城区和平里第四小学
北京市东城区分司厅小学
北京市东城区景泰小学
北京市东城区东交民巷小学
北京市第五中学
北京市第十一中学
北京市第二十四中学
北京市第二十五中学
北京市第五十中学
北京市第一七一中学
中央工艺美术学院附属中学
北京市第八中学
北京市第十三中学
北京市第一六一中学
北京市回民学校
北京市育才学校
北京市鲁迅中学
北京市西城区黄城根小学
北京市宣武回民小学
北京市西城区康乐里小学
北京市西城区师范学校附属小学
北京市宣武师范学校附属第一小学
北京市西城区进步小学
北京市西城区育翔小学
北京市西城区奋斗小学
北京市朝阳区望京南湖东园小学
中国传媒大学附属小学
北京市朝阳区平房小学
北京市朝阳区安慧里中心小学
北京市朝阳区三里屯小学
北京市朝阳区新源西里小学
北京青年政治学院附属中学
北京市润丰学校
北京市朝阳区花家地实验小学
北京市第十七中学
北京市朝阳区八里庄中心小学
北京市朝阳区第二实验小学
北京市第九十四中学
北京市日坛中学

北京市朝阳区十八里店小学
北京第二外国语学院附属小学
北京市朝阳区垂杨柳中心小学
北京市陈经纶中学分校
北京市朝阳区望京新城南湖中园小学
北京市朝阳区芳草地国际学校富力分校
北京师范大学奥林匹克花园实验小学
北京市朝阳区劲松第四小学
北京市朝阳外国语学校
北京市东方德才学校
北京师范大学朝阳附属中学
北京市十一学校
北京市育英学校
北方交通大学附属中学
北京市第二十中学
北京市玉渊潭中学
北京市第十九中学
北京市上地实验学校
北京科技大学附属中学
北京市二十一世纪国际学校
北京市海淀区万泉小学
北京市海淀区中关村第四小学
清华大学附属小学
北京市海淀区玉泉小学
中国人民大学附属中学实验小学
北京市海淀区民族小学
北京市海淀区红山小学
北京市海淀区第二实验小学
中国农业科学院附属小学
北京市海淀区二里沟中心小学
北京市海淀区七一小学
北京市海淀外国语实验学校
北京教育学院附属海淀实验小学
北京市洋桥学校
北京市丰台区长辛店学校
北京市芳星园中学
北京市第十八中学
北京市第十中学
北京市赵登禹学校
北京市丰台区纪家庙小学
北京市丰台区东高地第三小学
丰台区东铁匠营第二小学
北京市丰台区丰台第二小学
北京市丰台区右安门第一小学
北京市丰台区西罗园第六小学
北京市丰台区东铁匠营第一小学
北京市丰台区丰体时代小学
北京小学丰台万年花城分校
首都师范大学附属苹果园中学
北京市古城中学
北京市杨庄中学
北京市石景山区古城第二小学
北京市石景山区六一小学
北京市石景山区金顶街第二小学
北京市石景山区爱乐实验小学

北京市门头沟区大峪第二小学
北京市门头沟区大台中心小学
北京市门头沟区东辛房小学
首都师范大学附属中学永定分校
北京市王平中学
北京市房山区城关第二小学
北京市房山区琉璃河镇琉璃河中心小学
房山区琉璃河镇窑上中心小学
房山区张坊镇张坊中心小学
北京市房山区史家营乡史家营中心小学
北京市房山区青龙湖镇中心小学
房山区南尚乐中心小学
房山区良乡第二小学
北京市房山区霞云岭乡霞云岭中心小学
北京市房山区实验中学
北京市房山区良乡中学
北京市房山区张坊中学
北京市房山区坨里中学
北京市房山区房山第五中学
北京市房山区良乡第二中学
北京市房山区长阳中学
北京市房山区南召中学
北京市通州区梨园镇中心小学
北京小学通州分校
北京市通州区潞县镇中心小学
北京市通州区宋庄镇中心小学
北京市通州区东方小学
北京市通州区玉桥小学
北京市通州区后南仓小学
北京市通州区第六中学
北京市第二中学通州分校
北京市通州区台湖学校
北京市育才学校通州分校
北京市通州区于家务中学
北京市通州区郎府中学
北京市通州区张家湾中学
北京市顺义区杨镇中心小学
北京市顺义区马坡中心小学
北京市顺义区后沙峪中心小学
北京市顺义区马坡第二小学
北京市顺义区李桥中心小学
北京市顺义区第二中学
北京市顺义区仁和中学
北京市顺义区杨镇第二中学
北京市顺义区南彩学校
北京市昌平区城北中心小学
北京市昌平区回龙观第二小学
北京市昌平区南口镇小学
北京市昌平区天通苑小学
北京市昌平实验小学
北京市昌平区巩华中心小学
北京市昌平区马池口中心小学
北京市昌平区南口铁道北小学
北京市昌平区二毛学校
北京市昌平区长陵学校

北京市昌平区第四中学
北京市昌平实验中学
北京市昌平区前锋学校
北京市昌平区百善学校
北京市昌平区第一中学
北京市昌平区平西府中学
北京市昌平区流村中学
北京市大兴区第九小学
北京师范大学大兴附属小学
北京市大兴区第五小学
北京市大兴区第十小学
北京小学大兴分校
北京第二实验小学大兴实验学校
北京市大兴区安定镇中心小学
北京市大兴区青云店镇第一中心小学
北京市大兴区长子营镇第一中心小学
北京市第二中学亦庄学校
北京市大兴区第五中学
北京师范大学大兴附属中学
北京市大兴区榆垡中学
北京市大兴区魏善庄中学
北京市大兴区红星中学
北京市大兴区长子营中学
北京市平谷区第二小学
北京市平谷区第八小学
北京市平谷区大华山学区
北京市平谷区夏各庄学区
北京市平谷中学
北京市平谷区第四中学
北京市平谷区峪口中学
北京市怀柔区第五中学
北京市怀柔区第三中学
北京市怀柔区北房中学
北京市怀柔区第二小学
北京市怀柔区茶坞铁路中学
密云县季庄小学
密云县南菜园小学
密云县太师屯镇中心小学
密云县巨各庄镇中心小学
首都师范大学附属密云中学
密云县西田各庄中学
密云县河南寨中学
延庆县第四小学
延庆县第四中学
延庆县十一学校
延庆县康庄中心小学
延庆县康庄中学
延庆县千家店学校
北京市房山区燕山星城小学
北京市燕山前进中学

北京市教育委员会
北京市民政局
共青团北京市委员会
北京市志愿服务联合会

关于北京市中小学开展志愿服务工作的意见

京教基一〔2015〕8号

各区县教委、民政局、团区委、枢纽型志愿服务组织：

为深入贯彻教育部《学生志愿服务管理暂行办法》（教思政〔2015〕1号）、团中央《关于推动团员成为注册志愿者的意见》（中青发〔2014〕29号）、市政府《关于加快推进“慈善北京”建设促进慈善事业健康发展的意见》（京政发〔2015〕22号）和《北京市中小学培育和践行社会主义核心价值观实施意见》（京政办发〔2014〕52号）等文件精神，按照《北京市志愿者管理办法》（试行）的具体规定，加强对全市中小学志愿服务工作指导，建立健全中小学志愿服务工作长效机制，现就加强中小学志愿服务工作，提出如下意见。

一、工作目标

中小学志愿服务要按照教育部、团中央和市委市政府志愿服务工作整体部署，积极创新中小学志愿服务与慈善工作体制，实现中小学志愿服务管理工作的科学化、制度化、规范化、信息化。进一步培养学生通过参与志愿服务，弘扬慈善理念，增强社会责任感，力争实现中小学生100%成为实名注册志愿者。进一步加强志愿服务精神和能力的培养，实现中小学生志愿服务记录信息化管理，纳入中小学学生综合素质评价。

二、工作原则

中小学生志愿服务要遵循自愿、诚信、公益原则。学生志愿服务内容主要包括：普及文明风尚志愿服务、送温暖献爱心志愿服务、公共秩序和赛会保障志愿服务、应急避险知识技能普及志愿服务以及面向特殊群体的志愿服务等。中小学生经其监护人同意，可以申请成为学生志愿者。中小学生志愿服务以学校组织开展为主，十四周岁以下的未成年学生自行参加志愿服务应有其监护人陪同。

三、工作内容

（一）在中小学开设志愿服务课程。修订中小学生志愿服务教材，将志愿服务和慈善文化纳入地方课程或校本课程，与各学科教学相结合，对学生系统开展慈善与志愿理念、慈善与志愿精神、慈善与志愿服务基本要求与知识技能以及志愿服务安全知识等教育。将相关内容纳入市、区县和学校教研活动，各中小学参与志愿服务与公益慈善相关工作的教师要分期分批参加市教委、市民政局、团市委以及市志愿服务联合会组织的专题培训。

（二）成立校级志愿者组织。各中小学共青团、少先队组织成立校级志愿者组织，由团委或少先队大队统筹全校志愿者工作。团委书记或少先队大队辅导员担任校级志愿者组织负责人，对志愿者的管理、项目的发布和活动的开展进行直接指导，加强校级志愿者组织与本市公益慈善组织的合作，积极引导中小学生参加公益慈善组织的志愿者队伍，参与公益慈善组织的志愿服务。

（三）动员中小学生注册成为实名志愿者。依托“志愿北京”网络平台（www.bv2008.cn），指导中小学生注册成为实名志愿者。扩大高中学生“志愿北京”志愿者实名注册规模，启动有组织的初中生注册工作，倡导小学生以家庭为单位注册志愿家庭。入团前，要将是否是注册志愿者、是否参加过一定时间的志愿服务活动作为考察内容；入团时，要积极同步推动新团员同时成为注册志愿者；在“推优入党”工作时，要将是否在注册志愿者中发挥骨干作用作为考察内容。

（四）进一步开发适合中小学生的志愿服务项目。各区县和学校要着力培育校园志愿服务组织，拓展校级、班级志愿服务项目，设立中小学志愿服务岗。鼓励公益慈善组织开发、提供适合中小学生的志愿服务项目和岗位。引导中学生走进社会、走进社区、走进公益慈善组织开展义务劳动和公益慈善服务。推动中小学开发的志愿服务项目在“志愿北京”网站进行项目审批备案，确保志愿服务规范化和保证中小学生志愿者享有志愿者保险。采取政府购买服务的方式为校级志愿服务组织实施项目、开展活动提供支持。

（五）实现中小学生志愿服务记录信息化管理。建立志愿服务记录电子档案，全程记录学生志愿服务情况，纳入学生综合素质评价体系。在北京市初中和高中学生综合素质评价电子平台增设“志愿服务”栏目，记入“思想道德事迹记录袋”。学校认定和社会权威认定相结合，将学生综合素质评价电子平台与“志愿北京”网络平台进行数据对接。由公益慈善组织提供或认可的志愿岗位，公益慈善组织要认真做好中小学生参与本组织志愿服务记录工作。学校组织开展和学生自行开展的志愿服务由学校进行认定，并逐步完善诚信体系和结果公示制度。

四、工作要求

（一）进一步提高对中小学生参与志愿服务重要意义的认识。推动中小学生参与志愿服务和弘扬慈善理念是中小学生践行社会主义核心价值观的重要举措；是全面贯彻党的教育方针，坚持立德树人，进一步深化基础教育综合改革，全面实施素质教育的重要途径；是促进中小学生健康成长，成为德智体美全面发展的社会主义事业可靠接班人和合格建设者的内在需要。

（二）大力宣传中小学志愿服务工作典型。各中小学应积极宣传、及时上报志愿服务工作开展情况，大力宣传涌现出的典型集体与个人优秀事迹，宣传志愿理念和慈善文化，传播社会正能量。

（三）完善中小学生志愿服务考评激励机制。各中小学要制定科学规范的评价标准和考评办法，以日常服务记录和组织评价、服务对象评价为依据，对中小学志愿服务工作进行客观评价，列入年度综合督导。将中小学生志愿服务纳入本市志愿者星级评定体系及我市慈善领域评定表彰体系，完善以精神激励为主、物质奖励为辅的中小学志愿服务表彰激励措施。结合学校工作实际，通过服务计时进行星级认定、奖章颁授、评选表彰等切实加强中小学生志愿者权益保障、激励评优等工作。

（四）提供中小学志愿服务工作经费保障。设立中小学生志愿服务工作专项经费，纳入学校预算管理，专项用于志愿服务组织实施、教育培训、评优表彰以及根据需要为学生参加志愿服务提供物质保障等。专项经费的使用和管理要公开透明，专款专用，提高使用效益。

2015 年 8 月 28 日

北京市教育委员会

关于印发《北京市中小学校办学条件标准细则（修订）（普通高中部分）》的通知

京教基二〔2015〕15号

各区县教委：

为适应我市普通高中现代化建设和多样化发展要求，我委决定对2006年《北京市中小学校办学条件标准细则（试行）（普通高中部分）》（京教基〔2006〕26号）进行修订。现将修订后的《北京市中小学校办学条件标准细则（修订）（普通高中部分）》印发给你们，请认真组织学习，并遵照以下要求执行。

一、坚持“实事求是，物尽其用”原则，配置仪器设备要充分考虑学校各学科开设课程内容模块、师资、场地、学生选课人数等因素，认真选择仪器品种，精确测算每种仪器数量，避免造成设备的闲置、浪费。

二、结合学校的办学特色和教学实际，考虑未来“走班制”“分层教学”“分类教学”等教学组织形式，充分发挥学校各学科教研组和任课教师在选择、配置仪器过程中的作用，提高学校配置仪器设备的适切性。

三、加强对学校办学条件达标工作的指导与监督，转变学校仪器设备配备和使用观念，规范仪器设备管理，培养教师使用技能，提升教学质量，不断提高资源使用效益。

附件：北京市中小学校办学条件标准细则（修订）（普通高中部分）（略）

2015年10月14日

北京市教育委员会

关于加强中小学劳动教育的实施意见

京教基一〔2015〕9号

各区县教委，燕山教委：

今年7月，教育部、共青团中央、全国少工委印发了《关于加强中小学劳动教育的意见》（教基一〔2015〕4号，以下简称《意见》）。为贯彻落实《意见》精神，结合我市工作实际，就加强新时期我市中小学劳动教育提出以下实施意见。

一、充分认识加强中小学劳动教育的必要性和紧迫性

加强中小学劳动教育是全面贯彻党的教育方针的基本要求，是实施素质教育的重要内容，是培育和践行社会主义核心价值观的有效途径。当前，中小学劳动教育还存在一些薄弱环节和问题，亟待加以改进并予以解决。因此，适应改革和发展的新形势新要求，加强中小学劳动教育，具有十分重要的现实意义。

（一）加强中小学劳动教育是落实立德树人，培育和践行社会主义核心价值观的需要。自古以来，“勤劳”“节俭”就是中华民族

的传统美德，也是我们今天倡导的社会主义核心价值观蕴含的重要内容，是当今时代值得称颂和需要发扬的宝贵品德。加强中小学劳动教育，从小培养学生热爱劳动、勤俭节约等品德，摈弃轻视劳动、不珍惜劳动成果、不劳而获等错误观念，就要在新时期进一步传承和弘扬中华传统美德，就要把培育和践行社会主义核心价值观付诸实践、落到实处。

（二）加强中小学劳动教育是深化教育综合改革，提升学生综合素质的需要。当前，教育综合改革最根本的就是要解决好“培养什么人、怎样培养人”的问题，也就是如何促进学生全面而有个性的发展、提升学生综合素质。劳动教育不仅是全面育人的重要内容，也是提升学生综合素质的重要途径。充分发挥劳动的育人功能，强化劳动素养，以劳树德、以劳增智、以劳强体、以劳育美、以劳创新，有利于促进学生德、智、体、美、劳全面发展。

（三）加强中小学劳动教育是铸就中国梦，实现中华民族伟大复兴的需要。无论是全面建成小康社会，还是实现“两个一百年”奋斗目标，实现中华民族伟大复兴，都需要努力造就数以亿计的高素质劳动者、数以千万计的专门人才和一大批拔尖创新人才。加强中小学劳动教育，培养学生劳动兴趣、磨练学生意志品质、激发学生创造能力，进而培养他们的社会责任感、创新精神和实践能力，就是在为铸就中国梦、实现中华民族伟大复兴奠定坚实的人才基础。

二、立足首都教育综合改革，大力推进中小学劳动教育

当前，贯彻落实《意见》精神，必须立足首都教育综合改革的大局，着眼首都教育综合改革的目标，结合各项教育改革的重大举措，结合社会主义核心价值观的培育和践行，结合基础教育课程教学改革的推进，结合首都教育发展的阶段性特点和实际，切实加强中小学劳动教育，培养学生的劳动意识、习惯和能力，促进其身心健康、全面发展。

（一）以社会主义核心价值观为引领加强劳动教育。要把中小学劳动教育和落实市政府办公厅《北京市中小学培育和践行社会主义核心价值观实施意见》精神结合起来，按照“记住要求、心有榜样、从小做起、接受帮助”的要求加强中小学劳动教育。要与当前中小学正在开展的以“爱学习、爱劳动、爱祖国”“节水、节电、节粮”为主要内容的“三爱三节”教育有机结合起来，并在此基础上进一步丰富教育形式和载体，引导中小学生树立正确的劳动观念，提高劳动素养。引导学生既学习必要的劳动知识和技能，又通过劳动养成好习惯、好品德，陶冶学生情操，帮助他们明白“生活靠劳动创造，人生也要靠劳动创造”的道理，形成劳动光荣、劳动伟大的正确观念。

（二）认真落实新课程计划中有关劳动教育的要求。按照《北京市实施教育部〈义务教育课程设置实验方案〉的课程计划（修订）》和《北京市实施教育部〈高中教育课程实验方案〉的课程计划》要求，保证义务教育阶段和高中阶段综合实践活动课程、通用信息技术的课时。同时，落实各学科平均不低于10%的学时用于开设学科实践活动课程的要求，在开展初中综合社会实践活动、初中开放性科学实践活动中，加强对中小学生劳动实践的引导，促进学生动手动脑，在生产劳作、科研发明、创新创造等活动中独立解决问题，收获劳动成果。积极用好少先队活动课和主题教育活动时间开展劳动教育。鼓励有条件的区县和学校结合实际，开设家政、烹饪、手工、园艺、非物质文化遗产等特色课程，在地方和学校课程中加强劳动教育。

（三）充分利用社会大课堂资源开展好劳动教育。北京市中小学生社会大课堂是学生实践体验的重要资源平台。区县和学校要利用社会大课堂活动经费，组织学生走进国家博物馆、首都博物馆、中国农业博物馆等教育场馆开展农业生产、农具使用等农业基本知识方面的普及教育；组织学生走进蔬菜水果种植、畜牧养殖、城市绿化等现代农业基地、生态庄园体验感受现代农业的魅力；组织学生走进农业生产基地、工厂车间、制造基地、商业企业等，参与到劳动生产、流通、服务贸易的实践体验中去。鼓励中小学校利用社会大课堂资源，给学生安排一定时间的农业生产、工业体验、商业服务等劳动实践。鼓励各学科教师坚持教育教学与生产劳动、社会实践相结合，提升教师运用社会教育资源辅助教育教学的能力和组织策划学生实践活动的能力。

（四）因地制宜组织学生开展学农实践体验活动。市教委将安排资金，有重点、有主题、分批次组织部分城区学校学生到郊区开展为期一周、封闭式、全寄宿的学农活动。全市各区县和中小学校都要在中小学生中普遍开展各种形式的学农实践体验活动，综合考虑师资力量、活动内容或课程设置、实践保障条件和住宿接待能力等因素，确定劳动教育基地，推进中小学劳动教育课程资源和基地建设。鼓励区县和学校开发适合本区县、本校的劳动教育基地，集中组织中小学生开展学农实践活动。学农实践要突出主题、学用结合、真学真干、注重实效，在保障安全的前提下，尽可能让学生多参与到劳动实践体验中。

（五）注重发挥家庭和社会力量协同推进劳动教育。密切学校、家庭、社会联系，加强各方协作，发挥各自优势，延伸和拓展劳动教育时间、空间和场所，形成教育合力。学校可针对学生的年龄特点和个性爱好特长，安排适量的劳动家庭作业，布置力所能及的家务，教育学生自己事情自己做，家里事情帮着做。通过家长开放日、家长学校、家长委员会或家长教师协会等，引导家长树立正确的教育观念，重视培养孩子的劳动习惯，为孩子参加家务劳动创造条件，有意识地督促和引导学生参加力所能及的家务劳动。鼓励学生参加社会劳动，积极争取社区街道、所在村镇和学校周边单位的支持，为学生参加社会劳动和社区服务提供便利。

三、不断完善中小学劳动教育的保障体系

（一）加强对劳动教育的组织领导。市教委基础教育一处牵头，基础教育二处、市政府教育督导室学校督导处等有关处室配合，统筹协调开展全市中小学劳动教育。各区县要加强本区县中小学劳动教育的统筹协调，明确主责部门和具体负责人，确保劳动教育的责任落实到位。学校要加强校内外统筹协调，明确负责部门，落实好劳动教育相关课程和学农实践活动，加强劳动安全教育，协调班主任、学科教师、共青团、少先队、工会以及学生家长和社区力量，共同做好学生劳动教育工作。

（二）加强劳动教育的经费投入和人员配备。市级将安排一定的引导性资金用于推动开展全市中小学生劳动教育实践活动和劳动教育基地建设。各区县要在有效用好市级引导性资金和学生社会大课堂活动经费基础上，结合区县实际，在学生教育活动和社会实践经费中统筹安排一定的学生劳动教育经费。重视劳动教育师资队伍建设，促进劳动教育教师专业化发展，并积极探索引进企业、工厂、农业基地等社会力量专业人员作为劳动教育的兼职教师和补充力量。

（三）加强劳动教育基地和场所建设。市级将结合社会大课堂建设，进一步丰富资源单位类型，有重点地吸纳和培育一批主题突出、内容适合、活动丰富、保障条件较好的劳动教育基地。区县可从社会大课堂资源单位或其他教育场所、社会资源中选择一批适宜的单位，共同开发建设，作为相对固定的劳动教育基地，培育劳动教育示范基地，发挥辐射和带动作用。学校要加强校内综合实践活动课程专业教室建设，有条件的学校可在校内开辟“小菜园”“小饲养场”“小作坊”等生产劳动场所，鼓励学校在校内通过多种形式为学生提供参加劳动的场所、岗位和机会。

（四）加强对劳动教育的督导评价。市、区政府教育督导部门要将学校劳动教育实施情况纳入中小学责任督学挂牌督导内容和素质教育综合督导内容，将学生劳动教育情况纳入中小学生综合素质评价，以此作为升学、评优的重要参考。扩大劳动教育宣传，营造良好的社会氛围，及时推广区县和学校好的经验和做法，推进劳动教育特色校建设，树立爱劳动的学生典型，切实加强中小学劳动教育，促进学生健康成长和全面发展。

2015 年 11 月 17 日

北京市教育委员会

关于评选第三批中小学学校文化建设示范校的通知

京教函〔2015〕579号

各区县教委：

2015年，各区县和学校按照《北京市教育委员会办公室关于开展第三批中小学学校文化建设示范校创建活动的通知》（京教基一办〔2015〕1号）的要求，积极开展学校文化建设示范校创建，创建活动取得了良好成效，学校文化建设水平得到进一步提高。为树立典型，宣传建设成果和经验，按照创建活动的总体安排，市教委拟评选第三批北京市中小学学校文化建设示范校。现将有关事项通知如下：

一、评选目的

通过第三批中小学学校文化建设示范校创建评选活动，进一步在全市中小学培育和践行社会主义核心价值观，弘扬中华优秀传统文化，大力推动文化育人，推进学校文化特色建设和内涵发展，充分发挥学校文化建设示范校辐射带动作用，促进学校办学品质提升和育人质量提高。

二、评选名额

按照《北京市“十二五”时期教育改革和发展规划》关于“加强校园文化建设，评选500所中小学校园文化建设示范校”的要求，市教委决定2015年在全市共评选200所北京市中小学学校文化建设示范校（各区县具体名额分配见附件2）。

三、评选程序

（一）学校自主申报。各学校参照《北京市中小学学校文化建设示范校建设与评估指标体系及区县初评表》（附件1），总结创建成果，根据学校实际情况，向区县教委申报。

（二）区县初评推荐。区县教委根据申报学校文化建设总体情况，并参照评估指标体系及区县初评表进行初评打分，初评后按照市教委分配的名额指标（见附件2），择优推荐并上报北京市第三批中小学学校文化建设示范校推荐名单（附件3，略）和有关申报材料（附件4、5，略）。

（三）市教委评审认定。市教委根据区县上报名单和材料，组织专家对区县推荐的学校进行抽查，专家组根据有关申报材料和抽查情况，提出北京市第三批中小学学校文化建设示范校建议名单，经市教委认定后予以通报表扬。

四、有关要求

（一）加强领导，规范程序。各区县要把评选推荐工作作为学校文化建设示范校创建活动的一项重要任务，明确主管领导，确定主责部门。区县要严格规范评选程序，组建评选工作领导小组，依据评估指标体系，组织专家通过汇报答辩、实地考核等形式对申报学校的文化建设情况进行初评并打分，初评工作要做到公平公正公开。

（二）认真组织，按时上报。要按照推荐程序，按时上报学校申报材料，上报截止时间为2016年1月20日。各区县教委要将学校名单汇总表1份（附件3，略），各推荐学校的区县初评表（每校一份）和申报材料（含申报书和申报报告）纸质文本2份（加盖公章）统一报送市教委基础教育一处409室，同时报送本区县2015年中小学学校文化建设示范校创建工作总结（3000字左右）。

（三）加强宣传，注重引导。各区县要把握此次评选活动的契机，把学校文化建设示范校推荐评选工作，作为总结学校文化建设经验、宣传成果、树立典型的过程，通过宣传，充分发挥示范校的辐射作用，引导和推动区域学校文化建设水平和育人质量整体提升。

附件：1. 北京市中小学学校文化建设示范校建设与评估指标体系及区县初评表
2. 北京市第三批中小学学校文化建设示范校名额指标分配表
3. 区县初评推荐学校名单汇总表（略）
4. 北京市第三批中小学学校文化建设示范校申报书（略）
5. 北京市第三批中小学学校文化建设示范校申报报告（模板，略）

2015 年 11 月 20 日

附件 1

北京市中小学学校文化示范校建设与评估指标体系及区县初评表

一级指标	二级指标	学校文化建设要素	学校文化观测点	得分	合计
A1 学校文化体系建设（10 分）	B1 学校文化体系建设（10 分）	学校文化建设纳入学校整体工作，认真规划并实施，目标任务明确具体，措施切实可行。	C1 规划操作性（3 分）		
		学校办学理念体系完备，办学实践与办学理念具有一致性。	C2 体系完整性和一致性（2 分）		
		积极进行校史整理和建设，继承学校优良传统，并不断丰富和发展，办学理念和办学实践具有继承性和创新性。	C3 历史传承性和文化创新性（2 分）		
		师生能民主参与学校文化规划和建设过程，学校文化建设得到广大师生的认同和支持。	C4 文化共识性（3 分）		

续表 1

一级指标	二级指标	学校文化建设要素	学校文化观测点	得分	合计
A2 学校办学理念体系建设（15 分）	B2 核心价值观（4 分）	体现国家教育方针和素质教育要求，符合社会主义核心价值观，重视中华优秀传统文化教育。	C5 社会主义核心价值观符合度（2 分）		
		符合学校历史、发展现状、地域环境和师生需求。	C6 来源的合理性（1 分）		
		表达清晰、准确，易于传诵，体现学校文化个性。	C7 表述与阐释的清晰性和相宜性（1 分）		
	B3 办学目标（3 分）	办学目标明确，体现学校愿景和使命，符合学校实际，体现学校特色。	C8 目标清晰度和适切度（2 分）		
		传承学校历史文化，考虑学校所处社区、地域等环境特征和师生特点。	C9 历史与现实符合度（1 分）		
	B4 育人目标（3 分）	坚持育人为本，适应社会对人才的需要和学生全面而有个性发展的需求，科学确定学生培养目标。	C10 目标制定的科学性（2 分）		
		育人目标与办学目标相辅相成，体现学生成长规律和学段特点。	C11 目标契合度（1 分）		
	B5 学校理念识别（3 分）	校训的表述清晰、简明、独特，具有感召力，体现学校核心价值观，为全校师生熟知并认同。	C12 校训及其阐释的清晰性和认知度（1 分）		
		校徽、校旗显示学校特征，有明确内涵，含义阐述清晰，具有教育性、艺术性，易于识别。	C13 校徽、校旗设计与阐释的清晰性和艺术性（1 分）		
		校歌反映学校特点和师生精神风貌，歌词内容积极向上，歌曲旋律优美，为全校师生熟练传唱。	C14 校歌的传唱度（1 分）		

续表 2

一级指标	二级指标	学校文化建设要素	学校文化观测点	得分	合计
	B6 学校理念宣传（2分）	学校注重总结、提炼办学经验和成果，充分利用信息手段和传播媒介宣传学校办学理念和经验，产生良好效果。	C15 理念宣传的充分性（1分）		
		学校文化建设经验和成果在市、区乃至更大范围内进行交流分享，在媒体上宣传报道，有一定社会影响。	C16 成果影响的广度和深度（1分）		
A3 学校办学实践体系建设（65分）	B7 管理文化建设（8分）	学校组织结构合理，职能部门分工明确、责任落实，管理运行协调、沟通机制通畅。	C17 学校组织结构的合理性（3分）		
		积极进行学校章程和机制建设，各项管理制度以人为本，符合本校实际，制度分类明确，制度执行到位，制度修订流程明确、有效。	C18 机制与制度建设的有效性（3分）		
		学校坚持民主管理，充分发挥教代会和学代会作用，鼓励师生积极参与制度建设过程，学校积极采纳合理建议。	C19 师生参与的积极性（2分）		
	B8 课程文化建设（12分）	以学生发展为目标，基于国家课程标准，构建学校课程体系。	C20 课程体系建设的完整性（3分）		
		开足、开齐国家课程，确保国家课程有效实施，有机整合、协调推进国家、地方、校本三级课程。	C21 课程实施的实效性（3分）		
		积极探索国家课程校本化实施，基于学校实际和师生发展需求，积极开发和实施校本课程，增强课程的综合性、选择性和实效性。	C22 校本课程的特色性和实效性（3分）		
		校长重视课程建设，具有课程领导力，教师和学生积极有效参与课程建设，分享课程改革成果。	C23 师生参与性（3分）		

续表 3

一级指标	二级指标	学校文化建设要素	学校文化观测点	得分	合计
	B9 课堂教学文化建设（11 分）	深化课堂教学改革，转变教学方式，落实科学减负，探索适合学生主动、有效学习的教学模式和策略，加强课堂教学评价研究。	C24 课堂教学方式的方向性（4 分）		
		构建以学生为主体的民主、平等、和谐、共生的课堂文化，教学效果良好。	C25 课堂文化的学生参与度（4 分）		
		面向全体，关注差异，因材施教，满足不同学生的学习需求，增强学生运用知识解决实际问题的能力，促进学生成长进步。	C26 学生需求的关注度（3 分）		
	B10 教师文化建设（12 分）	教师有教书育人、敬业爱生的责任感和使命感，教师团队有凝聚力，人际关系和谐，教师有组织归属感和职业幸福感。	C27 教师幸福感（2 分）		
		学校高度重视教师队伍建设，制定并不断完善教师专业发展规划，健全激励评价机制，队伍建设措施有力、有效，为教师专业发展提供支持和保障，教师队伍专业素质较高，结构合理。	C28 教师专业发展的支持性（4 分）		
		教师规范、有质量地开展各级各类教育课题研究，善于总结经验，提炼研究成果，并用于改进实践，研究成果形成规范的研究报告或结题报告、获奖、发表或正式出版。	C29 教育研究的规范性和应用性（3 分）		
		学校健全完善校本研修制度，密切结合教师队伍实际，充分调动教师的主动性和积极性，教师研修活动规范化、制度化，具有针对性和实效性。	C30 教师研修的制度化和促进性（3 分）		

续表 4

一级指标	二级指标	学校文化建设要素	学校文化观测点	得分	合计
	B11 学生文化建设（12 分）	坚持立德树人，把社会主义核心价值体系教育贯穿于学校教育教学全过程，落实于学生的思想观念和行为习惯之中，加强学生社会责任感、创新精神和实践能力的培养。	C31 核心价值观落实度（3 分）		
		德育体系完备，目标明确，措施有效，注重德育课程建设，德育活动有计划、成系列、见实效。	C32 德育工作的计划性和有效性（4 分）		
		重视共青团、少先队工作，开展丰富多彩、特色鲜明的社团活动，在活动中体现学生的主体性。	C33 团队活动的丰富性和功能性（2 分）		
		全面实施素质教育，建立健全以学生发展为核心、体现新课程标准要求的学生综合素质评价体系，发挥评价的激励和改进功能，促进学生自主发展。	C34 学生评价体系的激励性（2 分）		
		注重班级文化建设，调动学生自主管理的积极性和主动性，创设健康向上、富有特色、适合学生特点的班级文化环境。	C35 班级文化建设的学生参与性（1 分）		
	B12 公共关系文化建设（4 分）	学校办学质量和社会声誉良好，学校文化对社区、教育集团及其他学校有带动和辐射作用。	C36 学校文化影响力（1 分）		
		学校有机整合和充分发挥社区、家长及社会的教育资源，采取有效措施促进学校、家庭、社会多元互动，共同参与学校管理和评价。	C37 各方参与的多元性（1 分）		

续表 5

一级指标	二级指标	学校文化建设要素	学校文化观测点	得分	合计
		学校发起或参与国内或国际教育交流，积极传播学校文化。	C38 国内外交流的范围和程度（1分）		
		高度重视校园安全，健全安全制度，完善安全预案，落实安全责任，积极防范和有效应对校园突发事件，确保师生安全。	C39 安全与危机管理机制的健全性（1分）		
	B13 校园环境文化建设（6分）	校园环境干净、优美，充分体现育人价值，适合学生年龄特点，富有安全性、人文性、独特性。	C40 环境的安全与人文性（2分）		
		学校建筑风格、景观设计、楼道布置、设施设备安置具有整体性、协调性，贴切体现学校办学理念和育人目标。	C41 环境协调性（2分）		
		图书馆（室）得到师生喜爱，多功能使用；图书分类合理，适合阅读，利用率高；多渠道拓展读书空间，方便师生阅读。	C42 图书馆及其使用的充分性与合理性（2分）		
A4 优势领域发展（10分）	B14 优势领域（10分）	学校在一个或多个领域具有一定优势，深得师生认可，较好地符合办学理念和体现育人成效，具有竞争力和影响力。	C43 效益及影响力（5分）		
		学校全体师生参与优势领域的建设与发展，并共享优势特色发展成果。	C44 师生共享程度（5分）		
总分					

附件 2

北京市第三批中小学学校文化建设示范校名额指标分配表

区县	推荐名额
东城区	13
西城区	14
朝阳区	25
海淀区	21
丰台区	15
石景山区	7
门头沟区	5
房山区	17
通州区	14
顺义区	9
昌平区	17
大兴区	16
平谷区	7
怀柔区	5
密云区	7
延庆区	6
燕山地区	2
合计	200

高等教育

北京市教育委员会文件选编

（2015）

北京市教育委员会

关于公布2014年北京高等学校示范性校内创新实践基地建设单位名单的通知

京教函〔2015〕34号

各有关普通高等学校：

根据市教委《关于开展北京高等学校校内创新实践基地建设的通知》（京教函〔2011〕702号）及《关于开展2014年北京高等学校示范性校内创新实践基地建设工作的通知》（京教函〔2014〕544号），我委组织开展了2014年北京高等学校示范性校内创新实践基地立项评审工作。经学校申报、专家评审、答辩考察、市教委审核，决定认定北京大学预防医学创新实践基地等24个基地为2014年北京高等学校示范性校内创新实践基地建设单位。现将名单予以公布。

各高校要不断推进校内创新实践基地建设，按照“突出创新、注重特色、开放共享”的原则，进一步加强建设，加大经费投入，完善运行机制，积极探索创新性人才培养的有效模式，为高校创新人才培养工作起到示范和辐射作用。

附件：2014年北京高等学校示范性校内创新实践基地建设单位名单

2015年1月28日

附件

2014年北京高等学校示范性校内创新实践基地建设单位名单

北京大学
预防医学创新实践基地

中国人民大学
“千人百村”实践创新基地

北京师范大学
心理学创新实践基地

北京交通大学
电信学院大学生创新活动中心

北京航空航天大学
智慧制造校内创新实践基地

北京理工大学
大学生机械创新实践中心

北京科技大学
机械与能源科技创新实践基地

北京化工大学
大化工类学生校内创新实践基地

北京邮电大学
数理创新实践基地

北京林业大学
森林生物学创新实践基地

北京中医药大学
优秀中药学人才培养创新创业实践基地

对外经济贸易大学
“商务英语人才培养”示范性校内创新实践基地

中央戏剧学院
影视创作实践基地

中国地质大学（北京）
信息技术创新实践基地

北京工业大学
电子信息类校内创新实践基地

首都师范大学
语言类校内创新实践基地

首都经济贸易大学
卓越商科人才培养创新实践基地

北方工业大学
机电类工程人才多层次创新实践基地

北京工商大学
创意传播校内创新实践基地

北京信息科技大学
机械工程大学生创新实践基地

北京联合大学
现代服务业人才培养创新实践基地

北京物资学院 大学生综合创新教育实践基地
智能物流创新实践基地 北京工商大学嘉华学院
北京石油化工学院 商科人才校内创新实践基地

北京市教育委员会

关于印发北京高等学校高水平人才交叉培养计划的通知

京教高〔2015〕1号

各有关高校：

现将《北京高等学校高水平人才交叉培养计划》印发给你们，请各高校根据要求深入贯彻落实，保证计划稳步推进。

附件：北京高等学校高水平人才交叉培养计划

2015年3月10日

附件

北京高等学校高水平人才交叉培养计划

北京高等教育正处在全面深化改革的关键机遇期，承载着为全社会提供高端人才智力支持，将北京建设成为全国政治中心、文化中心、国际交往中心、科技创新中心的重大历史责任。为进一步创新高水平人才培养机制，切实满足高校学生对优质教育资源的需求，激发各高校特别是市属高校教育教学改革活力，全面提升高校办学水平，促进北京教育均衡发展，特制定本计划。

一、指导思想

紧密契合经济社会发展重大需求，通过强化北京地区高校之间的合作、北京高校与海（境）外名校的合作、高校与科研院所和企事业单位的合作，实现专业学科的交叉融合和优质教育资源的充分共享，深化北京地区高校特别是市属高校人才培养机制改革，显著增强高水平人才培养质量，提升北京高等教育国际合作和整体发展水平，更好地发挥其在服务国家和北京经济社会发展中的重要作用。

二、建设原则

秉承“综合改革、创新机制，交叉融合、资源共享”的原则，加强宏观统筹，强化顶层设计，瞄准北京高等教育高水平人才培养重点难点问题，开展系统性改革，努力突破北京地区高校之间的壁垒，深化北京高校与海（境）外名校之间的交流合作，形成各高校优势专业学科资源在人才培养方面的合力，实现高校教育资源与社会资源的共享，建立全方位、宽领域、多层次的高水平人才交叉培养长效协作发展新机制，促进教育公平。

三、建设目标

经过3至5年的建设，初步形成有利于北京地区高校高水平人才培养的新格局，充分发挥北京高等教育优质资源效力，提升北京高校学生的专业水平、创新能力、综合素质；激发高校改革创新活力，实现体制机制突破，形成中央高校优势带动、市属高校奋起争先、北京高等教育质量全面提升的新态势；实现北京高等教育与基础教育的良性联动，促进北京地区教育公平发展。

四、重点工作

（一）实施由北京市属高校与在京中央高校双方共同培养优秀学生的“双培计划”

每年遴选一批市属高校优秀学生到在京中央高校访学。输送部分学生按照“3+1”“1+2+1”式等培养机制，在中央高校进行为期2至3年的中长期访学；同时，每年遴选部分市属高校优秀学生，输送到在京中央高校开设的、北京社会急需的专业，开展为期1年的短期访学，充分发挥中央高校优势专业力量，使学生接受优质核心课程教育；充分利用中央高校开办的暑期学校等形式的资源，每年遴选部分市属高校优秀学生到中央高校修习辅修专业。

（二）实施由北京市属高校与海（境）外名校双方共同培养优秀学生的“外培计划”

支持部分市属高校学生到海（境）外知名高校开展为期2年的访学活动。市教委加强宏观指导和统筹，联系海（境）外名校建立若干个北京高等教育“外培计划海（境）外基地”，接收市属高校优秀学生访学，探索学生海（境）外培养新机制。鼓励和支持各市属高校积极与海（境）外知名高校建立学生培养长效机制，遴选优秀学生开展海（境）外访学活动。鼓励中央高校发挥自身在国际交流中的优势带动作用，为市属高校学生到海（境）外开展访学活动拓展渠道。

（三）实施以提高学生实习实践和科研创新能力为目的的“实培计划”

每年从市属高校遴选一批具有较好专业基础和一定科研创新能力的优秀学生，进入中央高校的院士工作室、教授实验室、科研创新团队、工程中心，接受科研创新训练，提升实践创新能力。继续加强高校与企事业单位的合作，全面建设并开放高校与社会各界共建的优秀校外人才培养基地，每年接收若干名市属高校优秀学生到实际工作岗位中接受培训，在实习实践中印证知识、锻炼技能、启发新知，保证学生学有所成、学有所用。加强高校与中科院、社科院等国内知名科研单位的交流合作，每年派遣一批具有较强科研能力的学生，通过毕业论文（设计）等形式进入科研院所学习和参与科学研究。

五、保障机制

（一）健全组织保障

各高校要提高认识，根据本计划实施的具体要求，成立由校主要领导牵头的计划实施领导小组，结合本校实际情况，加强顶层设计和统筹协调，把相关工作纳入工作计划和议事日程，有力推动各项目的开展，形成高水平人才交叉培养工作的合力。

（二）规范人才选拔机制

部分“双培计划”“外培计划”人才选拔计划列入北京市属高校高招计划，向北京各区县投放指标，并在招生简章中明确标注。本计划实施过程中，在人才选拔方面要保证公开透明，注重对北京远郊区县的政策支持，注重优秀教师后备人才培养。

（三）强化人才培养机制

鼓励各高校加强专业建设、课程建设、实践教学改革、师资队伍建设，保证人才培养质量的不断提升。深入开展学分制改革，实现北京地区高校之间的学分互认。强化专项资金支持，加强经费使用管理。

（四）完善评价机制

科学设计评价指标，建立符合国情和北京发展实际的评价体系，综合考虑各类高校的定位，建立科学可行的分类管理办法，将各校推进“高水平人才交叉培养计划”工作情况纳入考核体系，引导高校在人才培养方面办出特色、办出水平。

北京市教育委员会

关于公布北京高等学校市级校外人才培养基地项目验收结果的通知

京教函〔2015〕91号

各有关高校：

根据市教委《关于北京高等学校市级校外人才培养基地项目验收总结的通知》（京教函〔2014〕192号），我委对2008年至2010年期间立项建设的北京高等学校市级校外人才培养基地进行了验收总结工作。经基地自评、学校总结、专家审核、市教委备案等环节，现将验收结果公布（附件1）。

今后，市教委将进一步加强市级校外人才培养基地项目的管理，并将验收结果将作为学校实践教学项目立项及支持的重要依据。各高校要充分认识校外人才培养基地工作的重要性，不断加强实践实习条件，进一步增强校企合作的深度和广度，丰富合作内涵，完善质量监控和评价体系，促进实践育人综合改革。

2015年3月26日

附件 1

北京高等学校市级校外人才培养基地验收结果

序号	基地依托单位	基地主持学校	验收结论
1	陕西省考古研究院	北京大学	通过
2	中船重工集团公司第七〇二研究所	清华大学	通过
3	开滦（集团）有限责任公司	中国矿业大学（北京）	通过
4	沈阳飞机工业（集团）有限公司	北京航空航天大学	通过
5	大唐国际发电股份有限公司	华北电力大学	通过
6	北京市地铁运营有限公司	北京交通大学	通过
7	北京首钢股份有限公司	北京科技大学	通过
8	中国联通北京分公司	北京邮电大学	通过
9	北京市植物园	北京林业大学	通过
10	中日友好医院	北京中医药大学	通过
11	北京市海淀区人民法院	中国政法大学	通过
12	北京燕山石油化工有限公司	中国石油大学（北京） 北京石油化工学院	通过
13	北京市建筑设计研究院	北京工业大学	通过
14	北京市密云县医院 北京市大兴区医院 北京市平谷区医院	首都医科大学	通过
15	首都师范大学附属中学	首都师范大学	通过
16	北京爱慕内衣有限公司	北京服装学院	通过
17	昌平区农业服务中心	北京农学院	通过

续表 1

序号	基地依托单位	基地主持学校	验收结论
18	北京建工集团	北京建筑工程学院	通过
19	北京 798 艺术园区	北京信息职业技术学院	通过
20	西安电力机械制造公司	清华大学	通过
21	北京城市排水集团有限责任公司技术培训中心	北京科技大学	通过
22	北京铁路局	北京交通大学	通过
23	西门子（中国）有限公司工业业务领域工业自动化与驱动技术集团	北京化工大学	通过
24	北京报刊发行局	北京邮电大学	通过
25	北京市小汤山地区地热开发公司	中国农业大学	通过
26	北京中医药大学附属护国寺中医医院	北京中医药大学	通过
27	北京师范大学附属中学 北京师范大学附属实验中学 北京师范大学第二附属中学	北京师范大学	通过
28	中国贸促会	北京外国语大学	通过
29	民安保险（中国）有限公司	中央财经大学	通过
30	中国对外贸易中心	对外经济贸易大学	通过
31	北京人民广播电台	中国传媒大学	通过
32	大庆油田有限责任公司	中国石油大学（北京）	通过
33	华北电网有限公司	华北电力大学	通过
34	中石化胜利油田分公司	中国地质大学（北京）	通过
35	中煤北京煤矿机械有限责任公司	中国矿业大学（北京）	通过

续表 2

序号	基地依托单位	基地主持学校	验收结论
36	中国广播电影电视节目交易中心中国国际电视总公司	中央戏剧学院	通过
37	中国空空导弹研究院	北京航空航天大学	通过
38	中软国际有限公司	北京理工大学	通过
39	国家体育总局反兴奋剂中心	北京体育大学	通过
40	深圳市公安局	中国人民公安大学	通过
41	北京海淀区中关村街道办事处	中国青年政治学院	通过
42	北京明天幼稚集团	中华女子学院	通过
43	中关村科技园区石景山园	北方工业大学	通过
44	裕兴软件有限公司	北京工业大学	通过
45	北京工业设计促进中心	北京工商大学	通过
46	北京市东城区疾病预防控制中心	首都医科大学	通过
47	北海幼儿园、芳庄三幼、安华二幼、首都师大幼教中心、青苗幼儿园	首都师范大学	通过
48	中国城市规划设计研究院	北京建筑工程学院	通过
49	北京首都旅游集团有限责任公司	北京第二外国语学院 北京联合大学	通过
50	北京雪花电器集团	北京石油化工学院	通过
51	北京通州物流基地	北京物资学院	通过
52	北京百花山国家级自然保护区管理处	北京农学院	通过
53	新百丽鞋业有限公司	北京服装学院	通过
54	左权县文化艺术中心	中国音乐学院	通过

续表 3

序号	基地依托单位	基地主持学校	验收结论
55	横店集团控股有限公司	北京电影学院	通过
56	国家大剧院	北京舞蹈学院	通过
57	北京人民艺术剧院	中国戏曲学院	通过
58	中国电子科技集团公司第十五研究所	北京信息科技大学	通过
59	交通银行北京市分行	北京城市学院	通过
60	河北省塞罕坝机械林场	北京大学	通过
61	北京市统计局统计教育中心	中国人民大学	通过
62	内蒙古第一机械集团公司	清华大学	通过
63	郑州铁路局	北京交通大学	通过
64	中铁快运股份有限公司	北京交通大学	通过
		北京物资学院	撤销
65	北京北冶功能材料有限公司	北京科技大学	通过
66	大连橡胶塑料机械股份有限公司	北京化工大学	通过
67	深圳市中兴维先通设备有限公司	北京邮电大学	通过
68	北京市八达岭林场	北京林业大学	通过
69	河北省安国药材种植试验场	北京中医药大学	通过
70	万慧达知识产权代理有限公司	北京外国语大学	通过
71	北京湖广会馆	北京语言大学	通过
72	北京双鹭药业股份有限公司、北京科兴生物制品有限公司、北京万泰生物药业有限公司	北京师范大学	通过
73	安永华明会计师事务所	中央财经大学	通过

续表 4

序号	基地依托单位	基地主持学校	验收结论
74	中国国际电子商务中心	对外经济贸易大学 北京联合大学	通过
75	凤凰卫视	中国传媒大学	通过
76	北京市德恒律师事务所	中国政法大学	通过
77	北京住总集团有限责任公司	中国矿业大学（北京）	通过
78	中国石油天然气股份有限公司大港油田分公司	中国石油大学（北京）	通过
79	中央歌剧院	中央音乐学院	通过
80	敦煌研究院美术研究所	中央美术学院	通过
81	工业和信息化部软件与集成电路促进中心	北京航空航天大学	通过
82	北汽福田汽车股份有限公司	北京理工大学	通过
83	小龙门国家森林公园	中央民族大学	通过
84	国家奥林匹克体育中心	北京体育大学	通过
85	北京市科委人才交流中心	北京工业大学	通过
86	北京中科创新园高新技术有限公司、北京天华博实电气技术有限公司、北京浩普华清电气技术有限公司	北方工业大学	通过
87	北京天利海香精香料有限公司	北京工商大学	通过
88	中国中医科学院中药研究所	首都医科大学	通过
89	北京兰格信息咨询有限责任公司	首都经济贸易大学	通过
90	首都博物馆	北京联合大学 首都师范大学	通过
91	北京老年医院	首都体育学院	通过

续表 5

序号	基地依托单位	基地主持学校	验收结论
92	北京市市政工程设计研究总院	北京建筑工程学院	通过
93	北京雅昌彩色印刷有限公司	北京印刷学院	通过
94	俏江南集团	北京石油化工学院 北京联合大学	通过
95	中国外文出版发行事业局	北京第二外国语学院	通过
96	北京红叶葡萄酒有限公司	北京农学院	通过
97	北京星光影视设备科技股份有限公司	中国戏曲学院	通过
98	中兴通讯股份有限公司	北京信息科技大学	通过
99	北京市西城区社工委	北京城市学院	通过
100	浙江吉利控股集团有限公司	北京吉利大学	通过

北京市教育委员会

关于公布2014年度市属普通高等学校本科专业备案或审批结果的通知

京教函〔2015〕168号

各市属普通高等学校：

根据教育部高教司关于《2014年度普通高等学校本科专业设

置工作有关问题的说明》（教高司函〔2014〕25号）要求，我委组织市属普通高等学校开展了2014年度本科新设专业申报工作。根据教育部《关于公布2014年度普通高等学校本科专业备案或审批结果的通知》（教高〔2015〕2号）精神，现将2014年度市属普通高等学校本科专业备案或审批结果予以公布。请各校充分利用现有办学条件，加强新增本科专业建设，切实保证人才培养质量，推进高校特色发展。

附件：2014年度市属普通高等学校本科专业备案或审批结果

2015年4月28日

附件

2014年度市属普通高等学校本科专业备案或审批结果

学校名称	专业代码	专业名称	学位授予门类	修业年限	备注
北京工业大学	081806T	交通设备与控制工程	工学	四年	
北京工业大学	120210	文化产业管理	管理学	四年	
北京工业大学	130402	绘画	艺术学	四年	
北京工业大学	130507	工艺美术	艺术学	四年	
北京工商大学	80705	光电信息科学与工程	理学	四年	
北京石油化工学院	120903	会展经济与管理	管理学	四年	

续表

学校名称	专业代码	专业名称	学位授予门类	修业年限	备注
北京农学院	70302	应用化学	理学	四年	
首都师范大学	050107T	秘书学	文学	四年	
北京第二外国语学院	70503	人文地理与城乡规划	管理学	四年	
北京舞蹈学院	120210	文化产业管理	管理学	四年	
北京联合大学	40107	小学教育	教育学	四年	
北京联合大学	040110TK	教育康复学	教育学	四年	
北京城市学院	50203	德语	文学	四年	
北京城市学院	82502	环境工程	工学	四年	
北京城市学院	101005	康复治疗学	理学	四年	
北京吉利学院	020307T	经济与金融	经济学	四年	
北京吉利学院	80208	汽车服务工程	工学	四年	
北京吉利学院	120206	人力资源管理	管理学	四年	
首都师范大学科德学院	130308	录音艺术	艺术学	四年	
北京工业大学耿丹学院	80906	数字媒体技术	工学	四年	

北京市教育委员会

关于印发北京地区高校示范性创业中心建设标准的通知

京教学〔2015〕2号

各高等学校：

为贯彻落实党中央、国务院和市委市政府关于做好高校毕业生就业创业工作的部署和要求，整体提升北京高校创业工作水平，市教委开展了示范性创业中心建设工作。为进一步明确建设要求和建设标准，提升工作针对性和效果，经研究，制定了《北京地区高校示范性创业中心建设标准》，现印发给你们，请遵照执行。

各高校要加强领导，认真按照示范性创业中心标准加强建设，不断提高工作质量和服务水平，促进毕业生实现高质量就业创业。市教委将根据建设情况适时开展示范性创业中心评选工作。

附件：北京地区高校示范性创业中心建设标准

2015年5月5日

附件

北京地区高校示范性创业中心建设标准

建设内容	具体标准
组织领导	1. 成立以书记或校长为负责人的学校就业创业工作领导小组，每年召开由校领导、各院系负责人参加的学校创业工作会议；形成就业、学生、教务、团委、招生、校友会、学校科技园等多部门联动的创业工作协调机制，统筹开展学生创业工作。 2. 成立院系级就业创业工作领导小组，把学生的创业工作列入院系工作日程。 3. 明确导师、专业教师、院（系）就业工作人员、辅导员（班主任）在学生创业工作中的职责。
基本条件	1. 设立本校学生创业工作负责（牵头）机构，校级创业工作部门至少有1名专职人员，专（兼）职人员与在校学生人数的比例大于1：1000。 2. 设立大学生创业工作专项经费和专用场地。 3. 为大学生创新、创业提供专门孵化场地。
队伍建设	1. 学校重视创业工作队伍建设，专职人员要保持相对稳定。 2. 建立校内为主，校外为辅，专兼结合的创业工作队伍，确保人员队伍在专业知识、实践经验、学历层次等方面的合理结构。 3. 定期安排学校创业工作人员参加相应的学习和培训。
教育引导	1. 学校认真贯彻落实国家及北京市有关鼓励引导大学生创新、创业的政策措施。 2. 结合本校特色制定创业指导教学计划、教学大纲及教学内容（创业教材），将创业指导课列为必修或选修课程，分阶段进行创业意识引导、创业理念、创业方法和技能的教育与指导。 3. 学校制定奖励措施，对大学生创业进行奖励，营造校园创业氛围。
创业指导	1. 坚持开展常规性的创业系列讲座或创业沙龙，同时保证固定时间开展日常创业指导与咨询，努力为大学生提供个性化服务。 2. 注重创业典型（特别是本校学生）的宣传，每年印制大学生创业宣传手册（材料）或大学生创业案例集，发挥典型引领、示范带动作用，促进大学生积极创业。 3. 积极联系社会资源，聘请成功创业人士作为创业导师，深入团队，指导和帮助大学生创业。

续表

建设内容	具体标准
创业服务	1. 学校积极开展大学生创新创业大赛、模拟创业大赛等实践活动，同时，成立创业类学生社团，开展创业宣传、创业讲座等，多渠道、多途径培养学生的创业意识和创业能力。 2. 为本校学生创业团队或企业提供政策咨询、金融对接、资金支持、法律咨询等服务。 3. 组织大学生优秀创业团队评选活动，对优秀团队进行重点支持，制定了具体办法和措施。
信息化建设	1. 学校在创业信息化建设方面取得一定的成绩，已建成功能较完善的创业交流平台（如网站、微信、手机客户端等）。 2. 由专人负责学校网站创业内容的更新，并及时发布最新创业政策及交流资讯，为大学生创业提供方便快捷的信息服务。
工作实绩	1. 建立完善的创业工作管理与服务制度。 2. 准确、客观统计大学生创业情况，结合市教委年度工作目标完成本校创业工作任务，创业人数及成功率、创业带动就业人数在同类型、同层次高校间处于较高水平。 3. 创业学生对学校创业工作的满意度在80%以上。 4. 积极总结本校大学生创业情况，并将有关情况反馈教学、培养等部门，及时更新教学内容、修订培养计划，有针对性地帮助大学生提高创业能力。
理论研究	1. 开展高校大学生创新创业工作调查研究，并将研究成果用于实际工作中，促进创业工作有序开展。 2. 学校积极开展大学生创新创业研究，并形成论文、著作、教材等研究成果。 3. 开展大学生创业意向调查和创业学生跟踪调查，了解、分析大学生创业过程的重点和难点，指导学校创业工作开展。
工作特色	在创业工作中形成的相对稳定且能够在高校间推广的有特色、可示范的机制或做法。

北京市教育委员会

关于印发北京高等学校高水平人才交叉培养“双培计划”实施指导意见的通知

京教高〔2015〕6号

各有关高等学校：

现将《北京高等学校高水平人才交叉培养“双培计划”实施指导意见》印发给你们，请结合学校实际认真贯彻落实，确保计划稳步推进。

2015年6月2日

北京高等学校高水平人才交叉培养“双培计划”实施指导意见

根据《北京市教育委员会关于印发北京高等学校高水平人才交叉培养计划的通知》（京教高〔2015〕1号）要求，为进一步推进北京地区高等教育综合改革，服务经济社会发展需求，做好北京高等学校高水平人才交叉培养计划中“双培计划”（以下简称“计划”）实施工作，结合教育部有关文件精神和北京市高等教育特点与实际，提出以下指导意见：

第一条 “计划”紧密契合国家和北京建设需求，积极深化北京高等教育综合改革，推进高校之间交流合作和优质资源共享，创新人才培养机制，培养经济发展与社会建设急需的高水平人才。“计划”由北京市统筹规划，市属高校与在京中央高校（以下简称“央属高校”）具体共建实施。

第二条 交流学生主要通过市属高校招生计划定向投放方式产生。目前主要采用“3＋1”和“1＋2＋1”培养模式，即前3学年在央属高校，第4学年在市属高校，或第1学年和第4学年在市属高校，第2、3学年在央属高校培养。

第三条 “计划”选取的专业（方向）应为国家与北京市经济社会发展急需的专业（方向），专业培养应口径适度。市教委根据各高校学科特点与社会需求，对“计划”中的专业（方向）进行动态调整。

第四条 专业（方向）建设由央属高校牵头组织，对口市属高校参与建设。“计划”共建高校双方要根据经济社会发展急需人才所应具有的知识、能力与素质，联合相关行业企业，共同制定专业（方向）的人才培养目标、培养标准，构建与之相匹配的专业培养计划，包括专业核心课程体系，实践能力培养体系和素质提升体系，培养基础扎实、专业过硬、能力突出的高素质人才。

第五条 “计划”共建高校要从人才培养工作实际出发，共同组建虚拟教研室，形成由共建高校双方专业负责人、专业教师、中青年教师、企业导师组成的专业教学团队，共同负责并实施培养计划，包括课程教学、实践教学、学生指导、质量评价等工作，共享双方优质教学资源，确保人才培养工作顺利开展。市教委鼓励和支持“计划”共建高校加大对虚拟教研室、教学团队的支持力度，提高教学团队专业建设、教学和科研水平。

第六条 “计划”中央属高校相关部门（教务处）按照与市属

高校共同认可的培养计划，明确两校课程、学分、学时对应关系，指导学生确定每学期应修最低学分标准，组织教学、课程考核和成绩记载。每学期向对口市属高校相关部门提供学生按规定所学习课程的纸质盖章成绩单、电子版成绩单及对应的学分。对口市属高校以学期（学年）为单位，对学生进行学分认定和毕业生资格审核，为成绩合格学生颁发毕业证书与学位证书。央属高校为成绩合格学生颁发写实性修业证明。

第七条 市属高校根据“计划”专业（方向）、名额以及学习年限，招收本科生，并按对口央属高校新生入学时限派遣到央属高校。央属高校负责交流学生的学习、生活、管理等工作。

市属高校为学籍管理主体单位，对口央属高校为交流学生建立临时学籍，为教育、教学、教务、临时学籍管理实施单位。交流学生每学期按照央属高校要求报到注册，央属高校及时将交流学生注册信息送达市属高校，作为市属高校学籍管理依据。如果发生交流学生未按照央属高校要求按时报到注册等情况，共建高校应及时沟通解决。

第八条 央属高校应为“计划”学生建立学期学业预警机制。交流学生按央属高校学业预警机制执行，央属高校应按学期向市属高校通报学生的学业预警情况，如交流学生规定时间内因故不能继续在央属高校学习（例如，未达到央属高校学期学习成绩要求，因身体原因不能继续在央属高校学习，或需要休学半年以上），共建高校应进行协商，交流学生回到市属高校继续学习，相应学期成绩要求及学籍管理按市属高校执行。

第九条 参加“计划”的交流学生在央属高校学习期间不得转入央属高校其他专业学习。交流学生可以按照央属高校规定选修其所在专业以外的课程、修读辅修专业或双学位，所发生费用自理。交流学生在央属高校应征入伍时，由市属高校按相关要求办理征兵手续，退役后继续在原央属高校原专业学习。若交流学生入伍退役后不适合在原央属高校原专业学习，交流学生回到市属高校，按有关文件执行。

第十条 交流学生参加推荐免试攻读硕士学位研究生由学生所在市属高校按规定组织开展推免工作，同等条件下，可优先被推荐。央属高校可优先考虑录取参加“计划”的市属高校学生。

第十一条 交流学生的国家奖学金名额由市属高校划定，评定由央属高校完成。双方高校可根据实际情况，为交流学生提供其他专项奖学金。央属高校学生工作部门定期为市属高校学生工作部门提供学生在央属高校学习期间的表现和鉴定评语。

第十二条 交流学生的党、团组织关系应在进入央属高校时转入央属高校，按照央属高校规定进行管理，由组织关系所在校做好交流学生党员发展工作。交流学生按照央属高校要求参加党团活动、社团活动、英语“四六级”考试、学科竞赛、创新创业活动、第二课堂活动等。交流学生在央属高校学习期间获得一切成果及奖励为双方高校共同培养成果。

第十三条 交流学生违纪处理主体单位为市属高校。交流学生在央属高校期间须遵守央属高校校规校纪。如发生违反校规校纪行为，央属高校应及时通报市属高校并提出处理意见，双方协商后，做好相关后续处理工作。对于学生退出计划的情况，不再增补新的学生。

第十四条 交流学生按市属高校规定向录取高校交纳学费、住宿费，不需要向央属高校缴纳，其他费用按双方高校协议规定执行。市属高校负责为家庭困难的交流学生办理国家助学金和助学贷款手续。

第十五条 交流学生在央属高校学习期间，由央属高校为其办理临时医疗证，所发生医疗费用按市属高校的规定执行并由市属高校负责报销。央属高校组织学生办理意外伤害保险，费用自理。如遇意外伤害，双方学校都应积极进行救助。所发生费用按各自学校的有关规定，由责任人（单位）、本人承担。需市属高校承担的费用，按市属高校规定办理。

第十六条 共建高校要建立校级层面协调领导小组，要由一名校领导牵头，教务处、学生工作和招生等相关部门，以及相关院系领导组成。从学校层面协调“计划”的专业建设、教师团队建设、教学运行、学生管理以及后勤保障等事宜。

第十七条 共建高校双方教学管理部门要指定专人负责交流学生教学运行、学生成绩、学籍管理等工作的沟通协调；共建高校双方学生管理部门要指定专人负责学生思政工作与管理，定期沟通协调交流学生管理情况；共建高校双方相关院系要指定专人负责协调专业、教学团队、课程教学工作，指定辅导员和班主任，负责交流学生思想、学习、身心状况的沟通与管理。

第十八条 共建高校双方应根据本指导意见在交流学生进入央属高校学习之前，在“平等互利、职责明晰”原则基础上签订协议书，约定本指导意见未尽事宜。合作双方宜可根据需要，与学生本人签订三方协议。

北京市教育委员会

关于公布2015年度北京市属高等学校学历继续教育新增设及撤销专业的通知

京教高〔2015〕7号

各有关普通高等学校、独立设置成人高等学校：

根据市教委《关于进一步加强北京成人高等教育和继续教育管

理提高教育质量的意见》（京教高〔2008〕23号），经有关学校申报，北京高等学校学历继续教育专业设置评议委员会评议、我委批准，现将2015年度北京市属高等学校学历继续教育新增设及撤销专业公布如下：

一、按照北京高等学校学历继续教育新增设专业相关要求，新增设首都师范大学汉语国际教育等24个专业（见附件1），其中本科专业8个，专科（高职）专业16个。

二、根据北京城市功能定位和产业结构调整要求，突出学校办学特色，提高教育教学质量，同意相关学校撤销数学与应用数学等12个专业（见附件2）。

三、各高等学校要根据北京城市功能定位和产业结构调整要求，结合社会需求和专业教学条件，进一步将学历继续教育的专业结构调整纳入学校整体专业建设。

四、各高等学校要主动研究在首都经济社会发展新常态下的专业建设规律，努力创造条件，创新学历继续教育专业建设、管理的新模式，加强继续教育教学团队建设和学科带头人培养，制定可行有效的质量保障监管措施，不断提高学历继续教育的教学质量。

附件：1. 2015年度北京市属高等学校学历继续教育新增设专业

2. 2015年度北京市属高等学校撤销学历继续教育专业

2015年6月11日

附件 1

2015 年度北京市属高等学校学历继续教育新增设专业

学校名称	专业序号	专业名称	专业代码	学历层次	修业年限	学习形式
首都师范大学	1	历史学（文化遗产保护与管理）	060101	专升本	2.5	业余
	2	汉语国际教育	050103	专升本	2.5	业余
	3	涉外旅游	640102	专科	2.5	业余
首都医科大学	4	医学检验技术	101001	专升本	3	业余
	5	医学检验技术	630401	专科	3.5	业余
北京信息科技大学	6	计算机网络技术（新媒体）	590102	专科	2.5	业余
北京农学院	7	市场营销	620401	专科	3	业余
	8	会计	620203	专科	3	业余
北京城市学院	9	中药学	100801	专升本	2.5	业余
	10	建筑学	082801	专升本	2.5	业余
北京教育学院	11	艺术教育	040105	专升本	2.5	业余
	12	人力资源管理	120206	高起本	5	业余
	13	会计学	120203	高起本	5	业余
	14	金融与证券	620105	专科	2	脱产
北京市东城区职工业余大学	15	摄影摄像技术	670302	专科	2/2.5	脱产/业余
	16	老年服务与管理	650302	专科	2/2.5	脱产/业余
北京宣武红旗业余大学	17	多媒体设计与制作	670113	专科	2.5	业余
北京市西城经济科学大学	18	艺术设计	670101	专科/高职	2	脱产

续表

学校名称	专业序号	专业名称	专业代码	学历层次	修业年限	学习形式
北京市海淀区职工大学	19	网站规划与开发	590112	高职	2/2.5	脱产/业余
北京市丰台区职工大学	20	航空服务	520504	专科/高职	2	脱产
北京市石景山区业余大学	21	物业管理	560702	高职	2.5	业余
	22	烹饪工艺与营养	640202	高职	2.5	业余
北京市总工会职工大学	23	物流管理	620505	专科	2.5	业余
北京医药集团职工大学	24	营养与食品卫生	620505	专科	2.5	业余

附件 2

2015 年度北京市属高等学校撤销学历继续教育专业

学校名称	专业名称	专业层次	学习形式
首都师范大学	数学与应用数学	本科	业余
	历史学（城市文化管理）	本科	业余
北京市东城区职工业余大学	资产评估	专科	业余
	图形图像制作	专科	业余
北京市西城经济科学大学	国际经济与贸易	专科	业余
北京宣武红旗业余大学	旅游服务与管理	专科	业余
北京市海淀区职工大学	航空机电设备维修	专科	业余
北京市丰台区职工大学	珠宝首饰工艺及鉴定	专科/高职	脱产

续表

学校名称	专业名称	专业层次	学习形式
北京市石景山区业余大学	电脑动画美术设计	专科	业余
	休闲服务与管理	专科	业余
北京市总工会职工大学	公路运输与管理（高速公路管理）	专科	业余
	经济信息管理	专科	业余

北京市教育委员会

关于印发北京高等学校高水平人才交叉培养“外培计划”实施指导意见的通知

京教高〔2015〕8号

各有关高等学校：

现将《北京高等学校高水平人才交叉培养“外培计划”实施指导意见》印发给你们，请结合学校实际认真贯彻落实，确保稳步推进。

2015年7月2日

北京高等学校高水平人才交叉培养“外培计划”实施指导意见

根据《北京高等学校高水平人才交叉培养计划》（京教高〔2015〕1号）要求，为进一步推进北京地区高等教育综合改革，服务经济社会发展需求，做好北京高等学校高水平人才交叉培养计划中“外培计划”（以下简称“计划”）实施工作，结合教育部有关文件精神和北京市高等教育特点与实际，提出以下指导意见：

第一条　计划紧密契合国家和北京建设需求，积极深化北京高等教育综合改革，推进北京地区高校同海（境）外名校之间的交流合作，创新人才培养机制，培养经济发展与社会建设急需的高水平人才。计划由北京市统筹规划，市属高校与海（境）外高校具体合作实施。

第二条　交流学生主要通过市属高校招生计划定向投放和市属高校在校生遴选两种方式产生。市属高校从在校本科生中遴选，应遵循“公开、公平、公正”的原则，明确遴选访学学生的具体办法和选拔标准。选拔过程中，须设立公示环节，公示应在学校校园网主页信息公开栏公布不少于5个工作日。

第三条　“招生计划定向投放”部分访学学生主要采用“1＋2＋1”和“1＋3”培养模式，即第1学年和第4学年在市属高校，第2、3学年在海（境）外学校，或第1学年在市属高校，第2、3、4学年在海（境）外学校。“在校生遴选”部分访学学生主要采用“1＋1＋2”和“2＋1＋1”培养模式，即第1、3、4学年在市属高校，第2学年在海（境）外学校，或第1、2、4学年在市属高校，第3学年在海（境）外学校。

第四条　计划选取的专业（方向）应为国家与北京市经济社会

发展急需的专业（方向），专业培养应口径适度。市教委根据各高校学科特点与社会需求，对“计划”中的专业（方向）进行动态调整。

第五条　计划中市属高校相关部门（教务处）按照与海（境）外高校共同认可的培养计划，明确两校课程、学分、学时对应关系，指导学生确定每学期应修最低学分标准。市属高校与接收方联合，每年双方共同对交流学生在海（境）外学习情况进行评估，对学生进行学分认定。交流学生完成海（境）外学习任务后，需提交学习报告和海（境）外高校接收院系的评语。

第六条　市属高校根据计划专业（方向）、名额以及学习年限，招收或选拔本科生，并按海（境）外高校入学时限派遣到接收高校。海（境）外接收高校负责交流学生的学习、生活、管理等工作。

市属高校为学籍管理单位，交流学生每学期按照海（境）外高校要求报到注册，接收高校及时将交流学生注册信息送达市属高校，作为市属高校学籍管理依据。如果发生交流学生未按照接收高校要求按时报到注册等情况，双方高校应及时沟通解决。

第七条　交流学生违纪处理主体单位为海（境）外高校。交流学生在海（境）外访学期间须遵守接收高校的校规校纪。如发生违反校规校纪行为，由市属高校和接收高校协商解决，做好相关后续处理工作。

第八条　交流学生留学期间应自觉维护祖国荣誉，遵守中国和派往国家或地区法律，遵守校规校纪，尊重当地人民的风俗习惯，与当地人民友好交往。

交流学生不得擅自变更留学期限、留学国家、留学身份和留学计划，应在规定时间内完成留学计划并回市属高校继续学习，毕业后鼓励在北京工作。

第九条　交流学生在赴海（境）外访学前，市属高校应组织学生办理在外期间的医疗保险和意外伤害保险。如遇意外伤害，双方学校应积极协商解决。需市属高校承担的费用，按市属高校规定办理。

第十条　市属高校要指定专人负责交流学生教学运行、学生成绩、学籍管理等工作的沟通协调，负责交流学生思想、学习、身心状况的沟通与管理，定期同接收学校沟通协调交流学生管理情况。

第十一条　市属高校对交流学生出国留学应给予必要的安全、礼仪指导，为交流学生提供有关出国留学的咨询和服务，为交流学生办理出国留学手续提供帮助和方便。

第十二条　交流学生出国前应交存出国留学保证金，出国留学保证金参考国家留学基金委相关规定交存，交流学生按期学成回国参照国家留学基金委相关规定办理提取保证金手续。

交流学生确定 2 名担保人为自己出国留学作担保，担保人不得为交流学生的配偶且应具有代为清偿能力。

第十三条　在派出前或派出期间有违反中国和派往国家或地区法律，违反校规校纪，未达到接收高校学期学习成绩要求，因身体原因不能继续在接收高校访学，或需要休学半年以上等，交流学生退出留学计划，做好相关后续处理工作，并视情况决定交流学生是否回到市属高校继续学习。对于学生退出计划的情况，不再增补新的学生。

第十四条　市属高校要建立计划校级层面协调领导小组，要由一名校领导牵头，教务处、国际合作处、学生工作和招生等相关部门、以及相关院系领导组成。深化同海（境）外高校的合作，从学校层面协调计划的专业建设、教师建设、教学运行、学生管理以及后勤保障等事宜。

第十五条　参加计划的交流学生须与市属高校签订《外培计划资助出国留学协议书》并公证，协议文本由派出市属高校根据具体访学项目情况拟定。协议应明确交流学生毕业证、学位证授予，学分互认与核算，学生违纪、危机事件处理，签证办理、担保、违约责任等事宜。

第十六条　市属高校应根据本指导意见在交流学生进入海（境）外高校学习之前，在“平等互利、职责明晰”原则基础上与接收高校签订协议书，约定本指导意见未尽事宜。合作双方应与学生本人签订三方协议。

北京市教育委员会

关于举办首届中国“互联网＋”大学生创新创业大赛北京赛区比赛的通知

京教函〔2015〕358号

各普通高等学校：

为进一步激发高校学生创新创业热情，展示高校创新创业教育成果，根据教育部《关于举办首届中国教学成果奖励的通知》（教高〔2015〕4号）精神，决定举办首届中国“互联网＋”大学生创新创业大赛北京赛区比赛，现将竞赛文件印发给你们，请根据学校实际情况，做好大赛各项组织工作。

附件：首届中国“互联网＋”大学生创新创业大赛北京赛区比赛方案

2015年7月21日

附件

首届中国“互联网+”大学生创新创业大赛
北京赛区比赛方案

一、大赛主题

“互联网+”成就梦想创新创业开辟未来

二、大赛目的与任务

深化高等教育综合改革，激发大学生创造力，培养造就“大众创业、万众创新”的生力军；推动赛事成果转化，促进“互联网+”新业态形成，服务经济提质增效升级；以创新引领创业、创业带动就业，推动高校毕业生更高质量创业就业。

重在把大赛作为深化创新创业教育改革的重要抓手，引导各高校主动服务创新驱动发展战略，创新人才培养机制，切实提高高校学生的创新精神、创业意识和创新创业能力。

三、参赛项目要求

参赛项目要能够将移动互联网、云计算、大数据、物联网等新一代信息技术与行业产业紧密结合，培育产生基于互联网的新产品、新服务、新业态、新模式，以及推动互联网与教育、医疗、社区等深度融合的公共服务创新。主要包括以下类型：

（一）“互联网+”传统产业：新一代信息技术在传统产业（含一二三产业）领域应用的创新创业项目；

（二）“互联网+”新业态：基于互联网的新产品、新模式、新业态创新创业项目，优先鼓励人工智能产业、智能汽车、智能家居、可穿戴设备、互联网金融、线上线下互动的新兴消费、大规模个性定制等融合型新产品、新模式；

（三）“互联网+”公共服务：互联网与教育、医疗、社区等结合的创新创业项目；

（四）“互联网+”技术支撑平台：互联网、云计算、大数据、物联网等新一代信息技术创新创业项目。

四、参赛对象

参赛对象须以创新创业团队为单位报名参赛，允许跨校组建团队，每个参赛团队不少于3人，大赛分为创意组和实践组：

创意组：申报人是团队负责人或创业企业法人，为北京市普通高等学校在校生（可以是本专科生、研究生，不含在职学生）；团队尚未正式注册或注册时间晚于2015年5月1日。

实践组：申报人是创业企业法人，为北京市普通高等学校在校生（可以是本专科生、研究生，不含在职学生）或毕业5年以内（2010年6月10日之后毕业）的毕业生；创业企业在2015年5月1日前已注册。

以创业团队为单位报名参赛。允许跨校组建团队。每个参赛团队成员不少于3人。

五、赛制与赛程

大赛分为校级初赛、北京市复赛、全国总决赛，各校在校级初赛的基础上择优推荐项目参加北京市复赛（推荐限额将参考校内初赛规模及组织情况，在报名结束后确定），赛程安排如下：

7月：市教委为各高校分配大赛管理账号，大赛管理平台网址为http：//cy. ncss. org. cn/2015/login. html，各校应于7月16日前确定一名联系人，将姓名、手机、邮箱反馈至联系人信箱，并申请加入工作QQ群（群号221443660），届时相关补充通知等信息将在QQ群发布。

参赛团队登陆“全国大学生创业服务网”(http://cy. ncss. org. cn)进行报名，也可通过大赛移动端报名（下载大赛APP或订阅大赛微信公众账号）。报名时间截止到8月10日。

8月10日～8月25日：各高校根据学校报名情况，组织校内初赛，遴选参加市级复赛项目，于8月25日前将推荐项目通过报名平台提交，并报送相关书面及视频材料。

9月10日前：市教委完成北京市复赛组织及评审工作，根据参赛限额推荐优秀项目参加全国总决赛。

9月16日后～10月初：各有关高校参照总决赛各轮次比赛安排，组织获得总决赛参赛资格队伍进行赛前准备及集训。

10月：参加全国总决赛。

六、赛事安排

（一）初赛

初赛由各高校组织，初赛阶段的参赛材料、比赛环节、评审方式等可参照复赛及总决赛相关程序及要求，由学校自行组织。

（二）复赛

第一轮：参赛材料为项目计划书及一分钟展示视频。实践组参赛团队还需提交组织结构代码证、营业执照复印件及其他佐证材料（专利、著作、政府批文、鉴定材料等）。参赛材料按后续通知文件要求，提交至大赛组委会，具体为：

1. 书面材料：项目计划书一份（组织结构代码证、营业执照复印件及其他佐证材料附后），使用A4纸双面打印装订，一式两份。

2. 电子版：包括一分钟展示视频及项目计划书电子版。视频格式不限，需保证画面流畅，声音清晰，大小不超过1G。项目计划书电子版为PDF文件，大小不超过30Mb。

第二轮：晋级团队进行现场创业项目展示并回答评委提问。

七、比赛内容

（一）项目计划书评审

创意组根据团队创意设计撰写项目计划书，实践组根据公司实际经营情况撰写创业项目计划书。内容主要包括产品/服务介绍、市场分析及定位、商业模式、营销策略、财务分析、风险控制、团队介绍及其他说明。

（二）项目展示及答辩

参赛团队进行创新创业项目展示并回答评委提问。项目展示内容主要包括产品/服务介绍、市场分析及定位、商业模式、营销策略、财务分析、风险控制、团队介绍等。可进行产品实物展示。展示及答辩过程中，语言表达简明扼要，条理清晰。

八、大赛奖励

大赛设一等奖、二等奖、三等奖及优秀组织奖。

九、赛事组织

（一）成立首届中国“互联网+”大学生创新创业大赛北京赛区组委会，负责大赛领导及组织协调工作。

（二）成立首届中国“互联网+”大学生创新创业大赛北京赛区专家委员会。负责评审标准制定、评审组织及咨询指导等工作。

（三）设大赛组委会秘书处负责具体组织协调工作。秘书处设在北京邮电大学教务处。

首届中国“互联网+”大学生创新创业大赛北京赛区组委会

主任委员：

线联平　北京市教育委员会主任

副主任委员：

叶茂林　北京市教育委员会副主任

黄　侃　北京市教育委员会委员

郭　军　北京邮电大学副校长

李家华　教育部创业教育指导委员会副主任
中国青年政治学院副校长

委　员：

沈聪伟　北京市教委学生处处长

赵　清　北京市教委科研处处长

荣燕宁　北京市教委高教处副处长

杨彦茹　中关村管委会创业服务处处长

蔡本睿　北京高校大学生创业园（良乡园）主任

雷家骕　清华大学中国创业研究中心副主任

孙敬伟　启迪天使投资管理（北京）有限公司总经理

王晓庆　中关村智能硬件梦工厂总裁

孙博华　中国先锋金融集团总经理

孙洪祥　北京邮电大学教务处处长

顾　明　清华大学软件学院副院长

郑　云　北京理工大学科技园副总经理

刑薇薇　北京交通大学教授

董青春　北京航空航天大学教授

马德龙　拉勾网首席执行官

秘书处：

张富宇　北京市教委高教处

王　菡　北京邮电大学教务处

北京市教育委员会

关于公布2014年北京市高等学校实验教学示范中心验收结果的通知

京教函〔2015〕407号

各有关高等学校：

根据市教委《关于开展北京市高等学校实验教学示范中心验收

工作的通知》（京教函〔2014〕484号），市教委于2014下半年组织对93个北京市级实验教学示范中心进行了验收工作。经中心自评、学校验收、专家审核、市教委审定，现将各示范中心验收结果予以公布。

各高校要重视实验教学示范中心工作，其验收结果将作为今后学校实践教学项目立项及支持的重要依据。各高校要进一步加强实践教学改革，建立实验教学的长效发展机制，不断提高学生的实践能力和创新精神。

验收结果为“暂缓通过”的中心，要根据验收评估指标体系，认真总结，积极整改，市教委将择期组织专家进行复查验收。

附件：2014年北京市高等学校实验教学示范中心验收结果

2015年8月3日

附件

2014年北京市高等学校实验教学示范中心验收结果

序号	学校名称	示范中心名称	年度	验收结论
1	北京大学	临床技能实验教学中心	2009	通过
2	北京大学	环境与生态实验教学中心	2010	通过
3	中国人民大学	法学实验实践教学中心	2009	通过
4	中国人民大学	文科实验教学综合训练中心	2009	通过
5	清华大学	动力工程及工程热物理实验教学中心	2010	通过

续表 1

序号	学校名称	示范中心名称	年度	验收结论
6	北京交通大学	经济管理实验中心	2008	通过
7	北京交通大学	软件服务外包实验教学中心	2010	通过
8	北京科技大学	信息工程实验教学中心	2008	通过
9	北京科技大学	机械工程实验中心	2008	通过
10	北京科技大学	土木与环境实验教学中心	2009	通过
11	北京化工大学	机械工程实验中心	2008	通过
12	北京化工大学	高分子科学教学实验中心	2009	通过
13	北京邮电大学	机电工程实验教学中心	2008	通过
14	北京邮电大学	语言实验教学中心	2009	通过
15	北京邮电大学	通信软件工程实验教学中心	2010	通过
16	中国农业大学	水利与土木工程实验教学中心	2010	通过
17	北京林业大学	林业工程装备与技术实验教学中心	2009	通过
18	北京中医药大学	中药学实验教学中心	2007	通过
19	北京中医药大学	护理技能训练中心	2009	通过
20	北京师范大学	传媒与艺术实验教学中心	2008	通过
21	北京师范大学	心理学基础实验教学中心	2009	通过
22	北京语言大学	对外汉语教学实验中心	2008	通过
23	中国传媒大学	动画实验教学中心	2008	通过
24	中国传媒大学	影视艺术实验教学中心	2008	通过

续表 2

序号	学校名称	示范中心名称	年度	验收结论
25	中国传媒大学	传媒技术实验教学中心	2009	通过
26	中国传媒大学	电视节目制作实验教学中心	2010	通过
27	对外经济贸易大学	现代服务业人才培养实验教学中心	2008	通过
28	对外经济贸易大学	文科综合自主学习中心	2009	通过
29	对外经济贸易大学	国际商事仲裁实验教学中心	2009	通过
30	华北电力大学	电气工程实验教学中心	2008	通过
31	华北电力大学	电力经济管理实验教学中心	2008	通过
32	中国矿业大学（北京）	电气工程实验教学中心	2008	通过
33	中国矿业大学（北京）	采矿与安全工程实验教学中心	2010	通过
34	中国石油大学（北京）	化学与化工实验教学中心	2008	通过
35	中国石油大学（北京）	油气勘探与开发实验教学中心	2009	通过
36	中国地质大学（北京）	资源勘查实验教学中心	2009	通过
37	中国地质大学（北京）	珠宝与矿物材料实验教学中心	2010	通过
38	中央音乐学院	高等音乐学院音乐教育体系综合改革实验教学中心	2009	暂缓通过
39	中央美术学院	摄影工作室	2008	通过
40	中央美术学院	版画技术工作室	2009	通过

续表 3

序号	学校名称	示范中心名称	年度	验收结论
41	中央美术学院	建筑教学实验中心	2010	通过
42	中央戏剧学院	教学实习演出中心	2008	通过
43	北京电子科技学院	电子与信息安全实验教学中心	2008	通过
44	外交学院	外交外事实验教学中心	2009	通过
45	北京航空航天大学	机械工程实验教学中心	2008	通过
46	北京航空航天大学	材料科学与工程实验教学中心	2008	通过
47	北京航空航天大学	热工实验教学中心	2009	通过
48	北京航空航天大学	环境工程实验教学中心	2010	通过
49	北京理工大学	基础化学教学实验中心	2008	通过
50	北京理工大学	生物实验教学中心	2008	通过
51	北京理工大学	航空航天工程实验教学中心	2009	通过
52	北京理工大学	交通与车辆实验教学中心	2009	通过
53	北京理工大学	数字媒体技术实验教学中心	2010	通过
54	中央民族大学	化学实验教学中心	2008	通过
55	中央民族大学	电子工程实验中心	2008	通过
56	中央民族大学	民族文化传播实验教学中心	2010	通过
57	北京协和医学院	护理技能实验中心	2008	通过
58	中国劳动关系学院	劳动关系协调与发展实验教学中心	2009	通过

续表 4

序号	学校名称	示范中心名称	年度	验收结论
59	中华女子学院	妇女儿童发展与教育实验教学中心	2008	通过
60	北京建筑工程学院	建筑与环境模拟实验教学中心	2008	通过
61	北京建筑工程学院	水环境实验教学中心	2010	通过
62	北京工业大学	软件工程实践教学中心	2009	通过
63	北京工业大学	热能与动力工程实验教学中心	2010	通过
64	北方工业大学	经济管理实验中心	2008	通过
65	北方工业大学	建工实验中心	2009	通过
66	北方工业大学	数字媒体艺术实验教学中心	2010	通过
67	北京工商大学	化学化工实验中心	2008	通过
68	北京工商大学	数字艺术制作中心	2009	通过
69	首都医科大学	口腔医学实践技能中心	2009	通过
70	首都医科大学	公共卫生与预防医学实验教学中心	2010	通过
71	首都师范大学	美术教育实验教学中心	2008	通过
72	首都师范大学	多语种实验教学中心	2009	通过
73	首都经济贸易大学	管理科学与工程实验教学中心	2009	通过
74	首都经济贸易大学	传媒实验教学中心	2010	通过
75	北京服装学院	服装材料与工程实验教学中心	2008	通过
76	北京服装学院	服装服饰实验教学中心	2009	通过

续表 5

序号	学校名称	示范中心名称	年度	验收结论
77	北京印刷学院	印刷工程综合训练中心	2007	通过
78	北京印刷学院	数字艺术教学实践中心	2009	通过
79	北京石油化工学院	环境工程教学与实验中心	2009	通过
80	北京农学院	都市农业食品加工与食品安全实验教学中心	2009	通过
81	北京农学院	动物类实验教学中心	2010	通过
82	中国音乐学院	中国民族音乐实践教学中心	2010	通过
83	中国戏曲学院	动漫戏剧实验教学中心	2008	通过
84	中国戏曲学院	舞台实践教学中心	2009	通过
85	北京电影学院	声音实验中心	2008	通过
86	北京舞蹈学院	教学实习演出中心	2009	通过
87	北京信息科技大学	机械工程实验教学中心	2008	通过
88	北京信息科技大学	文管综合实践教学中心	2009	通过
89	北京信息科技大学	计算机实验教学中心	2010	通过
90	北京联合大学	经贸实验教学中心	2008	通过
91	北京城市学院	中药与生物技术实验教学中心	2009	通过
92	北京邮电大学世纪学院	数字媒体实验教学中心	2009	通过
93	北京邮电大学世纪学院	工程教育训练中心	2010	通过

北京市教育委员会

关于公布 2015 年入选北京高等学校高水平人才交叉培养“实培计划”项目的通知

京教高〔2015〕12 号

各市属有关高校：

根据《北京市教育委员会关于印发北京高等学校高水平人才交叉培养计划的通知》（京教高〔2015〕1 号）和市教委、市财政局《关于印发〈北京高等学校高水平人才交叉培养“实培计划”项目管理办法（试行）〉的通知》（京教高〔2015〕11 号）精神，市教委组织开展了北京高等学校高水平人才交叉培养“实培计划”项目的征集遴选工作，经学校申报、市教委遴选等环节，现将 2015 年首批入选北京高等学校高水平人才交叉培养“实培计划”项目名单（附件 1、附件 2，略）予以公布，并将有关事项通知如下：

一、项目高校要严格按照《北京高等学校高水平人才交叉培养“实培计划”项目管理办法（试行）》（京教高〔2015〕11 号）要求，做好入选项目的实施管理工作。

二、项目高校要根据文件要求，制定遴选办法，选拔优秀的大四学生进入北京市大学生毕业设计（论文）入选项目进行毕业设计（论文），入选学生名单要在校内进行公示并将入选学生姓名、专业班级、毕业论文（设计）题目、校内导师、校外导师、联系方式等相关信息于10月底前报市教委备案。北京市大学生科研训练计划深化项目要充分发挥入选项目学生的积极主动性，为学生解决企业实际问题创造良好条件，充分发挥校内导师和校外导师的联合指导作用。

三、项目高校要制定校内验收结题办法，并接受市教委组织的考核验收。北京市大学生毕业设计（论文）项目要有一定的学术价值，形成实物作品、产品设计或实际运行系统，或是具有应用前景的成果，在毕业设计（论文）研究过程中要发表高质量的研究论文，论文能被国际著名检索SCI、EI、ISTP等收录或发表在国内核心刊物上。北京市大学生科研训练计划深化项目要按照申报书，认真做好实施工作，达到预期研究成果，积极推动项目研究成果参加各类大学生学科竞赛，发表高质量的学术论文。

四、入选项目自名单公布之日开始实施，项目实施周期原则上为一年。

五、项目实施完成后，市教委将组织对项目考核验收，并把考核验收结果作为下一年度工作的重要依据。

附件：1. 2015年北京市大学生毕业设计（论文）入选项目汇总表（略）

2. 2015年北京市大学生科研训练计划深化入选项目汇总表（略）

2015年9月6日

北京市教育委员会

关于开展2015年北京高等学校示范性校内创新实践基地建设工作的通知

京教函〔2015〕514号

各有关高等学校：

为适应国家和首都社会经济发展对高等学校创新人才培养的要求，创新高水平人才培养机制，推动优质教育资源共享，深化实践教学综合改革，根据市教委《关于开展北京高等学校校内创新实践基地建设的通知》（京教函〔2011〕702号）和《关于进一步提高北京高等学校人才培养质量的若干意见》（京教高〔2012〕26号），经研究，市教委决定开展2015年北京高等学校示范性校内创新实践基地建设工作。现将有关事宜通知如下：

一、建设目标

北京高等学校示范性校内创新实践基地（以下简称“示范性校内创新基地”）建设工作坚持“突出创新、注重特色、开放共享”原则，通过搭建学生自主实践平台，探索高校创新性人才培养有效模式，构建学生自主实践、勇于创新的长效机制，为培养学生的自主创新意识和创新能力营造良好的环境和氛围，为高等学校创新性人才培养工作提供示范经验，提高北京高等学校人才培养质量。

2015年将立项建设30个左右的示范性校内创新基地。

二、建设内容

（一）平台建设。基地依托平台应是北京地区高等学校内部的教育教学资源。在充分整合、利用现有资源（包括各类实验教学中心、实验室、学生活动中心、校内实习实训基地等）的基础上，拓展、开发其创新活动功能，在场地、设施、资金、师资等方面较好地满足学生开展创新活动需要，能够为学生实践创新活动和创新成果的推广应用提供良好的政策环境和氛围。

（二）理念建设。能够结合学校定位和人才培养目标，确立以培养学生实践能力、创新精神为核心的建设理念，突出学生的主体性和个性化培养，有针对性地进行人才培养模式改革试验，形成各具特色的改革创新发展经验，具有示范辐射作用。

（三）运行机制建设。建立可持续发展的政策、经费、人事等组织保障和合作机制，形成有利于激励学生学习和提高学生能力的有效管理机制。建设完善的信息管理平台，充分发挥资源优势和特色优势，逐步实现开放运行、资源共享。

（四）师资队伍建设。要有一支专兼结合，学历、年龄、学科（专业）和职称结构合理、实践教学能力强、创新活动经验丰富的师资队伍。每个基地原则上至少要有 1 名高级职称专职人员作为校内创新实践基地的负责人，并有足够数量的教师指导学生开展创新实践活动。基地依托单位应有足够数量的专业技术人员指导、管理学生创新实践活动并参与校内创新实践基地的建设。建立比较完善的激励机制和政策措施，引导高水平教师参与校内创新实践基地建设和指导学生开创性地开展创新实践活动。

（五）活动成效建设。注重创新实践活动效果，扩大受益面，能有效激发学生参与创新实践活动的兴趣和积极性，提升学生的自主学习能力、实践能力、创新能力。

三、组织与申报

（一）2015 年示范性校内创新基地，原则上每校限报 1 个。申报学校应认真填写《北京高等学校示范性校内创新实践基地申报书》及相关支撑材料。

（二）市教委将根据各校申报情况组织专家采用网络初评、会议评审等方式，择优遴选理念先进、特色鲜明、管理规范、运行良好的创新实践基地，并授予“北京高等学校示范性校内创新实践基地建设单位”称号。

（三）示范性校内创新基地建设工作秘书处设在中国地质大学（北京）。请申报高校将以下材料纸质版和电子版于11月19日前报送至工作秘书处，并按要求完成网上上传工作。逾期申报不予受理。

1. 北京高等学校示范性校内创新实践基地申报书（附件1，一式1份，略）；

2. 基地基本情况汇总表（附件2，一式1份，略）；

3. 相关支撑材料（可根据实际情况提供，一式1份）。

4. 11月20日至23日，各校将推荐的校内创新实践基地1～3项申报材料上传到“北京高等学校示范性校内创新实践基地网站”。申报网址、操作流程、账号、密码等内容将在上交纸质版文件时由秘书处发放。

（四）倡导建设资源节约、环境友好型社会，建议各高校制作纸质版材料时，采用A4纸双面打印，简单装订即可。

（五）各高校要充分重视实践基地建设，加大基地建设投入，市教委将在今后的工作中加强实践培养学生支持力度，开展实践培养人才教育综合改革。

四、联系方式

（一）北京高校示范性校内创新基地建设工作秘书处（略）

（二）市教委高教处（略）

附件：1. 北京高等学校示范性校内创新实践基地申报书（略）

2. 北京高等学校示范性校内创新实践基地基本情况汇总表（略）

2015年10月20日

北京市教育委员会

关于批准 2015 年度北京高等学校教育教学改革立项项目的通知

京教函〔2015〕584 号

各高等学校：

根据《北京市教育委员会关于开展 2013～2015 年北京高等学校教育教学改革立项工作的通知》（京教函〔2013〕338 号）精神，经学校申请和专家评议，市教委决定批准"'互联网＋'时代软件创新创业人才培养模式研究"等 243 个项目为 2015 年度北京高等学校教育教学改革立项面上项目，"'一带一路'背景下'非通用语＋'外语人才培养教学改革"等 11 个项目为 2015 年度北京高等学校教育教学改革立项重点项目，"京津冀高校协同培养印刷与包装专业创新创业人才的研究"等 12 个项目为 2015 年度北京高等学校教育教学改革立项联合项目。

请获得立项的各项目负责人合理安排工作进度，加强项目的实施与协调，及时总结和推广项目成果，确保取得预期成效。各高校要充分认识教改立项工作的重要意义，加强对教改立项项目的统筹与管理，从经费、政策等方面给予必要的支持和帮助。

附件：2015 年度北京高等学校教育教学改革立项项目

2015 年 11 月 30 日

附件

2015年度北京高等学校教育教学改革立项项目

编号	项目名称	项目负责人	项目申请学校	项目类型
2015－zd01	基于信息化和管理重心下移背景下的本科教学质量保障体系建设	龙永红	中国人民大学	重点
2015－zd02	发挥行业特色优势探索中俄联合办学模式	李长春	北京交通大学	重点
2015－zd03	推进多主体协同教育、提升高等工程教育的国际竞争力	任新钢	北京化工大学	重点
2015－zd04	新常态下高校深层次国际化人才培养模式研究	蒋先玲	对外经济贸易大学	重点
2015－zd05	以学生创新能力培养为核心的本科生全程导师制的探索与实践	杨仁树	中国矿业大学（北京）	重点
2015－zd06	工程教育认证文化背景下的毕业要求及其达成与评价	蒋宗礼	北京工业大学	重点
2015－zd07	京津冀一体化形势下都市型现代农业人才培养的改革与探索	张喜春	北京农学院	重点
2015－zd08	“以器官系统为基础以疾病为核心”临床科室设置与学科课程改革探索与实践	吕兆丰	首都医科大学	重点
2015－zd09	“一带一路”背景下“非通用语＋”外语人才培养教学改革	曹卫东	北京第二外国语学院	重点
2015－zd10	基于工程教育专业认证的光电信息科学与工程专业培养方案及教学制度设计	吕勇	北京信息科技大学	重点
2015－zd11	德国“胡格模式”在汽修高端技能人才培养中的运用研究	牛小铁	北京工业职业技术学院	重点
2015－lh01	高校创客空间跨界共建共享机制的研究	李双寿	清华大学 北京工业大学	联合

续表 1

编号	项目名称	项目负责人	项目申请学校	项目类型
2015－lh02	自主、合作与探究：大学物理教学模式创新与效果研究	张萍	北京师范大学 北京工商大学 北京工业大学	联合
2015－lh03	融入跨文化交际能力培养的大学英语教学改革与过程评估研究	孙有中	北京外国语大学 首都师范大学 北方工业大学 北京城市学院	联合
2015－lh04	外语类院校“英语/非通用语准复语”人才培养模式探索	陆薇	北京语言大学 北京第二外国语学院	联合
2015－lh05	首都高校“交叉培养计划”实施后期的教学效果评价的研究——以中国传媒大学和北京第二外国语学院合作的双培计划为例	郑波	中国传媒大学 北京第二外国语学院	联合
2015－lh06	复合型税务应用人才培养模式改革研究——中韩两国比较与借鉴	樊勇	中央财经大学 韩国首尔市立大学	联合
2015－lh07	公安院校治安学专业协同创新机制研究	宫志刚	中国人民公安大学 北京市公安局 北京警察学院 北京安泰通恒技术开发有限公司	联合
2015－lh08	商务英语专业翻译硬能力培养的探索与实践	苗天顺	北京工商大学 北京师范大学	联合
2015－lh09	京津冀高校协同培养印刷与包装专业创新创业人才的研究	曹国荣	北京印刷学院 北京理工大学 天津科技大学 天津商业大学 北京农学院 北京林业大学	联合
2015－lh10	基于“双培计划”的人才培养机制研究——以复合型旅游人才为例	牛爱芳	北京联合大学 对外经济贸易大学	联合

续表 2

编号	项目名称	项目负责人	项目申请学校	项目类型
2015－lh11	贯通式培养基础教育阶段与技术教育阶段相关基础课程衔接的探索与实践	李亚杰	北京电子科技职业学院 北京市第三十五中学	联合
2015－lh12	财经商贸类专业高端技术技能人才贯通培养试验项目基础教育阶段课程开发研究	李明	北京财贸职业学院 北京市通州区潞河中学	联合
2015－ms001	北京大学化学学院实验课程教学效果评估	裴坚	北京大学	面上
2015－ms002	“一带一路”外国语言与文化系列公共课程	付志明	北京大学	面上
2015－ms003	北京大学实践教学改革探索	刘建波	北京大学	面上
2015－ms004	北京大学综合评价选拔的理念与实践	王亚章	北京大学	面上
2015－ms005	以能力为导向的长学制医学生生物医学阶段考核评价体系的构建与研究	王韵	北京大学	面上
2015－ms006	中国人民大学本科思想政治理论课“三位一体”新教学模式探索	郝立新	中国人民大学	面上
2015－ms007	专业自主分流的大类培养模式与个性化复合型创新人才培养体系机制的深化与完善	杜小勇	中国人民大学	面上
2015－ms008	新生研讨课：人大模式的探索与创新	田宏杰	中国人民大学	面上
2015－ms009	项目导向跨学科研究性试点课程建设	许勤华	中国人民大学	面上
2015－ms010	清华大学文化素质课程体系改革与建设	王巍	清华大学	面上
2015－ms011	清华大学本科课程管理改革探索与实践	刘铮	清华大学	面上
2015－ms012	基于“三位一体”的本科培养方案重构研究	郝吉明	清华大学	面上

续表 3

编号	项目名称	项目负责人	项目申请学校	项目类型
2015－ms013	基于“建立促进学生全面发展的学业评价体系”的教师发展行动研究	文雯	清华大学	面上
2015－ms014	利于协调教学与科研的教师评价研究	李俊峰	清华大学	面上
2015－ms015	一体化建设本科实验教学平台，全方位提高学生工程实践能力	陈后金	北京交通大学	面上
2015－ms016	土木工程本科生专业能力提升综合改革研究	杨娜	北京交通大学	面上
2015－ms017	电气工程国际化人才培养方式探讨	王健强	北京交通大学	面上
2015－ms018	“互联网＋”时代软件创新创业人才培养模式研究	赵宏	北京交通大学	面上
2015－ms019	北航北京学院“书院制”下“双培计划”人才培养模式的探索与实践	高翔	北京航空航天大学	面上
2015－ms020	纵贯机械工程专业本科生培养过程的 STEP 教学模式与公共实验平台建设	于靖军	北京航空航天大学	面上
2015－ms021	强化解决复杂工程问题能力培养的工业科学与技术实验课程研究	徐平	北京航空航天大学	面上
2015－ms022	软件工程领域创新创意创业人才培养的探索与实践	张莉	北京航空航天大学	面上
2015－ms023	基于基础学科拔尖学生培养联盟的荣誉教育研究与实践	马齐爽	北京航空航天大学	面上
2015－ms024	基于成果导向教育的大机械工程专业人才培养综合改革探索	胡纪滨	北京理工大学	面上
2015－ms025	MOOC 背景下线性代数课程混合式教学模式的研究与实践	孙良	北京理工大学	面上
2015－ms026	基于慕课面向多元化专业人才培养的大学物理模块化分层次混合式教学模式与方法的探究与实践	胡海云	北京理工大学	面上
2015－ms027	基于成果导向教育的课程目标达成度的质量评价及——保障体系的研究与实践	彭熙伟	北京理工大学	面上

续表 4

编号	项目名称	项目负责人	项目申请学校	项目类型
2015－ms028	“科教融合”加强学科专业建设的探索与实践	王荣明	北京科技大学	面上
2015－ms029	面向冶金工业 4.0 的实习实践课程综合改革与探索	石志国	北京科技大学	面上
2015－ms030	面向大学生创新能力培养的《计算机应用实践》教学体系构建	张敏	北京科技大学	面上
2015－ms031	新生心理素质教育 MOOC 课程建设研究	于成文	北京科技大学	面上
2015－ms032	面向工程教育认证的采矿工程专业建设	李翠平	北京科技大学	面上
2015－ms033	高分子材料与工程专业高年级研究性课程体系构建与人才培养	李齐方	北京化工大学	面上
2015－ms034	项目管理视角下的物流管理专业建设探索与创新	王璇	北京化工大学	面上
2015－ms035	以提升学生能力为目标的研究性教学方法的探索及其在生物化学课程中的实践	陈畅	北京化工大学	面上
2015－ms036	基础化学实验教学纵向双向衔接，横向多层次多模块立体交叉式创新能力培养平台的建设	张丽丹	北京化工大学	面上
2015－ms037	面向创新的工程教学方法研究与实践	李永华	北京邮电大学	面上
2015－ms038	基于团队学习的混合教学法在电子信息类学科基础课程中的应用	尹霄丽	北京邮电大学	面上
2015－ms039	面向“互联网＋”与“中国制造2025”复合型拔尖创新人才培养综合改革研究与实践	刘晓平	北京邮电大学	面上
2015－ms040	经济管理类主干课程“翻转课堂”教学模式研究与实践	金永生	北京邮电大学	面上
2015－ms041	基础课教师教学质量评价方法研究与实践	魏翼飞	北京邮电大学	面上
2015－ms042	面向党政部门的信息安全保障人才培养模式的研究	李冬冬	北京电子科技学院	面上

续表 5

编号	项目名称	项目负责人	项目申请学校	项目类型
2015－ms043	学做交融的教学模式在电子技术基础课程教学改革中的应用研究	李雪梅	北京电子科技学院	面上
2015－ms044	密码人才的计算机系统思维培养模式探索与实践	傅仕诤	北京电子科技学院	面上
2015－ms045	翻转课堂教学模式在大学理科基础课程中的探索与实践	杜风沛	中国农业大学	面上
2015－ms046	基于 MOOC 平台的高校教育教学新模式研究与实践	张晓东	中国农业大学	面上
2015－ms047	协同适应工程教育认证和卓越农林人才培养的农业工程类专业课程建设研究与实践	李云开	中国农业大学	面上
2015－ms048	动物解剖学虚拟仿真数据库建设	曹静	中国农业大学	面上
2015－ms049	以工程教育认证为导向的车辆工程专业实践教学改革研究与实践	赵建柱	中国农业大学	面上
2015－ms050	复合应用型专业人才培养模式的改革与实践——以北京林业大学木工、林化、保护区专业为例	于志明	北京林业大学	面上
2015－ms051	自主学习与创新型森林生物学教学体系与方法研究	林金星	北京林业大学	面上
2015－ms052	林学类专业青年教师教学能力提升研究与实践	田呈明	北京林业大学	面上
2015－ms053	基于生态美学的创新设计人才培养模式研究与实践	兰超	北京林业大学	面上
2015－ms054	以强化工程素质为导向的行业院校机电类创新人才培养探索与实践	陈劭	北京林业大学	面上
2015－ms055	标准化病人（SP）教学研究及团队建设	黄晓明	北京协和医学院	面上
2015－ms056	神经系统疾病基础与临床	许琪	北京协和医学院	面上
2015－ms057	护理 MOOCs 的开发与设计	刘华平	北京协和医学院	面上
2015－ms058	大学生批判与创新能力培养——心理学课程改革探索	陈英和	北京师范大学	面上

续表 6

编号	项目名称	项目负责人	项目申请学校	项目类型
2015－ms059	微分方程本科通识课程的建设与改革	保继光	北京师范大学	面上
2015－ms060	大类招生背景下物理实验教学的调整与实践	王引书	北京师范大学	面上
2015－ms061	高等学校本科生科研国际化策略研究与实践	范楼珍	北京师范大学	面上
2015－ms062	关于加强教育国际化的构想和实践：以创建海外系列“中文学院”为中心	过常宝	北京师范大学	面上
2015－ms063	新形势下国际化人才的跨文化传播能力培养	刘琛	北京外国语大学	面上
2015－ms064	语言类院校经管专业教学质量保障体系建设的研究与实践	詹惠蓉	北京外国语大学	面上
2015－ms065	“一带一路”沿线国家非通用语人才培养课程体系研究	孙晓萌	北京外国语大学	面上
2015－ms066	大学英语课程校本评估：创新评估模式与评估方法的应用研究	廖鸿婧	北京外国语大学	面上
2015－ms067	“媒体创意与思维陷阱”课程建设与思辨能力培养	张在新	北京外国语大学	面上
2015－ms068	多参照、立体式对外汉语教学分级测试体系建构	郭修敏	北京语言大学	面上
2015－ms069	基于教学数据收集和分析的高校学生评教体系的研究	周韧	北京语言大学	面上
2015－ms070	传播全球化语境下首都高校新闻教学创新研究	方毅华	中国传媒大学	面上
2015－ms071	大学物理（非物理类）课堂教学改革——演示实验走进课堂教学的研究与实践	刘开贤	中国传媒大学	面上
2015－ms072	传媒艺术类专业中国古代文学教学模式转变研究	刁生虎	中国传媒大学	面上
2015－ms073	艺术史类课程翻转教学模式研究	王韶华	中国传媒大学	面上
2015－ms074	“翻转课堂”教学模式在实践教学中的应用——以中传电视台转播人才培养为例	刘杰锋	中国传媒大学	面上

续表 7

编号	项目名称	项目负责人	项目申请学校	项目类型
2015－ms075	面向金融信息安全人才培养的攻防实战演练系统建设研究	李洋	中央财经大学	面上
2015－ms076	财经类院校供应链管理与金融融合创新人才培养课程体系优化研究	耿勇	中央财经大学	面上
2015－ms077	互联网背景下经济学创新人才培养路径研究	李涛	中央财经大学	面上
2015－ms078	行动学习在成本管理会计教学中的应用研究	刘俊勇	中央财经大学	面上
2015－ms079	研究型大学课堂教学质量评价指标体系与运行机制研究——基于我校“深化精英教育战略”的实证分析	聂建峰	中央财经大学	面上
2015－ms080	基于建导的移动互联网跨国团队协作创新人才培养模式研究	程絮森	对外经济贸易大学	面上
2015－ms081	中俄经济类大学联盟经管人才培养项目实验班建设	孙芳	对外经济贸易大学	面上
2015－ms082	金融学专业培养方案中的“制度金融学模块”建设	王剑锋	对外经济贸易大学	面上
2015－ms083	海关专业课程的教学方法创新与实现路径研究	李海莲	对外经济贸易大学	面上
2015－ms084	“大东欧”地区课程体系的建立与改革	谭继军	外交学院	面上
2015－ms085	对比阅读与英语专业本科生思辨能力发展跟踪研究	许宏晨	外交学院	面上
2015－ms086	以计算思维能力培养为导向的计算机课程改革	宗薇	外交学院	面上
2015－ms087	“三位一体”课堂教学模式改革实践——基于学校案例教学的探索与创新	周志钧	中国人民公安大学	面上
2015－ms088	现代司法鉴定制度下刑事科学技术教学体系的科学构建	罗亚平	中国人民公安大学	面上
2015－ms089	面向公安创新人才培养的网络安全与执法专业建设研究	马丁	中国人民公安大学	面上

续表 8

编号	项目名称	项目负责人	项目申请学校	项目类型
2015－ms090	基于“英语写作中心”的英语教学模式、人才培养及中国文化对外传播的创新研究	钱坤强	国际关系学院	面上
2015－ms091	高校参与构建小学体育课程模式的研究与实践	章潮晖	北京体育大学	面上
2015－ms092	高等体育院校优秀残疾人运动员人才培养研究	左琼	北京体育大学	面上
2015－ms093	高校户外教育人才培养模式研究	张健	北京体育大学	面上
2015－ms094	思政课翻转课堂教学模式研究与实践——以北京体育大学为例	秦彪生	北京体育大学	面上
2015－ms095	体育学专业学生实践创新能力培养模式的探索	史姜旭	北京体育大学	面上
2015－ms096	“美的历程 App”——艺术史交互式在线教学改革	冯海涛	中央美术学院	面上
2015－ms097	中央美术学院建筑设计基础教学改革与探索	王小红	中央美术学院	面上
2015－ms098	中央美术学院素描基础教学改革	苏海江	中央美术学院	面上
2015－ms099	新技术背景下影视导演教学中技术基础课程体系创新构建研究	高雄杰	中央戏剧学院	面上
2015－ms100	音乐戏剧导演艺术特性研究	黄凯	中央戏剧学院	面上
2015－ms101	通过“创客”实践培养高素质电子信息工程人才	王继业	中央民族大学	面上
2015－ms102	在人文北京的语境下以“教—学—研—调”的模式全面提升学生的人文素养和学习能力	安静	中央民族大学	面上
2015－ms103	构建教学方式与学生课程学习考核相结合的评价体系	周宜君	中央民族大学	面上
2015－ms104	社会工作专业方法类课程“服务学习型”考试方式改革研究	杨慧	中央民族大学	面上

续表 9

编号	项目名称	项目负责人	项目申请学校	项目类型
2015－ms105	佤族舞蹈教学内容的规范化建设	色尕	中央民族大学	面上
2015－ms106	“互联网＋”时代企业模拟与实践能力培养研究	朱晓武	中国政法大学	面上
2015－ms107	“国际型、多语种”卓越法律人才培养机制研究	孔庆江	中国政法大学	面上
2015－ms108	微课程、翻转课堂与实践教学的互动——以《中国近现代史纲要》课程为例	张文灿	中国政法大学	面上
2015－ms109	高校通识教育课程综合专题教学模式研究——以相关国际政治课程为中心的探索	刘贞晔	中国政法大学	面上
2015－ms110	“一带一路”背景下涉外法律人才培养模式研究	于冲	中国政法大学	面上
2015－ms111	以专业认证为导向的电气工程人才培养方案研究与完善	徐衍会	华北电力大学	面上
2015－ms112	高校重点实验室提升本科创新人才培养能力模式探索	杜小泽	华北电力大学	面上
2015－ms113	虚拟仿真环境下电力经管类实验课程体系建设的研究与实践	牛东晓	华北电力大学	面上
2015－ms114	校际及校企共建共享新能源教学资源的途径探索与实践	杨世关	华北电力大学	面上
2015－ms115	大学英语综合教学改革	司微	华北电力大学	面上
2015－ms116	《麦克白》著译赏析课程教材改革	丁占罡	中华女子学院	面上
2015－ms117	“女性领导力与个性发展”课程的创建与实践	侯典牧	中华女子学院	面上
2015－ms118	《中国近现代史纲要》课程教学中女性文化资源融入教学模式	苗伟东	中华女子学院	面上
2015－ms119	任务驱动与过程管理相结合的矿物加工专业实践教学云平台的构建	黄波	中国矿业大学（北京）	面上

续表 10

编号	项目名称	项目负责人	项目申请学校	项目类型
2015－ms120	煤矿机电类本科专业虚拟仿真的实践教学体系建设	钱旭	中国矿业大学（北京）	面上
2015－ms121	本科生素质培养模式及评价体系的实践研究	郭东明	中国矿业大学（北京）	面上
2015－ms122	高等教育大众化背景下数理公共基础课教学和课程体系优化研究	吕坤	中国矿业大学（北京）	面上
2015－ms123	建构教师自发参与的教学发展体系	陈小宏	中国石油大学（北京）	面上
2015－ms124	面向工程认证的大学数学课程教学模式研究	刘建军	中国石油大学（北京）	面上
2015－ms125	论导师在研究生良好思想道德养成中的关键作用	董贵成	中国石油大学（北京）	面上
2015－ms126	大学生体质健康及测试成绩有效提升方案研究	杨小梅	中国石油大学（北京）	面上
2015－ms127	以学术为引领、能源为载体、人文性、工具性兼备的大学英语课程体系建设	徐方富	中国石油大学（北京）	面上
2015－ms128	北戴河地学实践教学体系改革与实习平台建设	赵国春	中国地质大学（北京）	面上
2015－ms129	燕山地质实践教学后备基地建设	董国臣	中国地质大学（北京）	面上
2015－ms130	具有地质工程特色的创新型本科人才培养模式探索与实践	徐能雄	中国地质大学（北京）	面上
2015－ms131	材料类本科生创新和实践能力的培养机制探索	张以河	中国地质大学（北京）	面上
2015－ms132	勘查技术与工程专业主干课程体系建设与教学模式研究	孟小红	中国地质大学（北京）	面上
2015－ms133	以核心课程为引领，构建符合我校人才培养目标的课程体系——基于促进专业教育与创新创业教育有机融合的视角	林江	中国青年政治学院	面上

续表11

编号	项目名称	项目负责人	项目申请学校	项目类型
2015－ms134	基于协同创新视角的行政管理专业实践教学方式的综合改革	孙广厦	中国青年政治学院	面上
2015－ms135	基于 Moodle 和 MOOC 的混合学习模式探讨与研究	宿培成	中国青年政治学院	面上
2015－ms136	中国劳动关系学院实行小学期的必要性及可行性研究	李红卫	中国劳动关系学院	面上
2015－ms137	公共安全管理紧缺人才培养模式与实践	任国友	中国劳动关系学院	面上
2015－ms138	计算机课程项目教学理论与实践研究	田振坤	中国劳动关系学院	面上
2015－ms139	大学数学基础课程的立体化改革研究	范周田	北京工业大学	面上
2015－ms140	北京地方高校大学物理课程分层次教学的探索与实践	王越	北京工业大学	面上
2015－ms141	基于学习过程的大学生学情调查与实证研究	苏林琴	北京工业大学	面上
2015－ms142	北京工业大学学位点评估的改革与实践	张忠占	北京工业大学	面上
2015－ms143	北京市属高校大学英语教学质量保障体系现状分析及构建研究	郭涛	北方工业大学	面上
2015－ms144	多目标融合的专业综合教学团队发展建设模式探讨	徐继宁	北方工业大学	面上
2015－ms145	数字信息技术作用下的视觉传达设计专业创新交叉模式与实践	王雪莹	北方工业大学	面上
2015－ms146	以工程实践能力培养为目标的电子信息类专业实践教学内容体系建设	廉小亲	北京工商大学	面上
2015－ms147	“互联网＋”本科教学综合改革与创新研究	魏中龙	北京工商大学	面上
2015－ms148	以系统思维培养为目标的全案例教学资源平台建设——以广告学专业为例	林刚	北京工商大学	面上

续表 12

编号	项目名称	项目负责人	项目申请学校	项目类型
2015－ms149	“艺术与科技”专业创新教学模式探索与实践	王永进	北京服装学院	面上
2015－ms150	基于微信平台的服装艺术教育资源应用推广	张巨俭	北京服装学院	面上
2015－ms151	以实施交叉培养计划为契机，创新自动化专业人才培养模式、提升人才培养质量	韩润萍	北京服装学院	面上
2015－ms152	面向印刷包装全产业链的高等工程技术人才产学研合作培养模式研究	续明进	北京印刷学院	面上
2015－ms153	媒介融合背景下卓越新闻传播人才培养模式研究	张文红	北京印刷学院	面上
2015－ms154	中美艺术类国际实验班教学体系构建研究	张晓东	北京印刷学院	面上
2015－ms155	传统手工艺与现代设计实践教学	赵希岗	北京建筑大学	面上
2015－ms156	以课题组为单元的本科生人才培养模式深化研究	王崇臣	北京建筑大学	面上
2015－ms157	基于 MOOC 平台的建筑类院校专业课程体系构建	张艳	北京建筑大学	面上
2015－ms158	地方院校“以学生为中心”的应用型人才培养模式综合改革的探索与实践	孟波	北京石油化工学院	面上
2015－ms159	基于成果导向教育的制药工程专业人才培养模式改革的探索与实践	王腾	北京石油化工学院	面上
2015－ms160	成果导向下的高分子材料与工程专业人才培养模式改革与实践	陈飞	北京石油化工学院	面上
2015－ms161	农林院校计算机基础课程“O2O”教学模式构建	刘莹莹	北京农学院	面上
2015－ms162	地方农林高校“双师型”教师队伍建设研究与实践	韩芳	北京农学院	面上

续表 13

编号	项目名称	项目负责人	项目申请学校	项目类型
2015－ms163	临床医学专业学位 5＋3＋X 改革模式研究与实践	王晓民	首都医科大学	面上
2015－ms164	医学院校大学英语课程体系构建研究	谢春晖	首都医科大学	面上
2015－ms165	本硕合作学习：促进学生主动求知的教育教学模式研究	田国秀	首都师范大学	面上
2015－ms166	新媒体与师范大学生文学素养教育教学改革研究	孙士聪	首都师范大学	面上
2015－ms167	以核心能力培养为导向的公共事业管理专业课程地图建设研究	李水金	首都师范大学	面上
2015－ms168	计算机系统课程群建设探索与实践	关桂霞	首都师范大学	面上
2015－ms169	面向素质教育的音乐类师范生实践能力提升研究	李刚	首都师范大学	面上
2015－ms170	中小学生室内身体运动功能练习方法创编与实践	尹军	首都体育学院	面上
2015－ms171	首都体育学院思想政治教育教学综合改革研究	杨意青	首都体育学院	面上
2015－ms172	首都体育学院校外人才培养基地的建设与实践研究	高天	首都体育学院	面上
2015－ms173	京津冀养老与健康产业管理人才协同培养机制与模式研究	张超	北京第二外国语学院	面上
2015－ms174	国际校级合作基础上的网络协作课程在人才培养中的应用	王磊	北京第二外国语学院	面上
2015－ms175	建设多元化实践教学体系，培养创新型物流信息人才	朱杰	北京物资学院	面上
2015－ms176	特色型市属高校和部属高校人才培养协同创新机制研究	郭键	北京物资学院	面上
2015－ms177	物流系统虚拟仿真实验教学示范中心的模式构建与应用研究	姜旭	北京物资学院	面上

续表 14

编号	项目名称	项目负责人	项目申请学校	项目类型
2015－ms178	“内外双驱、校企联动、个性与专业发展相结合”国际化资产评估人才培养研究与实践	王竞达	首都经济贸易大学	面上
2015－ms179	面向“走出去”战略的北京高校金融国际化人才培养改革研究	高杰英	首都经济贸易大学	面上
2015－ms180	本科卓越人才校企联合培养模式的实现路径和培养机制研究—以注册会计师专业为例	顾奋玲	首都经济贸易大学	面上
2015－ms181	基于大数据的教学质量评估方法研究	肖南	中国音乐学院	面上
2015－ms182	中国音乐学院教材建设规划研究	刘颖	中国音乐学院	面上
2015－ms183	民族管弦乐合奏课程建设比较研究	马可	中国音乐学院	面上
2015－ms184	戏曲类专业标准建设与研究	张尧	中国戏曲学院	面上
2015－ms185	戏曲院校教务管理实践与研究	张文振	中国戏曲学院	面上
2015－ms186	戏曲院校学分制改革与探索	王莹	中国戏曲学院	面上
2015－ms187	国乐与中国古典舞教学实践研究	覃超	北京舞蹈学院	面上
2015－ms188	《梨园舞蹈形态基础》课程建设	田湉	北京舞蹈学院	面上
2015－ms189	美术设计专业结构调整与专业建设	周立新	北京舞蹈学院	面上
2015－ms190	产业创新驱动下首都高校信息通信类工程人才培养的改革与实践	李学华	北京信息科技大学	面上
2015－ms191	基于大数据的学籍状态监测与预警研究	孙彦超	北京信息科技大学	面上
2015－ms192	教育信息化背景下在线开放课程教育管理机制的研究与实践——以北京联合大学为例	叶晓	北京联合大学	面上
2015－ms193	应用型大学财会专业实践教学改革创新研究	鲍新中	北京联合大学	面上

续表 15

编号	项目名称	项目负责人	项目申请学校	项目类型
2015－ms194	借助 TEP 平台＋在线课程优质资源，提升学生英语听说能力的校本实证研究	谢职安	北京联合大学	面上
2015－ms195	以课程目标梳理为切入点的数据结构课程改革与建设	李丹丹	北京城市学院	面上
2015－ms196	应用型本科法律实践教学改革研究——以模拟法庭课程为例	缪仁康	北京城市学院	面上
2015－ms197	中国民族民间舞本科教学模式创新研究——以北京城市学院为例	罗帅	北京城市学院	面上
2015－ms198	创意×商业力——应用型创意创新人才培养模式改革研究	刘庆梅	北京工商大学嘉华学院	面上
2015－ms199	独立学院校企合作人才培养模式研究——以嘉华学院金融与贸易系为例	刘杨	北京工商大学嘉华学院	面上
2015－ms200	独立学院应用型人才的培养与实践教学探索——以财务与管理学院为例	高娟	北京工商大学嘉华学院	面上
2015－ms201	民办普通高等学校应用型工程人才培养模式研究与实践——以北京邮电大学世纪学院为例	夏素霞	北京邮电大学世纪学院	面上
2015－ms202	“移动互联”项目开发和“物联网”专业建设研究	刘刚	北京邮电大学世纪学院	面上
2015－ms203	《互联网金融综合实训》课程设计及系统开发	韩天明	北京邮电大学世纪学院	面上
2015－ms204	展示设计课程“十三五”期间编著精品教材的对策与途径	王金麟	首都师范大学科德学院	面上
2015－ms205	独立学院学生学习状况成因实证研究	焉丽平	首都师范大学科德学院	面上
2015－ms206	论中国电影教育中通识教育的现状与发展	姜贞	首都师范大学科德学院	面上
2015－ms207	新建课程《互联网＋酒店》的教学内容建设	蒋薇	北京第二外国语学院中瑞酒店管理学院	面上

续表 16

编号	项目名称	项目负责人	项目申请学校	项目类型
2015－ms208	应用型高校 Teamwork 教学法研究	苏晓川	北京第二外国语学院中瑞酒店管理学院	面上
2015－ms209	贯通培养模式中学生职业基本素养培养体系探索与实践	王芳	北京工业职业技术学院	面上
2015－ms210	京津冀一体化协调发展背景下高职信息类专业建设及人才培养定位的研究	王巍	北京工业职业技术学院	面上
2015－ms211	贯通培养一体化人才培养方案开发——以无人机测绘技术方向为例	刘文龙	北京工业职业技术学院	面上
2015－ms212	贯通培养一体化人才培养方案开发——以安全技术管理（建筑）方向为例	张谛	北京工业职业技术学院	面上
2015－ms213	自适应学习系统中个性化媒体资源生成方案研究	吴树兴	北京信息职业技术学院	面上
2015－ms214	基于国家共享资源库的混合式教学模式研究与实践——以高职《虚拟化技术》课程为例	刘海燕	北京信息职业技术学院	面上
2015－ms215	基于“蓝墨云班课”平台的英语翻转课堂教学模式研究与实践	周云虹	北京信息职业技术学院	面上
2015－ms216	微学习在高职影视动画创新型人才培养中的作用研究	马卫	北京信息职业技术学院	面上
2015－ms217	网络环境下外语教学互动有效性的调查及优化研究	魏朝夕	北京信息职业技术学院	面上
2015－ms218	“2＋3＋2”贯通人才培养模式的英语课程衔接研究与实践	刘红达	北京电子科技职业学院	面上
2015－ms219	高端技术技能贯通培养——汽车智能监测与诊断技术专业软技能培养的研究	宋建桐	北京电子科技职业学院	面上
2015－ms220	搭建绿色能源技术国际化人才培养体系培养高端技术技能人才	肖莹	北京电子科技职业学院	面上

续表 17

编号	项目名称	项目负责人	项目申请学校	项目类型
2015－ms221	2＋3＋2 贯通式培养模式下移动应用开发类课程的信息化教学改革研究	王婧	北京电子科技职业学院	面上
2015－ms222	《服装陈列设计》课程实践教学研究	李珂	北京电子科技职业学院	面上
2015－ms223	“互联网＋”背景下高职媒体资产管理专业人才培养模式研究	周敏	北京青年政治学院	面上
2015－ms224	信息化视角下高职旅游类专业教学资源建设与应用研究——中外国情文化英语教学资源的构建	刘卫红	北京青年政治学院	面上
2015－ms225	高职院校思想政治理论课大规模在线开放课程模式创新研究	周颖	北京青年政治学院	面上
2015－ms226	服务京津冀协同发展，高职金属材料专业人才培养模式的改革与实践	李铁军	首钢工学院	面上
2015－ms227	财经商贸类专业贯通培养项目人才培养特色研究	赵晓燕	北京财贸职业学院	面上
2015－ms228	会展策划与管理专业实践教学改革模式探讨	吴红霞	北京财贸职业学院	面上
2015－ms229	高端技术技能人才贯通培养项目中数学教学文化建设探究	王妍	北京财贸职业学院	面上
2015－ms230	中高职衔接会计职业能力标准研究与实践	梁毅炜	北京财贸职业学院	面上
2015－ms231	“2＋3＋2”现代物流技术与管理专业高端技术技能人才培养模式研究	叶靖	北京财贸职业学院	面上
2015－ms232	教练技术在高职工商管理类理实一体化课程实践教学环节中的应用策略研究	李黎红	北京经济管理职业学院	面上
2015－ms233	基于“职业人”培养目标的高职院校思想政治教育研究与实践	李绚	北京社会管理职业学院	面上

续表18

编号	项目名称	项目负责人	项目申请学校	项目类型
2015－ms234	就业导向的学前专业公共英语课程改革研究	范丽萍	北京汇佳职业学院	面上
2015－ms235	高职《计算机应用基础》课程项目化改革探索与实践	李荣辉	北京汇佳职业学院	面上
2015－ms236	民办院校健美操课程改革与实践研究	韩沫	北京汇佳职业学院	面上
2015－ms237	"互联网＋"背景下高职会计专业学生职业技能培养的研究	周涛	北京培黎职业学院	面上
2015－ms238	成人高校非专业背景大专学生学习特点与教学策略的研究——以东城职大幼儿艺术教育专业为例	陈辉	北京市东城区职工业余大学	面上
2015－ms239	混合式学习模式在成人高校大学英语教学中的应用研究	宋晓星	北京市崇文区职工大学	面上
2015－ms240	北京独立设置成人高校加强和改进思想政治理论课教学研究	李媛媛	北京宣武红旗业余大学	面上
2015－ms241	STEM视野下的基础教育课程整合及科学教师培训课程建构研究	冯华	北京教育学院	面上
2015－ms242	新常态下为学习型社会建设服务的实践与探索	张建国	北京市西城经济科学大学	面上
2015－ms243	教育领域综合改革背景下首都高等工程教育人才培养模式研究	关少化	首都高等工程教育研究中心	面上

北京市教育委员会
北 京 市 财 政 局

关于实施北京高等学校高水平人才交叉培养毕业设计（创业类）支持计划的通知

京教高〔2015〕17号

各普通高等学校：

为贯彻北京高等学校高水平人才交叉培养计划，深化高等学校创新创业教育改革，决定启动北京高等学校高水平人才交叉培养毕业设计（创业类）支持计划（以下简称“毕设（创业）计划”）。现将有关要求通知如下：

一、指导思想

“毕设（创业）计划”以“产教协同、结合专业、开放共享”为原则，创新协同育人新机制，加强学生创新意识和创业能力培养，以大学生毕业设计的形式将人才培养与创业教育相结合，将创业实践内容转化为大学生的毕业设计。

“毕设（创业）计划”通过建立开放共享机制，充分利用现有大学生创业园、创业孵化器、风投机构等优质创业资源，遴选优秀学生进入创业实践场所，以创业训练和创业实践为目标，为学生创业能力培养搭建平台。

二、建设内容

“毕设（创业）计划”是北京高等学校高水平人才交叉培养“实培计划”的一部分，采用“双导师”制，聘请来自企业、风投机构、创业孵化器等的优秀创业导师作为学校兼职教师，同时聘请为毕业设计校外指导教师，以毕业设计为载体，提高大学生的创业意识和创业能力。

三、选拔条件

“毕设（创业）计划”可以是学生单独申请，亦可以是相关专业学生以项目团队形式申请。鼓励来自大学生创新创业训练计划中优秀项目，项目内容须与专业相结合，考核标准既要符合相关专业人才培养标准，又要体现创业人才培养要求。

四、管理机制

“毕设（创业）计划”项目按照《北京高等学校高水平人才交叉培养“实培计划”项目管理办法（试行）》实施和管理。经费标准为理工类 2 万元/项·年、文科类 1 万元/项·年。项目经费主要用于校外指导教师酬金，以及高校向校外创业孵化器、创业型企业购买服务。

各高校要按照《北京高等学校高水平人才交叉培养“实培计划”项目管理办法（试行）》相关要求建立本校项目管理制度和办法，并按要求与合作校外创业企业签订购买服务协议，协议中应明确经费用于学生毕业设计相关实践训练、耗材管理、学生补助等。

五、其他要求

为促进校外创业指导专家资源共享，市教委将统筹设立专家库，各高校可推荐具有丰富创业指导经验的专家参与，年度专家推荐及“毕设（创业）计划”项目信息应于每年 5 月 30 日前报市教委备案。其中，首批项目遴选信息及推荐专家名单请于 2016 年 1 月 25 日前一并报市教委备案。

请各高校根据本通知精神，结合本校实际推动计划深入开展，加快培养富有创新精神、具有创业能力、勇于投身实践的创新创业人才队伍。

附件：1. 北京高等学校高水平人才交叉培养毕业设计（创业类）支持计划项目信息表（略）

2. 北京高等学校高水平人才交叉培养毕业设计（创业类）支持计划专家推荐表（略）

2015 年 12 月 14 日

北京市教育委员会

关于公布 2015 年高等学校在京学历继续教育校外教学站检查评估结果的通知

京教函〔2015〕639 号

各普通高等学校，独立设置成人高等学校，各在京学历继续教育校外教学站：

根据北京市教育委员会《关于对高等学校在京学历继续教育校外教学站进行检查评估的通知》（京教函〔2015〕114 号）精神，我委组织高校学历继续教育（含函授教育、业余教育、网络教育、开放教育）专家对各类高校在京设置的学历继续教育校外教学站检查评估。

检查评估是落实教育部和北京市教委对高校继续教育的相关要求，进一步规范办学，落实事中事后监管，提高教育质量的工作举措。

此次检查评估是根据新修订的评估指标体系和工作程序，在各校外教学站自查基础上，通过实地检查、集中汇报、质询、指导，经专家组综合评议提出评估结果建议，我委确认。现将2015年校外教学站检查评估结果通知如下：

一、检查评估结果

（一）合格

北京师范大学北京宣武红旗业余大学校外教学点等83个校外教学站检查评估结果合格。

中国人民大学继续教育学院北京经济管理职业学院校外教学站等8个申请设立校外教学站通过评估，见附件1。

（二）复评合格

中央民族大学北京旅游专修学院教学站等6个校外教学站复评合格，见附件2。

（三）主办高校申请撤销

中国地质大学（北京）北京翻译研修学院校外教学点，因管理等方面原因，申请撤销，见附件3。

（四）主办高校未申请校外教学站复评

中央民族大学北京市西城区实用信息培训学校教学站、中国劳动关系学院北京市西城区实用信息培训学校教学站，见附件4。

北京科技大学北京华大研修学院教学站因办学地点基建原因，主办高校申请延期复评。

二、工作要求

（一）经检查评估不合格校外教学站，建议主办高校予以撤销。

（二）未申请复评或复评仍不合格的校外教学站，主办高校自2016年起停止该站招收成人学历教育学生。

由主办高校申请延期复评的校外教学站，需通过复评方可招生。

相关主办高校及其校外教学站要妥善做好相关后续工作。

（三）有关高校及其在京的校外教学站，要严格执行教育部和北京市教委相关规定，切实落实检查组对各校外教学站检查评估的反馈意见和建议，由主办高校负主责，制定并落实有效的教学管理和质量监督措施，及时纠正各种不规范办学行为，自觉维护校外合作办学秩序，实现以评促改，以评促建。

根据工作需要，我委将适时组织对高校在京设置的各类学历继续教育校外教学站（含网络教育校外学习中心）进行检查。

附件：1. 合格校外教学站

2. 复评合格校外教学站

3. 申请撤销校外教学站

4. 主办高校未申请参加复评校外教学站

2015 年 12 月 28 日

附件 1

合格校外教学站

（以拼音排序）

1. 北方工业大学北汽集团培训中心校外教学站
2. 北方工业大学北京广播电视大学昌平分校校外教学站
3. 北方工大房山职业学校教学站
4. 北京电子科技职业学院北京密云职业学校校外教学点
5. 北京工业大学北京建工集团党校校外教学点
6. 北京工业大学北京劳动保障职业学院校外教学点
7. 北京工业大学北京信息职业技术学院校外教学点
8. 北京航空航天大学北京市海淀区金航教育培训学校校外教学点
9. 北京航空航天大学现代人职业技能培训学校校外教学点

10. 北京航空航天大学向导学校
11. 北京化工大学北京工业技师学院校外教学点
12. 北京化工大学北京市昌平区成人学校教学站
13. 北京交通大学北京市顺义区社区教育中心校外教学点
14. 北京交通大学北京宣武红旗业余大学校外教学点
15. 北京交通大学北汽干学校校外教学点
16. 北京交通大学东城区职工大学校外教学点
17. 北京交通大学京煤集团党校外教学点
18. 北京教育学院北京平谷教育培训中心校外教学点
19. 北京教育学院北京市昌平区教师进修学校校外教学点
20. 北京教育学院北京市密云县教师培训中心校外教学点
21. 北京教育学院通州区教师研修中心校外教学点
22. 北京教育学院延庆县教育科学研究中心校外教学点
23. 北京经济管理职业学院北京广播电视大学房山分校校外教学点
24. 北京经济管理职业学院北京密云职业学校校外教学点
25. 北京经济管理职业学院商务分部
26. 北京科技大学北京国际青年研修学院教学点
27. 北京科技大学北京市顺义区社区教育中心校外教学点
28. 北京劳动保障职业学院北京新媒体技师学院校外教学点
29. 北京理工大学北京宣武红旗业余大学校外教学点
30. 北京联合大学现代管理大学校外教学站
31. 北京联合大学应用文理学院通州校外教学点
32. 北京林业大学北京广播电视大学房山分校校外教学点
33. 北京林业大学北京市昌平区农业机械化学校
34. 北京林业大学北京市海淀区向导学校校外教学点
35. 北京农业职业学院北京市通州区东大文化培训学校校外教学点
36. 北京农业职业学院平谷区建筑职业技能培训学校教学站点
37. 北京师范大学北京宣武红旗业余大学校外教学点
38. 北京师范大学继续教育与教师培训学院北京市新东方烹饪职业

技能培训学校夜大学教学站
39. 北京师范大学首都联合职工大学校外教学点
40. 北京石油化工学院北京新媒体技师学院校外教学点
41. 北京石油化工学院中芯国际集成电路制造有限公司校外教学点
42. 北京市西城经济科学大学北京市实美职业学校校外教学点
43. 北京市总工会职工大学北京现代汽车有限公司校外教学点
44. 北京市总工会职工大学北汽福田教学点
45. 北京市总工会职工大学燃气集团校外教学点
46. 北京市总工会职工大学中国石化集团北京燕山石油化工有限公司教育培训中心教学站点
47. 北京舞蹈学院北京现代音乐研修学院教学点
48. 北京信息科技大学北京工贸技师学校校外教学点
49. 北京信息科技大学北京信息职业技术学院校外教学点
50. 北京信息职业技术学院北京新媒体技师学院校外教学点
51. 北京信息职业学院应用高级技工学校校外教学点
52. 北京印刷学院北京新媒体技师学院校外教学点
53. 北京语言大学北京市东城区职工大学校外教学点
54. 北京语言大学北京市海淀区向导学校校外教学点
55. 对外经济贸易大学北京市昌平区成人学校校外教学点
56. 对外经济贸易大学北京市海淀区向导学校校外教学点
57. 对外经济贸易大学首都联合职工大学校外教学点
58. 华北电力大学北京供电培训学校校外教学点
59. 华北电力大学北京市海淀区达德职业技能培训学校校外教学点
60. 华东交通大学北京铁路电气化学校函授教育函授站
61. 沈阳药科大学继续教育学院北京分院
62. 首钢工学院首钢矿业公司校外教学点
63. 武汉大学北京市测绘设计研究院函授教育辅导站
64. 长江大学北京市海淀区向导学校函授辅导站
65. 中国传媒大学北京现代音乐研修学院业余教育校外教学中心

66. 中国传媒大学西城经济科技大学教学站
67. 中国地质大学（北京）北京市商业学校校外教学点
68. 中国民航大学北京函授教育辅导站
69. 中国农业大学北京农业职业学院校外教学点
70. 中国农业大学北京市房山区农业机械化学校教学站
71. 中国农业大学北京市海淀区达德职业技能培训学校校外教学站
72. 中国农业大学北京市顺义区社区教育中心校外教学点
73. 中国农业大学北京水利水电学校教学点
74. 中国青年政治学院北京市海淀区向导学校校外教学点
75. 中国人民大学继续教育学院海淀区教育考试培训中心教学站
76. 中国石油大学（北京）大兴教学点
77. 中国石油大学（北京）丰台教学点
78. 中国石油大学崇文教学点
79. 中国音乐学院继续教育学院北京现代音乐研修学院校外教学点
80. 中国政法大学北京吉利大学教学点
81. 中华女子学院北京市房山职业学校校外教学站
82. 中央民族大学北京市通州区东大文化培训学校校外教学点
83. 中央民族大学北京市音乐舞蹈学校教学站
84. 北方工业大学现代管理大学教学站（新建）
85. 北京航空航天大学北京市西城区索尔培训学校教学点（新建）
86. 北京教育学院海淀职工大学校外教学站（新建）
87. 北京劳动保障职业学院北京市工艺美术高级技工学校校外教学点（新建）
88. 北京劳动保障职业学院北京市政管理学校教学站（新建）
89. 北京劳动保障职业学院应用高级技工学校校外教学点（新建）
90. 北京市东城区职业大学北京华夏管理学院教学点（新建）
91. 中国人民大学继续教育学院北京经济管理职业学院校外教学站（新建）

附件 2

复评合格校外教学站

（以拼音排序）

1. 北京联合大学首都师范大学科德学院自考部教学站
2. 北京林业大学北京市海淀区思德培训学校校外教学点
3. 长沙理工大学北京交通运输职业学院函授站
4. 中央民族大学北京旅游专修学院教学站
5. 重庆大学中建一局北京技术培训中心函授教育辅导站

附件 3

申请撤销校外教学站

中国地质大学（北京）北京翻译研修学院校外教学点

附件 4

未申请复评校外教学站

1. 中央民族大学北京市西城区实用信息培训学校教学站
2. 中国劳动关系学院北京市西城区实用信息培训学校教学站

职业与成人教育

北京市教育委员会文件选编

（2015）

北京市教育委员会

关于转发教育部《中等职业学校德育大纲（2014年修订）》的通知

京教职成〔2015〕1号

各区县教委、各中等职业学校：

现将教育部《关于印发中等职业学校德育大纲（2014年修订）的通知》（教职成〔2014〕14号）转发给你们，并提出以下要求，请一并贯彻落实：

一、将新《大纲》作为指导中等职业学校德育工作的重要基础性文件，结合实际认真贯彻执行。认真组织好新《大纲》的实施工作，不断提高中等职业学校德育工作水平。

二、新《大纲》实施过程中，要密切结合我市《贯彻落实国务院关于加快发展现代职业教育的决定的实施意见》《关于实施职业院校学生职业素养提升工程的意见》。

三、市教委、市职教学会德育与学生管理研究会将举办贯彻执行新《大纲》的培训工作会，具体方案另行通知。各区县、各中等职业学校要组织有关领导干部、工作人员和学校全体教职工学习新《大纲》，做好班主任、德育课教师及其他德育工作者的培训工作。

2015年1月15日

教　育　部

关于印发中等职业学校德育大纲（2014年修订）的通知

教职成〔2014〕14号

各省、自治区、直辖市教育厅（教委），各计划单列市教育局，新疆生产建设兵团教育局：

为贯彻落实党的十八大和十八届三中、四中全会精神，深入贯彻习近平总书记系列重要讲话精神，进一步加强和改进新形势下中等职业学校德育工作，我部对2004年发布的《中等职业学校德育大纲》（以下简称《大纲》）进行了修订，现印发给你们，请认真贯彻落实，并提出以下要求。

一、新修订的《大纲》在基本保持原《大纲》的框架体例、保留原《大纲》中行之有效内容的基础上，根据党和国家在新形势下提出的新要求以及各地在实施《大纲》中形成的经验做法作了必要的修改完善。新修订的《大纲》体现了十八大以来党和国家的新精神及对教育工作的新要求，是新形势下进一步做好中等职业学校德育工作的重要基础性文件，各地要结合工作实际，认真贯彻执行。

二、各地要组织好新修订《大纲》的实施工作，不断提高中等职业学校德育工作水平。要组织教育部门有关领导干部、工作人员和学校全体教职工学习新修订《大纲》，做好班主任、德育课教师及其他德育工作者的培训工作，努力提高德育工作队伍的整体素质和水平。要进一步加强对德育工作的领导与管理，不断健全和完善体现现代职业教育要求、符合中职学生身心成长规律的中等职业学校德育工作机制，发挥好党团组织、妇联、关工委、社区等各方面的作用，形成工作合力。要结合实际制订新修订《大纲》实施指导意见或工作计划。教育部将适时对新修订《大纲》实施情况进行督查。

各地在贯彻执行过程中要注意研究新情况，总结新经验，及时将有关情况报告我部。

2014 年 12 月 24 日

中等职业学校德育大纲（2014 年修订）

德育对学生健康成长和学校工作具有重要的导向、动力和保证作用。中等职业学校德育要以马克思列宁主义、毛泽东思想、邓小平理论、“三个代表”重要思想、科学发展观为指导，深入贯彻习近平总书记系列重要讲话精神，全面贯彻党的教育方针，紧密联系实现“两个一百年”奋斗目标和中国梦的实际，遵循学生身心发展的特点和规律，按照培育和践行社会主义核心价值观的要求，坚持以人为本、德育为先、能力为重、全面发展，努力培养德智体美全面发展的社会主义建设者和接班人。

本大纲规定了国家对中等职业学校德育工作和学生德育的基本要求，是中等职业学校开展德育工作的基本规范，是各级教育部门对中等职业学校德育工作实行科学管理和督导评估的基本标准，也是社会和家庭紧密配合学校对学生进行教育的基本依据。

一、德育目标

中等职业学校德育目标是：把学生培养成为爱党爱国、拥有梦想、遵纪守法、具有良好道德品质和文明行为习惯的社会主义合格公民，成为敬业爱岗、诚信友善，具有社会责任感、创新精神和实践能力的高素质劳动者和技术技能人才，成为中国特色社会主义事业合格建设者和可靠接班人。

具体要求如下：

1. 树立实现中国梦的远大理想，牢固树立中国特色社会主义道路自信、理论自信、制度自信，热爱祖国，热爱人民，热爱中国共产党，拥护党的领导。

2. 培育和践行社会主义核心价值观，勤学、修德、明辨、笃实，使社会主义核心价值观成为自己的基本遵循，内化于心，外化于行。养成科学的思想方法。

3. 养成良好的法治意识和文明行为习惯，提高道德素质和法律素质，增强公民意识，依法办事，待人友善。

4. 树立正确的职业观和职业理想，提高综合职业素质和能力，热爱劳动，崇尚实践，奉献社会。

5. 养成自尊、自信、自强、乐群的心理品质，提高心理健康水平和职业心理素质，人格健全，乐观向上。

6. 树立安全意识、环保意识、节俭意识、廉洁意识，珍爱生命，尊重自然。

二、德育内容

以中国特色社会主义理论体系为统领，科学设置教育教学内容。

1. 理想信念教育

中国特色社会主义和中国梦教育；倡导“富强、民主、文明、和谐，自由、平等、公正、法治，爱国、敬业、诚信、友善”的社会主义核心价值观教育；马克思主义哲学教育；立足岗位、奉献社会的职业理想教育。

2. 中国精神教育

以爱国主义为核心的民族精神教育；以改革创新为核心的时代精神教育；中华优秀传统文化教育；中共党史与国情教育。

3. 道德品行教育

社会公德、职业道德、家庭美德、个人品德教育；学生日常行为规范、文明礼仪教育与训练；生命安全、艾滋病预防、毒品预防、环境保护等专题教育。

4. 法治知识教育

宪法法律基础知识教育；职业纪律和岗位规范教育；校纪校规教育。

5. 职业生涯教育

职业精神教育；就业创业准备教育；终身学习和职业生涯可持续发展教育。

6. 心理健康教育

心理健康基本知识和方法教育；青春期心理健康教育；职业心理素质教育；心理咨询、辅导和援助。

除以上各系列教育内容外，学校还要根据国家形势发展需要进行时事政策教育。

三、德育原则

中等职业学校德育要遵循以下基本原则：

1. 方向性和时代性相结合原则。要坚持正确的政治方向和育人导向，紧密结合社会需要和时代发展的要求，增强针对性和实效性。

2. 贴近实际、贴近生活、贴近学生原则。要遵循思想道德教育的普遍规律，尊重学生自我教育的主体性，适应学生身心成长的特点，开展富有成效的教育和引导活动，提高吸引力和感染力。

3. 知行统一原则。要重视知识传授、观念树立，重视情感体验和行为养成，引导学生形成知行统一、言行一致的优良品质。

4. 教育与管理相结合原则。要进行深入细致的思想教育，同时要加强科学严格的管理，增强学生接受教育的主动性，实现教育与自我教育、自律与他律、激励与约束有机结合。

5. 解决思想问题与解决实际问题相结合原则。既要做到以理服人、以情感人，又要切实帮助学生解决学习、生活中遇到的实际困难和问题，增强教育的实际效果。

四、德育途径

学校要充分发挥主导作用，与家庭、社会密切配合，拓宽德育途径，实现全员、全程、全方位育人。

1. 课程教学

德育课是各专业学生必修的公共基础课，是学校德育的主渠道。德育课教学应充分体现社会主义教育的方向和本质要求，充分反映马克思主义中国化的最新成果，全面反映中国特色社会主义理论体系的基本内容、社会主义核心价值观的基本要求。要紧密联系实际，坚持以价值观教育引领知识教育，改进教育教学方法，注重实践教育、体验教育、养成教育，做到知识学习、情感培养和行为养成相统一，切实增强针对性、实效性和时代感。

其他公共基础课和专业技能课等课程教学要结合课程特点，充分挖掘德育因素，有机渗透德育内容，结合专业特点和岗位工作要求，寓德育于教学内容和教学过程之中。

2. 实训实习

实训实习是学校教育教学的基本环节。学校要结合实训实习的特点和内容，抓住中职学生与社会实际、生产实际、岗位实际以及一线劳动者密切接触的时机，进行以敬业爱岗、诚实守信为重点的职业道德教育，进行职业纪律和安全生产教育，培养学生爱劳动、爱劳动人民的情感，增强学生讲安全、守纪律、重质量、求效率的意识。学校和企业要共同组织开展实训实习期间的德育工作，学校要安排专人负责实训实习期间的教学管理和德育工作。学生要撰写实习日记和实习报告。

3. 学校管理

班级是学校德育工作的基层单位，班主任是组织班级管理和德育的直接实施者。班主任应结合专业特点和学生实际，充分利用家长、用人单位、行业及社区等资源，开展学生思想教育、班级管理、班级活动组织、职业指导、沟通协调工作，发挥学生的主动性创造性，培养良好的班风学风。

学校要加强党组织、共青团工作，举办业余党校、团校，组织学生特别是入党、入团积极分子学习党的基本理论和基本知识以及团的基本知识，发展符合条件的优秀学生入党、入团。充分发挥团组织团结青年、组织青年、引导青年、服务青年和维护青少年合法权益的职能。要加强学生会和学生社团的管理与服务工作，指导建立各类社团和课外兴趣小组，积极开展各种有益学生身心健康的活动，充分发挥学生自我服务、自我管理、自我教育的作用。

学校各项管理和服务工作都要发挥德育功能，促进学生良好行为习惯的养成。学校要按照有关法律法规，建立健全学校班级管理、课堂教学、实训实习、社团活动、校园安全、后勤服务、突发事件应急等管理制度并严格执行。要强化全员育人理念，充分调动全体教职工言传身教、教书育人的自觉性，以良好的思想政治素质和道德风范影响教育学生。

4. 校园文化

校园文化具有重要的育人功能。学校要凝练具有职教特色的办学理念和学校精神，建设体现学校特色的校园文化，形成优良的校风、教风和学风。要结合开学及毕业典礼、升旗仪式、成人仪式、入党入团仪式以及民族传统节日、重要节庆日、纪念日等，开展礼节礼仪教育，开展特色鲜明的主题教育活动；结合技能竞赛、创新创业创意创效竞赛、“文明风采”竞赛等开展丰富多彩的校园文化活动。要积极推进优秀企业文化进校园，通过宣传学习行业劳动模范、学校优秀毕业生事迹等，培养学生职业兴趣和职业精神，增强就业创业信心。培育和弘扬劳动光荣、技能宝贵、创造伟大的时代风尚。

要加强互联网等新媒体的建设与管理，优化校园网络环境，建设校园网络宣传队伍，加强正面信息的网络传播，杜绝不良信息在校园网上传播，重点加强对校园网公告栏、留言板、贴吧等交互栏目的管理，发挥社交网站、微博、微信等对学生的教育引导作用。要培养学生良好的网络道德，帮助学生做到文明上网、依法上网，及时发现并主动帮助网络成瘾学生。

5. 志愿服务

志愿服务是德育的重要载体。学校要把志愿服务纳入教育计划，要依托各类青少年爱国主义教育基地、科技场馆等课外活动阵地，发挥学生专业技能特长，组织学生深入城乡社区、厂矿企业等，广泛开展各类志愿服务和社会实践活动。要把学雷锋活动和志愿服务结合起来，建立完善志愿服务长效工作机制和活动运行机制，弘扬“奉献、友爱、互助、进步”的志愿精神，推动志愿服务活动广泛深入开展，把志愿服务活动做到社区、做进家庭。大力组织学生向道德模范、劳动模范、最美人物、身边好人等先进典型学习。

6. 职业指导

学校要在职业指导工作中全面渗透德育内容，加强职业意识、职业理想、职业道德和创业教育，引导学生树立正确的择业观，养成良好的职业道德行为，提高就业创业能力。加强就业服务，提高就业服务的水平和质量。

7. 心理辅导

学校要根据学生生理、心理特点，合理设置心理健康教育内容，针对学生在学习、生活和求职就业等方面可能遇到的心理问题，开展心理辅导或援助，加强人文关怀和心理疏导，培养学生良好的心理素质，促进学生身心健康发展。要配置必要的心理健康教育专业人员以及心理健康教育和服务设施。

8. 家庭和社会

家庭和社会在德育中具有特殊重要作用。学校要通过家长委员会、家长学校、家长接待日、家访等，密切与家长联系，指导和改进家庭教育，促使家长协助配合学校开展德育工作。要特别关心单亲家庭、经济困难家庭、留守儿童家庭、流动人口家庭的子女教育。

教育部门和学校应采取积极措施，充分依靠共青团、妇联、关工委、社区以及各种社会团体，并同所在地的党政机关、企事业单位、部队等建立固定联系，发动、协调社会力量支持和参与德育工作，建立完善学校与社会相互协作的社会教育网络。要主动会同有关部门重点加强校园周边环境治理，为学生健康成长创造良好的文化环境、治安环境和社会环境。

五、德育评价

中等职业学校德育评价由学校工作评价和学生品德评定两方面组成。

1. 学校工作评价

各地教育部门应结合本地区教育实际情况，科学制订德育工作评价指标体系，建立健全行业企业、用人单位、学生家长等深度参与的德育评价机制，定期对学校德育工作进行评价。德育工作评价的主要内容包括：工作机构和队伍建设情况、规章制度建设及执行情况、德育课开设情况及课程教学情况、党团组织和学生会工作情况、社会实践活动开展情况、校园文化建设情况、实训实习期间的德育工作情况等。学校实施本大纲的情况应作为考核校长和学校工作的重要依据。

学校要加强对德育课教学质量、其他课程德育渗透、班级德育工作、部门及教职工育人质量的考核评价，把德育工作实绩作为对部门及教职工考核、职务聘任、表彰奖励的重要内容。

评价与创建相结合。通过创建先进学校、文明班级和评选优秀学生、优秀学生干部等活动，形成有效的竞争激励机制。对成绩突出的学校、班级和个人要及时给予表彰奖励。

2. 学生品德评定

要结合学生思想实际和行为表现，对每个学生做出客观公正的品德评定。学校要把学生品德的评定情况作为学生综合素质评价的重要内容，作为学生评优评奖等的重要依据，发挥品德评定对学生成长成才的积极引导作用。学校要结合行业和用人单位对从业者的职业素养要求，在德育方面提出明确要求，制定具体评定办法。对实训实习学生的品德评定应由学校和实训实习单位共同完成。

六、德育实施

1. 组织管理

各地教育部门应有明确的机构负责中等职业学校德育工作。应根据本大纲规定，结合本地区和不同类型学校的实际，制定本大纲实施细则，定期对本大纲的实施情况进行检查。

中等职业学校实行校长负责的德育工作管理体制。学校党组织要发挥政治核心和监督保证作用，支持和协助校长做好德育工作。校长要把德育与其他各项工作结合起来，同部署、同检查、同评估。要有一名校级领导分管德育工作。学校要建立贯彻实施本大纲的岗位责任制及考核奖励办法，明确各部门的育人责任，形成全员、全程、全方位育人格局。

2. 队伍建设

各地教育部门和学校要严格队伍选拔标准，优化队伍结构，制订班主任、德育课教师及其他德育工作者的培养培训规划，切实采取措施解决德育工作者在工作、生活等方面的实际问题，建设一支政治坚定、业务精湛、功能互补的德育工作队伍。要加强班主任队伍建设，选聘好班主任，每班应至少配备一名班主任，可根据需要配备班主任助理，班主任工作计入教师基本工作量，学校绩效工资分配要适当向班主任倾斜，教师高级岗位聘任应向优秀班主任倾斜。要充分发挥学校团组织和团干部在德育工作中的作用。

3. 经费保障

德育经费要列入预算。学校德育经费包括德育教学、管理和学生日常德育活动方面的经费。教学、管理经费包括德育课教学、德育课教师和德育工作者培训、社会考察与调研、有关教研室的业务条件建设和图书资料购置、德育科研经费等。日常德育活动经费包括对学生的日常思想道德教育、学生社会实践、大型德育活动以及表彰奖励等所需经费。要把德育活动场所、基地建设和德育设施、设备购置维修纳入学校总体建设规划，并从基本建设费和设备费中给予保证。

4. 德育科研

各地教育部门和学校要把德育研究项目列入科研规划，加强课题研究，定期开展学生思想道德状况和德育工作调研，交流德育工作经验，不断提高研究和实际工作水平。要发挥教育科研机构和学术团体的作用，加强中等职业学校德育研究。各地教育部门和学校应建立和完善德育研究成果的鉴定、奖励、推广机制。

北京市教育委员会

关于2015年中等职业学校新增专业备案的通知

京教函〔2015〕71号

各区县教委，各有关中等职业学校：

根据《北京市中等职业学校专业设置管理办法实施细则（试行）》（京教职成〔2010〕13号）和我委《关于做好2015年中等职业学校专业申报备案的通知》（京教函〔2014〕586号），我委组织专家对部分中等职业学校申报的2015年新增专业（技能方向）进行了综合评议，经研究，同意对北京市商业学校等15所学校的老年人服务与管理等29个专业（技能方向）进行备案（见附件1），从2015年起列入招生计划；同时，撤销北京金隅科技学校等2所学校的休闲体育服务与管理等3个专业（见附件2）。

各新增专业学校要及时办理收费许可手续。填写《北京地区中等职业学校收取学费标准申报表》（见附件3，略）加盖校章于4月底前报送一式3份至市教委职成处（西城区前门西大街109号）。民办中等职业学校收费按相关规定办理。

附件：1. 北京市中等职业学校 2015 年新增专业备案一览表
2. 北京市中等职业学校 2015 年撤销专业备案一览表
3. 北京地区中等职业学校收取学费标准申报表（略）

2015 年 2 月 28 日

附件 1

北京市中等职业学校 2015 年新增专业（技能方向）备案一览表

学校名称	专业类别	专业名称	专业技能方向	专业代码	学制（年）	备注
一、普通中专						
北京市商业学校	财经商贸类	市场营销	汽车营销	121000	四	
	公共管理与服务类	老年人服务与管理		181400	四	
北京铁路电气化学校	交通运输类	城市轨道交通车辆运用与检修	磁悬浮列车运用与检修	080800	四	
北京金隅科技学校	加工制造类	电气运行与控制	电梯运行与维护	053000	四	
	交通运输类	城市轨道交通信号	城市轨道交通信号设备检修	081000	四	
	交通运输类	电动汽车运用与维修		083211	四	目录外
	公共管理与服务类	老年人服务与管理	社区康复	181400	三	
北京商贸学校	交通运输类	航空服务	空港地面服务	082300	四	
	教育类	学前教育	保育员	160100	四	

续表 1

学校名称	专业类别	专业名称	专业技能方向	专业代码	学制（年）	备注
北京市商务科技学校	财经商贸类	电子商务	电商运营管理	121100	四	
	信息技术类	物联网技术应用	物联网设备安装维护	091911	四	目录外
	财经商贸类	金融事务	互联网金融	120400	四	
北京市对外贸易学校	医药卫生类	营养与保健	营养师	100400	四	
	医药卫生类	医药卫生财会		102800	四	
北京市供销学校	信息技术类	软件与信息服务	移动新媒体应用技术	090800	三	
	文化艺术类	影像与影视技术	摄影摄像及后期制作	140400	三	
	文化艺术类	新媒体信息采编与传播		143611	三	目录外
北京市昌平卫生学校	医药卫生类	康复技术	康复技士	100500	三	
二、职业高中						
北京市信息管理学校	信息技术类	物联网技术应用		091911	三	目录外
延庆县第一职业学校	文化艺术类	影像与影视技术	摄影艺术、影视技术	140400	三	
	信息技术类	计算机网络技术	网络设备安装与调试、网络管理与维护、综合布线设计与施工	090500	三	
丰台区职业教育中心学校	文化艺术类	影视化妆		143711	三	目录外
	信息技术类	物联网技术应用		091911	三	目录外
	公共管理与服务类	老年人服务与管理		181400	三	

续表 2

学校名称	专业类别	专业名称	专业技能方向	专业代码	学制（年）	备注
北京新城职业学校	信息技术类	数字媒体技术应用	数字影音后期制作、数字视频（DV）拍摄与制作	090200	三	
北京市黄庄职业高中	文化艺术类	影像与影视技术	影视拟音制作	140400	三	
	旅游服务类	钟表维修		130900	三	
北京市电气工程学校	土木水利类	供热通风与空调施工运行	采暖通风系统施工与管理、空调制冷系统运行与管理	040800	三	
北京市朝阳区金色河畔高尔夫学校	体育与健身类	运动训练	高尔夫运动与服务	150100	三	

附件 2

北京市中等职业学校
2015 年撤销专业备案一览表

学校名称	专业类别	专业名称	专业代码	学制（年）	备注
北京金隅科技学校	旅游服务类	酒店服务与管理	130100	三	
	体育与健身类	休闲体育服务与管理	150200	三	
北京市劲松职业高中	体育与健身类	休闲体育服务与管理	150200	三	

北京市教育委员会

关于公布2015年“3+2”中高职衔接办学改革试点项目的通知

京教职成〔2015〕2号

各区县教委，各有关职业院校：

为确保“3+2”中高职衔接办学改革试验工作可持续发展，保持中高职衔接教学过程的系统性、完整性和连贯性，我委组织开展了对近三年来“3+2”中高职衔接办学改革试验项目专项验收检查，并对2015年新申报试验项目进行了论证评议。经专家小组集中评审、评委会评议、领导小组审议，确定了2015年“3+2”中高职衔接办学改革试点项目71个。现将项目名单予以公布，并就下一步有关工作通知如下：

一、各试点中高等职业院校要坚持“整合资源、注重内涵、面向高端、提升质量”的基本原则，注重学生的全面发展和综合素质培养，加强试点项目文化基础课教育，创新教学内容、方法与手段，开足、开齐、开好公共基础课程，公共基础课程学时不少于总学时的三分之一。

二、试点项目要以课程衔接为纽带，发挥中高职院校集成优势，做好专业教学、课程内容的统筹和衔接，要按照学生认知能力和岗位职业能力递进的客观规律，进一步完善衔接课程体系和一体化人才培养方案。

三、试点中高等职业院校要统筹教育资源、管理力量、师资力量，精心组织开展试验工作，共同开展专业团队学习和培训，加强教师队伍建设，不断总结和改进教学方法手段，加强质量监控，有效实施好人才培养方案。

四、中高职院校招生和教学部门要紧密合作、加强沟通，切实履行工作职责，做好学生录取、培养、转段等各阶段学籍管理工作。

附件：2015 年“3＋2”中高职衔接改革试点项目列表

2015 年 3 月 3 日

附件

2015 年“3＋2”中高职衔接改革试点项目列表

序号	专业大类	性质	中职学校	中职专业	高职学校	高职专业
1	医药卫生	新增	首都铁路卫生学校	护理	北京汇佳职业学院	健康管理
2	交通运输	新增	北京市自动化工程学校	城市轨道交通信号	北京交通运输职业学院	城市轨道交通控制
3	加工制造	新增	北京市自动化工程学校	数控技术应用	北京工业职业技术学院	数控技术
4	交通运输	验收	北京市自动化工程学校	城市轨道交通运营管理	北京交通运输职业学院	城市轨道交通运营管理
5	加工制造	验收	北京市自动化工程学校	模具制造技术	北京工业职业技术学院	模具设计与制造
6	农林土木	验收	北京市园林学校	园林技术	北京农业职业学院	园林技术
7	信息技术	新增	北京市延庆县第一职业学校	计算机应用	北京科技大学延庆分校	动漫设计与制作
8	学前教育	验收	北京市延庆县第一职业学校	学前教育（保育员）	北京汇佳职业学院	学前教育

续表 1

序号	专业大类	性质	中职学校	中职专业	高职学校	高职专业
9	交通运输	验收	北京市延庆县第一职业学校	汽车运用与维修	北京培黎职业学院	汽车技术服务与营销
10	信息技术	新增	北京市信息管理学校	计算机与数码产品维修	北京工业职业技术学院	电子信息工程技术
11	学前教育	验收	北京市信息管理学校	学前教育	北京城市学院	学前教育
12	信息技术	验收	北京市信息管理学校	计算机网络技术	北京北大方正软件职业技术学院	计算机网络技术
13	信息技术	验收	北京市信息管理学校	动漫游戏	北京信息职业技术学院	影视动画
14	财经商贸	验收	北京市信息管理学校	商务英语	北京经济管理职业学院	商务英语
15	信息技术	新增	北京新城职业学校	数字媒体技术应用	北京财贸职业学院	电脑艺术设计
16	学前教育	验收	北京新城职业学校	学前教育（保育员）	北京汇佳职业学院	学前教育
17	加工制造	新增	北京铁路电气化学校	机电技术应用	北京工业职业技术学院	机电一体化技术
18	交通运输	验收	北京铁路电气化学校	城市轨道交通运营管理	北京劳动保障职业学院	城市轨道交通控制
19	加工制造	验收	北京铁路电气化学校	电气运行与控制	北京电子科技职业学院	电气自动化技术
20	农林土木	验收	北京水利水电学校	水利水电工程施工	北京农业职业学院	水利工程施工技术（工程施工）
21	公共管理	新增	北京市商业学校	老年人服务与管理	北京劳动保障职业学院	老年服务与管理
22	财经商贸	新增	北京市商业学校	会计	北京财贸职业学院	会计
23	交通运输	验收	北京市商业学校	城市轨道交通运营管理	北京交通运输职业学院	城市轨道交通运营管理

续表 2

序号	专业大类	性质	中职学校	中职专业	高职学校	高职专业
24	财经商贸	验收	北京市商业学校	珠宝玉石加工与营销	北京财贸职业学院	市场营销
25	财经商贸	验收	北京市商业学校	电子商务	北京信息职业技术学院	电子商务
26	学前教育	新增	北京市商务科技学校	学前教育（保育员）	北京汇佳职业学院	学前教育
27	财经商贸	新增	北京市商务科技学校	电子商务	北京财贸职业学院	电子商务
28	信息技术	验收	北京市商务科技学校	物联网技术应用（物流管理）	北京信息职业技术学院	物流管理
29	财经商贸	验收	北京市商务科技学校	物流服务与管理	北京财贸职业学院	物流管理
30	信息技术	新增	北京商贸学校	动漫游戏	北京信息职业技术学院	影视动画
31	农林土木	验收	北京商贸学校	产品质量监督检验（食品质量监督检验）	北京城市学院	食品营养与检测
32	财经商贸	验收	北京商贸学校	会计	北京财贸职业学院	会计
33	信息技术	新增	北京市求实职业学校	计算机网络技术	北京信息职业技术学院	软件技术（网络应用开发）
34	学前教育	验收	北京市求实职业学校	学前教育	北京汇佳职业学院	学前教育
35	交通运输	新增	北京市平谷区第一职业学校	汽车运用与维修	北京劳动保障职业学院	汽车检测与维修技术
36	加工制造	新增	北京市密云县职业学校	数控技术应用	北京信息职业技术学院	数控技术
37	学前教育	验收	北京市密云县职业学校	学前教育（保育员）	北京汇佳职业学院	学前教育
38	学前教育	新增	北京市门头沟区中等职业学校	学前教育（保育员）	北京汇佳职业学院	学前教育

续表 3

序号	专业大类	性质	中职学校	中职专业	高职学校	高职专业
39	财经商贸	新增	北京市经济管理学校	会计	北京经济管理职业学院	会计
40	信息技术	验收	北京市经济管理学校	计算机网络技术	北京信息职业技术学院	计算机网络技术
41	农林土木	验收	北京市经济管理学校	产品质量监督检验（食品质量监督检验）	北京城市学院	食品营养与检测
42	信息技术	新增	北京市劲松职业高中	计算机动漫与游戏制作	北京北大方正软件职业技术学院	动漫设计与制作
43	信息技术	新增	北京金隅科技学校	楼宇智能化设备安装与运行	北京政法职业学院	安全防范技术
44	交通运输	验收	北京金隅科技学校	建筑工程施工	北京交通职业技术学院	高等级公路维护与管理
45	加工制造	验收	北京金隅科技学校	数控技术应用	北京电子科技职业学院	数控技术
46	信息技术	新增	北京市黄庄职业高中	计算机网络技术	北京信息职业技术学院	信息安全技术
47	学前教育	验收	北京市黄庄职业高中	学前教育	北京城市学院	学前教育
48	信息技术	新增	北京市环境与艺术学校	家具设计与制作	北京农业职业学院	环境艺术设计
49	农林土木	验收	北京市环境与艺术学校	环境治理技术	北京农业职业学院	水利工程施工技术（水质监测与运行方向）
50	现代服务	新增	北京市怀柔区职业学校	旅游服务与管理	北京经济管理职业学院	旅游管理
51	交通运输	新增	北京市怀柔区职业学校	汽车运用与维修	北京交通运输职业学院	汽车检测与维修技术
52	医药卫生	新增	北京市海淀区卫生学校	护理	北京卫生职业学院	护理
53	财经商贸	新增	北京市供销学校	会计	北京财贸职业学院	会计

续表 4

序号	专业大类	性质	中职学校	中职专业	高职学校	高职专业
54	学前教育	验收	北京市丰台区职业教育中心学校	学前教育	北京汇佳职业学院	学前教育
55	交通运输	验收	北京市丰台区职业教育中心学校	汽车运用与维修	北京交通运输职业学院	汽车运用技术
56	现代服务	新增	北京市丰台区职业教育中心学校	航空服务	北京北大方正软件职业技术学院	民航商务
57	财经商贸	新增	北京市丰台区职业教育中心学校	电子商务	北京工业职业技术学院	电子商务
58	现代服务	新增	北京市房山区房山职业学校	旅游服务与管理	首钢工学院	旅游管理
59	交通运输	新增	北京市房山区第二职业高中	汽车运用与维修	北京交通运输职业学院	汽车检测与维修技术
60	现代服务	新增	北京市对外贸易学校	会展服务与管理	北京城市学院	会展策划与管理
61	信息技术	新增	北京市电气工程学校	软件与信息服务	北京青年政治学院	软件外包服务
62	交通运输	验收	北京市电气工程学校	城市轨道交通车辆运用与检修	北京交通运输职业学院	城市轨道交通车辆
63	加工制造	新增	北京市大兴区第二职业学校	机电技术应用	北京劳动保障职业学院	机电一体化技术
64	加工制造	新增	北京城市建设学校	工程测量	北京工业职业技术学院	工程测量技术
65	学前教育	新增	北京市昌平职业学校	学前教育（保育员）	北京城市学院	学前教育
66	现代服务	新增	北京市昌平职业学校	旅游服务与管理	北京交通职业技术学院	旅游管理
67	农林土木	新增	北京市昌平职业学校	园林绿化	北京农业职业学院	园艺技术
68	现代服务	验收	北京市昌平职业学校	航空服务	北京劳动保障职业学院	酒店管理

续表 5

序号	专业大类	性质	中职学校	中职专业	高职学校	高职专业
69	交通运输	验收	北京市昌平职业学校	城市轨道交通运营管理	北京交通职业技术学院	城市轨道交通运营管理
70	医药卫生	新增	北京市昌平卫生学校	护理	北京城市学院	护理
71	医药卫生	验收	北京市昌平卫生学校	护理	北京社会管理职业学院	老年服务与管理

北京市教育委员会

关于开展职业教育宣传月活动的通知

京教职成〔2015〕4号

各区县教委、各职业院校：

为全面展示职业院校的办学特色，营造全社会关注职业教育、重视职业教育的良好氛围，市教委决定将每年4月15日至5月15日定为“职业教育宣传月”。现将具体实施方案通知如下：

一、指导思想

以全国职业教育工作会议和国务院《关于加快发展现代职业教育的决定》（国发〔2014〕19号）精神为指导，以培育和践行社会主义核心价值观为重点，内鼓士气，外塑形象，大力宣传首都职业教育改革发展成果，宣传高素质劳动者和技术技能人才的先进事迹和重要贡献，引导社会树立正确人才观，弘扬“劳动光荣、技能宝贵、创造伟大”的时代风尚，引导社会各界特别是行业企业积极支持职业教育，营造人人皆可成才、人人尽展其才的良好环境。

二、具体措施

各区县教委、各职业院校要根据本地、本校实际，科学设计活动方案，确定宣传主题，充分发挥网络、报刊、电视、广播、微信等宣传媒介的作用，开展形式多样、内容丰富、多层次、全方位的职业教育宣传活动。

（一）积极开展职业教育会议、政策、文件精神学习宣传活动。2014年全国职业教育工作会议对未来一段时期我国职业教育的改革发展做出了重要部署，我市结合首都实际研究制定了推进职业教育综合改革的一系列政策措施。各区县、各职业院校要组织广大干部教师结合实际深入学习领会，统一认识，明确职业教育的发展方向、责任与使命，为深入推进以“转型升级、提质增效”为重点的首都职业教育综合改革奠定坚实的思想基础。

（二）积极宣传职业教育改革创新政策与成果。要组织专家力量研究职教改革，紧密结合首都城市功能定位和产业转型升级要求，聚焦集团化办学、中高职衔接、高端技术技能人才培养、综合高中试验、现代学徒制等系列改革项目，探索推进首都现代职业教育科学发展的新途径，并通过媒体进行广泛宣传和深入解读，引导舆论和社会共同助推职业教育又好又快发展。

（三）积极推进职业教育普及活动。各区县要把职业教育与终身教育理念有机结合，将其作为通识教育贯穿于幼儿、小学、初中、高中、大学及继续教育等各学段。通过组织各种形式的“职业体验活动”，引导中小学生和广大市民走进职业院校，开展职业体验。各职业院校要主动开放校园、实训基地等，为市民走进职业院校创造便利条件，助推社区教育向深层次发展。

（四）积极开展走进行业企业活动。教育行政部门要主动为职业院校搭建平台，深化校企合作，组织职业院校干部教师走进行业、企业，了解企业发展和人才需求，争取行业企业对职业教育的大力支持，深入开展现代学徒制、集团化办学、双师型教师和高端技术技能人才培养等校企合作改革项目，促进产教深度融合，提升人才培养质量。

（五）积极开展“劳模进职校”主题教育活动。各职业院校要按照教育部、中华全国总工会联合印发的《关于开展“劳模进职校”活动的通知》，邀请劳动模范、五一劳动奖章获得者走进职业院校，担任校外德育辅导员，通过先进事迹报告、座谈交流、创立大师工作室等形式，发挥劳动模范、先进人物的示范引领作用，传递正能量，激励职教学子成长成才。

（六）积极开展职业教育优秀学生宣传推介活动。优秀学生是职业教育成果最生动、最直观、最有力的体现。要紧紧抓住这一宣传线索，充分挖掘优秀学生、优秀毕业生的宣传资源，通过举办优秀学生推介会、双选会、优秀毕业生事迹报告会、在报刊开设职业教育优秀毕业生事迹专栏等形式，广泛宣传职业教育的优秀成果，塑造职业教育的良好社会形象。

（七）积极开展职业教育志愿服务活动。各职业院校要紧密结合职业学校特色，充分发挥各专业优势，找准与市民生活的结合点，广泛开展“进社区、进社会”等志愿服务活动，引导学生在为人民服务中践行社会主义核心价值观，增强责任感、使命感，树立成长成才自信，同时面向社会展示职业教育成果和学生的职业素养。

（八）积极开展技术技能竞赛活动。各职业院校要按照市教委的统一部署，积极组织师生参加校、市、国三级技术技能比赛，赛技能、强素质、比质量，充分展示职教学子的良好精神风貌，营造“赶、学、比、超”的学习氛围和重视技能，尊重技能人才的社会氛围。在赛项组织过程中，注意挖掘宣传亮点，邀请媒体参与报道，对成绩优秀的学校和学生进行广泛宣传。

（九）积极开展丰富多彩的校园文化活动。组织开展系列体育、艺术、校园文化活动，全面提升学生健康素质和艺术修养。充分发挥团委、学生会等学生社团的作用，开展丰富多彩的主题教育活动，引导学生提升演讲辩论、交流沟通、职业礼仪、冲突处理、情绪控制等方面的能力。组织学生积极参与文明风采竞赛、“寻找身边的技艺达人”摄像（影）作品大赛、校际运动会、文艺汇演等全市性教育活动，通过举办演出、展览、出版画册、网络登载等形式广泛宣传展示师生们的风采和作品。

（十）积极开展送教（技）下乡活动。各郊区县教委要组织乡镇职业学校和技术骨干，面向广大农民开展送教（技）下乡活动，促进农民转变观念，树立“技术致富”意识，推动首都新农村建设和新型职业农民培养。

三、工作要求

（一）高度重视，抓好组织落实。“职业教育宣传月”是加快发展首都现代职业教育的统一部署，是统一认识、推动职业教育转型升级的重要举措，各区县、各职业院校要高度重视，成立相应的领导小组和工作机构，明确宣传主题，统筹协调本区域、本院校内的宣传月各项活动，为活动的广泛、持续、深入开展提供充足的人力、物力保障。

（二）科学设计，制定工作方案。各区县、各职业院校要结合本地、本校实际，科学制定具体工作方案，列出时间进度表，明确任务和责任人，确保各项宣传活动落到实处。请各区县、各职业院校于 3 月 27 日前将宣传月工作方案报送到市教委职成处。

（三）形成制度，建立长效机制。各区县、各职业院校要将“职业教育宣传月”作为职业教育发展和学校建设的一项基本制度确立起来，融入到日常工作中，形成工作惯例和长效机制，使宣传职业教育成为广大职教师生的统一认识和自觉行为。

办好“职业教育宣传月”是当前和今后一个时期加强和推进职业教育工作的一项重要任务。各区县教委、各职业院校要高度重视，科学规划，精心组织，认真实施，确保各项任务目标的实现，向社会展示首都高端职业教育的精华与水平。

2015 年 3 月 12 日

北京市教育委员会

关于试点开展北京市中等职业学校英语课程学业水平测试工作的通知

京教函〔2015〕476号

各有关区县教委，各有关中等职业学校：

根据《教育部办公厅关于建立职业院校教学工作诊断与改进制度的通知》（教职成厅〔2015〕2号）及《教育部关于深化职业教育教学改革全面提高人才培养质量的若干意见》（教职成〔2015〕6号）文件要求，为探索建立我市中职学校公共基础课程教学工作诊断与改进制度，提高我市中等职业学校公共基础课程教学质量，我委决定自2015年起开展北京市中等职业学校文化基础课程学业水平测试工作。

中职文化基础课程学业水平测试是我市推动建立和完善职业院校内部质量监测评价的一项重要工作，是构建以人文素质、技术技能水平和可持续发展能力为核心的职业教育质量评价体系的重要组成，测试评价结果拟纳入我市职业教育人才培养质量年度报告，面向社会公开发布。具体测试实施委托北京教科院职业教育与成人教育教学研究中心承担。

2015年将以英语课程为试点开展测试，现将《北京市中等职业学校英语课程学业水平测试工作方案》印发给你们，请有关区县教委、有关学校根据方案，做好相关工作。

2015年9月23日

北京市中等职业学校英语课程学业水平测试工作方案

为落实《国务院关于加快发展现代职业教育的决定（国发〔2014〕19号）》和《教育部办公厅关于建立职业院校教学工作诊断与改进制度的通知（教职成厅〔2015〕2号）》及《教育部关于深化职业教育教学改革全面提高人才培养质量的若干意见（教职成〔2015〕6号）》，逐步建立北京市中职学校公共基础课程教学工作诊断与改进制度，提高中等职业学校公共基础课程教学质量，北京市于2015年以英语课程为试点开展中等职业学校公共基础课程学业水平测试工作。具体工作方案如下：

一、测试目的及意义

通过开展北京市中等职业学校英语课程学生学业水平测试，对北京市中等职业学校英语课程教学进行诊断，充分发挥评价的引导和激励作用，切实促进北京市中等职业学校英语课程教学改革和学生学习质量提升，探索建立我市中职学校公共基础课程教学工作诊断与改进制度，提高我市中等职业学校公共基础课程教学质量。

二、测试工作安排

（一）测试内容与方式

本次测试内容为教育部颁行的《中等职业学校英语课程教学大纲》（2009年版）要求的基础模块教学内容。

试点学校组织本校学生参加测试，采用纸笔测试方式，全市统一命题、统一测试时间、统一阅卷。

（二）测试时间

2015年11月的第4周，具体时间按照测试通知执行。

（三）测试工作程序

1. 测试工作部署

北京市教委职成处组织召开北京市中等职业学校英语课程学业水平测试工作会，部署相关工作及要求。

2. 测试前培训

考务办公室面向试点学校英语教师和相关负责人进行《北京市中等职业学校英语课程学业评价标准》培训。

3. 测试报名

各有关中等职业学校根据要求组织报名，填写《北京市中等职业学校英语课程学业水平测试报名表》（详见附件 1 和附件 2），并于 2015 年 10 月 19 日前将报名表纸质版和电子版报送考务办公室。

4. 试卷领取

测试前一天下午，各参加测试学校由专门负责人到考务办公室领取试卷；试卷取回学校后，按要求放保密室保存试卷。

5. 测试工作

各学校的测试工作，实行校长负责制。学校要组织好学生，安排好监考教师，准备好考场，在规定时间，按照统一要求组织开展好本校学生英语课程学业水平测试，确保测试顺利进行。考务办公室将安排人员进行考场巡视。

6. 试卷密封与送卷

各学校在测试完成后按照要求对试卷进行回收、装袋，填写记录单，密封，并在规定时间内交回考务办公室。

7. 阅卷工作

考务办公室组织相关教师，开展英语课程学业水平测试试卷的阅卷工作。

（四）测试成绩应用

本次中等职业学校英语课程学业水平测试成绩将为全面了解我市中等职业学校英语课程教学质量提供有效数据支撑，测试评价结果拟纳入我市职业教育人才培养质量年度报告，面向社会公开发布，并为完善《北京市中等职业学校英语课程学业成就评价标准》

及面向全市中职学校开展英语课程学业水平测试提供重要参考。

三、试点学校及测试对象

（一）试点学校

北京市商业学校

北京铁路电气化学校

北京市经济管理学校

北京市自动化工程学校

北京现代职业学校

北京市财会学校

北京市求实职业学校

北京市信息管理学校

北京市丰台区职业教育中心学校

北京市昌平职业学校

北京市房山区第二职业高中

北京市密云县职业学校

（二）测试对象

各试点学校在本校二年级各专业学生中选取不少于30%的学生作为测试对象。学籍号码尾号为3、6、9的二年级学生必须参加，其他参加测试学生由学校自定。

四、测试工作组织领导

北京市中等职业学校英语课程学业水平测试工作由北京市教育委员会职成处组织领导，北京教科院职成教研中心负责具体组织实施。北京教科院职成教研中心为本次测试工作设立考务办公室，具体负责本次测试工作培训、命题、考务、巡视、阅卷和数据统计分析等工作的组织与安排。

附件：1. 北京市中等职业学校英语课程学业水平测试报名表（略）

2. 北京市中等职业学校英语课程学业水平测试报名总表（略）

北京市教育委员会
北京市人力资源和社会保障局
北京市财政局

关于开展北京市第三批国家中等职业教育改革发展示范项目学校验收工作的通知

京教职成〔2015〕18号

各有关区县教委，有关中等职业学校：

根据教育部办公厅、人力资源社会保障部办公厅、财政部办公厅相关要求，为做好北京市第三批国家中等职业教育改革发展示范校检查验收工作，现就有关事项通知如下：

一、工作目标

完成三部委相关要求，总结示范校建设成果和创新经验，推进我市中等职业教育深化改革创新发展。

二、组织机构

（一）市教委、市人力社保局、市财政局联合成立北京市国家中等职业教育改革发展示范校检查验收工作领导小组，负责研究部署验收工作中的重大问题和事项，审定专家组评审结果。

（二）北京市国家中职示范校检查验收工作领导小组办公室设在市教委职业教育与成人教育处，根据领导小组会的意见，负责组织、协调验收工作。

（三）成立北京市国家中职示范校验收专家组。采取现场评审、会议评审等方式，全面检查项目学校建设完成情况，对建设过程质量监测数据、经费使用情况进行审核，出具评价意见，将验收结果报领导小组审定。

三、验收方式

验收方式主要包括：书面评审、实地检查、综合评议和经费检查。

（一）书面评审。各项目学校对照教育部、人力资源社会保障部、财政部批复的项目《建设方案》和《任务书》开展自查，完成总结报告和典型案例。评估专家组对各个示范校提交的质量监测数据和总结报告、典型案例进行评审。

（二）实地检查。验收专家组进校实地检查，听取汇报、查阅材料、审核检查项目建设情况。

（三）综合评议。综合项目学校书面评审情况、实地检查结果、质量监测数据填报情况和典型案例总结情况，形成整体评价结论。

（四）经费检查。组织开展项目经费使用情况检查，各校在指定时间内提交由会计师事务所出具的项目审计报告。

四、学校应提交的验收材料

（一）建设过程质量监测最终填报数据；

（二）项目总结报告、各重点专业和特色项目建设分报告和重点建设专业人才培养方案、行业企业调研报告、核心课程标准；项目审计报告；

（三）2～3 个反映示范校建设成果的典型案例；

（四）示范校建设成果展示网站专栏网页快照；

（五）示范校建设成果专题宣传片。

各校在 11 月 6 日前将以上材料纸质版一式五份报送至市教委职成处，同时发送电子版。

五、入校验收工作程序

市级验收专家组将于11月10日至13日入校检查验收，每校半天。主要工作程序如下：

（一）播放视频短片（10分钟）；

（二）项目总结汇报（20分钟）；

（三）重点专业总结汇报（15分钟）；

（四）特色项目总结汇报（15分钟）；

（五）专家组分组审核查验示范校建设相关情况。

六、验收结果

11月13日下午，专家组进行综合评议，做出验收结论。验收结论分为通过、暂缓通过和不通过。验收结论连同综合评分、评价意见和学校排序上报三部委验收部门。

七、工作要求

（一）各项目学校要重视项目验收工作，根据三部委和本市有关要求，全面总结建设成果和经验，如实填报有关数据，提前做好各项准备工作。

（二）各项目学校举办者要加强对此项工作的领导，协助项目学校解决相关问题，指导、督促项目学校完成总结、自查和上报等工作。

附件：1. 北京市第三批国家中职改革发展示范校验收工作领导小组名单

2. 北京市第三批国家中职改革发展示范校验收工作时间安排（略）

3. 项目学校验收总结报告参考格式（略）

4. 项目学校典型案例撰写要求（略）

2015年10月16日

附件 1

北京市第三批国家中职改革发展示范校验收工作领导小组名单

组　长：线联平　市教委主任

副组长：黄侃　　市教委委员

李淑萍　市人力社保局副局长

汪钢　　市财政局副局长

成　员：王东江　市教委职业教育与成人教育处处长

李红娜　市财政局教育事业处处长

李世广　市人力社保局职业能力建设处处长

李艳春　市教委财务处处长

北京市教育委员会

关于公布 2015 年北京市高等职业院校技能大赛获奖名单的通知

京教函〔2015〕517 号

各高等职业院校：

2015 年北京市高等职业院校技能大赛已经结束，共有来自 24 所院校的 514 支参赛队参加了市场营销技能等 33 个项目的比赛。

组委会评选出获奖选手、优秀指导教师、优秀组织工作者和优秀组织奖四类奖项，现将获奖名单予以公布。

各高等职业院校要高度重视技能竞赛工作，积极开展校内竞赛，扩大竞赛受益面，把技能竞赛作为加强校企合作、产学结合，推动相关专业教育教学改革，提高技术技能人才培养质量的重要平台，进一步总结经验，加强宣传，扩大交流，制定相关鼓励措施，引导教师和学生积极参与相关赛事，更好地推动技术技能人才培养。

附件：1. 2015年北京市高等职业院校技能大赛参赛选手获奖名单

2. 2015年北京市高等职业院校技能大赛优秀指导教师名单

3. 2015年北京市高等职业院校技能大赛优秀组织工作者名单

4. 2015年北京市高等职业院校技能大赛优秀组织奖名单

2015年10月20日

附件1

2015年北京市高等职业院校技能大赛参赛选手获奖名单

一等奖（132人）

院校名称	获奖学生	指导老师
工业分析检验赛项		
北京电子科技职业学院	薛贝贝、刘钰	范海涛、陈亮

续表 1

院校名称	获奖学生	指导老师
楼宇自动化系统安装与调试赛项		
北京劳动保障职业学院	于琨、王粟裕、蒋泽晨	张力展、何福贵
智能电梯装调与维护赛项		
北京劳动保障职业学院	杨诚浩、刘硕	王晖、孙玄
工业产品造型设计与快速成型赛项		
北京工业职业技术学院	崔贾海、舒晨曦、萨其尔	郭勇、李兆坤
注塑模具 CAD/CAE 与主零件加工赛项		
北京工业职业技术学院	秦春花、杨忠岩、孙昊伦	孙铁城、张文兵
自动化生产线安装与调试赛项		
北京工业职业技术学院	刘斌、王誉博	刘光起、杨锦忠
嵌入式产品开发赛项		
北京电子科技职业学院	秦奥运、包安平、铁丽丽	朱孔涛、詹晓东
北京电子科技职业学院	刘泰、石天、刘鑫	赵妍、韩伟
信息安全管理与评估赛项		
北京信息职业技术学院	何毅、王宪亮、赵震	徐振华、卢海
物联网技术应用赛项		
北京北大方正软件技术学院	闫伟、陈林利、代少振	郭芳彤、钟霖
护理技能赛项		
北京卫生职业学院	许畅	王燕燕
工业机器人技术应用赛项		
北京电子科技职业学院	姚默迪、郄云帆、贾佳奇	吕世霞、胡伟

续表2

院校名称	获奖学生	指导老师
现代电气控制系统安装与调试赛项		
北京电子科技职业学院院	王小双、张永亮	邱利军、张赛昆
电子商务技能赛项		
北京工业职业技术学院	杨洁、杨忆、宋康、李华鑫	张婷婷、侯瑾
北京电子科技职业学院	孙加兴、刘铭硕、赵梦雪、韩雯	李志刚、王萍
大气环境监测与治理技术赛项		
北京电子科技职业学院	刘泓强、江文文	曹奇光、谢国莉
三维建模数字化设计与制造赛项		
北京工业职业技术学院	龚鹏飞、朱少甫	杨晓雪、程毛毛
文秘速录赛项		
北京政法职业学院	赵静怡、白硕、杨囡、林思淼	楚萍、孟德花
英语口语—非英语专业组赛项		
北京科技经营管理学院	蒋春晨	李忻梅
北京工业职业技术学院	徐志远	王志丽
英语口语—英语专业组赛项		
北京青年政治学院	陈晓璇	刘卫红
北京北大方正软件技术学院	陈语扬	马爱娟
测绘赛项		
北京工业职业技术学院	王琦、鲍东东、吴天辉、杨修旺	崔有祯、武胜林
北京工业职业技术学院	王勇龙、白宇、闫锴、郭献禹	赵小平、高绍伟

续表 3

院校名称	获奖学生	指导老师
汽车检测与维修——自动变速器拆装赛项		
北京电子科技职业学院	刘子晨、吴文思、王俊	任小龙、吕江毅
北京交通运输职业学院	原继永、鞠鹏、何家志	缑庆伟、李卓
汽车检测与维修——电气系统检修赛项		
北京交通运输职业学院	原继永、鞠鹏、何家志	侯红宾、段卫洁
北京交通运输职业学院	宋艳飞、刘德华、梁冲所	侯红宾、段卫洁
汽车检测与维修——发动机故障诊断赛项		
北京交通运输职业学院	宋艳飞、刘德华、梁冲所	侯红宾、段卫洁
北京工业职业技术学院	董会超、肖皓然、张祎鹏	高吕和、郭凯
汽车营销赛项		
北京交通运输职业学院	朱嘉琛、胡月	王彦峰、倪颐
北京交通运输职业学院	刘雁羽、张志泽	王彦峰、倪颐
风光互补发电系统安装与调试赛项		
北京电子科技职业学院	沈金彪、苏成、郝春晖	崔健、陈楠
计算机网络应用赛项		
北京信息职业技术学院	吴蔚然、张皓、刘陈	王建国、郭丽
4G 全网建设技术赛项		
北京信息职业技术学院	范浩然、张舒强	吴树兴、贾跃
市场营销技能赛项		
北京工业职业技术学院	武濛濛、马建鑫、李嘉澍、曹上兵	侯瑾、张婷婷

续表 4

院校名称	获奖学生	指导老师
西餐宴会服务赛项		
北京财贸职业学院	尚涛	蔡洪胜
中餐主题宴会设计赛项		
北京财贸职业学院	乌云塔娜	郑莉萍
北京财贸职业学院	刘远	李岩
移动互联网应用软件开发赛项		
北京北大方正软件技术学院	张旭文、窦建才、吕宁鹏	钟霖、朱松
北京信息职业技术学院	刘元凯、于晓琦、马鑫	齐京、周颖
云计算技术与应用赛项		
北京工业职业技术学院	胡夕冉、马东、徐里里	贾民政、朱元忠
会计技能赛项		
北京财贸职业学院	李娟、唐贵珍、张福源、赵宇飞	梁毅炜、杨蕊
北京财贸职业学院	杨洁、朱胜楠、倪张凤、刘佳佳	王智慧、秦竟楠
北京工业职业技术学院	刘爽、谢刚、刘晓霞、代晓苹	陈杰、席庆荣
农产品质量安全检测——蔬菜中有机磷类农药残留检测赛项		
北京农业职业学院	王弟伟	王丽
农产品质量安全检测——畜禽肉中兽药残留检测赛项		
北京农业职业学院	王利梅、肖企业	潘妍
农产品质量安全检测——茶叶中重金属含量检测赛项		
北京农业职业学院	何桂英	贾红亮

续表 5

院校名称	获奖学生	指导老师
服装设计与工艺——服装设计赛项		
北京电子科技职业学院	张小苗	程丽娜
服装设计与工艺——服装工艺赛项		
北京电子科技职业学院	阮馨	马淑燕
中华茶艺赛项		
北京农业职业学院	黄一格	贾艳琼、张喆
北京农业职业学院	李丽蓉	李翠、何有明
北京农业职业学院	张蕾	贾艳琼、张喆
普通话导游赛项		
北京财贸职业学院	张成瑞	童俊
北京青年政治学院	郝婉蓉	党洁
北京财贸职业学院	智荟	程伟
英语导游赛项		
北京财贸职业学院	路晓宇	曲琳娜
北京青年政治学院	刘伟乾	彭洪明

二等奖（255 人）

院校名称	获奖学生	指导老师
工业分析检验赛项		
北京电子科技职业学院	张奇、刘爽	危晴、章宇宁
北京农业职业学院	赵楠楠、李彩萍	王辉、汪长钢
楼宇自动化系统安装与调试赛项		
北京劳动保障职业学院	李宏义、张涵、李云玥	张梅、安平

续表 6

院校名称	获奖学生	指导老师
北京劳动保障职业学院	焦运生、刘福源、郝麒麟	王亚楠、孙玄
智能电梯装调与维护赛项		
北京劳动保障职业学院	王雨蒙、贾玉晗	张力展、何福贵
工业产品造型设计与快速成型赛项		
北京北大方正软件技术学院	陈宣任、王琳、仙非	张巍、刘铁军
北京工业职业技术学院	辛钟阳、温鸿洋、吴博伦	杨晓雪、张铁军
注塑模具 CAD/CAE 与主零件加工赛项		
北京电子科技职业学院	姜辉、蔚福董、陈肖	秦涵、刘向阳
自动化生产线安装与调试赛项		
北京电子科技职业学院	庞宇擎、李仲男	马冬宝、张文涛
嵌入式产品开发赛项		
北京信息职业技术学院	顾玉龙、马睿、刘凡水	王玥玥、国佳
北京电子科技职业学院	武秀华、高宇、佟玲	朱恭生、王婧
北京青年政治学院	韩朝皓、侯瑞、师鑫宇	石刚、徐志立
北京工业职业技术学院	史志浩、钱浩克、苗典	樊利军、杨洪涛
信息安全管理与评估赛项		
北京电子科技职业学院	郝德璇、鲁超宇、蔡永福	赵凯、陈涵
北京信息职业技术学院	刘鹏飞、王争崎、石川	徐振华、刘海燕
北京电子科技职业学院	崔朝阳、李旭、刘洋洋	马蕾、郑长亮
物联网技术应用赛项		
北京劳动保障职业学院	杨峄、许彩箫、李晓琦	何福贵、张力展

续表 7

院校名称	获奖学生	指导老师
北京信息职业技术学院	徐启恒、邸鑫鹏、陆音迦	张成、宫晓梅
护理技能赛项		
北京卫生职业学院	杨菲	贾雪婷
北京卫生职业学院	朱仕妍	张小明
工业机器人技术应用赛项		
北京电子科技职业学院	姚默迪、郄云帆、贾佳奇	吕世霞、胡伟
现代电气控制系统安装与调试赛项		
北京劳动保障职业学院	刘壮、刘天龙	李广军、罗英俊
电子商务技能赛项		
北京劳动保障职业学院	贾路栖、孟涵、刘天宇、曹冉冉	王逸凡、高岳
北京工业职业技术学院	王健、郭卉鳌、桂雪、贾天予	陈翠翠、李晓纯
北京劳动保障职业学院	王意、宋静、邓景文、童杰	梁勤
北京科技经营管理学院	段启洋、郭瑞、张盛楠、邱堃	李源
北京财贸职业学院	高鑫、王娟、赵荣凤、尹成雷	黄为平、赵春利
大气环境监测与治理技术赛项		
首钢工学院	任磊、张婷	黄立丽、唐婷婷
北京电子科技职业学院	杨小飞、王炎	路鹏、刑丽楠
三维建模数字化设计与制造赛项		
北京工业职业技术学院	郭子靖、洪德伟	张铁军、王秀杰

续表 8

院校名称	获奖学生	指导老师
北京工业职业技术学院	张磊、王琨	陈金英、史丽娟
文秘速录赛项		
北京政法职业学院	苗沛瑶、韩静、马玉、常雨竹	楚萍、康超
北京工业职业技术学院	李晓琳、李梦幻、付云梅、董琳	魏玉芹、郭秀敏
北京政法职业学院	季依欣、张路遥、刘寒飞、王雨桐	楚萍、顾亚东
英语口语——非英语专业组赛项		
北京政法职业学院	胡志强	苏娜
北京经济技术职业学院	管鑫	李润坤
北京经济管理职业学院	杜欣阳	杨红全
北京社会管理职业学院	吕泽锴	闫妍
北京交通运输职业学院	陈奥琨	许菲
英语口语——英语专业组赛项		
北京联合大学	邢洲	冯媛媛
北京电子科技职业学院	杨宇翔	王建丽
北京工业职业技术学院	倪凯杰	廉俊颖
测绘赛项		
北京京北职业技术学院	郝云虎、张涛、彭轲、张强	赵艳敏、李亚静
北京京北职业技术学院	武晓、马云蕾、金鹏、裴文杰	雎志玲、李亚静
北京工业职业技术学院	郭永才、暴瑞宁、孙德洋、吴青龙	桂维振、郑阔

续表 9

院校名称	获奖学生	指导老师
汽车检测与维修——自动变速器拆装赛项		
北京电子科技职业学院	肖震、马英骁、杨少伟	任小龙、吕江毅
北京交通运输职业学院	宋艳飞、刘德华、梁冲所	缑庆伟、李卓
北京京北职业技术学院	朱亚东、张盼、贺建伟	方俊、许立峰
汽车检测与维修——电气系统检修赛项		
北京工业职业技术学院	董会超、肖皓然、张祎鹏	高吕和、郭凯
北京工业职业技术学院	刘坤亚、庚春阳、刘青华	王昫、侯勇
北京电子科技职业学院	吴文思、刘子晨、王俊	刘敏杰、杨丽平
北京电子科技职业学院	肖震、马英骁、杨少伟	刘敏杰、杨丽平
汽车检测与维修——发动机故障诊断赛项		
北京交通运输职业学院	原继永、鞠鹏、何家志	侯红宾、段卫洁
北京工业职业技术学院	刘坤亚、庚春阳、刘青华	王昫、侯勇
北京电子科技职业学院	吴文思、刘子晨、王俊	龙建、隋美丽
汽车营销赛项		
北京交通运输职业学院	李静、刘志禹	王彦峰、倪颐
北京现代职业技术学院	张慧、常家兴	董莹、刘立伟
北京电子科技职业学院	程琪、吴震宇	李杰、牛雅丽
北京现代职业技术学院	张光宇、王阳	尹丽丽、何宝文
风光互补发电系统安装与调试赛项		
北京信息职业技术学院	詹南昭、杨宇哲、提培章	蔺丽莉、葛大卫
计算机网络应用赛项		
北京信息职业技术学院	冯徽、常绪、方醒	孙奇、刘易
北京工业职业技术学院	段致君、陈启浩、赵萌	方园、罗波

续表 10

院校名称	获奖学生	指导老师
北京工业职业技术学院	马然、刘泽世、张帅	方园、邓蕴
4G 全网建设技术赛项		
北京工业职业技术学院	张世一、王欣欣	方水平、赵元苏
北京信息职业技术学院	徐天娇、高莹莹	殷燕南、吴晓岚
北京工业职业技术学院	王明、刘吉胜	方水平、刘业辉
市场营销技能赛项		
北京财贸职业学院	马玉珠、江林阳、王宁、邢文婧	毛锦华
北京信息职业技术学院	吕昕宸、康宏玉、郭娜、李静	刘兰兰
西餐宴会服务赛项		
北京经济管理职业学院	王雪婷	沈建
北京经济管理职业学院	张潇宁	王业娜
中餐主题宴会设计赛项		
北京财贸职业学院	封春丽	蔡丽伟
北京交通职业技术学院	曾丽君	张燕
北京交通职业技术学院	殷娇	张燕
移动互联网应用软件开发赛项		
北京信息职业技术学院	徐袁飞、秦琛、吴鹏飞	刘力维、张立新
北京电子科技职业学院	张平、付声梅、邓洪超	刘丽华、梁金宏
北京青年政治学院	冯宝利、韩朝皓、张焕敏	石刚、李子平
云计算技术与应用赛项		
北京青年政治学院	曹妍、姜晨、王颖	秦勇、李燕萍
北京信息职业技术学院	邓鑫、宋文博、史康奇	邓凡星、史宝会

续表 11

院校名称	获奖学生	指导老师
会计技能赛项		
北京劳动保障职业学院	王莹、邱梦姚、常素娟、陈欢	贾娜、王巍
北京北大方正软件技术学院	于茜、王倩、谯家豪、王西京	刘海涛、贡艳荣
北京青年政治学院	麻玉双、皇甫瑞瑞、张晋芳、朱美玲	张红琴、王京
北京劳动保障职业学院	甄建、米慧、刘娜、唐莎	王巍、孟南
北京工业职业技术学院	张祥蓉、柳凯、张艳平、杨潇宇	王蓬、刘晓峰
北京北大方正软件技术学院	郑懿、张若妮、耿杨、青玲华	刘海涛、贡艳荣
北京电子科技职业学院	饶沙沙、何惠玲、刘肖、郭雨晗	邓晖、崔晓翔
农产品质量安全检测——蔬菜中有机磷类农药残留检测赛项		
北京农业职业学院	腾菲菲	王丽
北京农业职业学院	任田田	王丽
农产品质量安全检测——畜禽肉中兽药残留检测赛项		
北京政法职业学院	肖企业	蒯治任
北京农业职业学院	栗萌	潘妍
农产品质量安全检测——茶叶中重金属含量检测赛项		
北京电子科技职业学院	王洪鑫	李晓燕
北京农业职业学院	崔婕	贾红亮
服装设计与工艺——服装设计赛项		
北京电子科技职业学院	高嫚	丰蔚

续表 12

院校名称	获奖学生	指导老师
北京电子科技职业学院	罗迎旭	丰蔚
北京电子科技职业学院	杜云飞	丰蔚
服装设计与工艺——服装工艺赛项		
北京电子科技职业学院	贾翠娜	吴效瑜
中华茶艺赛项		
北京财贸职业学院	杨磊磊	侯雪艳
北京政法职业学院	杜蕾	李建欣
北京财贸职业学院	张雨	侯雪艳
北京农业职业学院	申思	贾艳琼、张喆
北京农业职业学院	张欣欣	贾艳琼、张喆
北京农业职业学院	苗春	李翠、何有明
普通话导游赛项		
北京京北职业技术学院	胡海男	周莉
北京京北职业技术学院	李丽娜	苗昭君
北京青年政治学院	康欢	张帆
北京工业职业技术学院	邱芊	栾玲
北京工业职业技术学院	高强	栾玲
首钢工学院	于珊	赵桂莲
英语导游赛项		
北京财贸职业学院	张京颖	王行
北京青年政治学院	王庆慧	程云艳

续表 13

院校名称	获奖学生	指导老师
北京吉利学院	曹国英	刘京平
北京农学院	骆思雨	安利清

三等奖（356 人）

院校名称	获奖学生	指导老师
工业分析检验赛项		
北京电子科技职业学院	胡雅宁、吴丹	李渟、杨军
北京吉利学院	齐丹华、张秋霞	董秀芹、朱明丽
楼宇自动化系统安装与调试赛项		
北京劳动保障职业学院	焦运生、刘福源、郝麒麟	王亚楠、孙玄
北京政法职业学院	张超、高易奇、郭庆浩	黄漫玲、陈瑶
北京政法职业学院	黄光麒、杨宁、韩宇	黄漫玲、刘春生
智能电梯装调与维护赛项		
北京劳动保障职业学院	张驰、邓宗延	张梅、宋合志
工业产品造型设计与快速成型赛项		
北京工业职业技术学院	谢东、强强、马静远	卞化梅、王继群
北京电子科技职业学院	祁琳瑶、王姗、刘辉	栗军、刘尧远
北京电子科技职业学院	王世奇、付启延、李欣燃	韩晓坤、栗军
北京电子科技职业学院	柳月、杜金濉、孟祥瑞	刘尧远、韩晓坤
注塑模具 CAD/CAE 与主零件加工赛项		
北京工业职业技术学院	任胜超、赵伟杰、孔飞	吕奎龙、高慧
北京电子科技职业学院	刘伟强、陈浩岳、李天松	马宏松、于辉

续表 14

院校名称	获奖学生	指导老师
自动化生产线安装与调试赛项		
北京工业职业技术学院	叶谨肇、张普建	杨锦忠、刘光起
嵌入式产品开发赛项		
北京青年政治学院	张龙、徐颖、鲍博润	于溪滨、刘乃瑞
北京青年政治学院	常迪、章友全、陈英昊	石刚、李子平
北京信息职业技术学院	张国庆、王挺、王晨	张智慧、陈强
北京工业职业技术学院	谢博、王涛、韩益帅	朱贺新、刘莉宏
北大方正软件技术学院	刘青川、吴昊、杨俊	钟霖、朱松
信息安全管理与评估赛项		
北京青年政治学院	张翠翠、张世杰、康瑞	秦勇、彭涛
北京青年政治学院	汪一波、杨屹晨、李晓芳	周同、赵刚
北京工业职业技术学院	程观军、任启元、田宇豪	方园、贾民政
北京政法职业学院	徐睿风、于贵深、韩宇航	赵振洲、李焕春
物联网技术应用赛项		
北京劳动保障职业学院	邢国帝、陶梦影、高超	张梅、宋合志
北京北大方正软件技术学院队	张冬玉、王一龙、伍晓	钟淼、王心环
北京信息职业技术学院	王子润、宋博文、魏晓杰	肖山、王甜
护理技能赛项		
北京卫生职业学院	韩彤	杨欣欣
北京北大方正软件技术学院	鲁俊	陈俊
工业机器人技术应用赛项		
北京经济管理职业学院	丁春鹏、王帅、杨鹏昊	侯艳霞、李秋芳
北京电子科技职业学院	倪明轩、孙海峰、张雪满	吕世霞、胡伟

续表 15

院校名称	获奖学生	指导老师
现代电气控制系统安装与调试赛项		
北京工业职业技术学院	李志国、史立格	王先红、程相波
电子商务技能赛项		
北京财贸职业学院	孙雨菁、王健民、王希、马业凯	黄为平、郭锐
北京京北职业技术学院	李彩瑗、薛琳、黄晨阳、李明明	伦墨华、杨海峰
北京政法职业学院	吕建靓、齐宗达、杨宇桀、柳兆鸿	胡守国、张跃军
北京信息职业技术学院	张涵、邬文宇、刘衍鹏、李博	孙丹、白玉英
北京京北职业技术学院	隗功迪、李晓丽、李博一、张晗	伦墨华、杨海峰
北京青年政治学院	曾子文、刘昌琪、王禛、李晨阳	王建辉、李伟
北京信息职业技术学院	景志磊、夏志刚、李享、刘阳	李瑶、伊新
大气环境监测与治理技术赛项		
北京电子科技职业学院	易凯、卫佳欣	陈红梅、李松
首钢工学院	赵鹏、刘淑慧	黄立丽、唐婷婷
三维建模数字化设计与制造赛项		
北京信息职业技术学院	邱禹峰、董鑫	张英伟、张春卿
北京农业职业学院	郭凡、姜毅	蒋三生
北京电子科技职业学院	王昭芙、杨春婷	于辉、刘华刚
首钢工学院	孙培智、李博睿	张静、袁振文
文秘速录赛项		
北京工业职业技术学院	丁萌、张俊杰、赵婷婷、王彤	段宏毅、张迅雷

续表 16

院校名称	获奖学生	指导老师
北京农业职业学院	张潇潇、王妍、于燕、宗园园	李昕萌、时文清
北京青年政治学院	刘玉雪、赵美彤、朱沙、李丽丽	刘金霞、任春玲
北京农业职业学院	姜雨蕾、李享、孙艺、吕哲	李昕萌、时文清
英语口语——非英语专业组赛项		
北京财贸职业学院	孙睿仪	舒小艾
北京现代职业技术学院	王笑笑	孙巍
北京培黎职业学院	胡喆	许婉亭
首钢工学院	黄奥	郭海燕
首都经济贸易大学密云分校	张泽宇	苏岚科
北京劳动保障职业学院	何静	周学明
北京北大方正软件技术学院	夏巍	毛维维
英语口语——英语专业组赛项		
北京农学院	赵雅琦	李侠
北京信息职业技术学院	阎纪文	耿凤鸾
北京培黎职业学院	白娟	李佳
北京政法职业学院	李奕磊	苗洪
测绘赛项		
北京工业职业技术学院	庄静、王庆祥、李荆、董艳达	辛星、刘俞含
北京京北职业技术学院	董峙良、张智钦、马驰、贾志豪	赵艳敏、睢志玲
北京农业职业学院	谢从庆、陈访谢、吴文智、梁升功	焦有权、赵桂生

续表 17

院校名称	获奖学生	指导老师
北京农业职业学院	李宏伟、李泽鑫、岳盟、王海宇	焦有权、赵桂生
汽车检测与维修——自动变速器拆装赛项		
北京工业职业技术学院	董会超、肖皓然、张祎鹏	高吕和、郭凯
北京工业职业技术学院	刘坤亚、庚春阳、刘青华	王昫、侯勇
北京京北职业技术学院	宁国禄、马慧泉、陈宏宝	方俊、杨金霞
北京劳动保障职业学院	孙政东、梁立伟、李琦	王显廷、王禹
汽车检测与维修——电气系统检修赛项		
北京现代职业技术学院	贺军、郭振江、赵杰	王楠、王红
北京京北职业技术学院	朱亚东、张盼、贺建伟	方俊、许立峰
北京京北职业技术学院	宁国禄、马慧泉、陈宏宝	方俊、杨金霞
汽车检测与维修——发动机故障诊断赛项		
北京现代职业技术学院	李智超、霍凯强、王文霞	郭岩钊、贺文建
北京电子科技职业学院	肖震、马英骁、杨少伟	龙建、隋美丽
北京京北职业技术学院	朱亚东、张盼、贺建伟	方俊、许立峰
北京劳动保障职业学院	赵腾、闫宇华、程佳东	许建强、张福建
汽车营销赛项		
北京现代职业技术学院	刘森、庞立君	柳国良、吴静
北京电子科技职业学院	陈蕾、贾盈波	李杰、牛雅丽
北京电子科技职业学院	王肖楠、刘超	李杰、牛雅丽
北京信息职业技术学院	赵博衡、刘章晨	郗玉平、翟芳
北京信息职业技术学院	魏思宇、崔京缘	郗玉平、翟芳
北京劳动保障职业学院	缪金垒、张帆	刘威、赵智满

续表 18

院校名称	获奖学生	指导老师
北京劳动保障职业学院	刘文凤、王梓豪	谭小锋、赵智满
风光互补发电系统安装与调试赛项		
北京农业职业学院	焦润、郝东东、苗壮	胡玫瑶
计算机网络应用赛项		
北京政法职业学院	张凯翔、张敏、罗京	高松、雷静
北京政法职业学院	王尧、王联奇、姚文亮	张博、李益
北京青年政治学院	张超、张雅淇、陈富彰	秦勇、钱国梁
北京青年政治学院	邓军、章程、徐俊琪	张海丰、杨荣
4G 全网建设技术赛项		
北京信息职业技术学院	赵琦、刘浩	姚伟、谭敏
北京工业职业技术学院	王岩、王志远	方水平、刘业辉
北京北大方正软件技术学院/2 队	金炜、齐帅	李杰、郭芳彤
北京经济管理职业学院	曹殿臣、苏海超	付丽琴、金红利
市场营销技能赛项		
北京青年政治学院	刘金哲、李静、赵云珠、宋辛	马智萍、王丽静
北京电子科技职业学院	贺琳琳、夏坤、赵福祥、刘紫璇	刘静、寇静
首钢工学院	鲁孟阳、曹杰、冀鹏、刘美池	王吉方、于莉
北京农业职业学院	刘芸、马云霏、杨晨芳、张露	李伟伟、郭晨
西餐宴会服务赛项		
北京经济管理职业学院	赵洋	丁杰

续表19

院校名称	获奖学生	指导老师
北京财贸职业学院	段雅鑫	蔡立伟
北京财贸职业学院	钟海旭	蔡洪胜
北京吉利学院	马舒影	杨星
中餐主题宴会设计赛项		
北京劳动保障职业学院	杨哲	杨海英
北京经济技术职业学院	林丽燊	孙迎春
北京劳动保障职业学院	周红	薛齐
北京科技职业学院	胡卓桐	杨柳
北京劳动保障职业学院	黄丹	杨海英
北京农业职业学院	李巧智	秦志红
移动互联网应用软件开发赛项		
北京工业职业技术学院	陈宇晴、麻强、高先龙	杨民峰、孙洪迪、田晓玲
北京青年政治学院	常彦、刘亚丽、宋晓敏	石刚、李子平
北京吉利学院	刘孝东、王鹏飞、李盛耀	施一飞、王岩
北京政法职业学院	林涛、张佳栋、付海天	毋建军、孙昱
云计算技术与应用赛项		
北京信息职业技术学院	王诗语、张逍、宋春睿	邓凡星、张宇
北京工业职业技术学院	张驰、武恩楠、贾永壮	贾民政、孙秀娟
会计技能赛项		
北京电子科技职业学院	吴玲钰、孙炎、李民荣、田洁	高红梅、李春艳
北京农业职业学院	孙东娟、郭怡、游丽丽、王森森	梁鹏、王丽娟

续表 20

院校名称	获奖学生	指导老师
北京青年政治学院	徐鹏飞、李艳艳、刘正宇、杨丽娟	李磊、张辉
北京农业职业学院	郎璇、付荣花、贺妍妮、魏清天	刘佳、梁瑞智
北京培黎职业学院	王欢、胡朦朦、俞清、孙志华	周涛、吴海霞
北京联合大学	夏云云、李馨苑、武兆辉、张新蕊	吴霞、朱东星
北京经贸职业学院	朱思雨、孙翰、杨倩、吉佳彪	葛红、肖磊荣
北京经贸职业学院	惠馨、柳珍珍、梁巧巧、周冬梅	葛红、肖磊荣
北京吉利大学	王盼、周盈盈、安孟涛、余倩	周平芳、孙丹
北京经济管理职业学院	边欢、何蔚、丁洋洋、王可	韩建勋、何淑俊
农产品质量安全检测——蔬菜中有机磷类农药残留检测赛项		
北京电子科技职业学院	郭能强	李涬
北京政法职业学院	王双双	赵振洲
北京政法职业学院	于莉梅	赵振洲
北京政法职业学院	刘思圆	赵振洲
农产品质量安全检测——畜禽肉中兽药残留检测赛项		
北京农业职业学院	钱玉莹	潘妍
北京政法职业学院	姚川起	蒯治任
北京吉利学院	王腾飞	董秀芹
北京电子科技职业学院	张鑫	李涬

续表 21

院校名称	获奖学生	指导老师
农产品质量安全检测——茶叶中重金属含量检测赛项		
北京农业职业学院	刘庆莲	贾红亮
北京电子科技职业学院	姚凤平	李晓燕
北京电子科技职业学院	师珣	李晓燕
服装设计与工艺——服装设计赛项		
北京电子科技职业学院	史冉	程丽娜
北京电子科技职业学院	马一丹	程丽娜
北京电子科技职业学院	王姣	程丽娜
北京吉利大学	赵孝东	孙万巍
服装设计与工艺——服装工艺赛项		
北京电子科技职业学院	廖丽容	吴效瑜
北京电子科技职业学院	张小文	马淑燕
中华茶艺赛项		
北京农业职业学院	李春月	李翠、何有明
北京农业职业学院	杨夕	李翠、何有明
北京财贸职业学院	袁钰涵	侯雪艳
北京政法职业学院	王玉玲	李建欣
北京财贸职业学院	于雪	侯雪艳
北京财贸职业学院	杨振林	王琦
北京财贸职业学院	宋晓茹	王琦
北京政法职业学院	张子轩	李建欣
北京政法职业学院	李笑含	李建欣

续表 22

院校名称	获奖学生	指导老师
普通话导游赛项		
北京吉利学院	锅紫瑞	杨静
北京科技职业学院	马利	刘玉伟
北京电子科技职业学院	姜芃芃	刘洁、孔辉
北京联合大学应用科技学院	胡一帆	邱晓星
北京交通职业技术学院	贾天姿	高润
北京吉利学院	李瑞峰	罗丽娟
北京经贸职业学院	邵敏慧	何田田
北京交通职业技术学院	熊婷	高润
北京农学院	周楚曦	孙曦
英语导游赛项		
北京经贸职业学院	史雪纯	何田田
北京科技职业学院	承富贵	翁晖晖
北京交通职业技术学院	张雪	刘洁
北京经贸职业学院	顾洹溪	何田田
北京农学院	康祎	张莹莹
北京吉利学院	周佳毅	刘京平

附件 2

2015 年北京市高等职业院校技能大赛优秀指导教师名单

院校名称	指导老师
工业分析检验赛项	
北京电子科技职业学院	范海涛、陈亮
楼宇自动化系统安装与调试赛项	
北京劳动保障职业学院	张力展、何福贵
智能电梯装调与维护赛项	
北京劳动保障职业学院	王晖、孙玄
工业产品造型设计与快速成型赛项	
北京工业职业技术学院	郭勇、李兆坤
注塑模具 CAD/CAE 与主零件加工赛项	
北京工业职业技术学院	孙铁城、张文兵
自动化生产线安装与调试赛项	
北京工业职业技术学院	刘光起、杨锦忠
嵌入式产品开发赛项	
北京电子科技职业学院	朱孔涛、詹晓东
北京电子科技职业学院	赵妍、韩伟
信息安全管理与评估赛项	
北京信息职业技术学院	徐振华、卢海
物联网技术应用赛项	
北京北大方正软件技术学院	郭芳彤、钟霖

续表 1

院校名称	指导老师
护理技能赛项	
北京卫生职业学院	王燕燕
工业机器人技术应用赛项	
北京电子科技职业学院	吕世霞、胡伟
现代电气控制系统安装与调试赛项	
北京电子科技职业学院院	邱利军、张赛昆
电子商务技能赛项	
北京工业职业技术学院	张婷婷、侯瑾
北京电子科技职业学院	李志刚、王萍
大气环境监测与治理技术赛项	
北京电子科技职业学院	曹奇光、谢国莉
三维建模数字化设计与制造赛项	
北京工业职业技术学院	杨晓雪、程毛毛
文秘速录赛项	
北京政法职业学院	楚萍、孟德花
英语口语——非英语专业组赛项	
北京科技经营管理学院	李忻梅
北京工业职业技术学院	王志丽
英语口语——英语专业组赛项	
北京青年政治学院	刘卫红
北京北大方正软件技术学院	马爱娟
测绘赛项	
北京工业职业技术学院	崔有祯、武胜林

续表 2

院校名称	指导老师
北京工业职业技术学院	赵小平、高绍伟
汽车检测与维修——自动变速器拆装赛项	
北京电子科技职业学院	任小龙、吕江毅
北京交通运输职业学院	缑庆伟、李卓
汽车检测与维修——电气系统检修赛项	
北京交通运输职业学院	侯红宾、段卫洁
汽车检测与维修——发动机故障诊断赛项	
北京交通运输职业学院	侯红宾、段卫洁
北京工业职业技术学院	高吕和、郭凯
汽车营销赛项	
北京交通运输职业学院	王彦峰、倪颐
风光互补发电系统安装与调试赛项	
北京电子科技职业学院	崔健、陈楠
计算机网络应用赛项	
北京信息职业技术学院	王建国、郭丽
4G 全网建设技术赛项	
北京信息职业技术学院	吴树兴、贾跃
市场营销技能赛项	
北京工业职业技术学院	侯瑾、张婷婷
西餐宴会服务赛项	
北京财贸职业学院	蔡洪胜
中餐主题宴会设计赛项	
北京财贸职业学院	郑莉萍

续表 3

院校名称	指导老师
北京财贸职业学院	李岩
移动互联网应用软件开发赛项	
北京北大方正软件技术学院	钟霖、朱松
北京信息职业技术学院	齐京、周颖
云计算技术与应用赛项	
北京工业职业技术学院	贾民政、朱元忠
会计技能赛项	
北京财贸职业学院	梁毅炜、杨蕊
北京财贸职业学院	王智慧、秦竟楠
北京工业职业技术学院	陈杰、席庆荣
农产品质量安全检测——蔬菜中有机磷类农药残留检测赛项	
北京农业职业学院	王丽
农产品质量安全检测——畜禽肉中兽药残留检测赛项	
北京农业职业学院	潘妍
农产品质量安全检测——茶叶中重金属含量检测赛项	
北京农业职业学院	贾红亮
服装设计与工艺——服装设计赛项	
北京电子科技职业学院	程丽娜
服装设计与工艺——服装工艺赛项	
北京电子科技职业学院	马淑燕
中华茶艺赛项	
北京农业职业学院	贾艳琼、张喆
北京农业职业学院	李翠、何有明

续表 4

院校名称	指导老师
普通话导游赛项	
北京财贸职业学院	童俊
北京青年政治学院	党洁
北京财贸职业学院	程伟
英语导游赛项	
北京财贸职业学院	曲琳娜
北京青年政治学院	彭洪明

附件 3

2015 年北京市高等职业院校技能大赛优秀组织工作者名单

北京工业职业技术学院	刘兰明 薄志毅 邱亚辉
北京电子科技职业学院	安江英 王利明 蒋从根
北京财贸职业学院	王琦 李慧
北京农业职业学院	张满清 王晶
北京信息职业技术学院	徐民鹰 史宝会
北京劳动保障职业学院	冯琦琳 张耀嵩 刘志勇
北京青年政治学院	张晓华 李兰巧 张海丰
北京政法职业学院	王常雪 李佳
北京经济管理职业学院	王若军 张振英
北京北大方正软件职业技术学院	彭晓东 姜丹丹
北京京北职业技术学院	蒋立新 付振东

北京交通运输职业学院 贾东清 田阿丽
北京卫生职业学院 黄惟清 王春芳

附件 4

2015 年北京市高等职业院校技能大赛优秀组织奖名单

北京工业职业技术学院
北京电子科技职业学院
北京财贸职业学院
北京农业职业学院
北京信息职业技术学院
北京劳动保障职业学院
北京青年政治学院
北京政法职业学院
北京经济管理职业学院
北京北大方正软件职业技术学院
北京京北职业技术学院
北京交通运输职业学院
北京卫生职业学院

北京市教育委员会

关于建立北京市中等职业教育质量年度报告制度的通知

京教职成〔2015〕19 号

各区县教委、各有关中等职业院校：

为贯彻《国务院关于加快发展现代职业教育的决定》关于“实

施职业教育质量年度报告制度”的精神，落实教育部《职业院校管理水平提升行动计划（2015～2018年）》关于“建立中职学校质量年度报告制度”的要求，加强我市中等职业学校教学质量监测，全面提高中等职业教育人才培养质量，经研究决定，自2015年起建立北京市中等职业教育质量年度报告制度，面向社会发布北京市中等职业教育质量年度报告，公布中等职业院校人才培养质量状况数据。现就建立北京市中等职业教育质量年度报告制度的有关事宜通知如下：

一、充分认识建立中等职业教育质量年报制度的重要性

建立北京市中等职业教育质量年度报告制度，向社会发布北京市中等职业教育质量年度报告，公布中等职业院校人才培养质量状况数据，是贯彻落实《国务院关于加快发展现代职业教育的决定》精神，深化我市中等职业教育教育教学改革，扩大中等职业教育社会影响力和吸引力的重要举措；是优化中等职业教育发展环境，完善北京市职业教育质量保障体系，全面提高我市职业教育人才培养质量工作的重要内容。

二、中等职业教育质量年报制度的组成与主要内容

北京市中等职业教育质量年度报告制度由中等职业学校人才培养状态数据采集制度、中等职业学校人才培养质量年度报告制度、区县政府职业教育履责情况年度报告制度、北京市中等职业教育质量年度报告发布制度组成。主要内容如下：

（一）北京市中等职业学校人才培养状态数据采集制度。每年11月全市各中等职业学校通过北京市中等职业学校人才培养状态数据采集平台，填报反映学校办学状况和教育教学状况基本数据以及“积分卡”、“资源表”、“服务贡献表”等内容。

（二）北京市中等职业学校人才培养质量年度报告制度。每年12月全市各中等职业学校提交学校人才培养质量年度报告，学校报告包含学校概况、发展特色、办学条件、教育教学、学生发展、校企合作、社会服务、存在问题、改进措施等几方面内容。

（三）区县政府职业教育履责情况年度报告制度。每年 12 月各区县教育行政部门报送区县政府职业教育履责情况报告，包含区县职业教育发展概况、区县政府促进职业教育改革与发展的重要举措、区县政府职业教育财政经费保障情况等方面内容。

（四）北京市中等职业教育质量年度报告发布制度。北京市教委依据北京市中等职业学校人才培养状态数据采集平台采集的数据、各中等职业学校人才培养质量年度报告和区县政府职业教育履责情况年度报告，组织撰写北京市中等职业教育质量年度报告并定期向社会公开发布。

三、中等职业教育质量年报工作有关事项及要求

（一）各中等职业学校应成立由学校主要领导负责的质量报告编制工作小组，安排专人负责数据采集平台数据填报和质量报告撰写。

（二）各区县政府教育行政部门负责区县政府职业教育履责情况年度报告的编制，督促指导所属中等职业学校做好学校人才培养质量年度报告的撰写与报送工作。

（三）北京教科院职成所和职成教研中心分别负责年度质量报告和数据采集平台的业务组织与指导工作，应与各个中等职业学校建立质量报告工作联系人制度，切实做好业务组织与指导服务工作。

（四）学校人才培养质量年度报告和区县政府职业教育履责情况年度报告的具体编制要求和学校人才培养状态数据采集报送要求，我委将根据每年度工作推进情况，委托北京教科院职成所和职成教研中心另行通知。

2015 年 10 月 27 日

北京市教育委员会

关于公布2015年北京市高等职业院校信息化教学大赛获奖名单的通知

京教函〔2015〕530号

各高等职业学院：

为贯彻落实《国家中长期教育改革和发展规划纲要（2010～2020年）》和《教育信息化十年发展规划（2011～2020年）》，推动我市高等职业教育教学改革创新，提高教师教育技术应用能力和信息化教学水平，根据教育部全国职业院校信息化教学大赛要求和我市高等职业教育发展实际，市教委举办了2015年北京市高等职业院校信息化教学大赛。经过专家评选，共评选出一等奖10项，二等奖14项，三等奖21项。现将获奖名单予以公布（见附件）。

附件：2015年北京市高等职业院校信息化教学大赛获奖名单

2015年11月2日

附件

2015年北京市高等职业院校信息化教学大赛获奖名单

类别	参赛单位	参赛内容	姓名
一等奖			
教学设计	北京工业职业技术学院	小院落大窗口—北京四合院导游讲解	范微、宋文光、刘海英
	北京工业职业技术学院	产品推介	孙川、王素雅、赵洁
	北京工业职业技术学院	汽车发动机开锅故障检修	王会、杨梅、高吕和
	北京工业职业技术学院	平均数下的谎言—标准差的性质与应用	李松、宋文光、陈仕萍
	北京信息职业技术学院	ABS系统检修	孙焕新、张永新、李贺田
课堂教学	北京工业职业技术学院	盾构机自动导向测量	桂维振、高绍伟、武胜林
	北京工业职业技术学院	框梁平法图识读	魏平、王博、武炜
	北京工业职业技术学院	无人机摄影测量航线规划	朱爽、崔有祯、曹明兰
	北京电子科技职业学院	坦克机器人大战—类的继承	王婧、常莹、陈海燕
实训教学	北京工业职业技术学院	PLC控制电机启动电路的组装与调试	张明珠、程相波、王先宏
二等奖			
教学设计	北京工业职业技术学院	投诉有理回复有道	舒娅、夏彩霞、李凤

续表 1

类别	参赛单位	参赛内容	姓名
课堂教学	北京信息职业技术学院	分拣方案编制	王青燕、刘篪、阙丽娟
	北京电子科技职业学院	SEO 关键词优化技术	王萍、冯磊、刘静
	北京电子科技职业学院	啤酒加工技术	宋金慧、王宇昕、杨国伟
	北京工业职业技术学院	DSG 变速器的机械传动	侯勇、鲍晓东、郭凯
	北京工业职业技术学院	企业盈亏平衡分析—把控盈亏的利剑	王蓬、刘晓峰、侯瑾
	北京信息职业技术学院	汽车电子节气门系统分析与故障检测	周哲、毛永俊、崔幸
	北京政法职业学院	初起火灾处置	张卢妍
	北京工业职业技术学院	数字钟的奥秘	程一玮、李娜、刘莉宏
	北京财贸职业学院	中国特色社会主义政治	刘瑾、王莉莉、闫菲菲
	北京电子科技职业学院	使用数字签名与 CA 认证实现身份认证	李志刚、王萍、冯磊
	首钢工学院	概率论与数理统计	马明玥、崔宝金
	北京电子科技职业学院	三相负载连接—星形联接	张鑫、郎莹、苏放
实训教学	北京电子科技职业学院	PLC 控制电机启动电路的组装与调试	曲鸣飞、刘增辉、李勇
三等奖			
教学设计	北京电子科技职业学院	气象色谱法测定甲醇含量	李涔、李双石、李晓燕
	北京工业职业技术学院	导游安全事故应急处理	黄希、刘海英、张莉

续表 2

类别	参赛单位	参赛内容	姓名
	北京信息职业技术学院	策划会议产品	杜玉潺、郝海媛、陈天博
	北京信息职业技术学院	Having meals（就餐）	温伟华、钱毅、武蕊
	北京现代职业技术学院	航空港区域定位	薛玉杰
	北京信息职业技术学院	If条件句虚拟语气	刘蓓莉、周悦、周云虹
	北京电子科技职业学院	中央空调控制	李宏、肖莹
	北京电子科技职业学院	设计配送作业流程	严宵蕙、马骏、孙国芳
	北京青年政治学院	感知英国	刘卫红、程云艳、赵欣
	首钢工学院	职场规划（英语）	曹霞
	首钢工学院	茶艺	高欣
课堂教学	北京农业职业学院	无线局域网的实现	宫谦、万春旭、黄平
	北京电子科技职业学院	读组合体视图的方法	黄桂云
	首钢工学院	中小型企业网的组建	林瑜、靳文才、匡红梅
	北京财贸职业学院	电影语言	贾宁
	北京农业职业学院	单向桥式整流电路	尹璐、胡瑶玫、杨学坤
	北京农业职业学院	稿酬所得的个人所得税计算	梁瑞智
	北京经济管理职业学院	铰链四杆机构的认知	李秋芳

续表 3

类别	参赛单位	参赛内容	姓名
	北京政法职业学院	民事上诉状的写作	唐素林、刘巍巍
	北京信息职业技术学院	CJK6136 机床结构分析	刘丹青
实训教学	首钢工学院	PLC 控制电机启动电路的组装与调试	李浩、吴建龙

北京市教育委员会

关于公布 2015 年北京市中等职业学校技术技能比赛获奖人员和单位的通知

京教函〔2015〕615 号

各区教委，各中等职业学校：

由市教委、市教科院、市职教学会举办的 2015 年北京市中等职业学校技术技能比赛，共设 12 个专业大类的 69 个赛项，共有 50 余所职业院校万余名学生参加校级比赛，1740 名学生参加市级比赛。经组委会审定，现将市级比赛获奖人员和单位名单予以公布。

各区教委、各中等职业学校要认真贯彻落实《北京市人民政府关于加快发展现代职业教育的实施意见》（京政发〔2015〕57 号）精神，加大对高技能人才的宣传表彰力度，营造“人人皆可成才，人人尽展其才”的良好社会氛围。以大赛为引领，改变传统的评价方式，强化学生专业实践能力，培养社会需要的技术技能型人才。

附件：1. 2015 年北京市中等职业学校学生技术技能比赛获奖人员名单（略）
2. 2015 年北京市中等职业学校教师技术技能比赛获奖人员名单
3. 2015 年北京市中等职业学校技术技能比赛优秀工作者名单
4. 2015 年北京市中等职业学校技术技能比赛特殊贡献奖名单
5. 2015 年北京市中等职业学校技术技能比赛优秀组织奖名单

2015 年 12 月 14 日

附件 2

2015 年北京市中等职业学校
教师技术技能比赛获奖人员名单

一等奖

姓名	所在单位	赛项名称
王瑾	北京市丰台区职业教育中心学校	会计信息化处理
井建华	北京市商业学校	会计信息化处理
张丽娟	北京商贸学校	会计信息化处理

二等奖

姓名	所在单位	赛项名称
陈天悦	北京现代职业学校	会计信息化处理

续表 1

姓名	所在单位	赛项名称
韩静	北京国际职业教育学校	会计信息化处理
叶慧	北京市黄庄职业高中	会计信息化处理
王悦	北京商贸学校	会计信息化处理
赵静	北京现代职业学校	会计信息化处理
王利平	北京市信息管理学校	会计信息化处理

三等奖

姓名	所在单位	赛项名称
焦志菲	北京市昌平职业学校	会计信息化处理
罗燕	北京市经济管理学校	会计信息化处理
吴丽勇	北京市求实职业学校	会计信息化处理
陈丽丽	北京房山职业学校	会计信息化处理
包琳	北京市商业学校	会计信息化处理
左振龙	北京市供销学校	会计信息化处理
田春丽	北京市商业学校	会计信息化处理
刘参	北京市信息管理学校	会计信息化处理

附件 3

2015 年北京市中等职业学校技术技能比赛优秀工作者名单

张培艳　北京市园林学校
邢进　北京城市建设学校
马春英　北京铁路电气化学校
林宏裔　北京铁路电气化学校

张海红 北京金隅科技学校
王建民 北京市电气工程学校
路远 北京市实美职业学校
缑庆伟 北京交通运输职业学院
蒲斯楠 北京市信息管理学校
吴琼 北京市丰台区职业教育中心学校
徐少阳 北京商贸学校
杨秀茹 北京市商务科技学校
丛秀云 北京市商业学校
高永荣 北京市外事学校
向军 北京市劲松职业高中
刘宝明 北京电子科技职业学院
李巍 北京国际职业教育学校
张凤英 北京市财会学校
李翔 中央音乐学院附属中等音乐学校
南秀渊 中国音乐学院附属中等音乐专科学校
戴璐 中国戏曲学院附属中等戏曲学校
刘琛 北京舞蹈学院附属中等舞蹈学校
田石杰 北京戏曲艺术职业学院
牛德孝 北京市实美职业学校
高婕 北京市实验职业学校
张丽威 首都铁路卫生学校
习宁 北京市求实职业学校
禹志斌 北京市教育科学研究院

附件 4

2015 年北京市中等职业学校技术技能比赛特殊贡献奖名单

北京市园林学校
北京城市建设学校
北京铁路电气化学校
北京电子科技职业学院
北京金隅科技学校
北京市电气工程学校
北京信息职业技术学院
北京交通运输职业学院
北京市信息管理学校
北京市丰台区职业教育中心学

校
北京商贸学校
北京市商务科技学校
北京市商业学校
北京市外事学校
北京市劲松职业高中
北京国际职业教育学校
北京市财会学校
中央音乐学院附属中等音乐学校
中国戏曲学院附属中等戏曲学校
中国音乐学院附属中等音乐专科学校
北京舞蹈学院附属中等舞蹈学校
北京戏曲艺术职业学院
北京市实美职业学校
首都铁路卫生学校
北京市实验职业学校
北京求实职业学校
北京市花木公司
浙江天煌科技实业有限公司
成都成量工具集团有限公司
湖南高铁时代数字化科技有限公司
北京市中经合机电设备有限公司
北京意中意教育装备有限公司
中盈创信（北京）科技有限公司
北京新大陆时代教育科技有限公司
北京络捷斯特科技发展股份有限公司
畅捷通信息技术股份有限公司
梅地亚中心
李锦记（中国）销售有限公司
北京晨晓阳科技发展有限公司
高等教育出版社
北京锦诚兴业商贸有限公司
深圳医博士科技有限公司
北京华辰美缔医疗科技发展有限公司
北京金象大药房医药连锁有限责任公司
浙江天煌科技实业有限公司
湖南高铁时代数字化科技有限公司
北京市辉恒宇科技开发有限公司

附件 5

2015 年北京市中等职业学校技术技能比赛优秀组织奖名单

中国音乐学院附属中等音乐专科学校
北京舞蹈学院附属中等舞蹈学校
北京市外事学校
北京市实验职业学校
北京市商业学校
北京市求实职业学校
北京市劲松职业高中
北京市怀柔区职业学校
北京市国际艺术学校
北京市丰台区职业教育中心学校
北京市电气工程学校
北京市昌平职业学校
北京市昌平卫生学校
北京国际职业教育学校
北京市供销学校
密云县职业学校

北京市教育委员会

关于开展胡格教育模式改革试验的通知

京教函〔2015〕620 号

各区教委，有关职业院校，北京教育科学研究院：

为适应工业 4.0 和“中国制造 2025”对人才培养的战略需求，落实中德两国总理 2014 年签署的《中德合作行动纲要》，按照北京市教委与德国巴登符腾堡州教育部签署的《职业教育合作备忘录》

有关要求，选择部分职业院校开展胡格教育模式改革试验（以下简称“胡格项目”）。现将有关事项通知如下：

一、指导思想

坚持以职业教育规律为基础，探索将人文素养、科学素养、职业素养与职业技能培养高度融合的新型职业教育模式；根据首都经济社会发展、产业转型升级及学生可持续发展需要，调整人才培养目标、课程体系、课程标准、教学进度、教学方法，开展学生综合职业能力评价，全面加强校企合作，培养独立、负责任、能够在团队条件下高效率解决问题的高端技术技能人才。

二、试验范围

胡格项目以汽修专业为首批试点专业，在北京电子科技职业学院、北京工业职业技术学院、北京交通运输职业学院、北京昌平职业学校、北京丰台职业教育中心学校、北京工业技师学院、北京汽车高级技工学校等七所院校开展改革试验。今后依据改革试验具体情况，可适当扩大试验范围。

三、培养方案

自 2015 年起，胡格项目各试验院校在汽修专业招收初、高中毕业生，学制 3 年，按照胡格项目的有关要求培养汽修专业技能人才。原则上前两年在试验院校接受胡格模式汽修专业课程教育；第三年到企业接受企业实践教育，并选拔优秀学生到德国进行为期半年的实习。

四、组织实施

（一）加强组织领导

市教委成立“胡格教育模式改革试验”工作领导小组，指导相关学校做好改革试验的各项工作，协调解决胡格项目推进过程中的重大问题。领导小组下设工作办公室，统筹协调开展胡格项目的具体组织实施工作。市教委每年给予试验院校一定的经费支持。

（二）精心组织实施

试验院校是胡格项目的责任主体，各院校要成立改革试验工作领导小组，科学制定实施方案与工作计划，明确任务分工，精心组织实施，扎实推进各项工作。一是各院校领导班子要从思想上加强对此项改革的全新认识，把胡格项目纳入学校的重点工作；二是各院校的教务处、人事处、学生处、财务处等部门要通力合作、协调配合，从各方面给予大力支持；三是负责基础课和专业课的各类教师要结合胡格教育模式的特点，加强课程方案设计和教学方法改革的研究；四是各院校在实施过程中遇重大问题，要及时上报市教委。

（三）注重考试测评

在胡格项目的实施过程中，要重视语文、英语等基础文化课的教学，要注重对学生的专业能力和非专业能力的综合考评。每学期末由试验院校和德国企业共同组成考评组，统一开展学生综合职业能力考评。在第三学年对学生综合职业能力进行全面考评。

（四）开展过程跟踪

各院校要加强对胡格项目实施过程的跟踪研究和质量监测，及时掌握本校胡格项目的实施情况，充分了解在实施过程中遇到的困难与问题。北京教科院职成所要积极参与人才培养方案的整体设计，研究制定学生和教师综合职业能力评价方案，并组织开展评价工作。

2015 年 12 月 16 日

北京市教育委员会

关于开展2016年“3+2”中高职衔接办学改革试验项目申报工作的通知

京教函〔2015〕640号

各区教委，各中高等职业院校：

为贯彻落实《北京市人民政府关于加快发展现代化职业教育的实施意见》（京政发〔2015〕57号）精神，拓宽职业人才发展通道，提升技术技能型人才培养规格，适应首都城市功能定位和京津冀协同发展战略需要，市教委2016年将继续深入开展“3+2”中高职衔接办学改革试验，现就改革试验有关工作通知如下：

一、基本原则

在京津冀职业教育协同发展的宏观背景下，在遵循“转型升级、系统设计、凝练特色”的原则下积极开展试验项目申报：

（一）转型升级。聚焦重点领域，紧扣首都产业转型升级、城市建设与管理、生活服务业品质提升和京津冀协同发展对技术技能型人才的市场需求。

（二）系统设计。在汲取“3+2”中高职衔接办学经验的基础上，充分研究各学段的内在联系，重构课程结构，实现衔接创新，制定一体化人才培养方案。

（三）凝练特色。深入开展校企合作，在强化职业教育特色的基础上，实现新业态、新技术和特色产业人才培养，努力打造具有首都特色的“3+2”中高职衔接品牌专业。

二、申报范围

省部级以上重点中等职业学校可联合独立设置高职学院申报1至2个试验专业。

三、工作要求

（一）合作院校围绕京津冀协同发展、互联网+、中国制造2025、一带一路等国家战略，充分调研人才市场需求。已开设的试点专业着力做好优化、升级和创新；新增专业鼓励结合自身办学基础和特色，有针对性的增设适应新业态、新模式、新技术、新市场等职业能力要求较高的专业。

（二）合作院校发挥各自优势，在文化基础、技能训练和综合素质培养上需整体设计、分工合作。课程体系框架按照综合素质和职业能力递进的规律研究制定，公共基础课程开齐开好，学时不少于总学时的1/3，专业核心课与基础课衔接顺畅，课程学时及学期分配合理，能够满足高层次技术技能型人才培养的需要。

（三）合作院校与行业企业密切合作，开展试验项目协调与组织工作，形成定期沟通交流机制。借助企业的技术力量和丰富的信息资源，深入开展师资互换授课、共同教研、课程资源、实训基地等“共建、共用、共享”合作育人，使人才培养更贴近企业、贴近市场需求，形成自身办学特色。

四、申报材料

拟申报2016年试验项目的院校，须填写《“3+2”中高职衔接办学改革试验项目申报书》（附件，略），并制定一体化人才培养方案。

五、其他事项

（一）申报书和一体化人才培养方案等书面材料（一式2份）须加盖中职学校和相衔接高职学院的单位公章，由中职学校负责报送至市教委职成处。

申报截至时间：2016年1月18日前，逾期不再受理。

（二）联系人（略）

（三）市教委将组织专家对2016年申报的改革试验项目进行论证，并公布具有2016年招生资格的新增改革试验项目名单。

本通知电子版可到北京职成教网（http：//bjzj.bjedu.cn/）通知公告栏中下载。

附件："3+2"中高职衔接办学改革试验项目申报书（略）

2015年12月28日

学习型城市建设

北京市教育委员会文件选编

（2015）

北京市建设学习型城市工作领导小组

关于公布第六批首都市民学习之星名单的决定

京学习〔2015〕1号

各区县人民政府，市建设学习型城市工作领导小组各成员单位，各高等院校、中等专业学校：

在个人自荐、社会举荐、部门推荐的基础上，经专家组评审、征求意见、社会公示，市建设学习型城市工作领导小组认定陈丽红等100人为第六批首都市民学习之星，现予以公布。

第六批荣誉获得者要发扬成绩、珍惜荣誉、践行终身学习理念，争做学习型城市建设的表率和榜样。各区县、各单位要加大典型宣传力度，以大众创业、万众创新为契机，汇聚学习资源，搭建交流学习平台，促进全民人人学习、时进学习、处处学习，进一步推进学习型示范区县、学习型单位建设，推动学习型城市建设工作的深入、持续和健康发展。

附件：第六批首都市民学习之星名单

2015年11月4日

附件

第六批“首都市民学习之星”名单

（100人，排名不分先后）

市委市直机关工委：5人

陈丽红（女） 中共北京市委党史研究室

闵绍辉 市安全生产监督管理局

冯艳（女） 市统计局

杨威 市房地产科学技术研究所

李世君 市地质矿产勘察开发局

市委社工委、市社会办：4人

程琳（女） 北京民办教育协会

王杨（女） 丰台区乐助社会工作事务所

薛依群 市委社会工委、市社会办

杨沛龙 市委社会工委、市社会办

市国资委：18人

赵大坪 北京铁路局

张文新 国网北京市电力公司

张志强 国网北京市电力公司朝阳供电公司

刘文军 国网北京市电力公司密云供电公司

王宏斌 北京市轨道交通建设管理有限公司

赖海江 北京燃气集团高压管网分公司运行三所

欧阳昱（女） 北京北控智慧城市科技发展有限公司

赵耕 北京现代汽车有限公司

张艳青 北京汽车集团有限公司

张莉莉（女） 北京建工六建集团

李京兵 北京市地铁运营有限公司运营二分公司

丁建 北京市地铁运营有限公司运营二分公司
刘铭涛 北京市地铁运营有限公司运营四分公司
祁登宇 北京市地铁运营有限公司线路分公司
郭德剑 北京市地铁车辆装备有限公司
谷亚军 北京市房山粮油贸易总公司窦店分库
张京（女） 北京市首都公路发展集团有限公司京开高速公路管理分公司
黄相锋 中国建筑土木建设有限公司

市农委：1人

陈立平（女） 北京农业智能装备技术研究中心（国家农业智能装备工程技术研究中心）

市民政局：5人

刘伟丽（女） 首都科研院所企业文化建设协会
梁景明 北京市检察官协会
周与诚 北京城建科技促进会
张潞晶（女） 北京市通信行业协会
许薇（女） 北京市民政综合执法监察大队

市财政局：1人

刘刚 北京市财政局

市文化局：1人

王洪玲（女） 北京市河北梆子剧团

市政府研究室：1人

张凯竣 北京市政府研究室

市城建集团：1人

张民光 北京市园林古建工程公司

市妇联：2人

于德祥 西城区白纸坊街道
陈永林 顺义区胜利街道

东城区：5人

闪世昌 东城区东花市街道

杨新立 北京轻联富润饭店管理有限公司

张迟 北京瀚初书画院

杨志琴（女） 东城区崇文第三幼儿园

符北新（女） 东直门街道新中西里社区

西城区：6人

王树仁 西城区社区教育协会

郭昊（女） 西城区悦群社会工作事务所

谢景懿（女） 西城区牛街街道办事处

许泽玮 先智创科（北京）科技有限公司

刘哲 北京市西城区环境卫生服务中心

王霞（女） 西城区月坛街道办事处

朝阳区：6人

申春秀（女） 北京市第八十中学管庄分校

贾建军 北京市电气工程学校

陈春红（女） 朝阳区十八里店小学

芦德芹（女） 朝阳区劲松第一幼儿园

刘黎（女） 北京市朝阳区人民法院

崇静（女） 北京市电气工程学校

海淀区：4人

罗明雄 北京京北金融信息服务有限公司

陆凡 触景无限科技（北京）有限公司

马兆远 北京志光伯元科技有限公司

武星宇 北京易思宜学教育科技有限公司

丰台区：4人

温大吉 北京市城市照明管理中心

高淑芹（女） 丰台区西罗园街道

郑福来 丰台区宛平地区街道

金声 丰台区东高地街道

石景山区：3 人

夏显东　石景山区环保局

边志伟　石景山区人民检察院

郭红磊　石景山区垃圾综合处理厂

门头沟：2 人

安全山　门头沟区京西古道文化创意工作室

杜晓　门头沟区文化馆

房山区：2 人

相薇（女）　房山区农业环境和生产监测站

史淑英（女）　房山区拱辰街道北关东路社区

顺义区：4 人

孔凡艳（女）　顺义区教育研究考试中心

于飞　国网北京市电力公司顺义供电公司

林金开　北京顺鑫农业股份有限公司

张亚利（女）　北京龙湾巧嫂果品产销专业合作社

通州区：2 人

王文敏　通州区西集镇王庄村委会

聂凤霞（女）　通州区教师研修中心实验学校

昌平区：2 人

赵立新　昌平区十三陵镇康陵村

冯莉荣（女）　昌平新世纪商城

大兴区：2 人

王铁　北京三元食品股份有限公司工业园

甄何平　北京星光影视设备科技股份有限公司

平谷区：2 人

赵海生　平谷区熊儿寨乡东沟村

罗文兴　北京聚缘果品产销专业合作社

怀柔区：2 人

马青山　怀柔区琉璃庙镇

席桂清（女） 怀柔区雁栖镇长元村

密云县：2 人

刘向军 密云县鼓楼街道花园社区

张晓慧（女） 密云县溪翁庄镇石马峪村

延庆县：2 人

孙淑娟（女） 延庆县儒林街道温泉馨苑社区

张学余 延庆县井庄镇北地村

燕山地区：2 人

张爱平 北京师范大学燕化附属中学

林艳红（女） 北京市燕山地区国家税务局

院校：9 人

许渊冲 北京大学

努尔曼古丽·阿卜杜克热木（女） 北京师范大学

张万松 中国石油大学（北京）

韩强 北京联合大学

宋秋云（女） 北京财贸职业学院

常谦 中国医学科学院阜外心血管病医院

朱正 北京第二外国语学院

陈明莉（女） 北京农业职业学院

何健勇 北京市商业学校

北京市建设学习型城市工作领导小组

关于认定门头沟区为北京市建设学习型城市工作示范区的通知

京学习〔2015〕2号

门头沟区人民政府：

为深入贯彻落实党的十八大和十八届三中、四中、五中全会精神，落实国务院《关于加快发展现代职业教育的决定》、教育部等七部门《关于进一步推进学习型城市建设的决定》（教职成〔2014〕10号文件）及市委、市政府《关于大力推进首都学习型城市建设的决定》（京发〔2007〕7号）的有关要求，在门头沟区自评的基础上，市建设学习型城市工作领导小组办公室组织专家于2015年12月10日至11日对门头沟区建设学习型城市示范区工作进行了全面评估。经专家组审议，市建设学习型城市工作领导小组认定门头沟区为“北京市建设学习型城市工作示范区”。

希望门头沟区认真总结创建工作经验，紧紧围绕中心工作，以建设学习型城市示范区为契机，积极探索建设学习型城市示范区工作的新途径、新模式，进一步加强学习型社会理论的学习研究，大力推进各类学习型组织创建工作，构建终身教育和终身学习服务体系，创新学习手段和学习制度，广泛开展市民学习活动，不断深化门头沟建设学习型城市示范区工作，为推进北京学习型城市建设做出新的贡献。

附件：关于对门头沟区建设学习型城市工作示范区评估的回复意见

2015 年 12 月 16 日

附件

关于对门头沟区建设学习型城市工作示范区评估的回复意见

门头沟区人民政府：

为深入贯彻落实教育部等七部门《关于推进学习型城市建设的意见》（教职成〔2014〕10 号文件）及市委、市政府《关于大力推进首都学习型城市建设的决定》（京发〔2007〕7 号文件）的有关要求，根据北京市建设学习型城市工作领导小组办公室《关于开展北京市建设学习型城市工作示范区县评估的通知》（京学习办〔2011〕5 号文件）精神，在你区申报的基础上，市建设学习型城市工作领导小组办公室组织专家于 2015 年 12 月 10 日至 11 日对你区建设学习型城市工作示范区情况进行了检查评估，现将评估意见回复如下：

一、建设学习型城市工作示范区的主要成绩与特色

门头沟区自 2009 年被评为北京市建设学习型城区先进区以来，深入贯彻党的十八大以及十八届三中、四中、五中全会精神，牢固确立学习型城区建设工作的基础性、战略性和全局性地位，不断深化改革，创新体制和机制，强化体系建设，持续、全面、扎实、深入地推进了学习型城区建设的各项工作，探索了一条符合门头沟区发展实际、特色鲜明、富有成效的学习型城市建设道路。在全市产生了一定的影响，发挥了较好的示范和引领作用。

（一）认识到位，高度重视创建工作

门头沟区委、区政府高度重视创建工作，创建思路明确。区委书记亲自动员，亲自部署，把建设学习型城区工作作为贯彻落实“四个全面”的有效载体，作为推动区域经济转型发展的重要保障，作为提高城市管理水平和治理能力的必然选择。区委、区政府始终以完善终身教育体系和终身学习服务体系为基础，以学习型组织创建和市民学习服务圈建设为支撑，以促进人的全面发展、组织变革和区域创新为核心，使学习型城区建设成为推动区域经济、社会发展的持续动力。

（二）健全创建工作机制，注重系统化顶层设计

一是把学习型城市建设工作纳入区经济和社会发展规划以及教育及人才队伍建设等专项规划。二是建立了科学的领导管理体系和协调联动的推进机制；区委、区政府成立了学习型城区建设领导小组，办公室设在区教委。区委宣传部、组织部和区教委以及相关部门在领导小组中较好发挥了各自的重要作用。各部、委、办、局和街镇一把手负总责，明确一名领导班子成员为分管负责人，确定相应的科室为职能科室，并把创建学习型城区工作作为关键任务，纳入重要的议事日程。三是把学习型城区建设工作纳入到人大、政协的督查、检查项目，从而使全区形成了合力建设、共同推进的工作格局。四是区委、区政府各级领导率先垂范，完善学习制度，突出引领作用，强调学习与创新相结合，将各单位的学习与创新成果纳入区政府年终考评的重要内容。五是实施干部素质提升工程、新市民素质提升工程、文化引领工程、组织管理创新工程、社会治理创新工程及新型职业农民塑造工程等六大工程，以工程为载体，初步做到创建工作有计划、有组织、有实施、有检查、有奖励，全面推进学习型城区建设不断深入发展。

（三）不断完善终身教育体系与终身学习服务体系，打造学习型城区建设新高地

通过整体设计，立体化推进，分段实施，纵横贯通，跨越学

段、学科、学校、教师、资源边界，建立一体化的教育改革发展模式。大力推进基础教育均衡化和高中教育特色化。积极推进职业教育和成人教育普及化，推进职业教育与社区教育、农村教育一体化发展，实现职普融通；率先在全市建立了具有独立建制和法人地位的门头沟社区学院，积极发挥社区学院和市民文明总校在学习型城区建设中的龙头地位和辐射作用。进一步完善了社区教育和农村成人教育办学网络；为本区居民提供了人人、时时、处处学习的环境、机会和条件。

（四）“以文化人”，创新学习型城区建设的发展路径

在充分发挥教育的社会功能的同时，也积极探索了发挥文化的育人功能。以“着力营造一流的人文环境；着力提升公共文化服务水平；着力保护和开发特色历史文化资源；着力展示独具魅力的门头沟地区形象；着力打造知名文化品牌；通过环境文化、活动文化、学习文化等公共文化的培育，加强区域公共文化服务体系建设和提升人的素质；通过古村落古道文化集聚区等文化产业的培育，提升区域文化影响力和提升人的素质。从而初步形成了“以文化人，全面提升新市民素质”的门头沟特色的文化体系，努力满足人民群众日益增长的精神文化需求。

（五）“以学治理”，促进学习型组织建设和社会治理创新

在学习型城区建设工程中，将学习型城区建设与创新区域社会治理方式相结合，通过持续不断地创建学习型组织，培育组织成员参与组织管理，激发组织创新活力；结合基层党建工作体系和社区网格化管理机制，发挥广大市民参与社会公共事务管理的自觉性和智慧，促进社会治理方式创新，初步营造了“全民学习、机制创新、多元参与、协商共治”的区域治理环境。特别是将学习型城区建设与城市治理方式创新结合，将区域性学习型组织建设与区域治理方式创新结合，是对北京学习型城市建设和首都社会治理方式的一大创新。逐步探索了从单纯依法治理向以德治理及以学治理等综合治理方式转变。

（六）建立社会化大培训体系，夯实学习型城区的基础

建立社会化大培训体系，是门头沟创建学习型城区的重要特色。一是把构建党建大培训体系，实施干部素质提升工程，作为推进学习型城市建设的首要任务。实施教育培训资源的整合与统管，以党建培训为龙头，实施各类培训有序、有效、全覆盖。二是实施全面的市民教育体系，形成了包括家庭学习、市民学校学习、社区文化活动、终身学习服务基地体验、网络学习五位一体的服务体系，初步构建了城区 15 分钟多元学习服务圈。三是打造“绿色惠农学堂”，实施新型职业农民塑造工程，培育新型职业农民，建设农业、科技、教育及技术推广相结合的综合服务体系。通过社会化大培训体系的建设，促进了教育社会化和社会教育化。

二、希望与建议

（一）进一步加强对学习型城区建设的意义和思路的认识和普及

在区委、区政府的领导下，门头沟区的学习型城区建设取得了显著成绩，适应“十三五”新的形势，应进一步理清思路，科学谋划，长远发展。进一步发挥区教委（学习型城区建设领导小组办公室）的统筹协调和整体设计功能，深入研究、不断丰富“以文化人”“以学治理”的特色创建模式的内涵与实践。特别是在实现门头沟“十三五”发展目标，破解发展难题，厚植发展优势的同时，继续加大学习、创新的力度，让学习型城市建设理念及其创新实践能够更加普及，不断拓展，巩固和深化已有的创建成果。使学习始终贯穿于区域创新发展、协调发展、绿色发展、开放发展和共享发展的全过程，不断推进学习型城区建设进程。

（二）进一步完善终身教育体系和终身学习服务体系，加快推进各类教育整体改革和创新

要将学习型城区建设与加快推进门头沟教育现代化紧密结合起来，将终身学习的思想贯穿到各类教育的各个层次和各个领域。在加大硬件建设的基础上，进一步优化课程体系，积极推进人才培养

模式改革，促进学生全面而有个性的发展，努力提高学生的终身学习能力和可持续发展能力。要坚持职业教育与成人教育一体化发展，进一步加强街道（乡镇）和居村两级办学网络建设。进一步探索远郊区职业教育发展新路，加强职业教育的投入，注重发挥职业学校在建设学习型城区中的重要作用；加快形成适应区域经济社会发展需求，学校教育与社区教育融合，中高职衔接，普职成沟通的现代教育体系。

在加快区域城乡信息化建设的同时，依托远程教育网络，积极发展各类数字化远程教育。进一步完善区综合性学习网站，加快完善涵盖基础教育、职业教育、高等教育和成人继续教育等各类学习资源的市民终身学习数字化网络学习平台。加强课程资源建设，创新学习管理方式，为市民提供多种多样的个性化学习服务，丰富市民的终身学习环境。

（三）进一步推动各类学习型组织创建工作向纵深发展

要进一步加强对学习型组织理论的研究和知识的普及，不断总结创建经验，深入探索，推进学习型组织创建工作向更高的阶段迈进。要注意总结推广学习型社区、学习型企、事业单位的创建经验，进一步加强学习型机关和学习型学校建设。以解决各类组织发展中的实际问题为核心，加大团队学习和组织学习的力度，鼓励知识积累和技术创新，不断提高组织内部的创新活力。要提倡知识共享，推广知识管理，努力促进组织变革，不断提升各类组织的核心竞争力，推动各类组织创新发展，进而不断推动区域的可持续发展。

经研究，同意认定门头沟区为北京市建设学习型城市工作示范区。

北京市建设学习型城市工作领导小组

关于认定平谷区为北京市创建学习型城市工作先进区的通知

京学习〔2015〕3号

平谷区人民政府：

为深入贯彻落实党的十八大和十八届三中、四中、五中全会精神，落实国务院《关于加快发展现代职业教育的决定》（国发〔2014〕19号)、教育部等七部门《关于推进学习型城市建设意见》(教职成〔2014〕10号）及市委、市政府《关于大力推进首都学习型城市建设的决定》（京发〔2007〕7号）的有关要求，在平谷区自评的基础上，市建设学习型城市工作领导小组办公室组织专家于2015年12月24日至25日对平谷区创建学习型城市先进区工作进行了全面评估。经专家组审议，市建设学习城市建设工作领导小组认定平谷区为“北京市创建学习型城市工作先进区”。

希望平谷区认真总结创建工作经验，紧紧围绕建设“首都生态强区”的奋斗目标及“学习创新发展筑‘幸福平谷’家园”的共同愿景，把建设学习型城区工作作为贯彻落实“四个全面”的有效载体，作为推动区域经济转型发展的重要保障，作为提高城市管理水平和治理能力的必然选择，积极探索创建学习型城市先进区工作的新途径、新模式，进一步加强学习型社会理论的学习研究，大力推进各类学习型组织创建工作，构建终身教育和终身学习服务体系，创新学习手段和学习制度，广泛开展市民学习活动，不断深化平谷区建设学习型城市先进区工作，为推进首都学习型城市建设做出新的贡献。

附件：关于对平谷区创建学习型城市工作先进区评估的回复意见

2015 年 12 月 29 日

附件

关于对平谷区创建学习型城市工作先进区评估的回复意见

平谷区人民政府：

为深入贯彻落实党的十八大和十八届三中、四中、五中全会精神，进一步落实教育部等七部委《关于推进学习型城市建设的意见》（教职成〔2014〕10 号）及市委、市政府《关于大力推进首都学习型城市建设的决定》（京发〔2007〕7 号）的有关要求，根据市建设学习型城市工作领导小组办公室（以下简称“市学习办”）《关于在全市开展“发展社区教育促进学习型社区建设先进区县”评估工作的通知》精神，在你单位申报、专家组视导的基础上，市学习办组织专家于 2015 年 12 月 24 日至 25 日对你单位进行了全面评估，现将评估意见回复如下：

一、建设学习型城市工作先进区的主要经验与特色

近几年来，平谷区委、区政府紧紧围绕“首都生态涵养区”的区域发展定位，提出了区域发展的共同愿景，不断完善了创建工作组织领导机构，基本形成创建工作机制；构建了终身教育和终身学习服务体系框架，稳步推进各类学习型组织创建活动，使学习和创新成为平谷区发展的基础动力，形成了区域经济和社会发展的良好态势。专家组通过认真合议，认为平谷区的创建工作取得成效，集中体现在以下四个方面：

（一）加强学习，提高认识，形成区域发展愿景

平谷区委、区政府各级领导能够认真学习党中央、国务院及市委、市政府有关文件精神，将创建学习型平谷、构建终身教育体系工作纳入了平谷区国民经济和社会发展规划，明确提出“以社区为依托，建立多样化的继续教育体系，加快推进学习型平谷建设”。区委、区政府把推进学习型平谷建设作为增强区域综合竞争力的必然选择，作为建设生态涵养发展区、统筹城乡发展、建设社会主义新农村的必然要求，作为提高广大市民素质，促进人的全面发展的现实需要；凝练出“学习、创新、发展，筑‘幸福评估’家园”的区域发展共同愿景。突出“生态绿谷”的发展特色，提出了建设“首都生态强区”的奋斗目标，逐步凝聚了全区的共识，为区域经济社会持续、快速、健康、协调发展，奠定了基础。

（二）加强领导，初步完善管理体制和运行机制

为加强创建学习型城区的领导，早在2006年平谷区就出台了《关于进一步推进学习型平谷建设的决定》，成立了以区委书记任组长，区长、副区长为副组长，区教委等66个部门领导为成员的创建学习型平谷领导小组，办公室设在区教委。明确了成员单位的职责分工。区委、区政府相关部门分别牵头学习型组织创建，逐步建立和完善了各类学习型组织创建的推进机制。每年召开各单位主管领导参加的学习型组织建设工作大会，总结工作，部署任务。各乡镇、街道也按照有关文件精神成立了以乡镇（街道）“一把手”任组长的学习型乡镇（街道）建设领导小组，并广泛开展宣传活动，积极营造学习型城区建设氛围，保障了创建学习型平谷工作的有效开展。

（三）服务民生，努力完善终身教育体系与终身学习服务体系

平谷区全面贯彻党的教育方针，坚持教育优先发展战略，立足

区情，夯实基础，优化结构，调整布局，提升内涵，基本实现了各级各类教育的全面、协调发展。特别是充分发挥成人教育在提高居民素质，助力新农村建设中的突出作用，以实施知识农民培养工程、乡村旅游培训工程、乡村农民信息技术培训工程等成人教育七项培训工程为重点，大力开展了各级各类培训。逐步建设了区、街道（乡镇）、社区（村）三级成人继续教育网络，加强了校舍建设和设施设备投入。不断完善图书馆、文物馆、档案馆、青少年活动中心等文化教育资源建设。举办“全民终身学习活动周”，创新学习载体。农村成人继续教育在突出服务新农村建设，助力新农民培养，促进区域产业转型与农民增收方面发挥了重要作用。

（四）以点带面，推进各类学习型组织建设

平谷区学习型组织建设在全市起步较早。早在2003年，就有一批企业、街道、乡镇被评为北京市创建学习型组织先进单位。全区成立了“学习型组织创建指导组”，制定下发了系列文件，依照“申报、自评、指导、提高、评估”五个程序开展学习型组织创建工作，培育了一批学习型企业、学习型乡镇、学习型机关、学习型新村、学习型学校等具有典型示范作用的学习型组织。开展了学习品牌和学习之星创建工作。为发挥典型带动作用，多次召开观摩会、现场会或表彰会，交流推广创建学习型组织先进单位的典型经验，扩大创建工作的影响力和参与面，推动创建工作不断向纵深发展。

二、希望和建议

（一）进一步转变观念、提高认识，把创建学习型城区作为区域经济社会发展的新引擎

要加大创建学习型城区的宣传普及力度。把深入创建学习型城区工作作为贯彻落实党中央“四个全面”战略部署的有效载体，作为未来平谷区创新发展、协调发展、绿色发展、开放发展和共享发展的重要基础。把全区各项重点工作与创建工作紧密结合，突出学习的先导作用，推动五项建设不断创新。要抓住落实习近平总书记

视察北京时的重要讲话和《京津冀协同发展规划纲要》的战略契机，充分研究区域特点，发挥后发优势，把创建学习型城区作为转变区域发展模式、打造生态强区的重要途径。将学习型城区建设与社会治理创新和推进社会治理体系现代化相结合，不断推动区域各个领域创新发展。

（二）进一步完善终身教育体系和终身学习服务体系

要进一步加快平谷区教育现代化步伐。一是在硬件建设的基础上，积极探索人才培养模式改革，突出创新精神和实践能力的培养，促进学生全面而有个性的发展；要将终身学习的思想贯穿到各类教育的各个层次和各个领域，使各类学校教育都能更好地满足学习者对终身学习和未来发展的需求。二是要坚持职业教育与成人教育一体化发展模式，注重发挥职业院校在建设学习型城区中的重要作用，加强职业教育和成人教育资源的整合，拓展服务功能；进一步加强乡镇和村两级办学网络建设。三是在加快城乡信息化建设的同时，依托远程教育网络，积极发展各类数字化远程教育，进一步完善区综合性学习网站，加强各类数字化课程的开发和学习资源建设，创新学习管理方式，为市民提供多种多样、个性化的学习服务，丰富市民的终身学习环境。加快形成适应区域经济社会发展，产学研合作，校企融合，中高职衔接，普职成沟通，各种学习方式相结合，适应市民可持续发展的现代终身教育体系和终身学习服务体系。

（三）进一步推动各类学习型组织创建工作向纵深发展

要进一步加强对学习型组织理论的研究和知识的普及。注意总结、推广学习型机关、学习型学校、学习型企、事业单位的创建经验，不断推进学习型街道（乡镇）、学习型社区和学习型新村建设。以解决各类组织发展中的实际问题为导向，加大团队学习和组织学习的力度，推进学习型组织创建工作不断向更高的阶段迈进，不断推动各类组织创新发展，进而不断推动区域的可持续发展。

（四）进一步加强学习型城区建设的统筹管理，完善运行机制要进一步发挥区教委（学习型城区建设领导小组办公室）在建设学习型城区中的统筹协调和综合管理职能，加强系统设计和整体谋划。同时，也要加强区委、区政府各部门的齐抓共管。要进一步完善学习型城区指导、服务机构，加强学习管理与创建指导队伍建设。加强各类学习资源的统筹，进一步加强创建工作和促进学习的各项制度建设。进一步完善各类学习型组织创建的推进机制，努力提升创建工作质量和水平，确保学习型平谷建设在“十三五”期间持续、健康、不断地向前发展。

综上，认定平谷区为北京市建设学习型城市工作先进区。

民办教育

北京市教育委员会文件选编

(2015)

北京市教育委员会

关于做好2015～2016学年民办高校招生简章和广告备案工作的通知

京教民〔2015〕1号

各民办普通高校、独立学院、民办非学历高等教育机构：

为进一步加强本市民办高校管理，规范招生宣传工作，促进民办高等教育健康发展，根据《中华人民共和国民办教育促进法》、《民办高等学校办学管理若干规定》（教育部令第25号）、国务院办公厅《关于加强民办高校规范管理引导民办高等教育健康发展的通知》（国办发〔2006〕101号）、《北京市民办高等教育机构招生简章和广告备案管理办法》（京教高〔2007〕2号）等有关规定，2015～2016学年本市继续实施民办高校招生简章和广告备案工作。现将有关事项通知如下：

一、备案范围

凡经我委批准设立或管理的，持有效的《办学许可证》和《法人登记证》，2015～2016学年具有招生资格的民办普通高校、独立学院、民办非学历高等教育机构（以下简称“民办高校”）发布招生简章和广告，均要进行备案。

民办高校在本市或外省（自治区、直辖市），通过报刊、广播、电视、互联网、户外广告、未经出版的印刷品及影像资料等媒介，以刊登、播放、张贴、散发、邮寄等方式发布的2015～2016学年秋季及春季招生简章、广告、报考指南、入学通知等各种形式的招生及办学宣传信息，均为备案内容，须经备案后方可发布。

二、备案内容要求

民办高校招生简章和广告内容必须真实、准确、客观、合法，要符合以下几项要求：

（一）学校总体情况的介绍要明确、具体

1．学校名称、办学地址、办学类型、办学内容、举办者、校长等信息应与《办学许可证》一致，如发生变更，须到我委办理变更手续。学校办学类型包括民办本科学校（含独立学院）、民办高等职业学校、民办非学历高等教育机构等。办学内容包括全日制普通本科、高等职业教育、高等教育培训（含高等教育自学考试助学）、短期或业余培训、函授教育等。招生宣传的主体是民办高校，不得以内设机构（如二级学院）名义单独进行宣传。

2．有关办学条件、教学活动的图片要采取本校及本校师生员工的实景照片，不得采用电脑合成的图片；所使用的图片要有文字说明，选用人物图片要征得本人同意使用。不得使用国家机关工作人员的名义进行招生宣传，招生简章和广告中不得包含国家领导人及其他国家机关工作人员的照片。

3．学校的获奖项目要注明获奖时间和评选单位名称，招生简章和广告主要宣传教育行政主管部门或政府其他行政管理部门组织评选的奖项，由非政府部门评选的奖项应主要宣传近三年（2012年以来）获取的，数量不得超过所宣传获奖项目总数的50％。

4．招生宣传内容不得含有虚假、模糊、夸大的信息，不得对学生和家长产生误导。

不得回避、混淆学历教育与非学历教育的区别。举办非学历教育的民办普通高校、独立学院，要将学历教育与非学历教育的招生简章和广告分别制作、备案和发布。非学历教育招生简章和广告在专业设置、证书颁发等项内容上要严格区别于学历教育，不得标注北京教育考试院统一编制的普通本（专）科招生“学校代码”、“专业代码”等内容。不具有学位授予权的学校使用学生穿学位服的图片，须根据学校办学实际情况附加有关通过自考等取得学位的文字说明。

非学历高等教育机构，尤其是学校名称中包含“大学”“中国”等字样或未包含“研修”“专修”“函授”“培训”等字样的学校，须明确说明本校的办学类型为民办非学历高等教育机构。

不得使用“最大”“最好”“第一”等描述性用语，不得使用“100%考试通过率”“入学即签订就业协议”“100%就业率”“高薪就业，一步到位”等承诺性用语。不得对学校的办学条件、师资力量及学生就业前景等做虚假、夸大宣传。

（二）招生专业的介绍要明晰、详实

1. 招生类别要明确分为本（专）科学历教育、高等教育自学考试助学、培训、其他文化教育等。

2. 学习形式要明确分为全日制教育、业余培训、短期培训、函授（或远程网络）教育等。

3. 学校要根据招生类别和学习形式，分别介绍普通本（专）科专业、高等教育自学考试助学专业、学校自设培训专业、资格（等级）证书培训专业、中外合作办学项目、中外合作交流项目等。专业介绍一览表参考格式见附件2。

4. 非学历高等教育机构举办培养目标是护士的护理类专业，招生对象须具备中等卫生学校毕业证书。

（三）根据招生类别分别介绍学业证书类别，应说明颁发主体及颁发办法

1. 被录取到普通本（专）科统招专业学习的学生，学习期满，成绩合格，由学校颁发国家承认学历的普通高校本（专）科毕业证书。

2. 参加高等教育自学考试助学的学生，由学校组织参加（或自行参加）北京市高等教育自学考试，通过专业考试计划规定的全

部课程，由北京市高等教育自学考试委员会颁发国家承认学历的本（专）科毕业证书。

3. 参加学校自设培训专业学习的学生，学习期满，成绩合格，由学校颁发结业证书。

4. 参加资格（等级）证书课程培训的学生，经相关部门或行业组织的考试，成绩合格，可获得相应的资格（等级）证书。

5. 学校举办中外合作办学项目，引进国（境）外学校的课程（含知识产权）、师资，颁发国外高校证书的，须经教育部或我委批准。参加中外合作办学项目的学生，取得证书的类别与办法应与有关批准文件一致。民办普通高校、独立学院应当在本校办学层次内开展中外合作交流项目（如“2＋1”“2＋2”“3＋1”项目），不得使用“预科”“直升”“直通”“连读”等承诺性用语。

民办普通高校、独立学院招收非学历教育学生开展的中外合作交流项目，以及非学历高等教育机构开展的中外合作交流项目，招生宣传内容可包括与国（境）外某高校合作交流、学分互认等内容，不得包含涉及取得国（境）外高校学位证书的内容。

6. 学校与国内普通高等学校合作举办的成人高等学历教育校外教学站，或与教育部现代远程教育试点高校合作设置的校外学习中心，必须经我委2013年检查评估合格。要按照主办高校相关要求，发布主办高校成人高等学历教育校外教学站，或教育部现代远程教育试点高校校外学习中心的招生信息；不得以任何形式用承办校名义发布相关招生信息。相关“校外教学站”“校外学习中心”的招生信息不作为承办校的招生信息备案。

（四）招生简章和广告应载明的其他内容

1. 收退费标准和办法。学历教育的收费项目和标准须经市发展改革委批准，非学历教育的收费项目和标准由学校在所属区县发展改革委备案。收费项目和标准应与有关部门审批或备案的内容一致，退费办法应符合《北京市民办学校退费指导意见》（京教民〔2012〕1号）的要求。

2. 学校办学许可证编号。

3. 广告备案编号。

4. 指定查证网站：

(1) http：//www.bjedu.gov.cn；

(2) http：//www.edu111.cn。

三、备案程序

(一) 网络预审

学校登陆上述指定的查证网站下载《2015～2016学年北京市民办高校招生简章和广告备案表》（以下简称《备案表》，见附件1)。学校根据备案内容要求，将招生简章和广告样稿电子文档发送到指定邮箱，样稿应含文字、图片等内容，应为word文档；学校招生宣传内容若包含视频短片，提供互联网链接地址以接受预审。

我委在收到学校通过网络报送的预审材料5个工作日内，通知学校预审结果。未通过预审的学校应按书面要求对样稿进行修改，并重新接受预审。

(二) 纸质备案材料初审

通过预审的学校，按照我委制发的《学校报送纸质备案材料明细表》要求，派本校相关工作人员报送相关纸质备案材料，接受初审。

1. 学校提供下列纸质备案材料：

(1) 招生简章和广告样稿（一式2份），需加盖学校公章（骑缝章)；学校招生宣传内容若包含视频短片，应报送视频光盘（一式1份)。

(2)《备案表》（一式2份，需加盖学校公章)，学校也可根据本校招生宣传工作的实际需要确定报送份数。

(3) 有效的《办学许可证》（副本）和《法人登记证》（副本）复印件各一份。

(4) 民办学校学历教育收费标准的批复文件复印件、《民办学校非学历教育收费标准备案表》复印件（一式1份，需加盖学校公章）。

2. 学校提供下列证明材料，若往年已提供过相同材料且仍在有效期内，则无需重复报送。

（1）招生简章和广告内容涉及中外合作办学项目的，要提交教育部或我委有关批准文件的复印件；与国（境）外学校开展学分互认、聘请外教进行外语教学，资格证书培训，并且没有课程引进的中外合作交流项目，要提交相关合作协议（中文）复印件。申请备案的招生简章和广告内容涉及聘请外籍教师的，需提交市外国专家局批件复印件；涉及招收外国留学生的，应提交教育部或我委有关批准文件的复印件。

（2）招生简章和广告中涉及与用人单位开展联合办学、订单培养、推荐就业等，要提供加盖双方单位公章的有效合作协议，协议签署有效期要涵盖本期所招学生毕业时间。

（3）招生简章和广告中涉及到的获奖项目，需提交相关的评奖结果文件或获奖证书复印件。

（4）招生简章和广告中涉及聘请具有一定知名度的外单位教师的，需提交聘书或学校聘用文件复印件。聘书或聘用文件应注明聘用期限，聘用期限应涵盖本期所招学生就读期间。

（5）其他能够证明招生简章和广告内容真实性的合法、有效证明材料。

3. 我委收到学校报送的初审材料 3 个工作日内，通知学校初审结果。未通过初审的学校应按书面要求补充有关备案材料及证明材料，或修改有关备案内容，重新接受初审。

（三）备案材料复审

我委对通过初审的备案材料进行复审，收到学校报送的初审材料的 5 个工作日内，通知学校复审结果。对于符合要求的招生简章和广告备案材料，在《备案表》上签署同意备案的意见，设置备案编号，加盖备案管理专用章，在招生简章和广告附页上加盖骑缝章，并发还学校备案材料。

未通过复审的学校，应按书面要求补充有关备案材料及证明材料，或修改有关备案内容，重新接受复审。

（四）备案材料公示

学校备案材料经复审通过后，我委将在指定的查证网站上公示经备案的招生简章和广告内容。学校要在招生简章和广告备案后的15日内，在学校网站公示经备案的招生简章和广告内容。

（五）报送招生简章和广告样刊

学校要在招生简章和广告发布后15日内，将所发布的招生简章和广告样刊送备案材料初审办公地点存档。

（六）备案有效期

本学年招生简章和广告备案有效期自备案之日起至2016年3月15日止。本学年已备案的招生简章和广告内容如需变更，必须重新办理备案手续；如本学年招生简章和广告内容与上一学年相比未发生变化，且相关证明材料均在有效期内，可简化备案程序，将上学年备案有效期延长至本学年。

四、备案受理时间

2015年3月26日至2016年3月15日；每星期一至星期五9：00～12：00，13：30～16：30。

五、备案管理机关和地点

我委作为北京市民办高校招生简章和广告备案管理机关，负责招生简章和广告的备案管理工作。

（一）备案材料网络预审及初审（略）

（二）备案材料复审（略）

附件：1. 2015～2016学年北京市民办高校招生简章和广告备案表（略）

2. 专业介绍一览表参考格式（略）

2015年3月24日

北京市教育委员会

关于公布2014年民办高等学校及其他民办高等教育机构办学状况年度检查结果的通知

京教民〔2015〕2号

各民办普通高校、独立学院、民办非学历高等教育机构：

2014年民办高等学校及其他民办高等教育机构办学状况年度检查结果已经市教委2015年第11次主任办公会审定通过，现予以公布，并就有关事项通知如下：

一、年检结果

参加2014年办学状况年检的民办高等学校及其他民办非学历高等教育机构共83所，包括10所民办普通高校、5所独立学院及68所民办非学历高等教育机构。市教委委托专家组对学校提交的自查报告、办学状况调查表及2014年度财务审计报告等材料进行审核，市年检工作领导小组委派联合专家组对47所学校进校考察，具体结果如下：

72所学校年检结论为通过，3所学校基本通过，4所学校暂缓通过，4所学校不通过。（具体情况见附件）

二、年检结果的使用

（一）对于年检结论为通过的学校，准予在2015～2016学年招生。

（二）对于年检结论为基本通过的学校，要求在一年内限期整改，积极制定转型发展规划，接受市教委专家组对学校的办学指导，在整改期间准予招收非全日制学生。

（三）对于年检结论为暂缓通过的学校，要求在一年内限期整改，整改期间暂停招生活动。学校应针对目前存在的问题认真整改，并制定切实可行的方案和措施，在整改期限内达到要求，准予恢复招生。

（四）对于年检结论为不通过的学校，要求停止招生活动，加紧处理存在的问题，切实维护学校的安全稳定。

（五）对于坚持依法办学、规范办学、内涵发展、特色明显的学校，进一步加大鼓励扶持力度。大力宣传办学经验，树立典型，并与市财政民办教育发展促进项目资助挂钩，在资金支持方面重点倾斜，从正面引导学校规范办学、内涵发展。

三、按期办理办学许可证年检手续

（一）年检结论为通过和基本通过的学校，应于6月19日前携带办学许可证副本原件到市教委加盖年检合格戳记，办学许可证已到期的民办非学历高等教育机构，应按照市教委《关于规范民办非学历高等教育机构校名的通知》（京教民〔2013〕2号）有关要求，携带办学许可证正、副本原件及相关材料，办理办学许可证有效期延续手续；年检结论为暂缓通过的学校，暂停办理办学许可证加盖戳记及延期手续；年检结论为不通过且办学许可证已到期的学校，停止办理有效期延续手续，并应于6月19日前将办学许可证正、副本原件交回市教委。

（二）民办普通高校、独立学院到市教委发展规划处办理办学许可证年检手续。

（三）民办非学历高等教育机构到市教委民办教育处办理办学许可证年检手续。

附件：2014年民办高等学校及其他民办高等教育机构办学状况年度检查基本情况一览表

2015年6月10日

附件

2014 年民办高等学校及其他民办高等教育机构办学状况年度检查基本情况一览表

一、民办普通高校及独立学院（15 所）

单位：人

学校名称	年检结论	教职工数	学历教育在校学生数	非学历教育在校学生数			
				全日制	业余	函授	短期培训
北京城市学院	通过	2475	21391	0	0	0	0
北京吉利学院	通过	682	5283	5171	0	0	0
首都师范大学科德学院	通过	450	4547	878	0	0	0
北京工商大学嘉华学院	通过	394	5105	0	0	0	0
北京邮电大学世纪学院	通过	434	5227	154	0	0	0
北京工业大学耿丹学院	通过	645	5749	0	0	0	0
北京第二外国语学院中瑞酒店管理学院	通过	388	3786	0	0	0	0
北京北大方正软件技术学院	通过	252	3350	0	0	0	0
北京汇佳职业学院	通过	364	2781	0	0	0	0
北京经济技术职业学院	通过	187	1580	0	0	0	0
北京经贸职业学院	通过	145	1837	214	0	0	0
北京科技职业学院	通过	368	2169	659	0	0	0
北京培黎职业学院	通过	371	3017	0	0	0	0

续表 1

学校名称	年检结论	教职工数	学历教育在校学生数	非学历教育在校学生数			
				全日制	业余	函授	短期培训
北京艺术传媒职业学院	通过	136	328	0	0	0	0
北京科技经营管理学院	不通过	325	2426	220	0	0	0

二、全日制民办非学历高等教育机构（38 所）

单位：人

学校名称	年检结论	教职工数	学历教育在校学生数	非学历教育在校学生数			
				全日制	业余	函授	短期培训
北京八维研修学院	通过	317	0	3418	0	0	0
北京北大资源研修学院	通过	90	0	820	183	0	0
北京财经专修学院	通过	138	0	1010	0	0	0
北京东方大学	通过	135	0	223	0	0	0
北京翻译研修学院	通过	94	0	683	0	0	0
北京工商管理专修学院	通过	178	0	1825	0	0	0
北京国际标准舞研修学院	通过	33	0	58	0	0	0
北京国际经贸研修学院	通过	65	0	954	0	0	205
北京国际商务学院	通过	59	0	473	67	516	0
北京瀚林职业研修学院	通过	22	0	102	0	0	0
北京航空旅游专修学院	通过	156	0	2016	0	0	0

续表 2

学校名称	年检结论	教职工数	学历教育在校学生数	非学历教育在校学生数			
				全日制	业余	函授	短期培训
北京华嘉专修学院	通过	51	0	302	0	0	0
北京华夏管理学院	通过	52	0	328	0	0	0
北京建设大学	通过	55	0	280	0	0	35
北京金融学院	通过	83	0	147	152	0	81
北京经济研修学院	通过	68	0	305	0	0	0
北京美国英语语言学院	通过	58	0	391	266	0	125
北京民族大学	通过	430	0	3935	0	0	0
北京明园大学	通过	168	0	999	0	0	607
北京人文大学	通过	99	0	1740	0	0	0
北京涉外经济专修学院	通过	80	0	518	0	0	0
北京世华管理专修学院（原北京中新企业管理学院）	通过	25	0	149	0	0	0
北京文理研修学院	通过	49	0	348	0	0	0
北京现代音乐研修学院	通过	521	0	5029	0	0	0
北京新亚研修学院	通过	60	0	320	0	0	0
北京演艺专修学院	通过	230	0	1635	0	0	0
北京应用技术大学	通过	57	0	727	0	0	0
北京影视研修学院	通过	27	0	15	0	0	152
北京珠宝首饰研修学院	通过	25	0	80	0	0	12

续表 3

学校名称	年检结论	教职工数	学历教育在校学生数	非学历教育在校学生数			
				全日制	业余	函授	短期培训
东方文化艺术学院	通过	98	0	128	0	0	0
现代管理大学	通过	685	0	3920	0	0	0
中国信息大学	通过	135	0	701	0	0	0
北京世贤研修学院	暂缓通过	104	0	1150	0	0	0
北京高等秘书研修学院	暂缓通过	27	0	251	0	0	0
北京企业管理研修学院	暂缓通过	21	0	164	0	0	413
北京中国驻颜美容学院	暂缓通过	27	0	48	0	0	160
北京黄埔大学	不通过	44	0	336	0	0	0
北京兴华大学	不通过	41	0	168	0	0	0

三、非全日制民办非学历高等教育机构（30 所） 单位：人

学校名称	年检结论	教职工数	学历教育在校学生数	非学历教育在校学生数			
				全日制	业余	函授	短期培训
北京彼得·德鲁克管理研修学院	通过	95	0	0	0	0	16460
北京长城研修学院	通过	25	0	0	69	0	1009
北京当代艺术研修学院	通过	10	0	0	0	0	111
北京东方妇女老年大学	通过	14	0	0	0	0	0
北京东方研修学院	通过	41	0	0	0	0	0

续表 4

学校名称	年检结论	教职工数	学历教育在校学生数	非学历教育在校学生数			
				全日制	业余	函授	短期培训
北京高等珠宝研修学院	通过	37	0	0	0	41	3109
北京国际汉语学院	通过	67	0	0	0	0	1103
北京国际青年研修学院	通过	73	0	0	0	0	1776
北京汉语国际推广中心	通过	23	0	0	0	0	597
北京华大研修学院	通过	8	0	0	45	0	175
北京机械工程师进修学院	通过	53	0	0	0	272	4233
北京计算机专修学院	通过	26	0	32	0	0	47
北京京海研修学院	通过	44	0	0	800	0	160
北京经济技术研修学院	通过	55	0	0	1056	0	0
北京军地专修学院	通过	187	0	0	0	2295	0
北京礼仪专修学院	通过	78	0	0	20813	0	41
北京民生财富研修学院	通过	46	0	0	0	0	660
北京社会函授大学	通过	12	0	0	0	246	0
北京摄影函授学院	通过	248	0	0	0	2251	792
北京心理学函授学院	通过	61	0	0	0	924	300
蒙代尔国际企业家大学	通过	34	0	0	0	0	125

续表 5

学校名称	年检结论	教职工数	学历教育在校学生数	非学历教育在校学生数			
				全日制	业余	函授	短期培训
中关村创新研修学院	通过	193	0	0	0	0	6820
中国管理软件学院	通过	25	0	0	0	0	125
中国教育国际交流研修学院	通过	19	0	0	0	0	784
中国逻辑与语言函授大学	通过	69	0	0	0	458	3264
中国农民大学	通过	39	0	0	0	0	56537
北京盛唐研修学院	基本通过	12	0	0	0	0	0
中国现代教育研修中心	基本通过	2	0	0	0	0	0
北京职业资格专修学院	基本通过	2	0	0	0	0	0
北京经济管理函授学院	不通过	7	0	0	0	0	0

注：1. 以上数据采集的截止日期为 2014 年 9 月 30 日。

2. 短期培训生数指培训时间不足一年的学生数。

中共北京市委教育工作委员会
北 京 市 教 育 委 员 会
北京市人民政府教育督导室
北 京 市 公 安 局
北京市卫生和计划生育委员会
北京市食品药品监督管理局
北 京 市 财 政 局
北 京 市 民 政 局

关于开展 2015 年民办高等学校及其他民办高等教育机构办学状况年度检查工作的通知

京教民〔2015〕5 号

各民办普通高校、独立学院、民办非学历高等教育机构：

为引导本市民办高等教育健康有序发展，促进学校公益办学、规范办学、优质办学、特色办学，提高办学水平和教育质量，根据《中华人民共和国高等教育法》《中华人民共和国民办教育促进法》《民办高等学校办学管理若干规定》（教育部令第 25 号）等有关法律、法规、规章的要求，决定 2015 年继续开展民办高等学校及其他民办高等教育机构办学状况年度检查（以下简称“年检”）工作。

现将有关事项通知如下：

一、年检的范围和原则

市教委批准成立或管理的持有合法有效的民办学校办学许可证、法人证书的民办普通高校、独立学院及其他民办高等教育机构均应参加年检。

（一）坚持简政放权的原则，根据转变政府职能、推进行政管理体制改革的要求，简化年检指标体系，努力为各类学校创造公平有序的发展环境，激发学校的办学活力。

（二）坚持日常管理和年检工作相结合的原则，注重日常监管和指导，建立日常管理和年检工作相互促进，互为补充的工作机制。

（三）坚持分类指导的原则，针对民办普通高校及独立学院、民办全日制非学历高等教育机构、民办非全日制非学历高等教育机构不同类型学校的实际情况，加强分类考察指导。

二、组织领导

（一）市委教育工委、市教委、市政府教育督导室会同市公安局、市卫生计生委、市食品药品监管局、市财政局、市民政局联合成立北京市民办高等学校及其他民办高等教育机构办学状况年度检查工作领导小组（以下简称“领导小组”），确定年检工作方案，聘请专家审核年检材料，组成联合专家组开展进校考察。领导小组办公室设在市教委发展规划处。

（二）领导小组委托北京民办教育协会（以下简称“协会”）承担年检的具体实施工作。协会应根据年检工作总体部署，安排年检材料审核及各校的考察时间和日程，组织专家组实施材料审核及考察工作，收集并汇总专家组意见，报领导小组办公室。

（三）领导小组审核专家组意见建议，确定年检结论，并向学校反馈意见，公布年检结果。

三、实施程序

年检工作由学校自查、专家组审核材料、专家组进校考察三个阶段组成。

（一）学校自查阶段（2015 年 12 月～2016 年 1 月）

学校要把自查作为提高自我管理和自我评价水平的重要手段，按照《北京市民办高等教育机构办学状况合格评估方案》（京教民〔2013〕6 号）的相关要求，认真分析办学状况，撰写自查报告，填报《办学状况调查表》，根据《2015 年度审计任务书》的要求，委托会计师事务所进行审计。

自查报告应包括以下几方面内容：一是要简述学校的办学定位、办学思路，以及适应首都核心功能和人口疏解需要的转型发展规划；二是报告本年度学校事业发展概况，重要事项情况（举办者、校长、办学地址等重要变更事项，发展合作事项，资产方面重大变化情况等）；三是根据年检考核要点逐项说明基本办学状况；四是对办学中面临困难的分析和采取的解决措施，对办学中存在问题的整改情况；五是特色办学及特色项目建设成果等。获得政府资助项目的学校应单独介绍项目进展情况以及项目对于促进学校提升办学水平、提高育人质量所发挥的作用。

学校要结合日常档案建设工作，按照年检考核要点整理原始资料，并对所提供材料及《办学状况调查表》的真实性负责。

（二）专家组审核材料阶段（2016 年 2 月）

领导小组办公室组织专家对学校自查报告、《办学状况调查表》、《2015 年度审计报告》等相关材料进行书面审查，并根据材料审核情况和不同类型学校的办学情况，确定专家组进校考察学校名单。

（三）专家组进校考察阶段（2016 年 3 月）

领导小组委派联合专家组，根据年检考核要点进行联合进校考察。考察方式包括实地考察校园环境及设施，听课，走访，召开座谈会，核查学校有关档案资料等。专家组离校前要和学校负责人交流考察意见，重点围绕学校的办学思路及存在的问题提出指导性意见和建议。在专家组进校考察时，学校需逐项提供年检考核要点中所列出的查阅材料，每所学校的考察时间为1至2天。

专家组根据书面材料审查及进校考察的情况，提出年检考察意见、结论建议。未安排进校考察的学校“安全稳定”“学校食堂食品安全”“卫生安全”等项目由市公安局、市卫生计生委、市食品药品监管局单独组织开展监督检查。各考核项目的意见及学校年检结论建议报领导小组办公室。

四、年检结论及使用

（一）年检结论分为通过、暂缓通过和不通过。未达到通过标准，但在规定期限内整改积极、措施到位的学校，年检结论可定为基本通过。年检结论经领导小组和市教委主任办公会批准生效，有效期为1年。

（二）结论为通过、基本通过的学校，准予在下一学年招生；结论为暂缓通过的学校，应在1年内限期整改，整改期间停止招生活动，若在下一年的年检和评估中达到要求，准予恢复招生，若在下一年的年检和评估中仍然达不到要求，结论为不通过；结论为不通过的学校，有关部门将在各自职权范围内依法作出处理。

（三）年检结论与政府评选表彰、专项资助等政策措施挂钩，对于坚持内涵发展、规范办学、特色明显的学校，要积极宣传办学经验，树立典型，加大鼓励支持力度。

五、工作要求

（一）学校要积极配合专家组工作，提供有关资料、档案，并提供必要的工作条件及人力、物力支持。学校提供的有关资料、档案应如实反映学校的办学情况，杜绝各种形式主义、弄虚作假的现象。对弄虚作假的，一经查实，年检不予通过。

（二）学校可安排专家组在学校食堂就餐或安排快餐，不得向专家和工作人员赠送礼品、礼金。专家组要廉洁自律，不得接受学校的礼品、礼金，不得接受学校超标准接待。

（三）协会要提前7天通知有关学校专家组进校考察的时间、考察内容、确定考察的日程安排。

（四）学校要于 2016 年 1 月 29 日前送交自查报告、《办学状况调查表》（A4 纸打印，一式 3 份，加盖学校公章）、审计报告一式 1 份（贴有会计师事务所防伪标）。

有关年检的文件及表格等材料可登陆市教委或北京民办教育协会网站下载。

网址：http：//mbjyc. bjedu. gov. cn

http：//www. edu111. cn

附件：1. 北京市民办高等学校及其他民办高等教育机构办学状况年度检查工作领导小组成员名单

2. 北京市民办高等学校及其他民办高等教育机构办学状况年度检查工作领导小组办公室成员名单

3. 2015 年北京市民办高等学校及其他民办高等教育机构办学状况年度检查方案（略）

4. 办学状况调查表（略）

5. 2015 年度审计任务书（略）

2015 年 12 月 22 日

附件 1

北京市民办高等学校及其他民办高等教育机构办学状况年度检查工作领导小组成员名单

组　长： 线联平　市教委主任

副组长： 张雪　市委教育工委常务副书记

唐立军　市政府教育督导室主任

张永凯　市教委委员

高煜　市公安局副局长

毛羽　市卫生计生委副主任
张风平　市食品药品监管局副局长
汪钢　市财政局副巡视员
温庆云　市社团办主任
徐宝力　北京教育考试院副院长
刘林　北京民办教育协会执行会长
秘书长：姚林修　市教委发展规划处处长
成　员：张学平　市公安局文保总队总队长
陈基平　市公安局文保总队基础工作大队大队长
段杰　市卫生计生委综合监督处处长
赵新生　市卫生监督所副所长
刘国斌　市食品药品监管局餐饮处处长
王华伟　市财政局教育事业处处长
闫晓强　市社团办民办非企业单位管理处副处长
李丽辉　市委教育工委组织处处长
张晓玲　市政府教育督导室评估与监测处处长
张龙　市教委基本建设处处长
李异军　市教委学校后勤处副处长
荣燕宁　市教委高等教育处副处长
丁建　市教委发展规划处副调研员
贠新　北京教育考试院自学考试办公室主任
戴书菲　市教委审计处原调研员

附件2

北京市民办高等学校及其他民办高等教育机构办学状况年度检查工作领导小组办公室成员名单

主　任：姚林修（兼）　市教委发展规划处处长

副主任：马学雷　北京民办教育协会秘书长

李丽辉（兼）　市委教育工委组织处处长

张晓玲（兼）　市政府教育督导室评估与监测处处长

陈基平（兼）　市公安局文保总队基础工作大队大队长

孙学京　市卫生监督所学校卫生科副调研员

翟献民　市食品药品监管局餐饮处副处长

闫晓强（兼）　市社团办民办非企业单位管理处副处长

荣燕宁（兼）　市教委高等教育处副处长

丁建（兼）　市教委发展规划处副调研员

崔晶　市教委发展规划处干部

胡丽雷　北京民办教育协会副秘书长

德　育

北京市教育委员会文件选编

（2015）

北京市教育委员会

关于开展连环画阅读工作推进小学培育和践行社会主义核心价值观的通知

京教函〔2015〕16号

各区县教委：

为深入贯彻落实《北京市中小学培育和践行社会主义核心价值观实施意见》（以下简称《实施意见》），拓展社会主义核心价值观教育资源与载体，采取学生喜闻乐见的方式引导小学生了解中华民族悠久历史，感悟中华优秀传统文化，帮助小学生深刻理解体会社会主义核心价值观的内涵，市教委从2015年春季开始在全市各小学启动连环画阅读工作。现就相关工作提出以下要求：

一、学校做好连环画阅读的组织实施工作

学校作为连环画阅读工作的实施主体，要充分认识开展连环画阅读工作的重要意义，以此项工作为抓手，切实推动培育和践行社会主义核心价值观工作。

（一）规范管理

将市教委配发的连环画（每所小学共7套，每年级配备1套，学校图书馆或阅览室配备一套）纳入学校图书资源管理体系，及时登记造册，进行规范管理。建立健全连环画借阅与管理制度，确保连环画资料正常循环流动。

（二）组织教师先行阅读

充分发挥教师的阅读引领作用，通过集体学习与研讨的方式，提高教师的阅读指导能力和水平。引导教师深入挖掘连环画的历史背景、思想内涵和相关素材，将连环画阅读工作与课堂教学、主题教育活动有机融合，结合育人目标，根据学生的身心发展特点和阅读能力提供有针对性的阅读建议，指导学生有效利用连环画资源。

（三）指导学生阅读

积极开展读书指导和交流展示活动，通过组织读书征文、演讲、手抄报展示、连环画故事展演等活动，调动全体学生的阅读积极性、主动性和创造性，营造浓郁的阅读氛围。鼓励广大教师创造性地开展阅读指导活动，大力倡导师生共读。鼓励学生家长参与连环画阅读工作，积极组织亲子阅读活动。

二、区县做好连环画阅读的管理和指导工作

各区县要统一安排部署连环画阅读工作，科学组织教师培训，加大对学校的指导力度，为学校开展工作提供保障与支持，确保连环画阅读工作取得实效。

（一）强化组织领导

在总结以往相关工作经验的基础上，周密部署、精心策划，明确负责本地区连环画阅读工作的部门，将各项工作目标任务分解到具体单位及人员，确保工作有序开展。

（二）组织教师培训

通过组织教师专题培训、开展相关学科教研活动、进行现场观摩学习交流等方式，提高教师对开展连环画阅读工作的认识，指导教师充分利用连环画资源开展教育教学工作，提高教师的连环画阅读指导能力与水平。

（三）开展调研指导

对学校连环画阅读工作进行调研追踪，组织专人定期或不定期到学校进行观察走访，与教师、学生、家长进行座谈，了解掌握学校开展连环画阅读工作的具体情况。对学校在工作中遇到的困惑及问题给予及时、科学的指导与帮助，将连环画阅读工作落到实处。

（四）注重总结推广

及时总结、梳理、推广本区域连环画阅读工作中涌现出来的成功经验、典型案例和创新举措，通过各种途径宣传展示连环画阅读工作取得的成效。

2015年1月19日

北京市教育委员会

关于做好2015年中小学数字德育网上夏令营活动的通知

京教函〔2015〕249号

各区县教委：

为丰富全市中小学生暑假生活，发挥北京市中小学数字德育网（http：//moral. bjedu. cn）育人功能，市教委联合东城、海淀和丰台等区县及部分学校，面向中小学生组织开展2015年网上夏令营活动。现将有关事项通知如下：

一、指导思想

依托北京市中小学数字德育平台，在数字德育网页上设置中小学夏令营专栏，面向广大中小学生，开展丰富多彩的网络互动活动，努力营造健康文明、寓教于乐的网络环境，引导中小学生文明上网。

二、主要内容

从7月12日至8月31日，网上夏令营以“铭记抗战历史弘扬传统文化”为重点内容，开设铭记历史、爱北京爱家乡、书海泛舟、幸福成长和我参与我实践等5个栏目，引导学生积极学习、亲身实践，参与各种互动活动，度过一个有意义的暑假生活。

三、工作要求

（一）积极动员，广泛宣传。各区县要面向辖区中小学广泛宣传网上夏令营活动，将网上夏令营的具体内容和活动安排宣传到每一所学校、每一名学生。结合区县和学校实际做好动员工作，切实发挥网络夏令营活动的育人作用。

（二）精心组织，落实到位。区县教委和学校要把网上夏令营活动纳入假期工作统筹安排。承担夏令营活动的有关部门和区县要周密部署，落实好网上夏令营各项活动的组织工作，做到暑假期间栏目有人监管、活动组织有序、信息及时更新、页面浏览顺畅。各区县和中小学校要用好市级网上夏令营资源，将参与网上夏令营活动作为学生暑期一项必修内容，引导学生积极参加网上夏令营互动和实践活动。

（三）加强监管，确保网络安全畅通。网上夏令营活动中，网络安全和信息安全是活动最重要的环节。根据安保工作要求，区县教委和学校要制定应急管理办法，确保网络安全畅通，保证学生网上夏令营活动的顺利进行；制定信息安全管理制度，全力保证网上活动运转安全有序，发布内容健康文明。

附件：2015年网上夏令营活动板块及内容

2015年6月17日

附件

2015年网上夏令营活动板块及内容

活动版块	活动内容
铭记历史	抗战历史
	抗战故事
	英雄人物
	抗战电影
爱北京　爱家乡	可爱的北京
	美丽的家乡
	文明出游
书海泛舟	书目推介
	阅读方法
	好书分享
幸福成长	心灵放飞
	安全自护
	同伴榜样
	家风传承
我参与　我实践	社会实践挑战赛
	微公益
	微电影
	社会大课堂 （暑期活动简讯、走进博物馆）

北京市教育委员会

关于在全市中小学开展社会主义核心价值观宣传教育月主题活动的通知

京教函〔2015〕250号

各区县教委：

为落实教育部《关于在各级各类学校推动培育和践行社会主义核心价值观长效机制建设的意见》，营造更为浓厚的宣传教育氛围，推动中小学培育和践行社会主义核心价值观落细落小落实，市教委决定将2015年9月作为全市中小学社会主义核心价值观宣传教育月，结合新学年上好爱国主义和文明礼仪第一课制度性活动，深入推进中小学校培育和践行社会主义核心价值观工作。

一、活动意义

宣传教育活动是推进社会主义核心价值观教育深入有效开展的关键环节，有利于进一步明确中小学培育和践行社会主义核心价值观的推进方向和着力点，促进广大师生将社会主义核心价值观内化于心、外化于行。

二、工作目标

促使学校师生做到社会主义核心价值观基本内容和习总书记提出的“十六字”要求人人知晓，熟记熟背；引导广大师生进一步加深对社会主义核心价值观的理解与认同，积极践行社会主义核心价值观；不断提升中小学生的文明素养。

三、工作重点

（一）积极营造教育氛围。各中小学校要在校园显著位置布置社会主义核心价值观宣传教育内容。要深入挖掘社会主义核心价值观的内涵，采用丰富多样、生动鲜活的表现形式，调动广大师生参与宣传教育的积极性和创造性。要充分利用好现有教育资源，特别是已配备的优秀影片、连环画等，将社会主义核心价值观的内容具体化、形象化，帮助学生认知记忆，加深学生对社会主义核心价值观的认知和理解。

（二）开展主题鲜明的教育活动。各中小学校要组织好两项活动，一是将社会主义核心价值观教育纳入新学年开学典礼，上好爱国主义和文明礼仪第一课；二是开展以纪念抗战胜利 70 周年为主题的系列国旗下讲话，可以邀请英雄人物、劳动模范、北京榜样或市区领导参加仪式活动，对师生进行社会主义核心价值观教育主题宣讲。

（三）引导学生积极践行。宣传月期间，各区县和中小学校要将培养学生文明行为习惯作为重点，组织学生认真学习“北京市中小学生践行社会主义核心价值观文明礼仪行为要求”，通过查找问题，确定目标，细化要求，形成共识，积极行动，示范引领等工作环节，使中小学生的文明行为表现有所变化。

四、工作要求

（一）认真落实。各区县教委要及时将此通知精神传达到各中小学校，指导学校按照通知精神做好宣传月活动方案。各学校要采取学生喜闻乐见的形式，组织开展好相关活动，注重活动实效。

（二）加强培训。各区县和学校要在暑期集中对教师进行社会主义核心价值观的专题培训，进一步提高干部教师社会主义核心价值观教育的意识和能力。

（三）把握动态。各区县教委要全面掌握了解中小学校的活动情况，做好工作指导，及时发现宣传典型。各区县教委应收集辖区内优秀的学校活动方案，于 8 月 15 日前报送市教委基教一处。

附件：北京市中小学生践行社会主义核心价值观文明礼仪行为要求

2015 年 6 月 17 日

附件

北京市中小学生践行社会主义核心价值观文明礼仪行为要求

1. 升降国旗，奏唱国歌时肃立行礼。

2. 与人相处，友善宽容，乐于助人，语言文明。

3. 公共场合，不大声喧哗，不打扰他人，着装得体。

4. 孝敬父母，尊敬师长，见到长辈主动问好，听从长辈的教导。

5. 遵守交通规则，过马路走人行横道，不闯红灯。

6. 乘坐公共交通，排队等候，按顺序上车，座位让给有困难的人。

7. 不随意丢弃垃圾，自觉进行垃圾分类。

8. 爱护公共设施，不乱写乱画，不践踏绿地草坪，不随地吐痰。

9. 爱护自然，保护环境，关爱小动物。

北京市教育委员会
首都精神文明建设委员会办公室

关于在中小学深入开展文明校园创建活动的通知

京教基一〔2015〕11号

各区教委、文明办：

为深化中国特色社会主义和中国梦学习教育，进一步培育和践行社会主义核心价值观，扎实做好中小学精神文明建设工作，北京市教育委员会、首都精神文明建设委员会办公室依据《教育部、中央文明办关于深入开展文明校园创建活动的实施意见》精神，决定在全市中小学深入开展文明校园创建活动，现将具体事宜通知如下：

一、指导思想和基本原则

指导思想：全面贯彻党的十八大和十八届三中、四中、五中全会精神，深入贯彻习近平总书记系列重要讲话精神，紧紧围绕“四个全面”战略布局，围绕立德树人根本任务，充分发挥广大师生参与文明校园创建的积极性，及时发现问题，寻找改进措施，总结典型经验，把学校建成培养中国特色社会主义建设者和接班人的坚强阵地。

基本原则：坚持价值引领，加大宣传力度，把培育和践行社会主义核心价值观贯穿于创建活动全过程；坚持贴近师生，突出活动实效，使每一名师生都成为创建活动的实践者和受益者；坚持广泛参与，把创建活动延伸到每所学校、每个班级、每名师生员工，夯实校园文明根基；坚持整体推进，以创建活动为契机，全面贯彻教育部社会主义核心价值观暨德育会精神，全面落实《北京市中小学社会主义核心价值观实施意见》和《学科德育指导纲要》等文件精神。

二、工作目标和主要内容

工作目标：通过文明校园创建活动，健全工作机制，提高师生公民道德、职业道德、文明修养和民主法治观念；提高校园文化生活质量，使校园文化内容健康、格调高雅、丰富多彩；提高校园文明程度，使校园秩序良好、环境优美，育人环境进一步改善。

主要内容：中小学文明校园创建活动以立德树人为根本，以学生为中心，加强师德建设，重点围绕领导班子建设、思想道德教育、活动阵地建设、教师队伍建设、校园文化建设、整洁优美环境等方面开展创建工作。(具体标准见附件)

三、时间安排

2015 年启动，经过 2016 年至 2020 年的持续推进，实现中小学文明校园创建活动 100％覆盖。

四、申报程序

(一) 学校申报

1. 广泛发动。通过多种形式向学校师生宣传、讲解文明校园创建目的、意义和要求，师生对创建文明校园的知晓率达到100％。

2. 自查自改。发动全体师生员工依据《中小学文明校园标准》和《中小学文明校园评价细则》进行自查，找出存在的差距及问题，对照问题制定具体可行的改进措施。

3. 自评申报。学校经过整改，对照《中小学文明校园标准》和《中小学文明校园评价细则》，自评达到 90 分以上的学校可以向区教委递交文明校园申报表及相关材料。每年 4 月底之前，区教委受理学校申报工作。

（二）区里推荐

1. 实地考察。各区教委和文明办，组织有关人员对申报学校进行实地考察。听取学校创建工作汇报，查看材料，与师生座谈，走访社区有关人员。

2. 区内公示。对通过考察的学校，区教委和文明办通过多种形式在本辖区范围内进行公示。

3. 推荐上报。在公示和充分听取各方面意见的基础上，区教委于每年 7 月 15 日至 25 日向市教委提交文明校园建议名单及相关材料，推荐名额不少于辖区学校总数 20%。

（三）市教委和首都文明办审核

1. 组织管理。市教委、首都文明办及相关部门组成工作组，定期对各区创建过程进行视导检查，了解创建情况，并对推荐学校进行有针对性的抽查。

2. 网上公示。将各区推荐上报的文明校园在市教委和首都文明办网上进行公示，接受社会监督。

3. 认定宣传。网上公示后，工作组召开专门会议对推荐学校进行审定。审定结果于每年 9 月底之前反馈给各区，并通过多种方式广泛宣传文明校园的典型经验。

（四）上交材料

1. 文明校园建议名单汇总表。

2. 文明校园申报表（见附件 4，略）。

3. 学校文明校园自查报告。

以上材料均需要加盖公章，请各区教委按照规定时间统一报送到市教委基教一处。

五、工作要求

（一）统筹规划，分类指导

教育部和中央文明办高度重视文明校园的创建工作，将创建文明校园纳入了《全国文明城市测评体系》和《全国未成年人思想道德建设工作测评体系》，今后还将增加文明校园在全国文明单位评选中的比重。因此各区教委和文明办要加强统筹规划，纳入年度工作任务，纳入学校目标考核，纳入督导工作体系，认真做好组织、实施、检查和考核工作，进行分层分类指导，分期分批申报，确保在2020年之前实现中小学文明校园创建活动100%覆盖任务，并且将文明校园作为学校参评首都文明单位的前置条件。请各区教委、区文明办联合制定创建工作方案，重点包括创建工作时间表和路线图，于2016年3月底之前报市教委基础教育一处。

（二）整合工作，突出实效

各中小学校要坚持问题导向，认真查找创建过程发现的问题，研究具体措施解决问题，在创建过程中要注重结合学校实际，与落实教育部《中小学生守则》等工作有机结合，充分发挥市级学校文化建设示范校、文明礼仪示范校的示范引领作用，真正把创建文明校园作为培育和践行社会主义核心价值观的重要载体，作为精神文明建设的有效抓手，切实提高全体师生的文明素养和学校文明程度。

（三）注重宣传，动态管理

各区要加大宣传力度，广泛宣传创建工作中的亮点和成效，宣传文明校园的典型经验，不断扩大文明校园的覆盖面和影响力。市教委和首都文明办对文明校园进行动态管理，对创建期内有以下情形之一的，取消文明校园评选资格：

1. 领导班子成员有严重违纪、违法事件；

2. 有重大劳资纠纷，影响社会稳定的重大事故、重大不诚信事件；

3. 有重大校园安全责任事故、重大消防责任事故、重大食物中毒事件；

4. 有造成重大社会影响的员工违法犯罪案件；

5. 有严重违规办学（办班）、违规招生和违规收费问题等。

附件：1. 中学文明校园标准

2. 小学文明校园标准

3. 中小学文明校园评价细则

4. 文明校园申报表（略）

2015 年 12 月 23 日

附件 1

中学文明校园标准

1. 领导班子建设好。积极建设学习型、服务型、创新型党组织，加强教师党员队伍建设，发挥战斗堡垒作用和先锋模范作用。落实党建工作责任制和“三会一课”等制度。完善普通中学和中等职业学校校长负责制，实行校务会议等管理制度，不断完善科学民主决策机制。贯彻民主集中制，团结协作，执政为民意识强，思想作风好，主动服务师生，建立并落实联系点、谈心及接待日等制度。义务教育学校认真贯彻落实《义务教育学校管理标准》。

2. 思想道德教育好。加强社会主义核心价值观教育实践，积极推动社会主义核心价值观进教材、进课堂、进头脑。充分利用重要时间节点开展“我的中国梦”主题教育实践活动，引导学生从小立志向、有梦想，爱学习、爱劳动、爱祖国。加强学校德育体系建设，科学设置并落实德育课程，深化学科德育研究，改革教学内容，改进教学方法，改善教学手段，把思想道德教育融入学校教学各个环节，融入学生学习生活各个方面。落实《中小学生守则》，加强学生行为规范养成教育、文明礼仪教育。加强学生心理健康教育，落实《中小学心理健康教育指导纲要（2012 年修订）》，培养学生阳光心态、健康人格。中等职业学校认真落实《中等职业学校德育大纲（2014 年修订）》和《中等职业学校学生公约》，把提高职业技能和培养职业精神高度融合。

3. 活动阵地好。组织设计不同主题的校园板报、班级板报、宣传橱窗等，定期评比展示。充分利用教室走廊、墙壁、校园文化墙等载体，陶冶学生情操、美化学生心灵、启迪学生智慧。发挥校园广播站、电视台、校报校刊和团队教室、校史陈列室、荣誉室的作用，拓展育人渠道和空间。加强校园网络建设，打造学校对内对外宣传交流互动的网络平台。加强团支部、学生会活动设施与场所的建设与管理，营造特色鲜明的社团活动环境。

4. 教师队伍好。认真落实师德建设要求，扎实开展师德教育，严格师德管理，提升教师思想道德素质。定期组织师资培训，制定教师专业成长规划，不断更新教师教育观念和知识结构，提高教师教学水平。重视班主任、骨干教师的成长，注重年轻教师的培养，创造良好的政策环境、工作环境和生活环境，形成结构合理、梯次发展的教师队伍。

5. 校园文化好。建设优良校风、教风、学风，运用校训、校史、校歌、校徽、校标等校园文化符号，激励学生爱学校、爱学习、共建校园文明。体现德育、智育、体育、美育要求，精心设计和组织开展劳动技能、志愿服务、文娱体育、中职“文明风采”竞赛等校园文化活动。积极拓展校园文化建设新载体，充分发挥网络作用，开展形式多样、内容丰富的校园网络文化活动。

6. 校园环境好。做好教学设施规划管理使用，校园教学、文艺、体育、科技等活动场所布局合理、整洁有序。做好校园净化绿化美化工作，自然景观、人文景观错落有致，使用功能、审美功能和教育功能和谐统一，建设美丽校园。加强安全教育，强化校园治安综合治理工作，确保校园安全、稳定。整治校园周边环境，维护校园周边良好秩序。深入开展环保教育和节约教育，引导师生树立保护环境和节约资源意识，培育节约资源的良好风尚。

附件 2

小学文明校园标准

1. 领导班子好。积极建设学习型、服务型、创新型党组织，加强党员队伍建设，发挥战斗堡垒作用和先锋模范作用。落实党建工作责任制和“三会一课”等制度。完善普通小学校长负责制，实行校务会议等管理制度，不断完善科学民主决策机制。贯彻民主集中制，团结协作，执政为民意识强，思想作风好，主动服务群众，建立并落实联系点、调查研究、谈心及接待日等制度。认真贯彻落实《义务教育学校管理标准》。

2. 思想道德教育好。生动形象地开展社会主义核心价值观教育实践活动，使学生在核心价值观的沐浴下健康成长。利用重要时间节点深化“我的中国梦”主题教育实践活动，引导学生从小立志向、有梦想，爱学习、爱劳动、爱祖国。充分利用德育课程、升国旗仪式、少先队活动、主题班会等开展道德教育实践，形成全程育人、全方位育人的格局。落实《中小学生守则》，加强学生行为规范养成教育、文明礼仪教育。加强学生心理健康教育，落实《中小学心理健康教育指导纲要（2012 年修订）》，培养学生阳光心态、健康人格。

3. 活动阵地好。组织设计不同主题的校园板报、班级板报、宣传橱窗等，定期评比展示。充分利用教室走廊、墙壁、校园文化墙等载体，陶冶学生情操、美化学生心灵、启迪学生智慧。发挥校园广播站、电视台、校报校刊和团队教室、校史陈列室、荣誉室的作用，拓展育人渠道和空间。加强校园网络建设，打造学校对内对外宣传交流互动的网络平台。加强少先队活动设施与场所的建设与管理，营造特色鲜明的社团活动环境。

4. 教师队伍好。加强教师职业理想和职业道德教育，教师教书育人的责任感和使命感强。教师关爱学生，严谨笃学，淡泊名利，自尊自律，以人格魅力和学识魅力教育感染学生，做学生健康成长的指导者和引路人。将师德表现作为教师考核、聘任（聘用）和评价的首要内容。完善培养培训体系，做好培养培训规划，优化队伍结构，提高教师专业水平和教学能力。

5. 校园文化好。运用校训、校歌、校徽、校标等，通过校风、校史陈列室，激励师生爱学校、爱学习、共建校园文明。精心设计和组织开展内容丰富、形式新颖、吸引力强的劳动技能、科技体验、文娱体育等校园文化活动，把德育、智育、体育、美育渗透到校园文化活动中，使孩子们在活动参与中思想感情得到熏陶、精神生活得到充实、道德境界得到升华。积极拓展校园文化建设的新载体，充分发挥网络在校园文化建设中的重要作用。

6. 校园环境好。做好教学设施规划管理，做到教学区域、活动区域布局合理，为开展校园文化活动提供必要的场地和条件。做好校园净化绿化美化工作，实现校园环境干净整洁、优雅宜人。加强校园安全教育，健全校园安全制度和保障措施，创建平安校园。整治校园周边环境，维护校园周边良好秩序。深入开展环境教育和节约教育，积极培育人人节约资源的良好风尚。

附件 3

中小学文明校园评价细则

评价内容	评价要素	得分
领导班子建设（20 分）	1. 落实党建工作责任制和“三会一课”等制度，注重加强教师党员队伍建设（6 分） 2. 完善中小学校校长负责制，实行校务会议等管理制度，充分发挥教代会、家长委员会、学代会作用，不断完善科学民主决策机制。（6 分） 3. 积极推进学校章程和机制建设，认真贯彻落实《义务教育学校管理标准》。各项管理制度以人为本，符合本校实际，制度分类明确，制度执行到位，制度修订流程明确、有效。（8 分）	
思想道德教育（25 分）	1. 将社会主义核心价值观融入学校教育教学全过程，有落实方案，做到有目标、有要求、有措施、有进度、有保障、有评价。（7 分） 2. 根据学生年龄特点，抓住清明、六一、七一、十一等重要时间节点，开展以“中国梦”为主题的道德实践和社会实践活动，纳入学校计划安排、有活动方案，有活动总结。重视加强学生行为规范养成教育和文明礼仪教育，有举措，学生文明行为习惯有提升。（7 分） 3. 加强学校德育体系建设，科学设置并落实德育课程，积极开展学科德育研究，不断改革教学内容、改进教学方法、改善教学手段。（6 分） 4. 每校至少配备 1 名专职心理健康教育教师，并根据学生人数需要配备兼职心理健康教育教师；有比较完备的心理辅导场所、设施，有专人负责，有固定的团体辅导和个体辅导时间。（5 分）	
活动阵地建设（10 分）	1. 充分利用教室走廊、墙壁、校园文化墙等载体，发挥校园广播站、电视台、校报校刊和团队教室、校史陈列室、荣誉室的作用。（2 分） 2. 加强校园网络建设，打造学校对内对外宣传交流互动的网络平台，传播正能量。（2 分） 3. 加强团支部、学生会活动设施与场所的建设与管理，营造特色鲜明的社团活动环境。（3 分） 4. 学校图书馆（室）得到师生喜爱，图书分类合理，借阅便捷，利用率高。（3 分）	

续表

评价内容	评价要素	得分
教师队伍建设（15分）	1. 认真落实师德建设要求，扎实开展师德教育，严格师德管理，提升教师思想道德素质。（5分） 2. 制定并不断完善教师专业发展规划，健全完善校本研修制度，激励评价机制，采取切实可行的措施，不断提高教师教育教学水平。（5分） 3. 重视班主任、骨干教师的成长，注重年轻教师的培养，创造良好的政策环境、工作环境和生活环境，形成结构合理、梯次发展的教师队伍。（5分）	
校园文化建设（15分）	1. 学校文化建设纳入学校整体工作，办学理念体系完备，办学实践与理念具有一致性。办学目标明确，符合学校实际，体现学校特色。（4分） 2. 校训、校歌、校徽、校标等校园文化符号被学校师生广泛认同。（4分） 3. 组织开展体现德育、智育、体育、美育要求和劳动技能培养的校园文化活动。充分发挥网络作用，开展形式多样、内容丰富的校园网络文化活动。（4分） 4. 学校校风、教风、学风得到师生、家长和社区居民的认可。（3分）	
校园环境建设（10分）	1. 学校教学、文艺、体育、科技等活动场所布局合理。（4分） 2. 重视学校净化、绿化和美化工作，校园环境干净、优美，自然景观、人文景观错落有致，使用功能、审美功能和教育功能和谐统一。（3分） 3. 强化校园治安综合治理工作，整治校园周边环境，维护校园周边良好秩序，确保校园安全、稳定。（3分）	
特色项目（5分）	学校在文明校园创建过程中有特色，实效性强，采取的措施和举措有推广价值。（5分）	

体育·卫生

北京市教育委员会文件选编

(2015)

北京市教育委员会

关于开展中小学校园足球等教学课例征集及评选工作的通知

京教函〔2015〕22号

各区县教委、燕山教委：

为贯彻落实十八届三中全会和全国青少年校园足球工作电视电话会议精神，以校园足球作为突破口，推进体育教学改革，经研究，市教委决定开展北京市中小学校园足球等教学课例征集及评选工作（以下简称“课例评选”）。现将有关事项通知如下：

一、高度重视课例评选工作，指定专门科室和人员负责本区县课例评选的组织、评选和推荐工作。

二、高度关注足球教学在学校中的开展情况，组织教师进行教学研讨和实践，切实推进足球运动在校园中的普及和推广。足球教学课例作为专题列入体育课例评选中，旨在引导区县教研人员和一线教师广泛开展校园足球教学实践，探索校园足球发展的有效路径。同时，要继续做好篮球、排球、田径、体操和武术等项目的课例征集工作。

三、各区县教委要以开展课例评选为契机，深入教学一线开展调研工作。对调研发现的问题，要及时督促学校或教师整改。学校要利用校本教研时间开展教学技能比赛，推荐优秀教师参加市、区交流，努力提高体育教学质量。

四、课例评选分学校、学区（片）、区县和市级评选4个阶段进行。所有参加评优的教师要上好公开课，并积极参加不同阶段的展示交流活动。区县要组织中小学体育教师到现场观摩，加强教师间、学校间的教学交流与学习，扩大优质课的引领和辐射作用。

五、各区县教委要依据《2015年北京市中小学体育优秀教学案例征集及评选方案》（见附件）和《北京市中小学体育与健康课堂教学评价标准（试行）》（附表1），组织专家现场评审。评审工作要坚持标准、择优选拔、兼顾均衡、适度倾斜；现场评审时，要按照《中小学生体育锻炼运动负荷卫生标准》（WS/T101－1998）的要求，对体育课进行运动负荷监测，确保体育课堂教学的实施符合学生身心发展的需求，促进学生健康成长。

六、各区县要在9月30日（星期三）前完成评选工作。并按照名额分配（附表2）推荐参加市级评选的课例。10月9日（星期五）前，以区县为单位统一将有关材料报送至北京教育科学研究院基教研中心体育教研室。

七、推荐工作结束后，市教委将聘请专家，组成评审委员会，对上报课例进行评审，并评选出一等奖、二等奖和三等奖。各奖项的比例和数量，由评审委员会根据区县上报评优课的整体情况研究确定。市教委将在此基础上，组织足球教学观摩研讨活动，并根据教育部的要求，择优推荐教师参加全国第七届中小学体育教学观摩展示活动。各区县要将评选结果作为体育教师业务考核成绩的重要部分纳入教学（业务）档案。

附件：2015年北京市中小学体育优秀教学案例征集及评选方案

2015年1月21日

附件

2015年北京市中小学体育优秀教学案例征集及评选方案

一、主办单位

市教委

二、承办单位

北京教育科学研究院（以下简称“市教科院”）

三、参评要求

（一）在中小学任教满3年的体育教师均可参加；参加足球教学案例评选的教师，满1年教龄即可。

（二）曾经参加市级以上课例评选并获奖的教学课例，不能重复参加评选，但该课的任课教师仍可选择其它内容参与本次课例评选。

（三）各区县推荐课例要真实反映本区县体育教学改革的发展水平和动向，充分利用现有教学资源，教学特色鲜明、导向性强、便于推广；要按照课的质量对上报课例进行排序。

（四）区县上报的课例中，女教师的课例不少于1节；要合理分配中小学教师比例，保证中小学体育课堂教学协调发展。

（五）区县评选结果确定后，要指派中、小学各1名教师到指定区县异地公开上课，促进本市不同区域教师之间的教学交流。其中，足球课例不少于1节。不按要求参加异地上课的教师，在市级评审阶段视为自动放弃获奖资格。

（六）区县要按要求上报有关材料。材料不齐者，不予评审。

四、工作安排

（一）时间要求

本次课例评选活动的开展时间为3月至12月，分4个阶段进行。第1至3阶段（3月至10月9日），完成区县展示、选拔和推荐工作。第4阶段（10至12月），11月30日前完成异地交流；12月底完成市级评审工作。

（二）课例录制及材料报送

1. 上报课例需经区县课例评选工作领导小组同意推荐后，方可录制成光盘参加市级评选活动。

2. 课例的摄制要使用DV数码摄像机或较好的数字摄像机，摄制完毕后刻录成DVD光盘。要确保录制效果，因录制质量问题，无法播放或有剪接痕迹的录像课，取消参评资格。

3. 上报的课例需上交以下材料：

（1）教师登记表（附表3，略）一式3份；

（2）区县指导教师汇总表（附表4，略）一式1份；

（3）教师基本情况汇总表（附表5，略），仅上交电子版；

（4）相关教学文件（单元计划和课时计划）一式3份；

（5）专家点评（可附在课时计划后）一式3份；

（6）教学课例光盘一式6份。

4. 报送的课例光盘和教案内容要注明区县、学校名称、任课教师、点评人、录像制作单位和联系方式等基本信息。

（三）异地上课的要求

1. 授课教师所在区县教委要主动与指定区县联系，将上课所需的教学条件告知对方，便于做好准备工作。异地上课的具体时间双方商定后，上报市教科院基教研中心体育教研室，市教委将组织专家抽查异地上课情况。

2. 各区县要认真组织中小学教师异地上课活动，促进教师之间互相学习、相互切磋、取长补短、共同提高。异地上课应该在11月1日至30日之间进行，因天气因素影响原定上课时间者，双方协商后另行确定。

3. 异地上课按照城郊结合的原则，具体如下：怀柔→西城→延庆→朝阳→房山（燕山）→门头沟→丰台→顺义→大兴→平谷→

石景山→密云→昌平→海淀→通州→东城→怀柔。按箭头所指方向，前一个区到后一个区进行公开授课。

4. 区县要加强协调，精心组织，周密安排，高度重视交通安全，确保交流活动圆满完成。

（四）市级评审安排

1. 推荐工作结束后，市级评审委员会将依据评选标准对区县上报的课例进行评审。评审工作分学段进行，未达到相应标准者视为不合格，取消参评资格。

2. 市级初评结束后，将采取抽签的方式对获得一等奖的部分课例进行现场复审，复审未达到相应等级标准者，以现场专家复审意见为准，以确保课例录制的真实性；获得其他奖项的课例原则上不进行现场评审。最终获奖结果由专家仲裁委员会讨论通过后认定。

3. 获得一等奖的教师，应根据市级评审委员会的要求，在全市中小学体育教学观摩展示交流活动中公开授课。

五、评价内容和评分办法

（一）教学文件（50分）

学年教学计划（10分）、学期教学计划（10分）、单元计划（10分）、课时计划（20分），由评审委员会根据日常教学的规范性要求进行评价。

（二）课堂教学（100分）

义务教育阶段和高中阶段的课例，教学目标的确定、教学内容的选择、教学过程的实施等方面要依据教育部制定的《义务教育体育与健康课程标准（2011版）》和《普通高中体育与健康课程标准（实验）》，并体现以下原则：

1. 符合体育学科实践类技能性课程的特点，充分体现学生主动学习和运动技能教与学的过程；要特别重视运动负荷量和强度的安排。

2. 教师要重视学生的主体地位，教学方法改革要着重于学法的改革，能将先进的体育课程理念转化为教学行为，从而促进教学方式的转变，提升课堂教学质量，提高学生的身心健康水平。

3. 教学过程既要面向全体学生，又要关注个体差异、因材施教、区别对待；正确处理好教与学的关系，既要发挥教师教的主体性，又要发挥学生学的主体性；根据教学内容的需要，科学选用教学方法，注重教学的实效性。

评分标准按照《北京市中小学体育与健康课堂教学评价标准（试行）》（附表1）执行。

（三）总分的计算

课例评选总分由教学文件和课堂教学两部分得分组成；学年和学期教学计划由区县评审小组进行审核、评定。市级评审时，只对单元教学计划、课时计划和课堂教学进行评定。

附表1

北京市中小学体育与健康课堂教学评价标准（试行）

评价项目	评价要素	权重
教学目标	1. 符合《体育与健康课程标准》的要求和教材特点，符合学生的实际； 2. 体现体育健康知识、基本技术、技能的传授，身体、心理健康发展，思想品德、体育能力、方法及情感的培养； 3. 体现“三维目标”的思想，并有所侧重，难度适宜，针对性强，具体、可操作。	0.10
教学内容	1. 教学内容选择符合课程标准的要求，内容选择科学； 2. 教学内容符合学生生理、心理、身体健康状况和体育水平的实际，对运动项目进行教材化处理； 3. 重点准确，难点突出。	0.15

续表 1

评价项目	评价要素	权重
教学过程	1. 组织教学有序，严而不死，活而不乱； 2. 教学步骤清晰，组织教学严谨，教、学、练有机结合，根据身体锻炼需要，合理设计运动负荷的量和强度； 3. 注重体育健康知识、锻炼方法的渗透和心理素质的培养。	0.12
教学方法	1. 既要面向全体，又要注意个体差异，因材施教； 2. 根据教学内容的需要，科学选用教学方式； 3. 对学生课堂中的学习及时给予恰当的评价和反馈； 4. 指导学生学习方法的选择和运用，通过观察、讨论、比较、自我评价等方法，培养学生的体育学习能力； 5. 采用游戏和比赛的方法，培养学生的良好心理品质和社会适应能力。	0.20
教学能力	1. 体育教学基本技能扎实，口令清晰，示范正确优美，保护、帮助得力； 2. 教态自然，具有创设和谐教学气氛和教学情景的能力，能驾驭教学全过程，恰当处理偶发事件，具有及时进行思想品德教育的能力； 3. 重视师生间的交流与互动，保持学生学习的积极性等。	0.18
教学效果	1. 能够完成教学目标，掌握知识、技术和技能，并使学生受到思想、方法、心理素质方面的教育； 2. 能主动参与教学活动，师生关系融洽，实效性强； 3. 学生学习兴趣盎然，情绪高涨，能细心观察和模仿，刻苦锻炼，能与教师和同学主动交流等。	0.20
教学特色	1. 体现先进的教育思想，模式新颖，有创意，在发挥学生的主体地位、培养创新精神和实践能力方面有突出体现； 2. 对原有教材进行再加工、创新，具有地域性、民族性和民间性特征。	0.05

备注：

1. 各项评价要素得分采用等级赋值方法：A 级赋值 95 分，B 级赋值 80 分，C 级赋值 65 分，D 级赋值 50 分；
2. 根据评价表中规定的权重，分别计算各评价要素的实际得分；分项得分＝等级赋值×权重。

附表 2

2015 年北京市中小学体育课例评选名额分配表

区县	名额分配		
	常规课例	足球课例	合计
东城区	8	8	16
西城区	9	9	18
朝阳区	12	13	25
海淀区	12	13	25
丰台区	9	9	18
石景山区	3	4	7
门头沟区	3	4	7
房山区	9	9	18
昌平区	6	7	13
大兴区	9	9	18
通州区	9	9	18
顺义区	6	7	13
密云县	4	4	8
怀柔区	3	4	7
平谷区	4	4	8
延庆县	4	4	8
燕山	2	1	3
合计	112	118	230

北京市教育委员会

转发教育部贯彻落实国务院关于进一步加强新时期爱国卫生工作意见的通知

京教体艺〔2015〕5号

各区县教委，各普通高校、中等专业学校：

现将教育部《关于贯彻落实国务院关于进一步加强新时期爱国卫生工作的意见的通知》（教体艺〔2015〕1号）转发给你们，并结合《北京市控制吸烟条例》以及我市爱国卫生工作的实际情况提出如下要求，请一并贯彻执行。

一、完善爱国卫生管理体系建设

各区县、各级各类学校要加强爱国卫生组织建设，健全和完善爱国卫生管理工作机制和建设，进一步整合资源，提高工作能力。要将爱国卫生工作作为一项重要的民生工作列入教委、学校的议事日程，落实各部门责任，确保工作的实际效果。

二、加强改水改厕，营造卫生、健康的校园环境

各区县教委要在2007年实施“农村中小学旱厕改造工程”的基础上，进一步改善农村地区中小学校厕所基础设施条件，将剩余未改造且具备改造条件的旱厕做进一步改造，并将其纳入到区县中小学校舍日常修缮改造工作中实施，使学校厕所达到教育部办公厅、卫生部办公厅、全国爱卫会办公室《关于农村学校卫生厕所建造的指导意见》（教体艺厅〔2004〕10号）和新颁布《中小学校设计规范》（GB50099－2011）的要求。

各级各类学校要加强对学校厕所的管理，建立必要的厕所保洁和清扫制度，落实维护管理责任人，并培养学生维护厕所清洁的公共道德品质，养成正确如厕习惯。

三、加强培训，提高学校开展健康教育的教学能力和管理水平

各区县教委要加强对提升青少年体质健康水平紧迫性和重要性的认识，在学校营造健康教育的良好氛围。要面向体育与相关学科教师、教研员等开展多层次、多形式的培训工作，提高学校的教育教学能力。各级各类学校要针对体育教师的教学能力提升组织专项培训，依据健康教育指导纲要对于健康教育的内容要求，夯实专业知识，丰富健康教育的教育教学方法。

四、全员参与、常抓不懈，全面开展教育系统控烟工作

（一）制定控烟工作方案。《北京市控制吸烟条例》6月1日将正式实施，各区县教委、各级各类学校首先要结合教育部《关于在全国各级各类学校禁烟有关事项的通知》（教基一函〔2014〕1号）以及《全国中小学校及托幼机构无烟学校标准》，本着全员参与、常抓不懈的原则，制定有关控制吸烟工作方案，促进学校控烟工作经常化、制度化。

（二）开展多种形式的宣传教育和监督检查，提高学校控烟管理水平。配合市、区爱卫会共同开展控烟知识宣传、技能培训和监督检查，指导师生掌握控烟知识和技能，培养学生良好卫生习惯。

五、关口前移，家庭学校协同开展传染病防控工作

（一）知识宣传与监测督导相结合。各区县要根据季节性高发的传染病进行宣传教育培训，指导学校加强传染病防控工作管理。各级各类学校要在做好学校环境卫生的基础上加强传染病防控工作的宣传教育工作。并做好检查督导工作。

（二）认真做好学校晨午检工作。中小学校可利用市教委建立的《北京市中小学健康管理家校合作系统——阿里师生》把晨午检工作前置到家庭，为学校赢得传染病防控研判工作的时间，减少传染病传播的机会。普通高校、中等专业学校要进一步加强学生、班主任（辅导员）与校医院（校医室）的紧密联系，以便及时发现问题及时解决，不可延误。

六、加强培训宣传，确保中小学生在校就餐及食品安全

各学校要根据《食品安全法》和《学校卫生工作条例》等法律法规的要求，认真履行卫生管理职责，确保不出现食物中毒等事故。学校食堂和营养餐企业要严格落实各项卫生安全、食品安全管理规定，完善各项管理制度，建立科学的安全防范网络，确保学生用餐安全。市教委将配合市爱卫会、市卫生计生委适时组织检查督导。

2015 年 4 月 14 日

附件

教育部

关于贯彻落实《国务院关于进一步加强新时期爱国卫生工作的意见》的通知

教体艺〔2015〕1 号

各省、自治区、直辖市教育厅（教委），新疆生产建设兵团教育局：

2014 年 12 月，国务院印发了《关于进一步加强新时期爱国卫生工作的意见》（国发〔2014〕66 号）。2015 年 1 月 21 日，全国爱国卫生工作电视电话会议对贯彻落实国发〔2014〕66 号文件精神提出了明确要求。为贯彻落实国发〔2014〕66 号文件和全国爱国卫生工作电视电话会议精神，现就加强学校爱国卫生工作通知要求如下：

一、充分认识加强新时期爱国卫生工作的重要性。要认真学习并深入领会国发〔2014〕66号文件精神以及对学校爱国卫生工作的具体要求，进一步提高对爱国卫生工作重要性的认识，把加强学校爱国卫生工作作为加强学校综合管理、改善和美化学校环境、培养学生健康意识、促进学生健康成长的重要抓手，确保各项爱国卫生工作措施落细、落小、落实。

二、努力创造促进健康的校园环境。要继续配合发改、水利等部门落实《全国农村饮水安全工程“十二五”规划》，进一步推进农村学校饮水安全工程建设，特别要对《规划》确定的农村学校饮水安全工程建设目标的落实情况进行核实，确保各项具体目标的实现；要主动与卫生计生部门进行沟通和合作，积极争取支持，将学校饮水水质卫生监测纳入农村安全饮水工程监测范围，定期进行水质卫生监测，确保学校师生饮用水安全。要结合全面改善贫困地区义务教育薄弱学校基本办学条件的相关项目，大力开展学校无害化卫生厕所建设；要在爱卫办的指导下，摸清学校非卫生厕所的基本情况，制定学校非卫生厕所改造规划，有计划地开展改厕工作，逐步消除学校非卫生厕所；要加强改厕后续管理，教育和引导学生使用卫生厕所，建立卫生厕所建、管、用并重的长效管理机制。要深入开展学校环境卫生整洁行动，进一步完善环境卫生基础设施建设，建立健全学校卫生保洁制度，重点做好学校垃圾、污水处理和清理学校卫生死角，有效改善学校环境卫生。

三、切实落实学校体育与健康教育。要将健康教育纳入国民教育体系，按照《中小学健康教育指导纲要》要求，以体育与健康课程为主要载体，保证健康教育课时安排，并结合其他相关课程、专题教育、板报宣传等落实健康教育内容，向学生普及健康知识，全面提高学生文明卫生意识和健康素养。要将健康教育纳入“国培计划”及地方对体育及相关学科教师和教研员的培训内容，组织开展健康教育教研活动，提高教师健康教育教学能力，保障健康教育教学效果。要强化体育课和课外锻炼，确保所有学校开足开好体育课程，确保学生每天至少参加1小时校园体育活动，努力提升学生体质健康水平。

四、积极开展学校控烟工作。各地要按照《教育部办公厅、卫生部办公厅关于进一步加强学校控烟工作的意见》（教体艺厅〔2010〕5号）和《教育部关于在全国各级各类学校禁烟有关事项的通知》（教基一函〔2014〕1号）要求，落实各项控烟措施，特别要加大学校控烟宣传教育力度，切实落实托幼机构、中小学校、中等职业学校的室内和校园全面禁烟以及高等学校教学区、办公区、图书馆等场所室内全面禁烟的要求，全面推进无烟学校创建活动。

五、进一步加强学校传染病防控工作。要与卫生计生部门密切合作，进一步完善学校传染病联防联控、群防群控的工作机制，落实各项防控措施。近期，要重点加强冬春季传染病的防控工作，开展呼吸道传染病防治知识的宣传教育，做好教室、宿舍、图书馆、食堂等人群聚集场所的清洁及通风换气，健全晨检及因病追查与登记制度，确保传染病疫情早发现、早报告、早处置，有效控制传染病的传播，维护师生身体健康。

各地要认真贯彻落实国务院要求，结合教育和当地的实际，对加强新时期学校爱国卫生工作进行部署，研究制订2015年学校爱国卫生工作计划，于3月1日前将部署情况和工作计划报我部体育卫生与艺术教育司。

2015年1月27日

北 京 市 教 育 委 员 会
北京市卫生和计划生育委员会

关于做好 2015 年北京市学校卫生工作的通知

京教体艺〔2015〕7 号

各区县教委、卫生计生委（卫生局），市疾病预防控制中心：

依据《学校卫生工作条例》、《北京市中小学校卫生防病工作规划（2010～2015）》以及我市的实际情况，现将做好 2015 年北京市学校卫生工作有关事项通知如下：

一、进一步落实学校卫生“十二五”规划

（一）加强学校卫生监测体系建设。按计划开展中小学生健康体检，实施健康监测，覆盖全市中小学生；完成教学环境卫生监测，覆盖不少于 50％的学校；按计划完成中小学生营养状况监测以及青少年烟草使用情况监测。

（二）继续开展对学校卫生专业技术人员的培训和所有中小学校进行卫生视导工作，重点指导学校落实传染病防控和防近视、控肥胖等防病措施。

（三）开展《北京市中小学校卫生防病工作规划（2011～2015）》终期评估。根据考评目标和视导工作的计划，重点对防控措施的落实和疾病预防控制目标的完成情况进行督导，提出当前学校卫生防病工作中存在的主要问题，为“十三五”规划的制定提供依据。

二、加强学校传染病防控工作

切实做好学校传染病和突发公共卫生事件的预防控制工作，做好预防接种证查验工作，完善并落实学校晨午检制度，以便学校及时掌握学生缺课原因和学生疾病发生、发展情况，尽早发现异常情况。

三、全面开展防近视、控肥胖工作

（一）继续组织专家深入中小学校开展“专家进校园健康大讲堂”活动，年底前专家讲堂覆盖到所有中小学校。同时完成优秀课程评选工作。

（二）开展以“家校携手共促健康”为主题的健康月等系列活动。5～6 月份举办“我的家庭锻炼日记——我和家长一起锻炼”为主题的家庭锻炼摄影作品征集活动，推进学校、家长和学生共同开展防控肥胖、促进学生的自我健康管理。9 月份，以学校为单位广泛开展防近视控肥胖健康教育宣传活动。充分利用“北京市中小学健康管理家校合作系统”开展健康作业和家庭健康管理，将学生防病工作深入到家庭。向小学一年级新生家长发放《小学新生家长健康必读》。

（三）全面开展视力不良警示和分级管理工作。根据市教委、市卫生计生委去年下发的《关于做好 2014 年北京市中小学生视力不良警示工作的通知》的要求开展视力不良警示与分级管理工作，对视力不良Ⅱ级以上警示的学校开展现场督导，并将督导情况形成报告逐级上报，督导覆盖率 100％。市教委、市卫生计生委将组织专家，对视力不良Ⅱ级以上警示的区县、以及数据波动幅度较大的区县进行现场指导。

（四）加强对学校校医、保健教师和教职员工的培训，普及学校卫生法规和相关标准。今年重点结合《中小学校教室采光和照明卫生标准》、《学校课桌椅功能尺寸及技术要求》和《中小学校设计规范》，开展合理使用教室照明设备、科学调整课桌椅等技术培训。

合理调整布置课桌椅，科学开窗通风。

四、北京市中小学校控烟能力建设

依据国家有关标准和《北京市控制吸烟条例》的相关规定，进一步推进无烟学校建设。继续开展《北京市控制吸烟条例》的宣传培训工作，做好“世界无烟日”主题宣传活动。同时做好学校控烟效果的评估。

五、健康促进学校

根据《北京市健康促进学校工作管理办法》，市健康促进学校领导小组拟于 2015 年 4 月开展 2015 年健康促进学校市级验收工作。在此基础上，适时推出北京市健康促进学校星级标准评审工作，推进健康促进学校工作的深入开展。

2015 年 4 月 14 日

北京市教育委员会

关于做好 2015 年高级中等学校招收体育艺术科技特长生工作的补充通知

京教体艺〔2015〕8 号

各区县教委：

根据《北京市教育委员会关于做好 2015 年高级中等学校招收体育艺术科技特长生工作的通知》（京教体艺〔2015〕4 号）精神，2015 年我委对体育、艺术和科技特长生（以下简称“特长生”）招生工作进行了相关改革。其中，具有全市招生资格的首都功能核心区和城市功能拓展区的学校，须按照招收特长生计划15%的比例面向城市发展新区和生态涵养区招生。为进一步明确特长生招生有关政策，保障考生的实际利益，确保我市招生工作公平、公正、公开，现将有关事宜通知如下：

一、招收特长生的学校要严格按照《北京市高级中等学校招生简章（2015年）》公布的招生项目、招生范围和招生计划招生。

二、考生须按学籍所在区县（往届生按初三毕业学校所在区县）参加特长生招生，学籍信息根据北京市中小学学籍管理系统（CMIS）确定。

三、各区县教委要及时向招生学校、考生和家长宣传解读特长生招生政策，确保我市中考中招工作顺利进行。

2015年4月30日

北京市教育委员会

关于公布北京市中小学健康教育活动案例展评获奖情况的通知

京教函〔2015〕430号

各区县教委：

2014年我委在全市开展了健康教育活动成果展评活动，共收到课件281件，其中小学146件，中学135件。内容涉及：儿童青少年生长发育、心理健康、学生常见病预防与控制、健康相关危险行为、传染病防控等内容。

经专家评审，东城区教委等3个单位获得组织奖；宣武师范学校附属第一小学蔺滨滨《做自己的小卫士》等8个课件获得特等奖；顺义区扬镇中心小学校高静《寻找好心情》等29个课件获得一等奖；昌平区沙河中心小学代征《爱护眼睛》等86个课件获得三等奖。现将获奖名单予以公布。

各区县要以此为契机，认真贯彻落实《中小学健康教育指导纲要》（教体艺〔2008〕12号）等文件精神，进一步加强学校健康教育工作，不断提高健康教育师资建设水平。组织教师理清健康教育的新概念，及时更新健康教育的核心信息，抓住教学的重点和难点，灵活选择行之有效的方法，以更好的培养学生的健康意识与公共卫生意识，促进学生养成健康的行为和生活方式。

附件：北京市中小学健康教育活动案例展评获奖名单

2015年8月28日

附件

北京市中小学健康教育活动案例展评获奖名单

一、组织奖（3个）

东城区教委

海淀区教委

门头沟区教委

二、特等奖（8个）

蔺滨滨　做自己的小卫士（宣武师范学校附属第一小学）

赵豫红　预防近视（东城区西总布小学）
徐文　寻找快乐（东城区和平里第四小学）
赵雪　主动拒绝不良诱惑——学会说“不”（北京市第二十七中学）
刘莹　认识毒品（北京景山学校）
何虹　呵护花季绽放青春——识别、防范“性骚扰”（北京市京源学校）
杨丽萍　合理膳食（北京市第十一中学）
王振宏　关爱艾滋，关爱生命（房山区良乡第二中学）

三、一等奖（29个）

高静　寻找好心情（顺义区扬镇中心小学校）
王明星　不烦不恼——情绪调节有方法（东城区府学胡同小学）
王颖　学会宽容、快乐生活（海淀区亮甲店小学）
李艳　我进步　集体优（顺义区板桥中心小学校）
王冬春　认识事物宝塔（通州区运河小学）
常元　牙齿，我们的朋友（门头沟区大峪第二小学）
邵彦川　认识自然灾害与程度（怀柔区第六小学）
马洪杰　预防摔伤（平谷区第二小学）
马冬梅　安全伴我在校园（密云县第六小学）
张小娇　安全用药（平谷区马坊镇第二学区）
孟海燕　保护眼睛，预防近视（密云县密云镇中心小学）
万长立　用心倾听（延庆县太平庄中心小学）
杨冬晨　洁牙护齿　从小做起（东城区特殊教育学校）
陈佳云　爱护眼睛（燕山区星城小学）
岳欣欣　有效交流（北京市第55中学）
刘莹　只说给青春期的女孩子听（北京景山学校）
张荣录　笑迎花季（西城外国语学校）
辛晓莲　同学、朋友（北京市十一学校）
冷佳萍　学会优雅地说“不”（中国人民大学附属中学分校）

蒋亚芬 反对歧视（延庆县康庄中学）
宋飞 花季青春之校园“绯闻”（北师大实验二龙路中学）
李彦棚 不伤感情（北京市育英学校）
张晶 喝出健康（北京市东直门中学）
彭玉华 青春的歌青春的情（首师大附属红螺寺中学）
黄璐珊 珍爱生命，远离艾滋（北京市国子监中学）
张升军 谈性说爱（北京市育园中学）
黄维超 了解“艾”奉献“爱”（清华附中永丰学校）
陈玥 解密性别魅力（西城外国语学校）
伊雅菲 青春的花朵（北京市大峪中学分校）

四、二等奖（41 个）

代征 爱护眼睛（昌平区沙河中心小学）
张鑫竹 对性骚扰大声说“不”（朝阳区安慧里中心小学）
韩雪 学会放弃（大兴区亦庄镇第一中心小学）
王静 让心灵的窗户永远明亮（海淀区西苑小学）
林洁 合作的魅力（海淀区玉泉小学）
张爱珍 和谐生活一点通（朝阳区安慧里中心小学）
靳红霞 讲究个人卫生（顺义区马坡中心小学校）
高悦 化解矛盾我能行（石景山区古城第二小学）
高立杰 预防营养不良（海淀区二里沟中心小学）
牛辉 花季少女轻松度“假”（宣武师范学校附属第一小学）
黄春华 营养搭配，吃出健康（平谷区金海湖第二小学）
王艺儒 爱护自己的身体（北京市史家小学通州分校）
刘洪月 辣条的研究（综合实践课）（大兴区第三小学）
曹冬梅 抛弃烦恼、快乐相伴（海淀区太平路小学）
马艳 珍爱心灵之窗（门头沟区东辛房学校）
刘铭 青春期的我——女孩篇（平谷区大兴庄学区）
周东娜 保护牙齿（顺义区裕达隆小学）
曹晶 三个儿子（门头沟区琉璃渠小学）

陈晓英　珍爱生命（宣武师范学校附属第一小学）
龙晓欣　心理健康课——珍惜时间（大兴区第五小学）
王利　学会观察（密云县太师屯镇中心小学）
王道静　我会观察了（石景山区实验小学）
骆建新　垃圾桶的烦恼（海淀区花园村第二小学）
李春艳　要吃好（密云县高岭镇中心小学）
宁淑从、敖春鹏　花季少年　异性交往（石景山区六一小学）
高春华　擦亮心灵的窗户，避免加入近视族（门头沟区育园小学）
张渝鸿　情绪看台（中国地质大学附属中学）
张新蕾　青春期之自我认识（北京市第八中学）
穆丽平　让我们共同掌舵友谊之舟（顺义区大孙各庄中学）
孙方芝　人体的生长和发育（北京市第十一中学）
王元元　远离毒品　健康生活（北京市徐悲鸿中学）
陈贤娥　相逢是首歌（北京市第五十中学）
尤扬　感恩父母（北京市第二中学分校）
黑远智　换位家长（古城中学）
佘晓君　发现自我之美（北京市第十四中学）
刘媛媛　合作的秘密（北京市玉渊潭中学）
李响　保护自己、快乐成长（北方交通大学附属中学）
胡艳　人际交往　一小我　大集体（大兴区兴华中学仰山校区）
李冬卉　我的时间，我做主（通州区第二中学）
张梦初　珍爱生命　远离毒品（房山区南尚乐中学）
杨春平　艾滋病——我们应如何面对（平谷区第三中学）
揭勇艳　远离毒品，守护青春（北京市第五十中学分校）
郑未艾　年少情怀一高中生异性交往原则（北京市第三中学）
赵玉娟　有限生命，价值永恒（顺义区第八中学）
郑启昌　视觉形成和视觉异常（房山区良乡行富园学校）

五、三等奖（86个）

刘菁　讲究个人卫生（东城区和平里第九小学）
赵悦　安全上网（东城师范学校附属小学）
孙彬　我是“光盘族”（东城区金台书院小学）
李楠　保护牙齿（怀柔区渤海镇中心小学）
徐淑霞　法治小课堂——自我保护（海淀区羊坊店中心小学）
滕桂玲　压力，我们做朋友（朝阳区安慧里中心小学）
张海建　“生命＝一”主题班会（大兴区庞各庄镇第一中心小学）
吴丽梅　我的朋友（东城区史家胡同小学）
程静　男生女生一青春期异性交往辅导（顺义区石园小学）
张雪双　阳光运动小达人（大兴区第五小学）
王阳　高年级形体训练《美丽的小孔雀》（石景山区京源学校小学部）
马雯　相信自己（门头沟区大台中心小学）
李芳　擦亮心灵的窗户　避免加入近视族（延庆县下屯中心小学）
于德英　识别易引起食物中毒的食品（门头沟区大峪第一小学）
任文昊　爱护眼睛，远离近视（怀柔区第一小学）
刘利平　快乐时光（海淀区台头小学）
张文娜　别样的我（顺义区沿河中心小学校）
于珊珊　珍爱生命，健康成长（东城区革新里小学）
肖宁宁　走进营养世界（北京第一师范学校附属小学）
董兆英　创意服装 DIY（宣武师范学校附属第一小学）
杨宝霞　我的注意力我做主！（昌平区北七家中心小学）
王秀丽　做情绪的主人（昌平区南口中心小学）
刘晨　保护视力，预防近视（东城区培新小学）
秦亚鹏　动物性食物的营养（北京师范大学附属实验小学）
付莉　朵朵花儿向阳开（中国人民大学附属中学实验小学）
陈素菊　“聪”的秘诀——学生注意力训练（顺义区板桥中

心小学校）

钱首辰　环境与健康（东城区北锣鼓巷小学）

赵欣　你很棒，我很棒，大家合作会更棒（密云县太师屯镇中心小学）

张莹　我换牙了（密云县太师屯镇中心小学）

宋得蕊　小背心和小裤衩（大兴区第四小学）

周振风　轻微伤害会处理，紧急应对险化夷（密云县西田各庄镇中心小学）

吴玉娜　学会保护自己（延庆县千家店小学）

吴亚娟　爱护眼睛主题班会（大兴区庞各庄镇第一中心小学）

李莲华　学会交往健康成长（海淀区羊坊店中心小学）

张丽娜　爱护牙齿从我做起（通州区宋庄镇中心小学）

黄俊　换个角度想（西城区炭儿胡同小学）

李亚梅　远离毒品（北京光明小学）

刘刚　谁是英雄（昌平区大东流中心小学）

杨利利　亲情的魅力——谈如何与父母交往（顺义区第三中学）

宋芝娟　视觉的形成、异常和保健（北京育才学校通州分校）

周秋芬　人际交往之学会倾听（平谷区大华山中学）

刘国平　萌动的青春情（平谷区第五中学）

李俊文、曹绍红　营养标签主题班会（顺义区第一中学）

张晓军　撑起爱的天平一爸爸妈妈我爱你（顺义区第二中学）

孙晓丹　保护自己，预防艾滋（房山区韩村河中学）

昝晓英　学会调节消极情绪（北京航空航天大学附属中学）

张霞　善解人意你最美（北京市中关村中学）

李静　艾滋病的预防（首师大附中永定分校）

张一　生命是宝贵的（密云县第三中学）

斯媛　传染病及其预防（北京市第十一中学）

蔡涤　珍爱生命，远离毒品（平谷区第六中学）

牛城芳　眼球成像及近视的形成和预防（北京市第二十七中学）
李春艳　识别危险行为（密云县河南寨中学）
蔡廷飙　永不吸烟（房山区张坊中学）
纪学平　中学生心理健康教育《友情的润滑剂》（北京市明光中学）
李美英　珍爱生命　拒绝毒品（房山区良乡三中）
张珊珊　生命的觉醒（大兴区第八中学）
耿文海　好习惯成就大梦想（燕山区星城中学）
冯红梅　传染病及其预防（北京市万寿寺中学）
周荣华　近视的预防（门头沟区西辛房中学）
武福燕　选择健康的生活方式（北京市北达资源中学）
李保松　青春期人际交往指导教育（合作增效）（北京市第十九中学）
代玉美　诠释男子，做魅力男生（大兴区一中）
刘华　少年若天性　习惯如养成——我的自习我约定（北京京源学校）
包鑫　我是男生　我是女生——我的性别我喜欢（北京市十五中）
刘清翠　健康生活　远离毒品（北京市古城中学）
徐培培　善待自己　远离危险（房山区韩村河中学）
康育杰　巧加工妙整理——助你高效学习（石景山区实验中学）
王宏云　我们为“性”准备好了吗？（延庆县第二中学）
刘英　科学健康上网（房山实验中学）
王宏云　如何结束一段关系（延庆县第二中学）
李梦璐　呵护青春——从人际距离谈自我保护（北京市第三中学）
邵冬梅　我是谁？——正确认识自己（顺义区张镇中学）
史天慧　朋友之间（北京市第六十二中学）
梁娜　预防艾滋病（房山第五中学）

葛科学　人体的体温调节（北京航空航天大学附属中学）
郑启昌　免疫（房山区良乡行宫园学校）
刘岩　女子防身术（怀柔区庙城学校）
李伟　合理使用网络，做网络主人（大兴区青云店中学）
郭明军　艾滋病及预防（北京师范大学第三附属中学）
陈玲　成长路上，你我同行（昌平区小汤山中学）
韩艳香　传染病及其防御（大兴区定福庄中学）
侯英杰　血糖的调节（北京航空航天大学附属中学）
蒋华香　叩问心灵　眺望生命（北京市第六十五中学）
申雅洁　拒绝含糖饮料——想想你在喝什么 rethink your drink（北京市第二十四中学）
何力　和不良情绪说拜拜（北京市航天中学）

北京市教育委员会

关于做好 2015 年国家学生体质健康标准测试工作的通知

京教函〔2015〕486 号

各区县教委、高等学校、中等职业学校：

2014 年，教育部印发了《国家学生体质健康标准（2014 年修订）》（以下简称“《标准》”）和《学生体质健康监测评价办法》（以下简称“《办法》”），并要求在各级各类学校全面实施。目前，全市大中小学基本建立了面向全体学生的测试制度。为提高本市学生体质健康监测评价的制度化、规范化和科学化水平，推动学生综合素质评价工作，现将2015年国家学生体质健康标准测试有关要求通知如下：

一、面向全体学生开展体质健康标准测试

2015年，本市《标准》测试工作力争实现“双百”的目标，即上报学校达到100%，上报学生数达到100%。为此，各区县教委和各级各类学校要认真做好以下工作：

（一）明确工作任务

2015年，本市各级各类学校要按照《国家学生体质健康标准（2014年修订）》相关要求开展测试工作。各中小学校要分别向教育部中国学生体质健康网（www.csh.edu.cn）和北京市国家学生体质健康标准服务网（http://tz.bjedu.cn）报送《标准》测试数据，高等学校和中等职业学校只向教育部报送数据。

1. 上报时间

各级各类学校要在11月1日至12月18日期间完成数据上报工作。各区县教委要在12月25日（星期五）之前，在教育部中国学生体质健康网和北京市国家学生体质健康标准服务网上完成辖区内中小学校《标准》测试数据审核确认工作。

2. 报送要求

请各区县教委和各级各类学校登录（http://tz.bjedu.cn），下载“2015年国家学生体质健康标准测试数据上报工作用户手册”，认真阅读并按要求完成数据上报工作。

（二）规范工作程序

1. 做好培训宣传

市教委定于10月中旬举办2015年《标准》测试及数据上报工作培训会（具体时间另行通知），并通过北京市国家学生体质健康标准服务网发布与学生体质健康测试有关的信息。各区县教委要做好学校相关人员培训工作，确保《标准》测试及数据上报工作不留死角。各级各类学校在《标准》测试之前，要采取多种方式向学生宣讲测试工作的有关规定，涉及到学生切身利益的关键环节和工作要求，必须在校园宣传栏进行公示。

2. 制定工作方案

各区县教委和学校要制定《标准》测试与数据上报工作方案，方案中要明确本区县《标准》测试工作的领导小组成员、具体负责人，以及具体工作安排。各中小学校工作方案于10月23日（星期五）前报区县教委备案；各区县的工作方案于10月30日（星期五）前报市教委体卫艺处备案。

3. 开展测试工作

《标准》测试工作要严格按照《教育部关于印发国家学生体质健康标准（2014年修订）的通知》（教体艺〔2014〕5号）和《学生体质健康监测评价办法》的有关要求执行。学校要对测试设备、场地等进行检查，避免测试数据错误，减少测试误差。要安排好测试时间，妥善处理雾霾等恶劣天气对测试工作造成的影响。要高度重视安全工作，加强学生运动安全教育，严禁学生带病参加测试，严防学生人身伤害事故的发生。因病或残疾暂缓或免予执行《标准》的学生，要按程序办理相关手续。

2015年9月1日至12月20日期间，学生健康体检的数据可以与《标准》部分项目实现数据共享，区县教委要做好统筹工作，避免重复测试。鼓励各区县教委和各级各类学校通过购买第三方服务的方式，开展大中小学生《标准》测试及数据上报和数据分析等相关工作。

4. 做好上报工作

各级各类学校要坚持实行测试结果公示制度，按年级、班级、性别等不同类别在校内公布学生体质健康测试的总体结果。在数据上报过程中，要认真履行审查复核、家长回执、数据校正、网络上传、校园公示等环节，做到不漏报、不错报。其中，家长回执单和校内公示单要作为学校体育工作档案留存、备查。对弄虚作假、误报、迟报者，要追究相关人员和学校的责任。学校在公示体质健康信息时不得泄露学生个体的信息和侵犯其个人隐私。高等学校和中等职业学校参照执行。

（三）强化过程管理

1. 强化安全管理工作

各区县教委要加强学生体质健康监测评价技术培训。指导学校妥善处理好各种恶劣天气和特殊自然条件下的测试工作。积极做好测试工作的医疗防护措施和安全预案。因病或残疾学生可依申请准予暂缓或免于体质健康测试。

2. 做好测试监管工作

各区县教委要建立监督检查机制，加强对辖区内中小学的监管，要组织相关人员对测试结果进行随机抽查和复核，确保上报数据真实、准确。要认真核实辖区内中小学校的数量，填报《北京市各区县中小学校基本情况统计表》（附件1，略），并提交市教委审核，确保本地区学校数据上报率达到100％。高等学校要强化内部管理，开展自查复核工作。各区县教委和各级各类学校要设立《标准》测试工作监督电话，并向社会公开，接受社会咨询和监督。教育部将在2015年11月1日至30日期间，将组织开展“2015年国家学生体质健康标准测试抽查复核”工作。

3. 加强测试数据研究

各区县教委和各级各类学校要通过监测评价，动态把握学生体质健康变化趋势，及时分析测试结果，深度查找影响因素，开展体质健康预警，完善学生体质健康改善措施，提高学校体育工作的针对性、实效性和科学决策水平。

4. 强化测试数据应用

学校要按要求制作《国家学生体质健康标准登记卡》，规范记录每一名学生的体质健康测试成绩及其评定等级。小学将体质健康测试情况列入学生成长记录或素质报告书，初中以上学校列入学生档案，作为学生综合素质评价和学业水平考试的重要指标和内容。高等学校要将体质健康测试情况作为学生评优评先、毕业考核的重要依据。各区县教委要将学生体质健康状况作为评价学校教育质量的重要指标。

二、做好北京市中小学生《国家学生体质健康标准》测试赛筹备工作

2015年，市教委委托北京市学生体质健康监测和分析中心，在首都体育学院举办第九届北京市中小学生《国家学生体质健康标准》测试赛，时间定于10月23至25日。请各区县教委和学校认真完成在籍学生的学籍核对工作。

各区县教委要督促学校及时更新数据，特别是抽测年级（小学五年级、初中二年级、高中二年级）的数据变更工作，包括在校学生的数据信息更改和不在校学生的学籍异动等，并向市、区信息中心同步数据，数据同步截止时间为10月16日（星期五）。抽签时被抽到参加测试的学校将以市级学籍数据库的信息为准，不再更改。

各区县教委相关部门要相互配合，特别是信息部门要及时做好数据更新、数据同步以及学生卡（学籍IC卡）制发等技术支持工作，并向学籍部门通报学校数据和同步情况。

各学校要确保本校数据的完整准确，要保证学生学籍号、学生照片、学生姓名等信息的准确，确保抽测年级的学生人手一卡（学籍IC卡），无卡学生要及时上报补卡。

三、规范《标准》数据的补报与更正工作程序

各中小学校在完成《标准》测试数据上报后，需要对上报数据进行补报或更正者，严格按照工作程序，完成学校申报、区县核实和市级备案三个环节。市、区两级教育行政部门不受理个人申请变更的行为。

各区县教委要对《标准》数据上报工作中出现错误的学校进行通报批评；对连续3年在《标准》数据上报工作中出现错误的学校，在评优评先中实行“一票否决”。

（一）更正时间

每年 3 月 25 日至 4 月 15 日期间，集中办理《标准》数据补报和更正。

（二）程序要求

1. 学校申报

（1）学校发现上报数据错误后要认真查找原因，总结经验并制定整改方案，对相关责任部门和责任人进行批评教育，并填写《北京市中小学〈国家学生体质健康标准〉学校数据补录和更正申请表》（见附件 2，略）。

（2）登陆北京市国家学生体质健康标准测试数据管理与报送系统（http：//tz. bjedu. cn/），按照补录和更正数据模板，录入相关信息，进行上传。上传成功后，系统将自动生成《学生体质健康数据补录和更正名细汇总表》。更正的学生数据，必须由学生当年学籍所在学校上传。

（3）对《学生体质健康数据补录和更正名细汇总表》进行核对，确认无误后，打印并加盖学校公章，连同《北京市中小学〈国家学生体质健康标准〉学校数据补录和更正申请表》，上报区县教委。

2. 区县审核

区县教委要严格审核学校上报的有关材料，并组织相关人员到学校实地调研，确保无误后，填报《北京市中小学〈国家学生体质健康标准〉区县数据补录和更正汇总表》（附件 3，略），并将学校上报的《北京市中小学〈国家学生体质健康标准〉学校数据补录和更正申请表》、《学生体质健康数据补录和更正名细汇总表》，以及区县教委更正数据的书面请示和相关处理意见报市教委。

3. 市级审核

市教委将采取随机抽查的方式，对区县上报的更改申请进行实地调研、测试，并建立问责机制。对弄虚作假者，追究相关人员的责任。

四、数据上报及测试赛相关工作联系方式（略）

附件：1. 中小学校基本情况统计表（略）

2. 北京市中小学《国家学生体质健康标准》学校数据补录和更正申请表（略）
3.《国家学生体质健康标准》数据补录和更正汇总表（略）

2015 年 9 月 30 日

北京市教育委员会
北 京 市 体 育 局

关于做好 2016 年本市高中运动员技术等级测试工作的通知

京教体艺〔2015〕17 号

各区教委、体育局：

为贯彻落实教育部有关体育特长生招生政策，保障考生的合法权益，严肃考试纪律，保证高校招收体育特长生工作的顺利进行，根据教育部《2004 年普通高等学校招生工作规定》，以及教育部、国家民委、公安部、国家体育总局、中国科学技术协会《关于进一步减少和规范高考加分项目和分值的意见》要求，2016 年本市将继续开展高中运动员技术等级测试工作。现将有关事宜通知如下：

一、资格条件

凡符合《北京市 2016 年普通高等学校招生报名通知》（京考高招〔2015〕22 号）中规定的报名条件，并且在 2015 年 1 月 1 日前高中阶段获得二级以上（含二级）运动员技术等级称号的应届高中毕业生。其中：

（一）运动员技术等级称号，是国家体育总局根据制定颁布的各项目《运动员技术等级标准》（体竞字〔2013〕177号），对达到相应运动成绩标准运动员的一种称谓，由高到低依次为：国际级运动健将、运动健将、一级运动员、二级运动员、三级运动员。

（二）北京市关于运动员技术等级的申请、审核、审批、授予等工作，严格按照国家体育总局颁布的《关于印发新修订的〈运动员等级管理办法〉的通知》（国家体育总局令第18号）和北京市体育局《关于印发新修订的〈北京市运动员技术等级管理办法〉的通知》（京体竞技字〔2014〕6号）等相关文件执行。

（三）报名考生所获运动技术等级以国家体育总局官方网站中“运动员技术等级综合查询系统”为唯一依据。

（四）北京户籍的学生持有非北京市颁发的运动员等级证书不予承认。获得等级证书时是外地户籍及学籍的学生，须出示所在省（直辖市、自治区）级教育行政部门的相关证明，由区、市教委确认。

二、测试项目和标准

（一）项目：田径、游泳、足球、篮球、排球、乒乓球、羽毛球、武术（含套路、散打）、跆拳道和健美操，共10项。

（二）标准：各项目测试具体标准由测试专家委员会研究制定（已经在北京教育考试院网站公布，网址：http：//www.bjeea.cn/）。

三、测试工作的程序

高中运动员技术等级测试工作包括学生申请及资格审核、测试报名、测试、成绩公布四个阶段。

（一）学生申请及资格审核

测试资格审核采取三级审核制度：学校初审、区级复审、市级终审。市、区两级的审核由其教育、体育部门共同进行，市级终审不合格者不能报名参加测试。

具体要求如下：

1. 学校初审

学校接到学生申请后，对其是否符合资格条件进行审核，初审合格后将名单在校内公示一周，无异议后，各学校于2015年12月12日至2016年3月4日期间登陆高中等级运动员成绩管理系统(tys. tmc. bjedu. gov. cn)，统一将学生个人及竞赛成绩等相关信息录入《北京市高中毕业生等级运动员成绩管理系统》(具体办法详见网站tys. tmc. bjedu. gov. cn)。上报申请的学生需要本人留存比赛成绩证明、运动员等级证书等材料备查。

2. 区级复审

区教委和体育局根据各学校的上报情况，在审核期内对学校的网上送审材料进行复审，于2016年3月10日前完成复审并将审核结果通知学校。

3. 市级终审

市教委和市体育局对区级复审后的材料进行联合终审认定，并于2016年3月20日前完成终审。

4. 资格审核结果公示

市级终审完成后，市教委、市体育局和市教育考试院分别将资格审核结果上网公示一周。

5. 报送要求

各学校、各区级审核部门必须严格按照规定时限完成相应工作，过时不予补办。

(二) 测试报名及测试办法

资格审核通过的考生可报名参加北京市高中运动员技术等级测试。测试报名及测试办法具体由北京教育考试院制定并下发。考生可于2016年3月下旬以后登录北京教育考试院网站(http://www. bjeea. cn/)了解相关信息，在指定的时间完成报名和测试。

(三) 成绩公布

根据考生的测试成绩，对测试合格学生再次进行审核确认后，市教委、市体育局和北京教育考试院分别将测试合格学生名单在规定时间内上网公示一周，公示期结束后正式公布最终结果。

未参加测试或测试不合格者均不能享受相应的体育特长生高考录取加分政策。未能按规定时间测试的考生一律不予补测。

四、其他事项

（一）对于测试中出现的违纪行为，依据相关文件规定处理，并追究相关部门责任。

（二）市教委是测试工作的主管部门，具体测试工作由北京教育考试院负责组织实施。

（三）具体实施过程中的有关问题，最终由市教委负责解释。

附件：北京市2016年高中运动员技术等级测试申报系统项目代码

2015年12月2日

附件

北京市2016年高中运动员技术等级测试申报系统项目代码

序号	项目代码	性别	项目名称	序号	项目代码	性别	项目名称
1	101	1	男子100米	8	115	1	男子10000米
2	103	1	男子200米	9	117	1	男子110米栏
3	105	1	男子400米	10	119	1	男子400米栏
4	107	1	男子800米	11	121	1	男子3000米障碍
5	109	1	男子1500米	12	123	1	男子10000米竞走
6	111	1	男子3000米	13	201	1	男子跳高
7	113	1	男子5000米	14	203	1	男子撑竿跳高

续表 1

序号	项目代码	性别	项目名称	序号	项目代码	性别	项目名称
15	205	1	男子跳远	40	401	1	男子足球
16	207	1	男子三级跳远	41	403	1	男子篮球
17	209	1	男子铅球	42	405	1	男子排球
18	211	1	男子铁饼	43	411	1	男子乒乓球
19	213	1	男子标枪	44	413	1	男子羽毛球
20	215	1	男子链球	45	417	1	男子武术
21	217	1	男子全能	46	419	1	男子跆拳道
22	219	1	男子马拉松	47	421	1	男子健美操
23	301	1	男子 50 米自由泳	48	102	2	女子 100 米
24	303	1	男子 100 米自由泳	49	104	2	女子 200 米
25	305	1	男子 200 米自由泳	50	106	2	女子 400 米
26	307	1	男子 400 米自由泳	51	108	2	女子 800 米
27	309	1	男子 800 米自由泳	52	110	2	女子 1500 米
28	311	1	男子 1500 米自由泳	53	112	2	女子 3000 米
29	313	1	男子 50 米仰泳	54	114	2	女子 5000 米
30	315	1	男子 100 米仰泳	55	116	2	女子 10000 米
31	317	1	男子 200 米仰泳	56	118	2	女子 100 米栏
32	319	1	男子 50 米蛙泳	57	120	2	女子 400 米栏
33	321	1	男子 100 米蛙泳	58	122	2	女子 3000 米障碍
34	323	1	男子 200 米蛙泳	59	124	2	女子 5000 米竞走
35	325	1	男子 50 米蝶泳	60	202	2	女子跳高
36	327	1	男子 100 米蝶泳	61	204	2	女子撑竿跳高
37	329	1	男子 200 米蝶泳	62	206	2	女子跳远
38	331	1	男子 200 米混合泳	63	208	2	女子三级跳远
39	333	1	男子 400 米混合泳	64	210	2	女子铅球

续表 2

序号	项目代码	性别	项目名称	序号	项目代码	性别	项目名称
65	212	2	女子铁饼	80	322	2	女子 100 米蛙泳
66	214	2	女子标枪	81	324	2	女子 200 米蛙泳
67	216	2	女子链球	82	326	2	女子 50 米蝶泳
68	218	2	女子全能	83	328	2	女子 100 米蝶泳
69	220	2	女子马拉松	84	330	2	女子 200 米蝶泳
70	302	2	女子 50 米自由泳	85	332	2	女子 200 米混合泳
71	304	2	女子 100 米自由泳	86	334	2	女子 400 米混合泳
72	306	2	女子 200 米自由泳	87	402	2	女子足球
73	308	2	女子 400 米自由泳	88	404	2	女子篮球
74	310	2	女子 800 米自由泳	89	406	2	女子排球
75	312	2	女子 1500 米自由泳	90	412	2	女子乒乓球
76	314	2	女子 50 米仰泳	91	414	2	女子羽毛球
77	316	2	女子 100 米仰泳	92	418	2	女子武术
78	318	2	女子 200 米仰泳	93	420	2	女子跆拳道
79	320	2	女子 50 米蛙泳	94	422	2	女子健美操

北京市教育委员会
北京卫戍区司令部
北京卫戍区政治部

关于公布学生军事训练开展30周年理论研究暨学术交流活动获奖名单的通知

京教体艺〔2015〕19号

各区教委、人武部，各高等学校：

根据北京市教育委员会 北京卫戍区司令部 北京卫戍区政治部《关于学生军事训练开展30周年理论研究暨学术交流的通知》（京教函〔2015〕220号）要求，我市举办了学生军事训练开展30周年论文评选活动。

此次活动共收到来自全市20所高校及7个区县120余名军事课教师、人武干部、辅导员撰写的论文98篇。经国防大学、空军指挥学院以及市教委高校军事课教学指导委员会相关专家的评审，北京宏志中学肖妍、徐希秀《高中军训存在的问题及对策研究》等14篇论文获得一等奖，北京市第六十七中学李彦博《试论国防教育与素质教育的关系》等24篇论文获得二等奖，首都师范大学第二附属中学武晓光、郑啸峰《国防教育对学生心理的影响》等34篇论文获得三等奖。现将获奖名单予以公布。

各区、各高校要以此次评选活动为契机，坚持问题导向和内涵提升的原则，进一步加强学生军训工作的理论研究和学术交流，激发教师的积极性、责任感和使命感，积极为学生军训工作和国防教育工作的科学发展建言献策，推动此项工作的科学发展。

附件：学生军事训练开展 30 周年理论研究暨学术交流活动获奖名单

2015 年 12 月 15 日

附件

学生军事训练开展 30 周年理论研究暨学术交流活动获奖名单

一等奖

论文题目	作者	作者单位
高中军训存在的问题及对策研究	肖妍 徐希秀	北京宏志中学
中学生国防教育形式要注意多样化	江金玲	北京市第六十七中学
基于高中生知识结构与身心特点的军训教育探究	胥令峰	北京现代职业学校
从童子军组织反观我国高中军训目标的达成与途径	高泳锦	北京市龙潭中学
关于当前高中生军训的若干问题与思考	贾广勇	丰台区东铁匠第一中学
着眼非传统安全威胁拓展学生军训内容	李金山	北京汇文中学
高等师范院校国防教育课程教学改革研究	徐惠	首都师范大学
澄清思想认识，把握工作特点，推动学生军训工作的改革创新	丛迪	北京化工大学
高校学生军训的群体心理研究与组织实施	王欣涛 于超美	北京大学

续表 1

论文题目	作者	作者单位
实践育人：高校军事课教学创新机制研究	陈波 王沙骋	中央财经大学
对于“95后”大学生军训思政工作的思考与探索	屈亦成	北京航空航天大学
艺术院校国防教育特色研究	平睿 陈红祥	中央戏剧学院
也谈民办高校实行“三合一”军训模式	李淑华 王正顺	北京城市学院
公安院校军训教学内容和方法研究	王斌	中国人民公安大学

二等奖

论文题目	作者	作者单位
试论国防教育与素质教育的关系	李彦博	北京市第六十七中学
初探如何更好提升和延续高中学生军训的有效性	于凤梅	北京宏志中学
关于中学生军事训练分层次训练模式的构建	徐新京	北京宏志中学
中学物理教学中渗透国防教育的探索	张利民	北京医学院附属中学
谈国防教育在语文学科中的渗透教学	李鹤	北京市八一中学
对中职生新型军训模式的思考	张春利	北京市平谷区第一职业学校
中学生军训的特征以及基本规律论述	代寿森	北京宏志中学教育处
发挥军训育人功能提高学生综合素养	及淑红	北京师范大学燕化附属中学
军训——高中第一课	齐红	北京市明光中学
以校园文化为切入点加强国防教育	许长喜	北京市第一〇一中学
中美国防教育之比较：从立法到管理	池志培 陈波	中央财经大学

续表 2

论文题目	作者	作者单位
新时代背景下军训工作的守正创新	刘卉 赵旭飞	北京大学
新媒体环境下《军事理论》课教育教学途径研究	张力 丁贞栋	北京化工大学
当代大学生军训教育意义研究	魏培徵 韩清扬	北京大学
宣传教育在大学生军训中的功能与实践	路姜男 李彦恺	北京大学
总体国家安全观视角下的大学生国防教育	孙唯瀚 苗露阳	北京大学
浅谈通过思想政治教育提升“95”后大学生军训实效的途径	张建	北京化工大学
在大学新生军训期间开展心理拓展训练的可行性研究	徐擎	首都体育学院
用创新思维推动学生军事训练工作	王占国	北京经贸职业学院
大学生军事训练应该在新国家安全观视角下进行	张连军	首都师范大学
“强军筑梦”关于提升高校新生军训质量的思考	李鹏	北京航空航天大学
普通高校军事课对大学生征兵工作的推动作用探究	郭 南	北京科技大学
挫折教育视角下的高校学生军训工作	弥志伟	北京化工大学
对学生军训中情感教育应用的研究	夏玉波	北京化工大学
中美国防教育之比较：从立法到管理	池志培 陈波	中央财经大学

三等奖

论文题目	作者	作者单位
国防教育对学生心理的影响	武晓光 郑啸峰	首都师范大学第二附属中学

续表3

论文题目	作者	作者单位
让国防教育之花开在语文教学的肥沃土壤中	郝艳娜	北京市第六十七中学
将国防教育融入中学政治课教学的初步尝试	田浩然	北京市第六十七中学
借力国防教育提升公民素养	王坤伦	北京市八一中学
树立国防教育新理念打造特色化的校园	晋军	北京市第六十七中学
对提高中学国防教育实效性的有益探索	董承霞	北京市第六十七中学
浅谈国防教育与学校体育的关系	马思聪	北京医学院附属中学
巩固学生军训成果拓宽国防教育渠道	李杰 孙义国	延庆县第三中学
针对高中生的身心特点如何有效开展军事教育教学	徐新京	北京宏志中学
论学生军训的重要意义	许哲锋	北京市平谷中学
国防教育在历史课堂中的渗透	王可	北京市八一中学
搞好学生军训　利生利校利国	杨贵海	北京实验学校
军训培养青春正能量	闫丽杰	延庆县第五中学
学生军事训练的内容及意义	尚保华	北京师范大学附属中学平谷第一分校
国内外学生军事训练比较与分析	李沐航 欧阳萌淞	北京大学
论如何提高大学生军训质量	冯维成	北京航空航天大学
高校国防教育课程改革对策研究	陈红祥 平睿	中央戏剧学院
浅谈高校军事理论课教学	温跃俊	北京吉利学院
思想引领要素协同　实现军训育人创新发展	周翔	首都师范大学
高校在军事技能训练工作实施中的角色定位及策略研究	宋艳	中华女子学院

续表 4

论文题目	作者	作者单位
对普通高等学校军事课教学改革的几点思考	张国凤	中国人民大学
关于大学生军训现状与思考	郭猛	首都师范大学
高职院校学生军训内容及实效性研究	穆有帅	北京社会管理职业学院
论新形势下高校军训的创新与保障	陈志国	北京财贸职业学院
从人本主义视角看普通高校《军事理论》课教学	刘刚	北京化工大学
集体主义视域下的大学生军训与高校实践育人	腾飞	北京大学
北京大学国防教育历程及其指导思想研究	韩清扬 杜锦超	北京大学
新生军训工作中辅导员职责与角色定位	徐高楠 赵石磊	北京航空航天大学
构建“一品三育”模式，提高大学生军训实效性	赵亮	北京建筑大学
抓住关键环节，推动学生军训工作深入开展	牛奔 连梦	北京农学院
军训与入学教育融合问题研究	秦立富	北京建筑大学
基于当代大学生特点的军训分析与研究	韩志鹏	北京建筑大学
关于开展“90 后”大学生军训工作创新模式的思考	黄尚荣 刘猛	北京建筑大学
北京航空航天大学航空学院新生军训特点及教学方法改革	金鑫 程浚峰	北京航空航天大学
国内外学生军事训练比较与分析	李沐航 欧阳萌淞	北京大学

科技与艺术教育

北京市教育委员会文件选编

(2015)

北京市教育委员会

关于公布北京市学生金帆艺术团北京市学生金鹏科技团评审认定结果的通知

京教函〔2015〕61号

各区县教委：

多年来，北京市学生金帆艺术团、北京市学生金鹏科技团在培养学生综合能力、发展个性特长、创建学校品牌，提升学校品质等方面发挥了重要作用。根据《北京市学生金帆艺术团管理办法》《北京市学生金鹏科技团管理办法》，我委于2014年对北京市学生金帆艺术团（以下简称“金帆团”）、北京市学生金鹏科技团（以下简称“金鹏团”）开展了评审与认定工作。

经市教委2015年第3次主任办公会议审议通过，现将北京市学生金帆艺术团、北京市学生金鹏科技团评审认定结果予以公布。

各区县要以此次评审认定工作为契机，在深化教育改革的新形势下，进一步研究金帆团和金鹏团的发展方向和辐射作用；要结合首都城市发展定位，在新的人才观和资源观的背景下，优化教育资源配置，发挥金帆团、金鹏团的育人功能；要结合促进教育优质均衡发展，推进首都教育现代化的角度，明确金帆团和金鹏团的发展路径。

各承办学校要认真总结经验，发挥金帆团和金鹏团的示范和窗口作用，积极参与社会公益活动，扩大金帆团和金鹏团的影响力，不断推动学校艺术、科技教育工作的深入开展。

附件：1.2014 年北京市学生金帆艺术团验收评审结果

2.2014 年北京市学生金鹏科技团评审结果

2015 年 2 月 16 日

附件 1

2014 年北京市学生金帆艺术团验收评审结果

一、验收评审合格学校

东城区：

1. 北京市东城区灯市口小学（合唱团）
2. 北京市第一七一中学（合唱团）
3. 北京市第二中学（舞蹈团、管乐团）
4. 北京市第六十五中学（舞蹈团）
5. 北京市第二十七中学（民族乐团）
6. 北京市第一六六中学（管乐团、话剧团）
7. 北京市第二十二中学（交响乐团）
8. 北京市东直门中学（交响乐团）
9. 北京市东城区分司厅小学（话剧团）
10. 北京市东城区史家胡同小学（舞蹈团、合唱团）
11. 北京市第五中学（民族乐团）
12. 北京汇文中学（合唱团）
13. 北京市东城区革新里小学（话剧团）
14. 北京市东城区地坛小学（话剧团）

15. 北京市东城区府学胡同小学（行进管乐团）
16. 北京景山学校（舞蹈团）
17. 北京市广渠门中学（管乐团）
18. 北京市第一〇九中学（管乐团）
19. 北京市文汇中学（合唱团）
20. 北京市东城区东四九条小学（舞蹈团）
21. 北京市第五十中学（舞蹈团）
22. 北京第一师范学校附属小学（合唱团）
23. 北京市东城区回民实验小学（话剧团）

西城区：

1. 北京市西城区展览路第一小学（合唱团）
2. 北京市西城区育民小学（民族乐团）
3. 北京市西城区进步小学（管乐团）
4. 北京市第四中学（合唱团、舞蹈团）
5. 北京市第三十五中学（民族乐团）
6. 北京市第八中学（交响乐团）
7. 北京小学（舞蹈团、合唱团）
8. 北京第一实验小学（管乐团）
9. 北京市回民学校（民族乐团）
10. 北京市育才学校（管乐团、话剧团）
11. 北京市第十五中学（京剧团、民族乐团）
12. 北京第二实验小学（合唱团、管乐团、舞蹈团）
13. 北京市第六十六中学（管乐团）
14. 北京师范大学附属实验中学（舞蹈团）
15. 北京师范大学亚太实验学校（合唱团）
16. 北京市宣武师范学校附属第一小学（民族乐团）
17. 北京市西城区五路通小学（舞蹈团）
18. 北京师范大学附属中学（舞蹈团）

朝阳区：

1. 北京市朝阳区安慧里中心小学（民族乐团）
2. 北京市朝阳区安华里第一小学（管乐团）
3. 北京市第八十中学（管乐团、舞蹈团）
4. 北京市朝阳区芳草地国际学校（管乐团）
5. 北京市朝阳区劲松第四小学（舞蹈团、管乐团）
6. 北京市朝阳区兴隆小学（话剧团）
7. 北京市朝阳区定福庄第二小学（民族乐团）
8. 北京市朝阳师范学校附属小学（行进管乐团）
9. 北京市陈经纶中学（合唱团）
10. 北京市朝阳区白家庄小学（合唱团）

海淀区：

1. 北京市海淀区实验小学（合唱团、管乐团、舞蹈团）
2. 清华大学附属中学（民族乐团）
3. 北京市海淀区翠微小学（民族乐团）
4. 北京市海淀区万泉小学（民族乐团）
5. 北京市海淀区五一小学（管乐团）
6. 中国农业科学院附属小学（管乐团）
7. 北京市海淀区中关村第二小学（交响乐团、舞蹈团）
8. 北方交通大学附属中学（合唱团）
9. 北京市十一学校（合唱团、交响乐团）
10. 北京市第十九中学（民族乐团）
11. 北京市八一学校（管乐团、合唱团）
12. 北京市中关村中学（管乐团、京剧团）
13. 北京大学附属小学（京剧团）
14. 北京市育英学校（管乐团、合唱团）
15. 北京市海淀区西颐小学（京剧团）
16. 北京理工大学附属中学（管乐团）
17. 北京市第一〇一中学（交响乐团）
18. 中国人民大学附属中学（交响乐团、合唱团、舞蹈团）

19. 清华大学附属小学（民族乐团）
20. 北京市海淀区中关村第一小学（京剧团）
21. 中国人民大学附属小学（京剧团）
22. 北京市海淀区教师进修学校附属实验学校（话剧团）
23. 北京市育英中学（民族乐团）
24. 北京市第五十七中学（行进管乐团）
25. 北京市立新学校（管乐团）

丰台区：

1. 北京市丰台区丰台第五小学（民族乐团）
2. 北京市丰台区丰台第一小学（管乐团）
3. 北京市第十二中学（民族乐团）
4. 北京市丰台区翠林小学（舞蹈团）

石景山区：

北京市第九中学（舞蹈团）

门头沟区：

1. 北京市门头沟区新桥路中学（舞蹈团）
2. 北京市大峪中学（合唱团）

昌平区：

1. 北京市昌平区第二中学（民族乐团）
2. 北京市昌平第二实验小学（民族乐团）

通州区：

北京市通州区潞河中学（合唱团）

大兴区：

1. 北京市大兴区第三小学（管乐团）
2. 北京市大兴区德茂中学（民族乐团）

平谷区：

北京绿谷小香玉艺术学校（舞蹈团）

二、限期整改学校

东城区：

北京光明小学（舞蹈团）

朝阳区：

1. 北京市朝阳区芳草地国际学校（民族乐团）

2. 北京市日坛中学（交响乐团）

海淀区：

北京市海淀区中关村第三小学（舞蹈团）

丰台区：

北京市丰台区丰台第二中学（管乐团）

附件 2

2014 年北京市学生金鹏科技团评审结果

一、评审合格单位

北京学生活动管理中心（校外分团）

东城区：

1. 北京市第一七一中学（机器人分团）
2. 北京市第十一中学（机器人分团）
3. 北京市第二中学（机器人分团）
4. 北京市文汇中学（模型分团）
5. 北京市广渠门中学（生命科学分团）
6. 北京市第五中学（生命科学分团）
7. 北京市第一六六中学（生命科学分团）
8. 北京市东城区史家胡同小学（天文分团）
9. 北京汇文中学（天文分团）
10. 北京景山学校（天文分团）
11. 北京市东城区东四九条小学（地球与环境分团）
12. 北京市东城区青少年科学技术馆（校外分团）

13. 北京市东城区崇文青少年科学技术馆（校外分团）

西城区：

1. 北京市第八中学（机器人分团）
2. 北京师范大学第二附属中学（机器人分团）
3. 北京市西城区展览路第一小学（机器人分团）
4. 北京市第四中学（模型分团）
5. 北京市育才学校（模型分团）
6. 北京师范大学附属中学（生命科学分团）
7. 北京师范大学附属实验中学（生命科学分团）
8. 北京市第三十五中学（生命科学分团）
9. 北京第二实验小学（地球与环境分团）
10. 北京市第十五中学（电子与信息分团）
11. 北京市西城区青少年科学技术馆（校外分团）
12. 北京市宣武青少年科学技术馆（校外分团）

朝阳区：

1. 北京市第八十中学（机器人分团）
2. 北京市陈经纶中学分校（机器人分团）
3. 北京市和平街第一中学（机器人分团）
4. 北京市朝阳区安贞里第二小学（模型分团）
5. 北京市朝阳区芳草地国际学校远洋小学（天文分团）
6. 北京市陈经纶中学（天文分团）
7. 北京市朝阳区白家庄小学（地球与环境分团）

海淀区：

1. 北京大学附属小学（机器人分团）
2. 北方交通大学附属中学（机器人分团）
3. 北京理工大学附属小学（机器人分团）
4. 北京市海淀区中关村第一小学（模型分团）
5. 北京航空航天大学附属中学（模型分团）
6. 北京市八一学校（模型分团）

7. 中国人民大学附属小学（模型分团）

8. 北京市海淀区中关村第三小学（模型分团）

9. 北京市十一学校（模型分团）

10. 北京市第一〇一中学（生命科学分团）

11. 北京理工大学附属中学（天文分团）

12. 北京市海淀区中关村第二小学（天文分团）

13. 首都师范大学附属中学（天文分团）

14. 中国人民大学附属中学（天文分团）

15. 北京市中关村中学（电子与信息分团）

16. 北京市第十九中学（电子与信息分团）

丰台区：

1. 北京市第十二中学（机器人分团）

2. 北京市第十八中学（模型分团）

3. 北京市丰台区东高地第三小学（电子与信息分团）

4. 北京市丰台区东高地科学技术馆（校外分团）

石景山区：

北京市京源学校（地球与环境分团）

房山区：

首都师范大学附属房山中学（地球与环境分团）

通州区：

北京市通州区潞河中学（天文分团）

大兴区：

1. 北京市大兴区第三小学（机器人分团）

2. 北京师范大学大兴附属中学（模型分团）

顺义区：

北京市顺义区牛栏山第一中学（生命科学分团）

怀柔区：

北京市怀柔区第一中学（生命科学分团）

平谷区：

北京市平谷区黄松峪中学（天文分团）

密云县：

北京市密云县大城子中心小学（生命科学分团）

二、复审单位

东城区：

北京市第六十五中学（电子与信息分团）

西城区：

北京市第一六一中学（生命科学分团）

朝阳区：

北京工业大学附属中学（机器人分团）

北京市教育委员会

关于公布全国第四届大学生艺术展演活动北京市获奖高校名单的通知

京教函〔2015〕84号

各高等学校：

由教育部和天津市人民政府共同主办的全国第四届大学生艺术展演活动于3月2日圆满结束。我市选派北京大学、清华大学、中国人民大学、北京科技大学、首都师范大学、北京舞蹈学院等11所高校的16个节目参加了现场展演。经过专家现场评审，我市中国传媒大学等高校参演的15个节目荣获一等奖；中央戏剧学院等高校选送的5个节目荣获二等奖；北京工业大学等高校选送的2个节目荣获三等奖。

现将北京市获奖高校名单予以公布。

我市参演高校的精彩演出展现了当代首都大学生朝气蓬勃的精神风貌，高尚的人生追求、高雅的审美情趣、优秀的艺术才华和勇于创新的能力，体现了他们走中国特色社会主义道路的坚定信念、对实现中华民族伟大复兴的必胜信心，对引领和带动北京高等学校美育发展和校园文化建设起到了积极作用。

希望获奖高校认真总结经验，各高校间加强工作交流，进一步深化学校艺术教育改革，坚持面向全体学生、全面提升素质的原则，提升大学生的人文和审美素养，促进学校美育工作的内涵发展。

附件：全国第四届大学生艺术展演活动北京市获奖学校名单

2015 年 3 月 18 日

附件

全国第四届大学生艺术展演活动北京市获奖学校名单

一等奖获奖名单

（一）器乐类

中国传媒大学（交响乐）

北京大学（民乐）

北京航空航天大学（管乐）

首都师范大学（管乐）

清华大学（交响乐）

北京交通大学（交响乐）

北京科技大学（管乐）
中国人民大学（民乐）

（二）舞蹈类

北京舞蹈学院
北京大学
北京航空航天大学

（三）声乐类

北京大学
北京物资学院
北京理工大学
北京科技大学

二等奖获奖名单

（一）戏剧类

中央戏剧学院

（二）合唱类

清华大学
北京工业大学

（三）舞蹈类

中国人民大学
清华大学

三等奖获奖名单

舞蹈类

北京工业大学
北京林业大学

优秀创作奖获奖名单

北京大学	合唱	《晴》
北京物资学院	合唱	《东泉》
首都师范大学	管乐	《梦起飞》
北京大学	舞蹈	《绿色记忆》

北京航空航天大学　舞蹈　《追梦者》
北京舞蹈学院　舞蹈　《黄河赋》

北京市教育委员会

关于转发教育部《中小学生艺术素质测评办法》等三个文件的通知

京教体艺〔2015〕12 号

各区县教委、各中等职业学校：

为进一步落实党的十八大提出的改进美育教学，提高学生审美和人文素养的要求，建立健全学校艺术教育工作评价制度，教育部印发了《中小学生艺术素质测评办法》《中小学校艺术教育工作自评办法》和《中小学校艺术教育发展年度报告办法》（教体艺〔2015〕5 号），现转发给你们，并提出如下要求，请认真组织实施。

一、建立中小学艺术教育测评制度，是检验学校艺术教育成果的重要手段，是改进和加强学校艺术教育工作的重要依据。各区县要高度重视，加强领导，精心组织，统筹安排，狠抓落实。要制订具体的实施方案，明确实施步骤，探索建立有效的工作机制。

二、中小学生艺术素质测评自 2015 年开始实施。各区县要在开展中小学生艺术素质测评的基础上，进一步完善艺术素质测评指标、内容和相关配套政策。

三、中小学校艺术教育工作自评，以学年为单位进行。各中小学校于9月底前将2014～2015学年《学校艺术教育工作自评报表》报至区县教委。自评工作实行校长负责制，纳入校长考核内容。各区县要加强对中小学校艺术教育工作自评的指导和管理，要将自评项目作为监测教育发展和考核学校工作的重要内容纳入教育督导检查。

四、中小学校艺术教育发展年度报告自2015年开始实施。各区县按照要求于每年11月底前将本区县的年度报告报送我委。各区县要把学校艺术教育发展年度报告作为一项基本工作制度，通过年度报告全面、客观、真实地反映本区县中小学校艺术教育发展状况，及时发现问题，认真总结经验，不断改进学校艺术教育工作。

2015年6月10日

中小学生艺术素质测评办法

第一条 为建立健全学生艺术素质评价制度，了解掌握学生艺术素养发展状况，改进美育教学，提高学生的审美和人文素养，特制定本办法。

第二条 本办法适用于全日制小学、初中、普通高中、中等职业学校。学生艺术素质测评应覆盖到全体学生。

第三条 学生艺术素质测评应遵循艺术教育规律，坚持科学的教育质量观，既关注学生艺术课程学习水平，也关注学生参与艺术实践活动的经历；既关注学生的学习成果，也关注学生的学习态度；既关注对学生的基本要求，也关注对学生的特长激励。

第四条 学生艺术素质测评指标体系（见附表）由基础指标、学业指标和发展指标三部分构成。基础指标是中小学生在校内应参加的课程学习和课外活动；学业指标是中小学生通过校内学习，应具备的基本素质和达到的目标；发展指标旨在引导学生自主学习和个性发展。

第五条 学生艺术素质测评以分数形式呈现，基础指标 40 分；学业指标 50 分；发展指标 20 分，其中加分项目 10 分。90 分以上为优秀，75～89 分为良好，60～74 分为合格，60 分以下为不合格。

第六条 学生艺术素质测评的依据是学生的写实记录、成绩评定，同时参考教师评语、学生互评、自我评价等。学校可分年级段组织实施测评工作，测评结果应及时汇总、整理、存档、上报。

第七条 学校要如实记录每一名学生的艺术素质测评结果，纳入学生综合素质档案。初中和高中阶段学校学生测评结果作为学生综合素质评价的重要内容。

第八条 地方教育行政部门要将学生艺术素质测评情况作为评价学校教育教学质量的重要指标。教育督导部门要将学生艺术素质纳入中小学校督导评估指标体系。

第九条 本办法自发布之日起试行。

附表：中小学生艺术素质测评指标体系（试行）

附表

中小学生艺术素质测评指标体系（试行）

一级指标	二级指标	指标内容	分值
基础指标	1. 课程学习	音乐、美术等艺术课程学习的出勤率、参与度和学习任务完成情况	25
	2. 课外活动	参加学校组织的艺术兴趣小组、艺术社团和各类艺术活动的表现	15

续表

一级指标	二级指标	指标内容	分值
学业指标	3. 基础知识	理解和掌握音乐、美术等艺术课程标准要求的基础知识的情况	25
	4. 基本技能	掌握和运用音乐、美术等艺术课程标准要求的基本技能的情况	25
发展指标	5. 校外学习	自主参加校外艺术学习、参与艺术实践的情况（主要指参与社区、乡村文化艺术活动，学习优秀的民族民间艺术，欣赏高雅的文艺演出和展览等）	10
	6. 艺术特长（加分项）	在学校现场测评中展现的某一艺术项目的特长（包括声乐、器乐、舞蹈、戏剧、戏曲、绘画、书法等）	10

中小学校艺术教育工作自评办法

第一条 为建立健全学校艺术教育评价制度，充分发挥评价的引导、诊断、改进、激励功能，特制定本办法。

第二条 本办法适用于全日制小学、初中、普通高中、中等职业学校。

第三条 学校艺术教育工作自评项目包括艺术课程、艺术活动、艺术教师、条件保障、特色发展以及学生艺术素质测评等。学校应在全面总结本校艺术教育工作开展情况的基础上填写自评报表（见附表）。

第四条 自评报表由自评项目、自评内容、自评记录、自评得分、存在的主要问题和改进措施等六部分构成，学校应根据自评项目内容如实填写。

第五条 自评结果以分数形式呈现，艺术课程 30 分，艺术活动 20 分，艺术教师 20 分，条件保障 20 分，特色发展 10 分；学生艺术素质测评 10 分（加分项目）。90 分以上为优秀，75～89 分为良好，60～74 分为合格，60 分以下为不合格。

第六条 学校每学年进行一次艺术教育工作自评，自评工作实行校长负责制，纳入校长考核内容，确保过程规范、结果真实，不弄虚作假。每年 9 月底前将《学校艺术教育工作自评报表》报至当地教育行政部门。

第七条 学校艺术教育工作自评结果由当地教育行政部门官方网站信息公开专栏向社会公示，公示期为当年 10 月至 12 月。公示期内社会对自评报告的意见和投诉，要及时收集、处理，并通报处理结果。

第八条 地方教育行政部门要加强对学校艺术教育工作自评的指导和管理。教育督导部门要对学校艺术教育工作自评开展必要的督导检查。

第九条 本办法自发布之日起实施。

附表：中小学校艺术教育工作自评报表（略）

中小学校艺术教育发展年度报告办法

第一条 为建立健全学校艺术教育管理机制，推进学校艺术教育规范发展，特制定本办法。

第二条 地方各级教育行政部门每年要全面总结本地中小学校（含全日制小学、初中、普通高中、中等职业学校）艺术教育工作，编制学校艺术教育发展年度报告。

第三条 学校艺术教育发展年度报告重点反映艺术课程建设、艺术教师配备、艺术教育管理、艺术教育经费投入和设施设备、课外艺术活动、校园文化艺术环境、重点项目推进，以及中小学实施学校艺术教育工作自评制度等方面的情况。

第四条 学校艺术教育发展年度报告应采用定量和定性相结合

的方法，注重全面客观收集信息，根据数据和事实进行分析判断，总结成绩，提炼经验，分析问题，提出改进的举措。

第五条 各县（区、市）教育行政部门于每年 10 月底前将本县（区、市）学校艺术教育发展年度报告报送地（州、市）教育行政部门。地（州、市）教育行政部门于每年 11 月底前将本地（州、市）学校艺术教育发展年度报告报送省级教育行政部门。各省级教育行政部门于每年 12 月底前将本年度学校艺术教育发展年度报告报送教育部。

第六条 教育部委托第三方机构研究、分析各省（区、市）报送的相关信息，编制并发布《全国中小学校艺术教育发展年度报告》。

第七条 本办法自发布之日起实施。

北京市教育委员会

关于公布 2015 年北京大学生舞蹈节展演活动获奖名单的通知

京教函〔2015〕609 号

各高等学校：

根据市教委《关于举办 2015 年北京大学生舞蹈节的通知》（京教函〔2015〕289 号），2015 年北京大学生舞蹈节于 2015 年 11 月 14 日至 21 日顺利举办，全市 64 所高校的 105 个节目参加了展演。

按照展演活动规则，经专家评定，北京航空航天大学《嘿！你好》等25个节目获得一等奖，北京科技大学《银杏叶片》等31个节目获得二等奖，北京交通大学《给力青春》等26个节目获得三等奖，北京工业职业技术学院《唐古拉风》等7个节目获得纪念奖，中国人民大学《青春之歌》等19个节目获得优秀节目创作奖，北京大学等15所高校获得优秀组织奖，清华大学等5所高校获得精神风貌奖。现将评选结果予以公布。

各高校要以大学生舞蹈节为契机，认真总结经验，加强文化交流，营造健康向上的校园文化氛围，不断促进学生综合素养的提升，为艺术教育和学校美育的健康发展创造良好环境。

附件：2015年北京大学生舞蹈节获奖名单（略）

2015年12月11日

北京市教育委员会

关于公布2015年北京市中小学生科学建议奖获奖名单的通知

京教函〔2015〕634号

各区教委：

经市教委2015年第23次主任办公会研究，决定授予北京市顺义区牛栏山第一中学李逸佳等13名学生2015年度北京市中小学生科学建议奖，东城区史家胡同小学刘淏语、惠泽同等12名学生

2015年北京市中小学科学建议提名奖（名单附后）。

各区要以科学建议奖评选为契机，加大教育宣传力度，引导广大中小学生关注社会、培养社会责任意识，提高实践创新能力，促进德智体美全面发展。

附件：2015年北京市中小学生科学建议奖、科学建议提名奖获奖名单

2015年12月24日

附件

2015年北京市中小学生科学建议奖、科学建议提名奖获奖名单

一、科学建议奖获奖名单（13名）

北京市顺义牛栏山第一中学	李逸佳
北京市海淀区中关村第二小学	吴题
北京第二实验小学	冯浩翔
北京师范大学朝阳附属中学	滕伟
北京市海淀区万泉小学	胡晓轩
北京市陈经纶中学	张植
北京市朝阳区陈经纶中学分校实验学校	李如一
北京市海淀区第二实验小学	闫格、林陈辰、黄玉祥
北京第二实验小学	殷梓盛、霍华美
北京市第六十五中学	王超

二、科学建议奖提名奖获奖名单（12名）

北京市东城区史家胡同小学	刘淏语、惠泽同
中国人民大学附属中学实验小学	张正邦

北京市东城区和平里第四小学	高静萱、王欣然
北京市燕山东风小学	张宸熹
中国人民大学附属中学实验小学	孙宇牧
北京工业大学附属中学	吴佳文
北京市东城区府学胡同小学	杨昊伦
北京市五路居第一中学	曾海勇
北京市西城区黄城根小学	李沐昕
北京市东城区史家胡同小学	陈卓

校外教育

北京市教育委员会文件选编

（2015）

北京市教育委员会

关于公布2015年北京高等学校市级校外人才培养基地立项单位名单的通知

京教函〔2015〕381号

各有关高等学校：

根据市教委《关于开展2015年北京高等学校市级校外人才培养基地申报工作的通知》（京教函〔2015〕104号），我委组织了2015年北京高等学校市级校外人才培养基地的立项评审工作。经学校申报、专家评审、网络公示、市教委审核等程序，最终认定北京现代汽车有限公司等50家单位为2015年北京高等学校市级校外人才培养基地建设单位，现予以公布，并将有关事项通知如下：

一、各高等学校要以提高学生的创新精神、实践能力、社会责任感和就业能力为宗旨，要将市级校外人才培养基地建设和学校实践教学综合改革紧密结合起来，逐步建立校企协同培养人才的新机制，拓展校外实践教学资源，切实提高人才培养质量和水平。

二、此次批准立项的校外人才培养基地建设项目的主持学校和依托单位，要在总结前期合作和建设经验的基础上，进一步完善双方合作机制及运行模式，建立健全管理制度，加强实践教学研究，为北京地区各类高等学校提供可推广、借鉴的示范性经验。

三、对于两所或多所高校联合申报的校外人才培养基地，合作高校要建立良好的协作机制，建立互惠互利、可持续发展的合作机制和组织保障制度，确保基地资源共享，发挥基地人才培养的积极作用。

附件：2015 年北京高等学校市级校外人才培养基地立项单位名单

2015 年 7 月 28 日

附件

2015 年北京高等学校市级校外人才培养基地立项单位名单

序号	基地主持学校	基地依托单位
1	北京大学	敦煌研究院
2	中国人民大学	辽宁省文物考古研究所
3	清华大学	中国人民解放军第 5719 工厂
4	北京科技大学	北京现代汽车有限公司
5	北京交通大学	南车青岛四方机车车辆股份有限公司
6	北京理工大学	公安部第一研究所
7	北京邮电大学	国家新媒体产业基地动漫技术公共服务平台、博影艺图科技（北京）有限公司
8	华北电力大学	北京科诺伟业科技股份有限公司
9	北京化工大学	北京环境卫生工程集团有限公司
10	北京化工大学、北京联合大学	北京世桥生物制药有限公司
11	中国矿业大学（北京）	中煤张家口煤矿机械有限责任公司
12	中国地质大学（北京）	中国人民武装警察部队黄金指挥部

续表 1

序号	基地主持学校	基地依托单位
13	中国地质大学（北京）、清华大学、中国矿业大学（北京）	中国测绘科学研究院
14	北京中医药大学	首都医科大学附属北京中医医院
15	中国农业大学	北京稻香村食品有限责任公司
16	中国农业大学、北京农学院	大北农科技集团北京绿色农华植保科技有限责任公司
17	对外经济贸易大学	北京海关
18	北京林业大学	北京松山国家级自然保护区
19	北京协和医学院	河南省林州市肿瘤医院河南省林州市姚村卫生院
20	中国传媒大学	腾讯科技（深圳）有限公司
21	中国青年政治学院	最高检察院影视中心法治中国传媒
22	中央美术学院	大同市文物局
23	中国政法大学	北京青少年法律援助与研究中心
24	北京语言大学	老舍茶馆
25	中央财经大学	天津市高级人民法院
26	首都师范大学	北京凯思昊鹏软件工程技术有限公司
27	北京工业大学	大金（中国）投资有限公司
28	北京工业大学、北方工业大学	北京市城市规划设计研究院
29	北京信息科技大学	悦成移动互联网孵化基地（北京尚嘉悦成科技有限公司）
30	北京建筑大学	中国城市建设研究院有限公司
31	北京建筑大学、北京石油化工学院	北京京港地铁有限公司
32	北京工商大学	用友新道科技有限公司
33	北京物资学院	北京金山顶尖科技股份有限公司
34	首都医科大学	月坛、方庄、德胜、大屯、陶然亭、三里屯社区卫生服务中心
35	北京石油化工学院	北京亦庄国际生物医药投资管理有限公司

续表 2

序号	基地主持学校	基地依托单位
36	北京农学院	北京顺鑫控股集团有限公司
37	首都体育学院	北京市武术运动协会
38	首都经济贸易大学	北京中企华资产评估有限责任公司
39	北方工业大学	北京市石景山区工商业联合会
40	北京联合大学	洲际酒店集团
41	北京石油化工学院、中国矿业大学（北京）、北京工商大学嘉华学院	北京注册会计师协会
42	北京印刷学院	机械工业出版社
43	北京物资学院	交通运输部公路科学研究院
44	北京工商大学、中国农业大学、北京物资学院	瑞华会计师事务所
45	北京舞蹈学院	海南省歌舞团
46	中国戏曲学院	苏州剧装戏具合作公司
47	中国音乐学院	“北京市中山公园音乐堂”艺术实践基地
48	北京城市学院	北京市丰台区教委教育委员会
49	北京警察学院	北京市公安局东城分局
50	首都师范大学科德学院	中央新影集团

北京市教育委员会

关于公布北京市中小学生社会大课堂第五批市级资源单位名单的通知

京教函〔2015〕421号

各区县教委：

根据市委宣传部、首都文明办、市委社会工委、市委教育工委、市发展改革委、市教委、市财政局、市人力社保局、市文化局、市文物局、市政府教育督导室、团市委联合制发的《北京市中小学生社会大课堂资源管理办法》（京教德〔2008〕5号）和《关于进一步加强中小学生社会大课堂工作的意见》（京教工〔2011〕68号）精神，在资源单位自主申报，区县教委审查并推荐，北京市中小学生社会大课堂办公室资格审核，并组织教学、教研和社会大课堂建设管理等领域专家组成评审组进行资料审阅、汇报答辩和实地考察的基础上，市教委召开了市委宣传部等12家社会大课堂合作建设部门联席会议，研究确定中国工程院、北京中华民族博物院等52家单位为北京市中小学生社会大课堂第五批市级资源单位（名单见附件）。

各区县教委应加强对新加入资源单位的培训，指导他们做好教育资源开发、课程研发和活动设计，同时抓好区县、学校两级社会大课堂资源单位建设和管理工作，作好2017年新市级资源单位的培育工作。新资源单位的发展不仅要关注数量，更要提高质量，突出教育性，逐步形成区域结构合理，类型多样，互补性强的社会大课堂资源群，服务学生成长需求和教育教学改革需要。

附件：北京市中小学生社会大课堂第五批市级资源单位名单

2015 年 8 月 24 日

附件

北京市中小学生社会大课堂第五批市级资源单位名单

千龙网（北京千龙新闻网络传播有限责任公司）
柳荫公园
中国工程院
北京林学会（下设北京八达岭国家森林公园、西山国家森林公园、百望山森林公园、北京黄垡国家彩叶树种良种基地、北方国家级林木种苗示范基地、永定河休闲森林公园等六家基地）
北京市朝阳区公共安全馆
北京翱翔营地—青少年素质教育实训基地
北京中华民族博物院（中华民族园）
北京心灵呼唤残疾人艺术团
蓝天城（北京蓝天城投资有限公司）
北京行知园—青少年现代都市农业教育实践基地（北京市大运河翰林农业科技发展有限公司）
中国科学院生态环境研究中心
北京市海淀区翠湖国家城市湿地公园
北京中间艺术园区
中青网（中青视线（北京）国际文化有限公司）

太平洋海底世界博览馆有限公司
第五季富饶（北京）生态农业园有限公司
中国园林博物馆
北京紫谷青少年活动基地（北京中湘鑫盛教育科技有限公司）
亲农耕农业体验园（北京亲农创意农业技术有限公司）
昌裕新园农业科技中心
北京乐园星光文化传播有限公司
北京呀路古热带植物园（长力金源（北京）热带植物园有限责任公司）
北京绿源艺景农业发展有限公司
东方化工厂
北京大戚收音机电影机博物馆（北京大戚青叶文化有限公司）
运河怡水文化园（北京禾瑞谷农业科技发展有限公司）
北京国际都市农业科技园（北京中农富通园艺有限公司）
北京运河瓷画艺术馆（北京金华运河艺术有限公司）
门头沟区档案馆
门头沟区光荣院
中国林业科学研究院华北林业实验中心
北京市门头沟区斋堂中小学革命传统教育基地
北京市青少年户外体育活动营地
北京渔阳国际中小学生综合实践活动基地（北京渔阳国际滑雪有限公司）
北京市平谷区果品产业协会基地
北京安全自救体验基地（北京琉璃河天香牡丹种植园）
北京燕山威立雅水务有限责任公司
北京市燕山职业学校
黄花城水长城（北京黄花城长城旅游开发有限责任公司）
鹿世界（北京绿神鹿业有限责任公司）
北京市野生动物救护中心

河北村民俗文化体验园（北京河北村民俗文化有限公司）
中国科学院电工研究所太阳能热利用科技园
北京德青源农业科技股份有限公司
北京八达岭世界葡萄博览中心
延庆县科学技术馆
北京绿富隆农业股份有限公司
北京国际青年营（北京北青阳光青少年户外运动有限责任公司）
蔡家洼学生实践体验基地（北京玫瑰情园旅游开发有限公司）
三烧食文化与科技教育基地（北京绿之旅农业科技发展有限公司）
密云县职业学校（密职培训部）
葫芦大观园（北京东佰万农业科技发展有限公司）

北京教育委员会

关于公布 2015 年市级乡镇校外活动站名单的通知

京教函〔2015〕519 号

各有关区县教委：

根据《北京市乡镇校外活动站及乡村学校少年宫管理办法（暂行）》，经区县申报并经市教委组织评审小组审核，确定了门头沟区清水中心小学等 35 所学校为市级乡镇校外活动站，现将名单予以公布（见附件）。

请各有关区县教委严格按照《北京市乡镇校外活动站及乡村学

校少年宫管理办法（暂行）》的要求，加强对本区县市级乡镇校外活动站的建设和管理，充分发挥活动站的辐射作用，开展丰富多彩的校外活动，不断提高校外活动站的工作质量和水平。

附件：2015 年市级乡镇校外活动站名单

北京市教育委员会
2015 年 10 月 23 日

附件

2015 年市级乡镇校外活动站名单
(共 35 个)

门头沟区
- 清水中心小学

房山区
- 十渡中心小学
- 石楼中心小学
- 张坊中心小学
- 佛子庄中心小学
- 史家营中心小学
- 南窖中心校
- 大安山中心校
- 蒲洼中心小学
- 霞云岭中心小学

通州区
- 马驹桥学校
- 永顺镇中心小学

大兴区
- 北臧村镇中心小学
- 榆垡镇第一中心小学
- 北京第二实验小学大兴实验学校
- 黄村镇第三中心小学

顺义区
- 顺义区第八中学

昌平区
- 沙河中心小学
- 下庄学校
- 崔村中心小学
- 霍营中心小学
- 平西府中心小学

怀柔区

喇叭沟门满族乡中心小学
琉璃庙镇中心小学
桥梓镇中心小学

平谷区

黄松峪学区
刘家店学区
镇罗营学区
东交民巷小学马坊分校

密云县

西田各庄镇中心小学
十里堡镇中心小学

延庆县

大榆树中心小学
珍珠泉中心小学
大庄科中心小学
靳家堡中心小学

教育研究·教材

北京市教育委员会文件选编

（2015）

北京市教育委员会

关于印发2015年秋季北京市普通中小学教学用书目录的通知

京教基二〔2015〕9号

各区县教委、燕山教委：

现将《2015年秋季北京市普通中小学教学用书目录》印发给你们，并将有关事项通知如下，请认真贯彻执行。

一、请按照教育部《中小学教科书选用管理暂行办法》（教基二〔2014〕8号）、教育部办公厅《关于2015年中小学教学用书有关事项的通知》（教基二厅〔2015〕1号）和市教委有关教材管理的文件要求，认真做好2015年秋季中小学教学用书选用工作。

二、本书目包括四部分内容。附件1（略）是北京市普通中小学自编及实验教学用书目录；附件2（略）是经教育部初审通过、本市选用的普通高中课程改革实验教材；附件3（略）为教育部审定通过的义务教育教学用书目录；附件4（略）为义务教育书法教学用书目录。

三、普通高中国家课程各学科教材选用请一并参考教育部办公厅印发的《2011年中小学教学用书目录（变动部分）》（教基二厅函〔2010〕20号）、《2009年基础教育课程标准实验教学用书目录》（教基厅〔2008〕6号）。

四、北京市自2013年起，将原有的专题教育教材（环境与可持续发展教育、安全教育、健康教育、禁毒教育等）合编为《中小学专题综合教材》（一至八册）。

五、中国地图出版社义务教育阶段《地理图册》2014 年经教育部审定通过，由选用部分移至教科书部分。

六、2015 年秋季学期，按照教育部办公厅《关于 2015 年义务教育书法教学用书有关事项的通知》（教基二厅〔2014〕2 号）要求，小学三年级书法课程使用教育部公布书目中教材（见附件 4，略）。

七、各区县在教材选用过程中要严格执行有关规定，进一步加强和规范中小学教学用书管理。需调整教材版本的区县，要及时报市教委基教二处。各区县在教材选用工作完成后，要及时将教材选用情况统一报送市教委基础教育二处。

附件：1. 2015 年秋季北京市普通中小学自编及实验教学用书目录（略）
2. 2015 年秋季北京市普通高中课程改革实验教材目录（略）
3. 2015 年秋季义务教育教学用书目录（略）
4. 义务教育书法教学用书目录（略）

2015 年 5 月 19 日

北京市教育委员会

关于印发 2016 年春季北京市普通中小学教学用书目录的通知

京教基二〔2015〕16 号

各区县教委、燕山教委：

现将《2016 年春季北京市普通中小学自编及实验教学用书目

录》印发给你们，请按照教育部《中小学教科书选用管理暂行办法》（教基二〔2014〕8 号）、教育部办公厅《关于 2015 年中小学教学用书有关事项的通知》（教基二厅〔2015〕1 号）和市教委有关教材管理的文件要求，认真做好 2016 年春季中小学教学用书选用工作。

中国地图出版社义务教育阶段《地理图册》2014 年经教育部审定通过，由选用部分移至教科书部分。

对于可跨学期、跨年度使用的教材以及课标版实验教材的征订，均可参看我委印发的 2014 年、2015 年秋季书目。

各区县在教材选用过程中要严格执行有关规定，进一步加强和规范中小学教学用书管理。教材选用中出现的其他问题，请及时与市教委基础教育二处联系。

附件：2016 年春季北京市普通中小学自编及实验教学用书目录

2015 年 11 月 6 日

北京市教育委员会

关于做好 2015～2016 学年度基础教育课程教材改革实验工作的意见

京教基二〔2015〕17 号

各区县教委、燕山教委：

为全面落实立德树人根本任务，深化教育领域综合改革，深入落实《北京市中小学培育和践行社会主义核心价值观实施意见》、《北京市基础教育部分学科教学改进意见》（以下简称《意见》）和《北京市实施教育部〈义务教育课程设置实验方案〉的课程计划（修订）》（以下简称《课程计划（修订）》），促进基础教育优质、均衡发展，现就2015～2016学年度基础教育课程教材改革实验工作提出如下意见：

一、指导思想和工作目标

（一）指导思想

深入贯彻十八届三中、四中、五中全会精神和国家中长期教育改革和发展规划纲要，坚持立德树人，大力培育和践行社会主义核心价值观，传承和弘扬中华优秀传统文化，全面落实《课程计划（修订）》，持续提升基础教育质量。

（二）工作思路

加强学生核心素养培养、学校课程顶层设计与结构创新，建立行政、教研、科研、学校等部门协调推进机制。进一步加强社会主义核心价值观教育，加强以传承中华优秀传统文化为根基，以社会实践活动为抓手的人文素养教育，加强以开放性科学实践活动为抓手的科学素养教育。

认真读懂儿童，努力构建生态课堂。以学科教学改进为切入点，推动减负增效的扎实落实。以综合实践活动为支撑点，推动学科、课程整合和校内外教育一体化。以考试评价改革为突破口，优化课程结构、教材体系和教与学方式。以优质资源建设为着力点，努力构建公平、优质、创新、开放的首都基础教育体系。

（三）工作目标

全面落实《课程计划（修订）》，各区县、学校要做好课程顶层规划和方案设计，引导师生转变教与学方式，更多的走出校园，走进社会，有更多的社会实践和体验。

以基础教育领域综合改革统领课改全局，进一步扩大学校课程建设自主权，着力推动国家、地方、校本三级课程整体优化和协调发展。

加强信息技术与教育教学实践深度融合，以学生为中心，引导学生多元化、开放式学习。以应用为导向，丰富优质数字化教育教学资源。提升信息技术支撑下的基本公共教育服务水平，积极扩大优质教育资源覆盖面。

推动提升校长、教研员、教师的课程领导力，提高教师、教研员培训的针对性、实效性，形成多方参与、齐心协力、互相配合的育人工作格局。

二、主要任务

（一）落实《课程计划（修订）》，优化学校课程结构

各区县要认真学习领会《课程计划（修订）》精神，结合实际制定好区域课程方案，因地制宜抓好落实。各学校要根据市、区县课程实施方案，制定好学校课程方案。

各区县、学校要统筹安排学科实践活动、信息技术、劳技、研究性学习、社区服务和社会实践等内容，构建完善的综合实践课程体系。要让学生有适当的劳动体验、通过出出力、流流汗、培养学生正确的劳动意识、习惯和能力。鼓励区县和学校有组织地开展游学和学农等活动。

要加强国家课程、地方课程、校本课程整体建设，创新课程结构，积极尝试长短课、大小课实验，加强跨学科整合，加强语言、数学、信息技术等素养在综合实践活动课程中的培养。

各学校要加强学校课程的整体设计，以课程结构创新为突破口，优化课程结构、协调课程门类、提升课程品质、增强课程适应性，在中高考改革背景下，深入推进“遨游计划”“高中自主课程建设实验”实施，进一步凝练和推广实验学校成功经验。以实验学校为龙头，带动更多学校课程建设，统筹学校育人要素，努力实现课程的整体育人功能。

（二）加强课程改革的统筹规划，做好五个“穿越”

各区县、学校要将课改着力点聚焦到立德树人，进一步优化顶

层设计，做好五个“穿越”。

1. 改革目标上，逐步实现课改边界的“穿越”。努力实现由知识指向向核心素养指向的转变，关注学生生命的质量，关注育人文化、课程文化的建设。

2. 构建路径上，逐步实现课程边界的“穿越”。努力实现由关注学科课程向关注课程整体的转变，关注课程整体化学习，关注“创造与个性”式课程。

3. 教与学方式上，逐步实现课堂边界的“穿越”。结合线上线下教育，努力实现课堂的静态固定时空向动态生成时空的转变，尝试走组、走班等教学形式，强化家校协同，突出课程的选择性、多元性和丰富性。利用信息技术优势，实现教学时空拓展。

4. 资源供给上，逐步实现资源边界的“穿越”。要树立教育服务资源观，丰富资源类型，扩大优质资源覆盖面。要结合实际，构建教育资源供给的统一战线，努力将校内外丰富的教育资源整合进学生学习生活。在充分做好市级资源的基础上，建设一批有区域特色的学生实践基地。积极关注教与学中生成性资源的作用。

5. 评价体系上，逐步实现考试评价边界的“穿越”。关注考试与课改的一体化，明确以考试招生评价制度改革服务课程改革，撬动减负增效，全面推进素质教育。考试要关注学生的全面发展，建立学考一致的系统机制。

（三）优化教与学方式，努力构建生态课堂

各区县、学校要转变育人观念，尊重和理解学生，优化教与学方式，努力构建生态课堂。

1. 生态课堂要体现快乐。让课堂成为师生生命的共同历程，让师生能在课堂体验到教与学的愉悦，教得愉快、学得满意。

2. 生态课堂要体现平等。让教学成为师生共同探究的过程，实现师生人格上的平等和师生之间、生生之间在课堂体验中参与上的权利平等。

3. 生态课堂要体现尊重。师生互相尊重，学生尊重教师传授知识的辛苦和付出，教师尊重学生的不同个性特点，双方共同营造和谐愉悦的课堂氛围。

4. 生态课堂要体现宽容。老师要宽容学生的不足和无心之失，学生之间要相互宽容，要学会悦纳对方的长处和不足，学会互相欣赏。

5. 生态课堂要体现批判性思维。要培养学生不唯书、只唯实，的批判精神。教师不照本宣科，学生不盲目跟从。要敢于怀疑，善于质疑，要能够提出高质量问题。

（四）加强教师培训工作力度，努力提升课程领导力建设

为了贯彻落实《意见》《课程计划（修订）》，在市、区县指导下，各级课程教研部门要切实加强教研员、校长和一线教师的课程培训工作。

要加强课程领导力建设，将课程领导力建设纳入教研员、校长和教师培训内容。通过培训和研修，努力提升市区级学科教研员的课程领导力和指导水平；真正提高校长的课程领导力和课程设计能力，带动学校统筹规划课程建设，构建有利于学生全面而有个性发展的课程系统；切实加强教师的学科课程理解力、执行力及综合活动整合课程的创造力，提高全市中小学实验教学与实验管理教师的素养；切实提升课程管理者及其团队在课程设计、课程实施、课程评价以及课程管理过程中的综合能力。

各区县、学校要进一步完善研修一体化的教科研制度，鼓励跨片教研，鼓励教师形成不同的教学风格。

（五）丰富教学资源，关注学生实际获得

结合中高考改革，全面推进初中社会实践活动、初中开放性科学实践活动实施。凝聚社会力量形成服务教育改革与发展的统一战线，通过挖掘、整合高校、科研机构、企业、社会团体等社会单位的各类教育资源，开发、实施实践活动，构建无边界、跨学科的开放性学习服务平台，满足不同层次学生个性化、多样化的学习与发展需求，努力培养学生的社会责任感、创新精神和实践能力。

以教育信息化作为促进课改纵深发展的着力点。基于丰富、优质的线上线下教育资源，利用信息技术跨越时空的优势，为学生构建多元、开放的学习机制。加强课程教材数字化配套资源体系建设，建好北京市数字教育资源管理与共享交换平台，整合北京数字学校、中小学课程教材资源网，中小学数字图书馆以及各区县学校优质资源，努力实现信息技术与教育教学实践的深度融合，积极构建利用信息技术扩大优质教育资源覆盖面的有效机制。

（六）提升学生综合素质，加强教育教学评价工作

开展对《课程计划（修订）》落实情况的督导检查。坚持将学生的身心发展水平、学业发展水平、兴趣特长养成、学业负担状况等作为评价学校教育质量的主要内容。在完善小学、初中、高中综合素质评价方案的基础上，加强对方案实施的研究和指导，加强评价结果的应用。以综合素质评价为基础，构建多元化、发展性的评价体系。

加强考试与教学的统筹。关注和考查学生的学业积累，关注知识面的宽度。加大考试内容、形式的选择性，让不同水平、不同层次的学生都能充分发挥。要考察学生用所学知识解释生活现象，解决现实问题的能力。要体现社会主义核心价值观的培育和践行，积极传递正能量。

三、工作要求

当前，“公平”“立德”“改革”已经成为首都基础教育课改的关键词。各区县、学校必须充分认识深化教育领域综合改革的基本特征、主要矛盾和发展目标，坚持立德树人，紧密结合区域实际，制定区县2015～2016学年度课改实验工作意见，鼓起变革勇气，制定有效举措，努力构建我市基础教育课程教材改革实验新常态，为实现每一个孩子的健康、快乐成长而努力。

2015年11月25日

科　研

北京市教育委员会文件选编

(2015)

北京市教育委员会

关于印发北京市教育科学“十二五”规划2015年度课题指南的通知

京教策〔2015〕1号

各区县教委，各高等学校，各直属单位：

2015年度课题申请工作自1月16日起启动，课题管理的具体工作由北京市教育科学规划领导小组办公室负责。《北京市教育科学“十二五”规划2015年度课题指南》经北京市教育科学规划领导小组审议，现印发给你们，并将申请工作的有关事项通知如下：

一、选题要求

（一）北京市教育科学“十二五”规划2015年度课题分为重大课题、重点课题（包括优先关注课题）、青年专项课题、校本研究专项课题、一般课题五大类别。

（二）重大课题实行招标制度，申请者不得更改研究题目。重大课题的研究内容应具有创新性，取得的研究成果应具有较高理论价值或实践价值。

（三）优先关注课题隶属于重点课题类别，申请者不得随意更改研究题目，可以根据自己的专长和基础，选取独特的切入点进行研究设计。

（四）北京市教育科学规划面向中小学（含职业学校）、幼儿园设立校本研究专项课题，资助中小学、幼儿园和中等职业学校的现任校（园）级领导主持的以学校为基本单位、与学校改革实践紧密相关、具有较高的组织程度、来源于学校改革和发展的实际、解决学校现实问题、教师群体参与的课题。

（五）重点课题（不包括优先关注课题）、青年专项课题、校本研究专项课题、一般课题的申请者可根据自己的研究兴趣和研究基础，依据“教育政策与综合问题、基础教育、学前教育、高等教育、职业教育与终身教育、德育、体育美育与校外教育、教育管理与评价、教师教育、教育信息化、学校党建研究”十一个研究领域自行设计课题名称和研究内容申请课题。

二、资助标准

北京市教育科学规划 2015 年度课题对重大课题、重点课题（包括优先关注课题）、青年专项课题、校本研究专项课题予以经费资助。

（一）重大课题最高资助额度为 30 万元。

（二）优先关注课题最高资助额度为 15 万元；重点课题（不包括优先关注课题）最高资助额度为 5 万元。

（三）青年专项课题最高资助额度为 3 万元。

（四）校本研究专项课题最高资助额度为 4 万元。

申请者须根据研究工作的实际需要，参考资助标准，提出拟申请的资助额度，并进行合理的经费预算。实际资助经费额度以最终评审结果为准。一般课题全部为单位资助的规划课题，其研究经费由申请者单位负责。

三、申请人条件

（一）北京市教育科学规划课题申请人须具有副高级以上专业技术职务（或相当于副高级以上专业技术职务）。

（二）不具备副高级以上专业技术职务的，须由 2 名具有副高级以上专业技术职务的同行专家推荐。

（三）申请重大课题者应具有正高级专业技术职务，有深厚的学术研究功底与学术造诣，能有效组织研究团队，调动各种资源开展研究。

（四）申请青年专项课题者（包括课题组成员）年龄不得超过40岁（1975年3月之后出生）。

（五）为避免重复立项，浪费资源，特作如下规定：

1. 课题负责人只能申请一项课题。

2. 正在承担北京市教育科学规划课题的课题负责人不能申请课题。

3. 已获得全国教育科学规划、北京市哲学社会科学规划立项的课题负责人不得以同类课题申请北京市教育科学规划课题。

4. 在北京市教育科学规划获得立项的课题，不得以同类课题申请全国教育科学规划、北京市哲学社会科学规划课题。

四、完成时限

（一）本年度北京市教育科学规划立项课题要求在2—3年内完成，最迟在5年内完成。

（二）研究期限自课题批准立项之日起计算，课题延期或相关变更须报请北京市教育科学规划领导小组办公室批准备案。

五、课题成果

不同类别课题的成果要求具体为：

（一）重大课题应在国家一级出版社出版20万字专著一部、在北京大学图书馆版核心期刊发表3篇系列论文。

（二）高校及研究机构人员承担的重点课题（优先关注课题）应出版20万字左右学术专著1部，或者在北京大学图书馆版核心期刊上发表3篇系列论文。

中小学、幼儿园、中等职业学校教师承担的重点课题应在北京大学图书馆版核心期刊上发表1篇论文，或者公开发表3篇系列论文。

（三）高校及研究机构人员承担的青年专项课题应在北京大学图书馆版核心期刊发表2篇系列论文。中小学、幼儿园、中等职业学校教师承担的青年专项课题应公开发表2篇系列论文。校本研究专项课题应公开发表2篇系列论文。

（四）一般课题应公开发表1篇论文。

专著或论文发表须注明且只能独家注明“课题类别＋课题名称＋课题批准号”，课题负责人均应为专著、论文的第一作者。

六、课题申请要求

2015年课题申请采取网上申请与文本申请两种形式，重大课题不进行网上申请。申请书文本要求一律用计算机填写。

（一）重大课题实行公开招标制度，评审采取课题申请、资格审查、会议答辩、领导小组审批方式进行。申请者填写《北京市教育科学“十二五”规划重大课题申请书（2015年度）》，签署所在单位、二级管理单位意见后，密封投标文件，递交二级管理单位报送至北京市教育科学规划领导小组办公室。

（二）其他类别课题实行网上申请与文本申请。

1. 网上申请流程参见北京市教育科学规划领导小组办公室网站相关文件。文本申请采取二级申请制度，按照所在单位隶属关系，经所在单位审查盖章后，分别通过各区县或各单位的科研管理机构报送至北京市教育科学规划领导小组办公室。北京市教育科学规划领导小组办公室不直接受理个人申请。

2. 网上申请网址为：http：//www.gh.bjedu.cn。课题申请所需的各种材料，包括《北京市教育科学“十二五”规划2015年度课题指南》《北京市教育科学规划课题管理办法（2011年4月26日修订）》《北京市教育科学“十二五”规划重大课题申请书（2015年度）》等均可从市教委网站（http：//www.bjedu.gov.cn）、北京市教育科学规划网（http：//www.gh.bjedu.cn）下载。

（三）本年度网上申请截止日期为3月11日，逾期不再受理新项目申请。未参加网上申请的单位和个人不得进行文本申请。市教育规划办反馈申请书材料检查意见时间为3月9日至3月13日。

本年度课题文本申请受理时间从3月17日起至3月19日止。

请各区县及各单位相应的科研管理机构务必按期报送，逾期不予受理。

七、报送材料要求

（一）重大课题文本材料报送至北京市教育科学规划领导小组办公室，具体要求为：

1. 将《重大课题申请书》封皮复印 9 份，分别贴在 9 个档案袋正面，以便识别。

2. 请将《申请书》封底“投标材料袋背面粘贴表”的课题组成员名单复印 9 份，分别贴在 9 个档案袋背面，以便选择评审专家时回避。

3. 报送文本材料时需同时报送申请材料电子版及加盖公章的《课题申请汇总表》。

（二）其他类别课题文本材料报送至北京市教育科学规划领导小组办公室，具体要求为：

1. 审查合格的《课题申请书》一式 8 份（原件 1 份，原件单独装档案袋；复印件 7 份，装同一档案袋），汇总后连同本区县或本单位加盖公章的《课题申请汇总表》一起报送至市教育规划办。

2. 将《课题申请书》的封面页打印后贴在档案袋正面，原件请在首页的右上角注明，以便识别。

3. 申请书要求统一用 A4 纸双面印制，左侧装订。

八、工作要求

（一）要将本通知及时传达到所属单位及教育科研人员和教师，并按《北京市教育科学规划课题管理办法》（2011 年 4 月 26 日修订），认真组织好北京市教育科学“十二五”规划 2015 年度课题的申请工作。

（二）各区县、各学校和各单位要加强对本年度课题申请工作的宣传、组织、管理和指导，既要积极鼓励，又要严格把关。要依据《北京市教育科学规划课题管理办法（2011 年 4 月 26 日修订）》的相关规定和本通知的要求对申请人进行资格审查，对申请人的信誉、申请书所有栏目填写的内容、前期研究成果、课题组的研究实力和必备条件等进行认真审核，签署明确意见，确保申请工作的质量。

2015 年 1 月 13 日

北京市教育科学“十二五”规划 2015 年度课题指南

为深入贯彻党的十八大、十八届三中、四中全会精神，继续落实国家和北京市中长期教育改革和发展规划纲要，进一步提升首都教育现代化水平，关注首都教育发展的重大战略需求和最新改革趋势，促进首都教育科研事业的繁荣发展，制定本年度规划课题指南。

一、重大课题

1. 北京地区教育现代化动态监测与政策调适研究

二、优先关注课题

1. “立德树人”导向的内涵及实现策略研究
2. 北京市义务教育教学质量现状、问题及改进策略研究
3. 国际视野下北京市幼儿园课程的实践与创新研究
4. 基础教育学校课堂教学实验研究
5. 义务教育阶段学校集团化（学区化）办学现状调查研究
6. 普通高中试行导师制研究
7. 北京市中小学教师薪酬水平研究
8. 考试招生制度改革对高中课程实施的影响研究
9. 市属高校本科教学现状及改进策略调查研究
10. 北京市属高校本科专业结构与经济社会发展的适切性研究

11. 中小学教育科研对学校发展的影响研究

12. 改革开放以来北京教育改革与发展历史研究

13. 北京市职业教育产教融合专业建设模式研究

14. 推进首都教育管办评分离的实践策略研究

三、自由选题领域

本年度规划课题指南只列出重大课题和优先关注课题（隶属重点课题）题目，其它重点课题（不含优先关注课题）、青年专项课题、一般课题、校本研究专项课题等四类课题不设具体指南，研究者可自主确定研究题目，鼓励开展教育基本问题和教育难点问题研究，鼓励开展教育实验研究。

北京市教育委员会

关于下达2015年度科技计划以及社科计划资助项目的通知

京教函〔2015〕43号

有关市属高等学校：

根据市教委、市财政局《北京市属高等学校科学技术与研究生教育创新工程建设项目管理办法（试行）》（京教财〔2010〕47号），经过项目申请、学校初选推荐、专家评审等项目立项工作程序，产生了2015年度市教委科技计划（以下简称“科技计划”）和市教委社科计划（以下简称“社科计划”）资助项目486项。其中，科技计划资助项目288项，包括重点项目37项；社科计划资助项目 198 项，包括重点项目 28 项。现予公布（项目名单见附件）。各项目的经费额度以财政评审后确定的经费额度为准。

请各有关高校加强对本计划项目的管理，提供必要的条件支持并督促项目组开展研究工作，确保科研计划的顺利实施。

本通知可登陆首都高校科研网 http：//www.usrn.edu.cn 下载。

附件：市教 2015 年度科技计划、社科计划批准立项项目（略）

2015 年 2 月 4 日

北 京 市 教 育 委 员 会
北京市哲学社会科学规划办公室

关于公布北京市哲学社会科学研究基地建设验收结果及启动新一期建设的通知

京教函〔2015〕164 号

有关高等学校：

根据市教委和市社科规划办关于对北京市哲学社会科学研究基地管理的有关规定，为全面检查掌握研究基地三年周期建设的情况，市教委和市社科规划办于 2015 年 3 月组织专家组对相关研究基地建设情况进行了检查验收。“北京社会建设研究基地”等 8 个研究基地验收结果为优秀，“首都高等教育发展研究基地”等4个研究基地验收结果为合格。现将验收结果予以公布。

以上研究基地全部进入下一周期建设，建设周期为三年。

请研究基地按照本期验收专家组反馈的意见，在研究基地学术委员会或专家委员会论证的基础上，围绕研究基地的研究领域，结合新的形势和研究基地发展目标，认真规划和设计下一个建设周期的重点研究方向，填写好进入下一期建设的任务书。《任务书》可从北京社科规划网（www.bjpopss.gov.cn）下载，并于6月30日前交送市社科规划办研究基地工作处（一式4份，均为原件，同时报送电子版，电子版请发送到指定的电子信箱）。

希望以上研究基地在认真总结建设经验的基础上，多出重大标志性成果，扩大研究基地的影响力，更好地服务于首都各项事业发展。

附件：1. 北京市哲学社会科学研究基地建设项目验收结果（按学校代码排序）

2. 专家组验收反馈意见（分学校下发）

2015年5月4日

附件1

北京市哲学社会科学研究基地建设项目验收结果（按学校代码排序）

验收结果为优秀的研究基地

北京社会建设研究基地（依托高校：中国人民大学）

北京交通发展研究基地（依托高校：北京交通大学）

北京社会管理研究基地（依托高校：北京工业大学）

北京企业低碳运营战略研究基地（依托高校：北京科技大学）
首都流通业研究基地（依托高校：北京工商大学）
首都卫生管理与政策研究基地（依托高校：首都医科大学）
首都国际文化研究基地（依托高校：北京语言大学）
法治政府研究基地（依托高校：中国政法大学）

验收结果为合格的研究基地

首都高等教育发展研究基地（依托高校：北京航空航天大学）
北京出版产业与文化研究基地（依托高校：北京印刷学院）
北京基础教育研究基地（依托高校：首都师范大学）
北京对外交流与外事管理研究基地（依托高校：外交学院）

附件 2

专家组验收反馈意见（分学校下发）

北京交通发展研究基地三期建设验收专家组反馈意见表

一、突出的优点评价

（一）基地建设依托单位科研实力雄厚，取得了多项省部级以上科研奖励，发表了许多篇核心期刊论文，整体成果突出，培养了一批包括博士生、硕士生在内的优秀人才。

（二）基地保持并形成了在综合交通运输研究、城市交通问题研究和运输经济与现代物流研究等方面的研究优势，初步形成了一支老中青相结合的有攻关能力的研究团队。

（三）基地部分科研成果紧紧围绕国家经济社会发展的关键问题和热点问题，开展对策研究，得到了有关部门和领导的重视，起到了推动科学决策的积极作用。

（四）基地承担了大量北京地区以外的横向课题，获得了较丰富的科研资助和资源，已经取得了一定的社会知名度和影响力。

二、问题与不足

（一）基地科研平台建设意识还不够强烈。要进一步加强与校外各种科研力量的合作，吸引和整合各种有助于基地发展的社会力量，强化基地的科研辐射力和影响力。

（二）基地科研规划和科研工作中对北京市和国家重大战略布局意识需要加强。例如基地要加强对北京市交通发展与京津冀经济社会协同发展的研究，力争取得突破性成果。

（三）基地已有成果层次和水平还要进一步提高，力争集中推出一些具有世界前沿水平并有一定国际影响的科研成果。

三、下一期建设发展建议

（一）基地需要进一步树立科研平台建设的意识，搭建北京乃至中国具有影响力的科研协同创新平台，组成一支具有一定科研创新能力的研究团队。

（二）基地需要进一步加强科研高地建设，创新科研机制，增强开放性和联合攻关能力，聚焦研究方向和研究目标，力争在缓解北京和京津冀地区交通发展瓶颈方面取得标志性成果。

（三）基地需要高度关注世界各国解决交通问题的做法与思路，加强学术前沿研究，取得一批具有国际水平和影响力的科研成果。

首都高等教育发展研究基地三期建设验收专家组反馈意见表

一、突出的优点评价

（一）基地建设围绕首都高等教育发展开展了较为深入的研究，取得了较为明显的研究成果。

（二）基地保持并形成了在高等教育统筹协调发展方面的研究优势，形成了一只老中青相结合的有攻关能力的研究团队。

（三）基地围绕高等教育拔尖创新人才培养和统筹协调发展等问题，进行了较深入的研究，取得了一批研究报告和科研成果。

二、问题与不足

（一）基地建设中对于研究重点和研究方向的聚焦不够，所取得的研究成果缺乏学术显示度和影响力。

（二）基地科研规划要加强与北京市和教育部的重大战略布局的对接，提升基地在高等教育领域的发言权。

（三）基地已有成果层次和水平要进一步提高，力争推出一些具有世界前沿水平并有一定国际影响的科研成果。

三、下一期建设发展建议

（一）基地在新一轮的建设中要突出研究重点和研究方向，要体现科学研究的创新意识和创新能力。

（二）基地要做好新一轮建设的规划，加强品牌创新和品牌积累，争取产出一批有社会影响的系列研究成果。

（三）基地要由侧重承接各种项目向自主创新品牌转变，推动基地成为教育部和北京市高等教育领域的重要智库。

首都流通业研究基地三期建设验收专家组反馈意见表

一、突出的优点评价

（一）基地紧紧围绕首都流通业发展实际开展研究，建设目标明确，本期建设成果显著，发表研究成果数量较多，取得了一批有影响的研究成果。

（二）基地在争取国家级项目方面取得了较大的突破，成绩突出。

（三）基地学术交流和学术研讨活动丰富，促进了学校的教学与科研，基地国际性有很大提升。

二、问题与不足

（一）基地科研团队较大，基地科研体制机制创新和管理创新亟待探索。要逐步找出一条依托学校学科优势和科研团队，又有区别的新型智库建设道路。

（二）基地科研方向需要进一步凝练，形成一支相对固定的科研攻关团队，防止可能出现的离散状况。

（三）基地需要下大功夫加强具有国际影响的科研成果的产出。

三、下一期建设发展建议

（一）基地在新一轮建设中要正确处理好获取外部各级各类研究资金与基地学术高地建设的关系，减少基地科学研究任务应接不暇的困境，突出基地的学术性、基础性研究。

（二）基地建设要进一步凝练研究方向，锻造一支具有学科前沿意识的研究团队，培养更多新一代的学科带头人。

（三）基地建设要关注并促进我国新型流通业的健康发展，研究新问题，解决新问题，提出新思路。

北京出版产业与文化研究基地三期建设验收专家组反馈意见表

一、突出的优点评价

（一）基地经过三期建设，形成了四个主要研究方向和研究领域，对于学校和相关专业的支撑和推动作用明显。

（二）基地团结了在京的一批出版专家和出版人，有助于基地的理论联系实际。

二、问题与不足

（一）基地的整体科研水平有待提高，有分量的研究成果还不是很多，在出版界的影响力需要尽快提升。

（二）基地管理体制创新亟待加强，处理好学术研究高地与学术创新“特区”的关系。

（三）基地建设的一些基础性工作需要加强。比如，涉及出版行业的基础性、专业性数据库建设等。

三、下一期建设发展建议

（一）基地对于传统出版关注较多，在新一轮建设中应加强对互联网出版、数字出版等新型出版业态的高度关注。

（二）基地要加强出版产业领域内相关资料、数据的积累，成为业内权威的数据资料中心，要对出版业发展进行前瞻性研究，要推出成系统的、有影响力的研究成果。品牌建设特别是基地研究成果的品牌建设亟待加强。

（三）要增强开放性，加强与国家级研究团队、专业研究团队的合作与交流。

（四）基地要充分利用北京地区专业团队强大、国际交流广泛的优势，就若干重大问题开展研究，提出更多有影响的政策建议。

首都卫生管理与政策研究基地三期建设验收专家组反馈意见表

一、突出的优点评价

（一）基地三期建设成效比较突出，围绕首都卫生管理领域重点、难点和亟待解决的重大问题开展研究，取得了多项国家级课题。

（二）基地重视科研成果的转化，特别是研究报告等科研成果向决策建议的转化，其中有多项成果与政策建议被政府有关部门采纳。

（三）基地建设受到学校领导的高度关注，领导力量强大，支撑队伍牢固，研究团队稳定，研究方向清晰，整体实力有了明显增强。

二、问题与不足

（一）基地现在已有较为庞大的学术研究团队，专业方向较多，需要进一步加强整合。

（二）基地学术研究的国际合作开展不够，需要加强与世界卫生组织等国际组织的合作。

（三）基地需要加强对全民健康问题的关注。

三、下一期建设发展建议

（一）基地在新一轮建设中，要进一步加强政策研究的科学性和针对性，可建设卫生管理和医院管理的模拟实验室，培育一支有前瞻意识的研究团队。

（二）基地可以有意识地拓展研究领域，从现有的卫生管理和医疗管理拓展到健康管理研究领域，开展相关健康政策研究。

（三）基地要加强国际学术交流与合作，特别是要争取世界卫生组织等国际组织的支持。要规划前沿性研究课题和内容，争取取得具有一定国际影响力的研究成果。

北京对外交流与外事管理研究基地三期建设验收专家组反馈意见表

一、突出的优点评价

（一）基地在三期建设中，注意了与北京市相关部门的合作与联系，并为北京市有关部门和人员进行了多方面的培训工作。

（二）基地研究方向逐步聚焦到四个研究领域，开展了一系列的学术交流与合作，举办了多场外交讲座。

（三）基地《中国经济外交年度报告》开创了研究经济外交的先河，具有很高的指导意义。

二、问题与不足

（一）基地领导团队和研究团队的稳定性亟待加强，只有具有稳定性的管理和研究团队，才能确保基地的长期建设发展。

（二）基地对于校内外力量的整合需要进一步规划和加强，形成一支服务北京的专家团队。相关学术讲座与学术交流还应增强开放性。

（三）基地的学术研究和学术交流需要不断拓展参与范围，特别是联合北京市相关部门和研究机构，吸引它们的参与，形成更大更广泛的研究力量。

三、下一期建设发展建议

（一）基地要从定位、机制、人员和影响力上进一步加强建设，从现在的小而精向精而强转变，提高基地在国家和北京对外交流和外事管理方面的参与度和影响力。

（二）基地要紧紧跟踪和研究国家重大对外战略的调整，特别是十八大以来我国对外战略的重大布局，把基地建设成为一个开放的、有影响力的、显示度高的重要学术研究与交流的平台与窗口。

（三）基地要加强与北京市相关部门的合作，加强我国外交政策和理念的普及宣传工作。

法治政府研究基地三期建设验收专家组反馈意见表

一、突出的优点评价

（一）基地对于学校学科建设的支撑作用明显，推动了在基地内的学科交叉研究和学术成果产出，形成了学术高地，客观上也促进了学校教学与科研的发展。

（二）基地研究团队强大，开放性较好，形成了老中青相结合的研究团队，有助于相关学者的学术交流与合作。相关对策建议也获得了较高层级的认可。

（三）基地学术活动扎实多样，对外联系广泛，国际交流频繁。

二、问题与不足

（一）基地要进一步突出平台意识，为相关学者和学科的发展创造良好的条件。多产出具有学术前沿水平和学术标志性的研究成果。

（二）基地要探索建设学术“特区”的途径和模式，加强协同创新，增强基地活力。

三、下一期建设发展建议

（一）基地要在新一轮建设中突出新型智库建设的内容和目标，力争在落实“四个全面”中发挥特殊的作用，为全面推进依法治国进程献计献策。

（二）基地要进一步提升团队建设、平台建设和影响力，加强对外交流与合作，发挥国内外学术研究平台的作用。

（三）基地可以考虑进一步加强学术性、基础性研究，在学术繁荣中形成具有中国特色、中国气派、中国风格的法学学术流派。

北京社会建设研究基地二期建设验收专家组反馈意见表

一、突出的优点评价

（一）基地坚持科研创新，严格遵守学术规范，遵循学术研究方法，不断推出有分量的学术研究成果，学术研究水平高，反映了我国社会学和社会建设方面的前沿水平。

（二）基地坚持理论与实践并重的原则，注重实地调查研究，紧密结合我国社会建设的实际，发表了近百篇核心期刊论文和英文著作，成果显示度高。

（三）基地队伍坚持精干、高效原则，为相关部门提供了许多研究报告和政策建议。尤其是有关二孩政策，得到了习近平总书记的批示，并转化为国家政策。

二、问题与不足

（一）要不断加强基地管理创新和体制机制创新，切实形成学术研究高地和“特区”。

（二）进一步加强基地的开放性，吸引校内外更多的学者参与到基地的研究之中。

三、下一期建设发展建议

（一）基地要充分利用学校学科门类齐全、社会学学科力量和研究团队强的特点，针对北京面临的诸多社会问题，加强对这些相关问题的深入研究，充分发挥建设北京“首善之区”的智库作用。

（二）基地要加强科学研究平台建设和开放性机制创新，吸引校内外专家学者积极参与到基地学术研究之中，争取更多各级各类研究课题。

（三）基地要在取得高端学术成果的同时，加强对相关科研成果的宣传和政策转化，加强北京社会政策研究的力度。

首都国际文化研究基地二期建设验收专家组反馈意见表

一、突出的优点评价

（一）基地通过二期建设，相关五个研究领域更加突出，支撑了学校的教学和科研，逐步形成了一支具有较高水平的研究团队。

（二）基地科研能力显著增强，取得了多项国家社科基金项目以及一项教育部重大攻关项目，市社科基金项目也有明显增加。

（三）基地开展了多项国际学术交流活动，一些国际学术交流活动具有常规化的特点，可以培育成为中外文化交流的平台。

二、问题与不足

（一）基地需要突出学术高地建设的力度，特别是在体制机制创新方面需要进一步探索。

（二）基地要关注海外舆情和国际学术动向，为政府决策提供相关信息报告和研究报告。

三、下一期建设发展建议

（一）基地在新一轮建设中要更加突出中国文化的国际传播研究，特别是传播方式、传播手段、传播途径等方面的深入研究，助推中国文化“走出去”，增强中国话语权。

（二）基地要进一步加强对中国文化教育认知特点的研究，通过学校学科和学生特点，适当进行必要的实验以及实证研究，探索中国文化与其他文化的不同认知特点。

（三）基地要进一步聚焦北京在中国文化国际传播中的功能、作用研究，为北京市国际化大都市建设提供必要的对策建议。

北京基础教育研究基地一期建设验收专家组反馈意见表

一、突出的优点评价

（一）基地建设依托学校优势学科和科研团队，突出了四个研究重点和方向，在较短的时间内取得了比较明显的进展和成绩，初步搭建起了北京基础教育新的科研平台。

（二）基地研究团队力量较为雄厚，特色比较鲜明，在基础教育各个相关学科领域具有较高的影响力和号召力。

（三）基地取得了多项国家和省部级社科项目，对基础教育相关问题的研究也取得了一批有一定影响的科研成果。

二、问题与不足

（一）基地科研领域和方向需要进一步整合，基地研究方向的凝练不够。

（二）基地与所依托学院的关系需要进一步厘清和确定，目前尚看不出基地作为科研高地和科研“特区”的价值。

（三）基地管理体制机制创新需要进一步加强。

三、下一期建设发展建议

（一）基地要勇于面对基础教育面临的巨大挑战，从理论到实践、从国内到国际，加强对我国教育转型的深入研究，特别是从应试教育到素质教育、从传统教育到创新教育等，力争提出高水平的政策建议。

（二）基地要尝试建立稳定的科研实验基地，不断探索适合中国实际和发展需要的教育体系，包括城乡一体化过程中的基础教育等问题。要积极探索符合中国实际需要的学校管理体制和管理模式，探索人才培养的有效途径。

（三）处理好基地与所依托学院的关系，确保基地在学术研究、科研创新等方面的“特区”意义。

北京社会管理研究基地一期建设验收专家组反馈意见表

一、突出的优点评价

（一）基地建设有老一辈社会学家的奠基，学术研究理论基础雄厚，队伍科研攻关能力强，取得了国家社科基金重大项目，彰显科研能力。

（二）基地主攻方向明确，紧密结合北京社会发展实际，有很强的针对性。课题研究聚焦明显，成果整体水平较高。

（三）基地学术活动尤其是国际学术交流活跃，初步搭建了一个较好的国际学术交流平台。基地成果《北京社会建设分析报告》具有一定的开创性。

二、问题与不足

（一）基地研究目标和方向可以根据不同时期的不同要求有所调整，在某一特定时期集中聚焦若干问题，尽快形成研究攻关团队，取得标志性成果。

（二）基地体制机制创新不足，要突出基地建设的学术高地意识和“特区”意识，处理好教学、科研和基地建设的关系。

三、下一期建设发展建议

（一）基地具有较深厚的理论基础和研究成果，在新一轮的建设过程中，要进一步加强基地的理论建设和学术建设，力争成为该领域的学术高地和理论高地。

（二）基地要进一步强化平台建设，着力打造数据中心，成为学术研究的创新平台，结合北京实际，不断进行试点和试验，为我国的国家治理、城市治理和社区治理（乡村治理）提供理论与实践经验。

（三）基地要加强整体队伍建设的规划，培养更多年轻一代的学术带头人。

北京企业低碳运营战略研究基地一期建设验收专家组反馈意见表

一、突出的优点评价

（一）基地紧紧围绕北京生态文明建设，提出企业低碳运营理念，为基地的发展创造了很大空间。

（二）学校主要领导兼任基地负责人，为基地的发展创造了良好环境，特别是在学科交叉研究方面做出了积极的探索。

（三）基地属于“小、特、精”的研究团队，取得了丰硕的研究成果。

二、问题与不足

（一）基地要进一步创新科研机制，团结更多校内外研究力量参与到基地的学术研究之中，特别是参与到交叉学科的协同研究之中。

（二）基地要高度关注北京及周边省市的低碳运营问题，力争提出更多的具有创新价值和操作意义的政策建议。

三、下一期建设发展建议

（一）基地要进一步凝练研究方向，高度关注北京地区和周边省市高污染企业包括重化工企业的低碳运营问题，从技术、管理、理念等方面总结提炼出一套反映绿色发展的切实可行的办法。

（二）基地要不断加强北京和周边省市高污染企业减排等低碳运行的考核指标分析和研究，形成有关部门和政府决策的依据，切实推进北京和周边省市的生态文明建设。

（三）基地要高度关注交叉学科的联合攻关，高度关注专利技术申报和成果转化，逐步解决高污染企业面临的实际问题。

（四）基地要加强队伍建设，增强开放性，联合相关科研机构开展联合攻关。同时高度重视人才队伍建设，制定切实的人才队伍培养计划。

北京市教育委员会

关于认定第一批北京高等学校高精尖创新中心的通知

京教函〔2015〕431号

各有关高校：

根据市教委《关于印发北京高等学校高精尖创新中心建设计划的通知》（京教研〔2015〕1号），在事前绩效评估、专家评议的基础上，经市教委主任办公会审议通过，认定北京大学工程科学与新兴技术高精尖创新中心等13个高精尖中心为第一批“北京高等学校高精尖创新中心”（名单附后）。

请按照文件要求和高精尖创新中心建设目标，积极探索高精尖创新中心的运行体制与管理机制，广聚国际国内领军创新人才，切实做好高精尖中心的建设与管理工作。

附件：第一批北京高校高精尖创新中心名单

2015 年 8 月 28 日

附件

第一批北京高校高精尖创新中心名单

牵头学校	中心名称
北京大学	工程科学与新兴技术高精尖创新中心
中国人民大学	北京高校思想政治理论课高精尖创新中心
清华大学	未来芯片技术高精尖创新中心
清华大学	结构生物学高精尖创新中心
北京工业大学	北京未来网络科技高精尖创新中心
北京航空航天大学	大数据科学与脑机智能高精尖创新中心
北京理工大学	智能机器人与系统高精尖创新中心
北京化工大学	软物质科学与工程高精尖创新中心
中国农业大学	食品营养与人类健康高精尖创新中心
首都医科大学	人脑保护高精尖创新中心
北京师范大学	未来教育高精尖创新中心
首都师范大学	成像技术高精尖创新中心
中央美术学院	视觉艺术高精尖创新中心

北京市教育委员会

关于下达2016年度市属高校创新能力提升计划资助项目的通知

京教函〔2015〕498号

有关市属高等学校：

根据市教委、市发展改革委、市科委、市财政局、市人力社保局、市知识产权局《关于实施市属高校创新能力提升计划项目的意见》（京教研〔2013〕4号）要求，市教委今年继续实施市属高校创新能力提升计划项目。经过项目申请、学校推荐、专家评审等项目立项工作程序，遴选产生了市教委2016年度市属高校创新能力提升计划（简称“提升计划”）资助项目24项，其中，科技类项目14项，人文社科艺术类项目10项。现予公布（项目名单见附件），各项目的经费额度以财政评审后确定的经费额度为准。

请各有关高校加强对提升计划项目的管理，提供必要的条件支持并督促项目组开展工作，保障项目实施成效，切实服务北京经济社会发展。

附件：北京市教育委员会2016年度市属高校创新能力提升计划批准立项项目

2015年10月12日

附件

北京市教育委员会2016年度市属高校创新能力提升计划批准立项项目

项目编号	项目名称	负责人	承担单位	研究类别	2016年度	批准经费（万元）	实施周期	合作单位
TJSH 20161000501	人眼安全微型测距激光器产业化研究	李强	北京工业大学	科技成果转化	60	300	3年	北京凯普林光电科技有限公司
TJSH 20161000502	电动车用耐高温钕铁硼永磁的研发及产业化	岳明	北京工业大学	科技成果转化	60	300	3年	北京中科三环高技术股份有限公司
TJSH 20161000901	微阵列相机动态场景的超分辨率和测量研究及其产品开发	邹建成	北方工业大学	科技成果转化	60	200	2年	华天科技电子有限公司
TJSH 20161001101	天然使用色素生产与应用关键技术的开发与产业化	王成涛	北京工商大学	科技成果转化	60	300	3年	北京二商王致和食品公司
TJSH 20161001201	京津冀协同发展的旧衣物回收及资源利用体系研究	郭燕	北京服装学院	科技成果转化	20	90	3年	中国纺织工业联合会环保促进委员会
TJSH 20161001601	养老护理机器人研制与产业化	汪苏	北京建筑大学	科技成果转化	60	300	3年	安川首钢机器人有限公司
TJSH 20161001602	基于新型多源传感器技术的城市建筑与结构自动测量及转化	赵西安	北京建筑大学	科技成果转化	60	300	3年	中测新图遥感技术有限公司

续表 1

项目编号	项目名称	负责人	承担单位	研究类别	2016年度	批准经费（万元）	实施周期	合作单位
TJSH 20161001701	危险化学品仓库安全储备状态检测及预警关键技术研究及示范应用	戴波	北京石油化工学院	科技成果转化	60	300	3年	北京华腾化工有限公司
TJSH 20161002001	青贮玉米新平中产业化关键技术研究	潘金豹	北京农学院	科技成果转化	60	300	3年	北京大京九农业开发有限公司
TJSH 20161002002	肉牛全基因组选择技术体系构建和应用	倪和民	北京农学院	科技成果转化	60	300	3年	中国农科院北京畜牧兽医研究所
TJSH 20161002501	脊髓损伤后膀胱功能中间智能膀胱刺激器的研发	张旭	首都医科大学	科技成果转化	60	300	3年	香港 PLEXON 公司北京分公司
TJSH 20161002502	场电位动作电位同步采集超高频脑电图装置开发及应用研究	王玉平	首都医科大学	科技成果转化	60	300	3年	北京云深科技有限公司
TJSH 20161002801	北京市在校大学生创新创业能力的调研评估与促进策略研究	罗劲	首都师范大学	科技成果转化	20	90	3年	无
TJSH 20161002901	北京市市民体育健身组织、健身参与和需求现状研究	王凯珍	首都体育学院	科技成果转化	20	90	3年	北京零点指标信息咨询有限责任公司
TJSH 20161003101	一带一路战略背景下首都资本输出汇总的海外投资风险研究	尹美群	北京第二外国语学院	科技成果转化	20	90	3年	中国牧工商总公司
TJSH 20161003701	基于物联网技术的食品冷链物流共同配送	张旭凤	北京物资学院	科技成果转化	30	100	2年	北京市平谷马坊物流基地管理委员会

续表 2

项目编号	项目名称	负责人	承担单位	研究类别	2016年度	批准经费(万元)	实施周期	合作单位
TJSH 20161003801	京津冀产业协同发展研究	祝合良	首都经济贸易大学	科技成果转化	20	90	3年	北京国际城市发展研究院
TJSH 20161004601	交互式新媒体音乐技术的创新与应用研究	金平	中国音乐学院	科技成果转化	20	90	3年	同济大学设计与创意学院
TJSH 20161004901	舞台虚拟导演创作系统软件二期研发	于少非	中国戏曲学院	科技成果转化	20	90	3年	爱迪斯通(北京)科技有限公司
TJSH 20161005001	利用大数据提升首都影视产业竞争力的研究与应用	张锐	北京电影学院	科技成果转化	20	90	3年	北京海量通融软件技术有限公司
TJSH 20161005101	舞蹈的脑科学研究一基于舞蹈与人及社会的发展	温柔	北京舞蹈学院	科技成果转化	20	90	3年	北京师范大学
TJSH 20161077201	高精度大尺寸三维视觉测量仪器开发与应用	董明利	北京信息科技大学	科技成果转化	60	300	3年	北京讯恒科技有限公司
TJSH 20161077202	电气设备故障谐波诊断仪与处理系统	朱希安	北京信息科技大学	科技成果转化	60	300	3年	北京中矿龙科智能科技有限公司
TJSH 20161141701	北京市知识产权商用化运营机制及政策研究	鲍新中	北京联合大学	科技成果转化	20	90	3年	北京市海淀区知识产权局

北京市教育委员会

关于开展北京市重点实验室建设计划项目验收工作的通知

京教函〔2015〕522号

各有关普通高等学校：

自2001年起启动北京市重点实验室建设项目以来，市教委、市科委加强验收管理，各实验室进一步提高了学术水平、研究水平和管理水平，为学校学科建设和人才培养创造了有利条件。为进一步总结经验、改进不足、促进发展，根据《北京地区普通高等学校北京市级重点实验室认定管理办法》的规定，市教委、市科委决定对北京地区普通高等学校北京市重点实验室建设计划第三期建设项目进行验收。

一、验收工作组织实施部门

市教委科研处负责组织专家组开展验收工作，每组专家由同行专家3至4人和仪器设备管理专家1至2人组成。

二、验收范围

市教委、市科委于2010年底前联合认定的86个北京市重点实验室。具体名单见附件1。

三、验收安排

（一）提交验收材料

11月25日至26日，将以下材料按要求提交至市教委科研处：

1.《北京市重点实验室建设计划项目总结报告书》一式5份

(格式见附件2〈略〉，同时上报电子版)。

2. 北京市重点实验室研究成果汇编，包括：

(1) 发表论文一览表及汇编一式1份(重要论文4～5篇附全文；其它论文附首页及标注页)；

(2) 专利证书复印件、获奖证书复印件等材料一式1份。

3. 北京市重点实验室学术委员会名单及会议纪要汇编一式1份。

4. 北京市重点实验室规章制度汇编一式1份。

5. 北京市重点实验室大型仪器设备使用登记表一式1份。

6. 北京市重点实验室2009年验收后大型仪器设备购置清单一式1份。

7. 北京市重点实验室专项经费及配套经费使用情况报告一式1份。

8. 其它材料。

(二) 验收会议及现场考察

主要采取会议验收及现场考察相结合的方式进行验收。计划安排在12月上中旬，具体安排另行通知。

1. 会议验收

每个实验室验收时间控制在40分钟以内，包括实验室负责人汇报(20分钟以内)和专家组询问、实验室负责人答辩(20分钟以内)两个环节。答辩结束后，由专家组对实验室建设情况进行统一评议打分并提出专家意见(评分表见附件3，略)。

2. 现场考察

会议验收结束后从中选取部分实验室进行现场考察，并形成最终验收意见。

四、验收结果及应用

验收工作结束后，市教委、市科委将对验收结果予以公布，并将专家组意见和建议反馈各单位。根据专家打分情况和验收意见，验收结果分为“优秀”、“合格”、“基本合格”、“不合格”四类。

成绩为“优秀”和“合格”的实验室将进入下一个建设周期；对成绩“基本合格”的实验室暂停资助，整改后可重新申请重点实验室资格；成绩为“不合格”的实验室将被取消北京市重点实验室资格。

五、其他事项

本通知可登录首都高校科研网（http：//www. usrn. edu. cn）下载。

附件：1. 北京市重点实验室验收名单

2. 北京市重点实验室建设计划项目总结报告书（格式，略）

3. 北京市重点实验室建设计划项目验收专家评分表（略）

4. 北京市重点实验室验收工作学校、各实验室联系人及联系方式表（格式，略）

2015 年 10 月 29 日

附件 1

北京市重点实验室验收清单

序号	实验室名称	依托学校	所在学科	认定年份
1	多媒体与智能软件技术实验室	北京工业大学	计算机科学与技术	2001
2	先进制造技术实验室	北京工业大学	机械工程	2001
3	交通工程实验室	北京工业大学	交通运输工程	2001
4	工程抗震与结构诊治实验室	北京工业大学	土木工程	2001
5	传热与能源利用实验室	北京工业大学、清华大学	动力工程热物理	2001

续表 1

序号	实验室名称	依托学校	所在学科	认定年份
6	水质科学与水环境恢复实验室	北京工业大学	环境科学与工程	2001
7	现场总线技术及自动化实验室	北方工业大学	控制科学与工程	2001
8	植物资源研究开发实验室	北京工商大学	化学工程与技术	2001
9	服装材料研究开发与评价实验室	北京服装学院	纺织科学与工程	2001
10	供热、供燃气、通风及空调工程实验室	北京建筑工程学院	土木工程	2001
11	传感器实验室	北京信息工程学院	电子科学技术	2001
12	机电系统测控实验室	北京机械工业学院	机械工程	2001
13	物流系统与技术实验室	北京物资学院	管理科学与工程	2001
14	农业应用新技术实验室	北京农学院	农业科学	2001
15	神经再生修复研究实验室	首都医科大学	生物学/细胞生物学	2001
16	肝脏保护与再生调节实验室	首都医科大学	生物学/神经生物学	2001
17	纳米光电子实验室	首都师范大学	材料科学与工程	2001
18	学习与认知实验室	首都师范大学	心理学	2001
19	资源环境与地理信息系统实验室	首都师范大学	地理学	2001
20	运动机能评定与技术分析实验室	北京体育大学、首都体育学院	生物学	2001
21	生物活性物质与功能食品实验室	北京联合大学	食品科学与工程	2001
22	医学物理和工程实验室	北京大学	原子能科学技术	2001
23	空间信息集成与 3S 工程应用实验室	北京大学	地理学	2001
24	绿色反应工程与工艺实验室	清华大学	化学工程技术	2001

续表 2

序号	实验室名称	依托学校	所在学科	认定年份
25	精细陶瓷实验室	清华大学	材料科学与工程	2001
26	城市轨道交通自动化与控制实验室	北京交通大学	交通运输工程	2001
27	通讯与信息系统实验室	北京交通大学	信息与通讯工程	2001
28	现代信息科学与网络技术实验室	北京交通大学	计算机科学与技术	2001
29	网络技术实验室	北京航空航天大学	计算机科学与技术	2001
30	特种功能材料与薄膜技术实验室	北京航空航天大学	材料科学与工程	2001
31	数字化设计与制造实验室	北京航空航天大学	机械工程	2001
32	粉体材料研究与开发实验室	北京航空航天大学	材料科学与工程	2001
33	清洁车辆实验室	北京理工大学	机械工程	2001
34	智能信息技术实验室	北京理工大学	计算机科学与技术	2001
35	环境科学工程实验室	北京理工大学	环境科学与工程	2001
36	自动控制系统实验室	北京理工大学	自动控制	2001
37	先进粉末冶金材料与技术实验室	北京科技大学	材料科学与工程	2001
38	腐蚀、磨蚀与表面技术实验室	北京科技大学	材料科学与工程	2001
39	新型高分子材料的制备与加工实验室	北京化工大学	材料科学与工程	2001
40	生物加工过程实验室	北京化工大学	化学工程与技术	2001
41	智能通信软件与多媒体实验室	北京邮电大学	计算机科学与技术	2001
42	地球探测与信息技术实验室	石油大学（北京）	地理学	2001

续表 3

序号	实验室名称	依托学校	所在学科	认定年份
43	作物遗传改良实验室	中国农业大学	农学	2001
44	草业科学实验室	中国农业大学	农学	2001
45	果树逆境生理与分子生物学实验室	中国农业大学	农学	2001
46	木材科学与工程实验室	北京林业大学	林业工程	2001
47	癌发生及预防分子机理实验室	中国协和医科大学	临床医学	2001
48	中医内科学实验室	北京中医药大学	中医学	2001
49	中药基础与新药研究实验室	北京中医药大学	中药学	2001
50	中药资源保护与利用北京市重点实验室	北京师范大学	生物学	2001
51	应用实验心理实验室	北京师范大学	心理学	2001
52	基因工程药物与生物技术实验室	北京师范大学	生物	2001
53	应用光学实验室	北京师范大学	光学	2001
54	环境遥感与数字城市实验室	北京师范大学	地理学	2001
55	刑事科学技术实验室	中国人民公安大学	公安技术类	2001
56	水资源与环境工程实验室	中国地质大学（北京）	环境科学与工程	2001
57	国土资源信息开发研究实验室	中国地质大学（北京）	地理学	2001
58	岩石混凝土破坏力学实验室	中国矿业大学（北京）	土木工程	2001
59	印刷包装材料与技术实验室	北京印刷学院	新材料	2004
60	光机电装备技术实验室	北京石油化工学院	光机电一体化	2004

续表 4

序号	实验室名称	依托学校	所在学科	认定年份
61	高电压与电磁兼容实验室	华北电力大学	城市建设与管理	2004
62	能源的安全与清洁利用实验室	华北电力大学	环保与资源综合利用	2004
63	城市油气输配技术实验室	中国石油大学（北京）	城市建设与管理	2005
64	多肽及小分子药物实验室	首都医科大学	生物工程与新医药	2005
65	新能源材料与技术实验室	北京科技大学	新材料	2005
66	太赫兹波谱与成像实验室	首都师范大学	基础理学	2006
67	兽医学（中医药）实验室	北京农学院	生物工程与新医药	2006
68	蛋白质化学实验室	清华大学	生物工程与新医药	2007
69	眼科学与视觉科学实验室	首都医科大学	生物工程与新医药	2007
70	工业过程测控新技术与系统实验室	华北电力大学	电子信息	2008
71	物流管理与技术实验室	北京交通大学	城市社会发展	2008
72	城市固体废弃物资源化技术与管理实验室	北京大学	环保与资源综合利用	2010
73	膜材料与工程实验室	清华大学	新材料	2010
74	数字媒体实验室	北京航空航天大学	文化创意	2010
75	数字表演与仿真技术实验室	北京理工大学	文化创意	2010
76	网络系统与网络文化实验室	北京邮电大学	电子信息	2010
77	教育技术学实验室	北京师范大学	电子信息	2010
78	环境与病毒肿瘤学实验室	北京工业大学	生物工程与新医药	2010
79	北京市呼吸和肺循环疾病实验室	首都医科大学	生物工程与新医药	2010

续表 5

序号	实验室名称	依托学校	所在学科	认定年份
80	食品风味化学实验室	北京工商大学	食品科学与工程	2010
81	数字媒体与交互媒体实验室	北京服装学院	文化创意	2010
82	数字媒体艺术实验室	北京印刷学院	文化创意	2010
83	绿色建筑与节能技术实验室	北京建筑工程学院	环保与资源综合利用	2010
84	网络文化与数字传播实验室	北京信息科技大学	电子信息	2010
85	信息服务工程实验室	北京联合大学	电子信息	2010
86	数字电影技术与艺术实验室	北京电影学院	文化创意	2010

招生·考试

北京市教育委员会文件选编

(2015)

北京市教育委员会

关于转发教育部高校学生司关于做好2015年高校部分特殊类型招生工作文件的通知

京教计〔2015〕6号

各市属院校：

现将教育部高校学生司《关于做好2015年高校部分特殊类型招生工作的通知》（教学司〔2015〕1号）转发给你们，请认真贯彻落实。

2015年2月9日

教育部高校学生司

关于做好2015年高校部分特殊类型招生工作的通知

教学司〔2015〕1号

各省、自治区、直辖市教育厅（教委）、省级招生考试机构，新疆生产建设兵团教育局，有关部门（单位）教育司（局），部属各高等学校：

为进一步加强高校特殊类型招生管理，严格规范招生行为，强化信息公开和社会监督，促进公平公正，现就做好2015年高校特殊类型招生工作通知如下：

一、严格执行高校特殊类型招生政策

1. 关于艺术类专业招生

有关高校要严格执行艺术类专业招生政策规定，结合本校艺术类专业人才选拔和培养要求，完善招生办法。要严格依据教育部颁布的《普通高等学校本科专业目录（2012年）》和高等职业学校专科专业目录设置本校艺术类招生专业，其中本科专业不得增设专业方向。要综合考虑高考文化成绩和艺术专业成绩，完善择优录取的办法，力求简单明了，便于考生理解和社会监督。同一高校同一艺术类专业应采用同一种录取办法。要逐步提高艺术类专业文化成绩要求，其中独立设置的本科艺术院校自行划定的文化成绩原则上不得低于生源省级招生考试机构划定的艺术类本科专业最低录取控制分数线。组织校考的高校要严格控制校考合格证发放数量，不得超过相应艺术类专业招生计划数的4倍。

各省级招生考试机构要在提高当前艺术类省级统考管理水平和选拔质量的基础上，因地制宜，逐步扩大省级统考的科类和适用高校范围，探索更加公平、合理、有效的测试方式和评价机制。

非艺术类专业不得按艺术类专业招生考试办法招生。对于可授予艺术学学士学位的艺术教育、服装设计与工程、风景园林、文化产业管理等4个非艺术学门类专业，有关高校若对考生有专业要求，须在招生简章中明确告知考生应参加的专业考试科类及录取要求（省级统考涉及的专业，学校不再单独组织校考），高考文化成绩要求不得低于本校非艺术类专业所在批次录取控制分数线，其中独立设置的本科艺术院校对上述专业的高考文化成绩要求不得低于生源所在省级招生考试机构划定的本科第二批次录取控制分数线。

2. 关于高水平艺术团招生

经教育部批准的部分高校艺术团招收特长生工作，要按照择优录取、宁缺毋滥的原则，严格控制艺术团招生规模。高水平艺术团录取人数不得超过主管部门核定的本校年度本科招生计划总数的1%。要根据本校艺术团建设和发展情况，合理安排并公布艺术团分项目招生计划。要细化和完善艺术测试标准，严格按照测试结果择优确定合格考生名单，公示合格考生人数不得超过艺术团招生计划的2倍。

试点高校要统筹考虑学生艺术特长和学业发展，严格执行有关高考文化成绩录取要求。除个别经教育部批准的高校外，试点高校须在生源省份第一批次最终模拟投档线下20分以内录取艺术测试合格考生，不得低于本科第一批次录取控制分数线。对于少数艺术测试成绩特别优秀的考生，高校可适度降低高考文化成绩录取要求，但不得低于本科第一批次录取控制分数线，高校录取此类考生人数不得超过学校当年艺术团招生计划的15%，按不超过拟录取考生数的2倍确定公示名单。

试点高校须与拟录取的相关考生签订协议，明确入校后参加艺术团活动的义务和责任。

3. 关于高水平运动队招生

试点举办高水平运动队的高校，要严格控制运动队招生规模。高水平运动队招生规模不得超过主管部门核定的本校年度招生计划总数的1%。要根据本校高水平运动队建设和发展情况，合理安排并公布运动队各项目招生计划。

试点高校要加强报考资格审核，严格依据国家体育总局“运动员技术等级综合查询系统”核实考生运动技术等级，并对网上核实结果进行截图保存。考生所持有的运动员等级证书项目应与报考的高水平运动项目一致。对于举办定向越野、龙舟项目的高校要参照上述要求研究确定定向越野、龙舟项目报考条件，报我部有关司局备案后方可向社会公布。要细化和完善运动项目测试标准，严格按照测试结果择优确定合格考生名单，公示合格考生人数不得超过高水平运动队招生计划的2倍。

试点高校要统筹考虑学生运动特长和学业发展，严格执行有关高考文化成绩录取要求，在生源省级招生考试机构划定的本科第二批次录取控制分数线上录取体育测试合格考生。对于体育测试成绩特别突出的考生，高校可适度降低高考文化成绩录取要求，但不得低于本科第二批次录取控制分数线的65%，高校确定的此类考生入围公示人数不得超过学校当年高水平运动队招生计划的30%；在已合并调整录取批次的省份，试点高校要适度提高文化成绩录取要求。获得一级运动员、运动健将、国际健将及武术武英级（或以上）称号之一的考生，可申请参加试点高校组织的文化课单独考试，也可选择参加高考。对于通过高校文化课单独考试方式录取的考生，高校确定并公示的入围人数不得超过本校当年高水平运动队招生计划的20%。

试点高校要与拟录取的相关考生签订协议，明确入校后参加训练、比赛的义务和责任。

4. 关于保送生招生

高校要严格规范保送工作流程。具备保送资格的考生应向有关学校或部门提出保送申请，经有关部门审核确认并通过省级教育行政部门、招生考试机构、有关部门及考生所在中学多级公示后，高校组织综合考核确定拟录取保送生名单并进行公示。省级招生考试机构应于普通高校招生全国统一考试前，对拟录取保送生信息进行审核确认，办理录取手续。已确认保送录取的学生不再参加普通高校招生全国统一考试。严禁高校以保送生招生形式违规录取未经本校文化测试和相关考核的考生。严禁高校以保送生招生形式将外国语中学推荐保送的学生录取或调整到非外语类专业。

各省级教育行政部门及有关部门应按照相关职责分工，加强对本单位负责的保送资格名单进行审核、公示，并对审核结果负责。具有推荐保送生资格的外国语中学须按经我部核定的 2015 年推荐限额（见附件），制订本校推荐办法，报所在地省级教育行政部门、省级招生考试机构审核备案后在省级招生考试机构及本校网站公布。从 2016 年起，逐步减少具有推荐保送生资格的外国语中学相应推荐限额。

5. 关于高校综合评价招生

经批准开展综合评价招生试点的省份和高校，要进一步明晰试点定位，主要探索基于统一高考和高中学业水平考试成绩、参考综合素质评价的多元录取机制，不得采用自主招生办法招生。从 2015 年起，高校考核原则上安排在高考结束后、高考成绩公布前进行，高考前不得以任何形式开展与综合评价招生挂钩的考核活动。

二、严格规范特殊类型考试招生工作管理

各省级教育行政部门和有关单位要加强对所属高校特殊类型招生考试工作的指导和监督。各有关高校要梳理总结本校特殊类型招生考试中的风险点和薄弱环节，认真加以整改，重点加强规范管理和监督检查。

1. 严格落实工作责任制。各有关高校要加强对特殊类型招生工作的统一领导，招生工作领导小组要针对特殊类型招生考试的特殊性，加强校级统筹，研究确定具体工作方案。要重点细化特殊类型选拔测试中招办、专家组、纪检等部门在组织、评价、监督环节中的工作责任，确保各环节有序衔接、相互制约。

2. 严格规范测试管理。各有关高校要参照国家教育考试安全保密工作要求，严格选拔考务工作人员和命题、测评专家，要尽量吸纳校外专业教师或专家参与本校专项测试的测评和监督工作。高校要加强相关涉密人员名单及试题（卷）内容的安全保密，确保考试安全实施；加强对考生报名材料、测试成绩等重要环节的核查，对测试全过程进行录像备案。高校须将参加有关特殊类型招生考试考生的报名材料、测试答卷（或测试视频记录资料）保留 4 年，以备复查。

3. 加强信息公开。有关高校要按照《教育部关于进一步推进高校招生信息公开工作的通知》（教学函〔2013〕9 号）要求，通过本校招生网站和教育部“阳光高考”平台及时、准确公示合格考生信息。公示信息应包括考生的姓名、性别、中学、测试项目及成绩，以及学校测试的合格标准、录取要求等。未经教育部“阳光高考”平台公示的有关特殊类型考生一律不得录取。

4. 严肃处理违规行为。有关高校要采取有效措施，从严查处特殊类型招生考试中各种作弊行为。高水平运动队试点高校可联系国家体育总局反兴奋剂中心开展考生兴奋剂检查；试点高校须在体育专项测试之前与考生签订“同意接受兴奋剂检查和不使用兴奋剂的承诺书”，拒不签订承诺书或拒绝接受兴奋剂检查的考生，视为主动放弃考试资格。对在特殊类型招生考试中违规的考生、有关工作人员及高校，严格按照《国家教育考试违规处理办法》《普通高等学校招生违规行为处理暂行办法》处理。教育部将建立高水平艺术团和高水平运动队试点高校退出机制，凡存在测试管理混乱、超规模或降低标准录取等违规行为的高校，视情节严重，从 2016 年起暂停或取消相关试点资格。

本通知未尽事宜按照现行有关招生工作规定执行。

请各省级教育行政部门速将本通知转发至本行政区域内有关高校。

附件：2015 年具有推荐保送生资格的外国语中学推荐限额

2015 年 1 月 15 日

附件

2015 年具有推荐保送生资格的外国语中学推荐限额

外国语中学	推荐限额	外国语中学	推荐限额
天津外国语学校	120	石家庄外国语学校	175
太原外国语学校	160	长春外国语学校	165
上海外国语大学附中（含浦东、浦西校区）	180	南京外国语学校	200
杭州外国语学校	140	厦门外国语学校	160
南昌外国语学校	135	济南外国语学校	220
郑州外国语学校	195	武汉外国语学校	150
广外附设外语学校	95	深圳外国语学校	185
重庆外国语学校	125	成都外国语学校	120

北京市教育委员会

关于2015年北京市进行高等职业教育自主招生工作的通知

京教计〔2015〕8号

有关市属高等学校：

为贯彻落实国务院《关于深化考试招生制度改革的实施意见》(国发〔2014〕35号）和教育部相关配套文件精神，按照“进一步完善高职院校多样化分类招考方式，适度增加分类招考计划”的要求，继续深化本市高等学校招生考试改革，加快推进高职院校分类考试，在不断总结前几年工作经验基础上，2015年将在部分高校进行高等职业教育自主招生工作。现将有关事项通知如下。

一、院校及招生计划

2015年参加高职自主招生的院校有27所，招生计划总计11145人，其中计划招收农村户籍学生5523人（分校、分专业招生计划见附件，略)。

二、有关工作要求

（一）要按照“严格程序、加强管理、接受监督”的原则，以及“条件明确化、程序规范化、招生办法公开化、录取结果公示化”的要求，制定详细的自主选拔录取方案并向社会公布，认真做好报名、考核、录取、公示等各个环节的工作。

（二）要成立由分管校（院）长负责的高校招生工作领导小组，

加强对此项工作的领导，并成立由学校招生办和监察部门负责人为主的招生录取小组，凡属考试、录取中的重大问题，须集体研究决定。实行单独命题的院校要加强研究，提高命题水平，并加强对命题工作的组织管理；联合命题的院校要做好命题教师的推荐和组织工作，笔试、面试命题要兼顾各学校特点。加强对面试教师的培训，保证考试的公正规范；要选派政策水平高，工作认真负责，作风正派、秉公办事并经过培训的骨干教师参加录取工作，凡当年有直系亲属报考者不得参与此项招生考试工作。凡从事和参与招生的工作人员，必须遵守国家教育部和本市公布的条例、规定。

（三）总结 2014 年在部分高职院校开展的有条件注册入学试点工作的经验，继续探索“文化素质＋职业技能”评价方式。中等职业学校毕业生报考高职自主招生，可选择以职业等级证书或职业技能大赛比赛获奖证书替代职业技能测试；普通高中毕业生报考高职自主招生，可使用高中会考考试成绩替代文化素质测试。具体办法由各高校制定。

（四）高职自主招生计划纳入各校 2015 年总计划数内，已录取的考生不再参加当年普通高等学校招生全国统一考试和录取。

附件：2015 年高职自主招生院校与招生计划表（略）

2015 年 3 月 13 日

北京市教育委员会

关于做好 2015 年高级中等学校考试招生工作的意见

京教计〔2015〕9 号

各区县教委，有关委办局（总公司）教育处：

为贯彻落实国务院《关于深化考试招生制度改革的实施意见》（国发〔2014〕35 号），促进教育公平，提高教育质量，按照《北京市“十二五”时期教育改革和发展规划》确定的发展任务和目标，积极探索实施高中阶段教育招生考试改革，现就做好 2015 年本市高级中等学校考试招生工作提出如下意见。

一、指导思想

认真贯彻落实十八大、十八届三中、四中全会以及市委市政府有关工作部署要求，统筹我市人民群众接受普通高中教育的需求和首都经济社会发展对职业技术人才的需求，促进普通高中教育与中等职业教育协调发展；统筹规划区域教育资源，积极推动普通高中多样化发展和现代职业教育体系建设；稳步推进考试招生制度改革，促进教育公平、保证招生工作规范有序进行，维护人民群众切身利益，促进首都和谐社会建设。

二、关于招生计划编制和招生政策

（一）2015 年本市各类高级中等学校招生规模为 8.8 万人，其中普通高中招生规模约 5.8 万人，中等职业教育招生规模约 3 万人。中等职业教育招生规模中，五年制高等职业教育招生规模0.5万人，普通中等专业学校招生规模1.2万人，职业高中招生规模0.6万人，技工学校招生规模0.7万人。

（二）高级中等学校招生计划的编制按市、区县两级管理权限和工作程序进行。市教委负责对全市各类高级中等学校招生计划的宏观管理、统筹和指导；市教委、市发展改革委联合下达五年制高职和中专学校分学校招生计划；市人力社保局负责安排技工学校分学校招生计划；区县教委负责安排本区县普通高中和职业高中分学校招生计划。各类学校招生计划需经市及区县教育部门或相关部门审核后以文件形式下达，并刊登招生简章。

（三）普通高中招生要统筹安排，适度规模。公办普通高中计划要依据《北京市中小学校办学条件标准》（京教策〔2005〕8号），每班不超过45人。各区县要加强高中阶段教育资源的统筹规划和布局结构调整，逐步提高示范高中招收初中毕业生的比例，从而扩大优质教育资源的覆盖程度，进一步满足人民群众日益增长的对于优质教育的需求。

（四）各区县要加强对普通高中中外合作办学项目、艺术、体育、科技特长生招生项目、特色高中改革试验项目的管理，不得随意增加项目招生规模和变更项目招生方式。2015年公办普通高中举办的以上项目进行分区县计划分配。

（五）为进一步促进义务教育均衡，2015年继续开展优质高中部分招生计划分配到初中校工作（以下简称“名额分配”），“名额分配”比例提高到40%左右。

（六）部分示范高中可适当编制跨区县招生计划，跨区县招生计划重点向优质高中教育资源比较短缺的区县和一般初中学校倾斜，并逐年减少跨区县招生计划。城乡一体化学校可申请在资源输出区适当编制跨区招生计划。民办高中可在全市范围招生，并根据学校实际情况可以编制不分区县计划指标。普通中等专业学校、技工学校和获得“国家级、省部级重点中等职业学校”称号的职业高中可根据学校办学实际在全市范围招生，不对各区县分配计划指标。

（七）为贯彻落实全国职业教育工作会议精神，积极推进我市现代职业教育体系建设，加大职业教育高端技术技能人才培养，2015 年我市将开展职业教育改革试验项目，打造中等职业教育、高等职业教育和本科层次职业教育贯通式培养立交桥。继续推进职业高中开办综合高中班改革试验。

（八）按照《北京市人民政府办公厅关于转发市教委等四部门制订的〈进城务工人员随迁子女接受义务教育后在京参加升学考试工作方案〉的通知》（京政办发〔2012〕62 号）精神，认真做好进城务工人员随迁子女报考我市中等职业学校的资格审查工作。在规定时间内提出升学申请且通过资格审核的随迁子女考生，可以参加 2015 年北京市中等职业学校的考试录取。

（九）在部分中等职业学校继续开展招收未升学的应、往届高中毕业生进行中等职业教育试点工作，请各试点学校从社会人才需求、学生特点和就业需要出发，确定好招生专业，并有针对性地开展职业教育。

（十）各区县招生计划管理部门负责编制普通高中和职业高中分学校的招生计划，市人力社保局编制技工学校的分学校招生计划，各普通中等专业学校根据市教委下达的招生计划建议规模编制分省分专业招生计划。请各相关部门和学校将编制的招生计划于 2015 年 3 月 24 日前报市教委和北京教育考试院。

三、关于考试工作

2015 年本市继续将初中毕业会考和高级中等学校招生考试分开进行。所有高级中等学校招收的学生必须参加 2015 年北京市高级中等学校招生考试。

（一）高级中等学校招生文化课考试由北京教育考试院统一命题。文化课考试科目为语文、数学、外语、物理和化学。其中，语文、数学、外语满分均为 120 分，物理满分为 100 分，化学满分为

80 分。

（二）2015 年体育考试成绩满分 40 分，按照市教委相关文件执行。

（三）高级中等学校招生文化课考试日期为 2015 年 6 月 24 日至 26 日，具体时间由北京教育考试院另行通知。

四、关于评卷工作

2015 年北京市高级中等学校招生考试坚持“统一命题、统一制卷、统一考试、分区县评卷”的原则并继续采取网上评卷方式，评卷工作由各区县负责组织实施。各区县教委要高度重视，加强对本区县评卷工作的组织领导和管理，统一协调安排评卷教师和服务人员，从资金设备、技术保障等多方面给予支持，确保 2015 年全市网上评卷工作的顺利进行。

五、关于招生录取

2015 年高级中等学校招生录取分为提前招生录取、“名额分配”录取和统一招生录取三个阶段进行录取。

（一）提前招生录取。经市教委批准的中外合作办学项目和特色高中改革试验项目等按照批复文件的精神，可参加提前招生录取。未经批准，任何普通高中不得擅自进行提前招生录取。中等职业学校按照本校专业设置和招生要求，可将本校招生总规模的30％列入提前招生。

（二）“名额分配”录取。全市所有参加“名额分配”录取的考生须参加 2015 年高级中等学校招生考试。“名额分配”具体志愿填报和录取办法按北京教育考试院相关文件执行。

（三）统一招生录取。按照考试成绩，从高分到低分，依照志愿顺序，择优录取。凡被提前招生录取和“名额分配”录取的考生，不再参加统一招生录取。

（四）在统一招生录取结束后，未完成招生计划的各类高级中等学校可按照市中招办规定的程序进行补录工作。补录只录取参加全市高级中等学校招生考试且未被任何学校录取的考生。

（五）进一步减少和规范中考加分项目，2015 年起取消市级三好学生和艺术、体育、科技方面获奖考生加分项目；2017 年起将少数民族考生加分政策的适用范围调整为“从边疆、山区、牧区、少数民族聚居地区在初级中等教育阶段转学到本市就读的少数民族考生”；其他加分项目和加分分值保持不变。

六、加强中考中招工作的领导与管理

（一）教育公平是社会公平的重要基础。高级中等学校考试招生工作涉及广大人民群众的切身利益，各区县有关部门和招生学校要高度重视，统筹兼顾高中阶段各类学校的发展，切实加强对中考中招工作的领导，精心组织、严格程序、严肃纪律，确保中考中招工作平稳顺利进行。

（二）市教委将继续加强对全市各类高级中等学校招生计划的宏观管理、统筹和指导，切实加大信息公开力度。各区县和招生学校要维护招生计划的严肃性，不得擅自调整招生计划和变更招生方式，严格依照北京教育考试院中招办备案后的新生名册为新生建立学籍，有关部门将以招生简章和市教委的批文为依据进行监督检查。

（三）各区县要本着对人民群众和教育事业高度负责的精神，加强对所属招生学校和初中学校的管理，认真做好中考中招及学籍管理工作，维护广大考生的权益。

各高级中等学校要按照招生工作有关规定，实事求是地做好招生宣传工作，引导考生从首都经济社会发展和个人实际出发，合理选择升学目标。严禁各高级中等学校违规提前到初中校进行各种招生及宣传活动。对于违规招生、影响招生秩序的学校，经查证核实后在全市进行通报，情节严重的按照有关规定严肃处理。各类中等职业学校要按照《教育部办公厅关于进一步完善招生工作机制规范中等职业学校招生秩序的通知》（教职成厅〔2014〕4 号）的要求规范招生行为，按照招生计划在规定范围内开展招生工作。

各初中学校要规范办学行为，鼓励学生积极参加中考；尊重学生的志愿选择，杜绝出现强迫或代替学生填报志愿的情况。

2015年3月13日

北京市教育委员会

关于做好2015年北京市宏志生招生工作的通知

京教基二〔2015〕7号

各区县教委：

根据市教委《关于做好本市“宏志中学”“宏志班”招生工作的通知》(京教基〔2004〕9号)，结合目前本市城乡低保标准的调整意见，现将做好2015年北京市宏志中学、北京市广渠门中学“宏志生”招生工作有关事项通知如下：

一、报名条件

具有本市常住户口，家庭月人均收入低于城乡低保标准（城市710元、农村670元)，且品学兼优、身体健康的优秀应届初中毕业生。

二、宏志生的待遇

凡被正式录取的新生，在校期间享受“四免一补”，即免交学杂费、书本费、校服费、住宿费，并享受一定数额的伙食补贴。

三、北京市宏志中学报名办法

（一）各学校按报名条件推荐学生报考，被推荐的学生须填写

《2015 年北京市宏志中学宏志生报名登记表》（见附表），推荐学校需填写推荐意见并在照片处加盖校章；各区县教委统一进行审核并签署意见。

（二）5 月 2 日至 3 日 8：30 至 16：00，被推荐的学生持相关材料到北京市宏志中学进行资格认定（考虑个别远郊区县学生进城较远，北京市宏志中学将到校进行资格认定，时间以学校与相关区县约定为准）。

（三）报名时需持的相关证明材料：《2015 年北京市宏志中学“宏志生”报名登记表》；由村委会或住家居委会出具的家庭经济困难证明；学生家庭的户口本、学生本人的学生证、各种荣誉证书原件及其复印件，一寸免冠照片 1 张；毕业生体检表。

四、北京市广渠门中学宏志班报名办法

凡符合贫困条件的学生持相关证明、一寸免冠照片 1 张、毕业生体检表等材料自主报名，参加北京市广渠门中学自行组织的“宏志生”资格审核及面试，由北京市广渠门中学发给符合报考条件的初中毕业生《报考资格证》，学生凭《报考资格证》填报志愿，并参加全市统一升学考试。

五、有关事项

（一）各有关区教委要将此政策宣传到每所学校和每位应届学生，积极支持符合条件的学生报名，并为他们办理相关审核手续。

（二）符合报考条件者均需参加中考，并按照招生计划及成绩择优录取。

附件：2015 年北京市宏志中学宏志生报名登记表（略）

2015 年 3 月 17 日

北京市教育委员会

关于2015年优质高中部分中招计划分配到初中校的通知

京教基二〔2015〕8号

各区县教委，北京教育考试院：

为发挥优质教育资源示范引领作用，促进教育公平，提高教育质量，根据国务院《关于深化考试招生制度改革的实施意见》（国发〔2014〕35号）和教育部有关文件要求，2015年我市将继续推进优质高中部分中招计划分配到初中校工作（以下简称"名额分配"），现将有关事项通知如下：

一、分配方式

各区县以优质高中为单位，将本校统一招生计划的40%左右按比例分配到区域内初中学校。

参与名额分配的优质高中及初中学校由区县教委确定，优质高中范围可在去年基础上适当扩大。

二、招生办法

（一）具有升学资格的应届初中毕业生，且在同一学校具有连续三年正式学籍等条件，可报名参加名额分配招生。

（二）拟参加名额分配招生的学生均须参加2015年本市高级中等学校招生考试。

（三）名额分配招生采用单独批次按成绩录取，具体操作办法由北京教育考试院制定。

三、工作要求

（一）此项工作是深化教育领域综合改革的重要举措，各区县要高度重视，切实加强领导，结合实际制定名额分配工作方案，报市教委备案后组织实施。

（二）认真做好政策宣传，及时公布名额分配操作办法及招生计划、报名考生、录取结果等相关信息，主动接受社会和家长的监督，确保名额分配工作的公开、公正、公平。

（三）严格规范管理，精心组织实施，严厉杜绝各种违规现象的发生。对违反规定的学校，一经核实，将予以通报批评，并依法追究相关责任人责任。

2015 年 3 月 25 日

北京市教育委员会

关于下达 2015 年市属普通高校优秀高职毕业生升本科招生计划的通知

京教计〔2015〕10 号

有关市属高等学校：

为深化我市高等教育改革，推动高等职业教育体系建设，提升本市高等职业教育发展重心，建立高等职业教育优秀毕业生进入本科阶段继续深造的渠道，构建高等教育人才培养的“立交桥”，2015 年我市继续开展市属普通高等学校高职毕业生升本科招生工作。现将 2015 年市属普通高等学校优秀高职毕业生升本科招生计划下达给你们，请遵照执行。

一、各校要不断完善推荐选拔程序，在推荐、考试和录取过程中坚持公开、公平、公正的原则，按照高校招生“阳光工程”的要求，做好我市高职优秀毕业生升本科的相关工作。

二、各校要严格执行高等职业教育升本科招生计划，未经批准，任何单位和个人不得擅自变更招生计划。

三、各校不得在其他类型招生过程中以高职升本科为名义进行虚假宣传、不实承诺、招揽生源。同时严格执行学生学费标准，不得借“专升本”名义进行高收费、乱收费。

附件：2015 年市属高校优秀高职毕业生升本科招生计划表

2015 年 3 月 26 日

附件

2015 年市属高校优秀高职毕业生升本科招生计划表

单位：人

学校代码	学校名称	本校推荐人数	外校推荐人数	招生计划		
				合计	其中：接收本校	其中：接收外校
	合计	839	4483	2699	436	2263
10009	北方工业大学		515	260		260

续表 1

学校代码	学校名称	本校推荐人数	外校推荐人数	招生计划		
				合计	其中：接收本校	其中：接收外校
	工商管理					
	会计学		334	167		167
	机械设计制造及其自动化					
	电子信息工程		9	5		5
	法学		37	19		19
	工程管理		40	20		20
	汉语言文学		3	2		2
	计算机科学与技术		33	17		17
	日语		6	3		3
	通信工程		16	8		8
	英语		20	10		10
	自动化		17	9		9
10015	**北京印刷学院**	**34**		**18**	**18**	
	印刷工程	13		7	7	
	机械工程	6		3	3	
	编辑出版学	8		4	4	
	数字媒体艺术	7		4	4	
10016	**北京建筑大学**		**334**	**170**		**170**
	车辆工程（城市轨道交通车辆）		13	7		7
	地理信息科学		20	10		10
	给排水科学与工程		6	3		3
	工程管理		106	53		53
	工商管理		35	18		18
	环境工程		20	10		10
	机械电子工程		6	3		3

续表 2

学校代码	学校名称	本校推荐人数	外校推荐人数	招生计划		
				合计	其中：接收本校	其中：接收外校
	计算机科学与技术		5	3		3
	建筑电气与智能化		3	2		2
	建筑环境与设备工程		5	3		3
	市场营销		6	3		3
	土木工程		109	55		55
10017	**北京石油化工学院**		**402**	**204**		**204**
	材料科学与工程		3	2		2
	电气工程及其自动化		16	8		8
	公共事业管理		101	51		51
	国际经济与贸易		17	9		9
	会计学		32	16		16
	机械工程		78	39		39
	计算机科学与技术		79	40		40
	旅游管理		24	12		12
	市场营销		24	12		12
	物流管理		17	9		9
	信息管理与信息系统		11	6		6
10020	**北京农学院**	**57**	**162**	**115**	**30**	**85**
	园艺	9	9	10	5	5
	园林（园林植物）	8	6	7	4	3
	动物医学	5	21	14	3	11
	农村区域发展	4		2	2	
	国际经济与贸易	6	9	8	3	5
	会展经济与管理	9	10	10	5	5
	工商管理	8	22	15	4	11

续表 3

学校代码	学校名称	本校推荐人数	外校推荐人数	招生计划		
				合计	其中：接收本校	其中：接收外校
	旅游管理	8	3	6	4	2
	法学		1	1		1
	环境设计		6	3		3
	会计学		28	14		14
	计算机科学与技术		10	5		5
	农林经济管理		7	4		4
	生物技术		5	3		3
	食品质量与安全		14	7		7
	市场营销		8	4		4
	植物保护		3	2		2
10025	**首都医科大学**	**83**		**43**	**43**	
	临床医学（远郊区县定向班）	19		10	10	
	医学检验技术	5		3	3	
	护理学	59		30	30	
10028	**首都师范大学**	**25**		**13**	**13**	
	学前教育（师范）	25		13	13	
10038	**首都经济贸易大学**	**18**		**9**	**9**	
	财务管理	6		3	3	
	国际经济与贸易	6		3	3	
	旅游管理	6		3	3	
10050	**北京电影学院**	**5**		**3**	**3**	
	表演	4		2	2	
	文化产业管理	1		1	1	
11232	**北京信息科技大学**		**194**	**98**		**98**

续表 4

学校代码	学校名称	本校推荐人数	外校推荐人数	招生计划		
				合计	其中：接收本校	其中：接收外校
	信息管理与信息系统 行政管理 工业设计 工商管理 车辆工程 会计学 市场营销		155	78		78
	机械设计制造及其自动化		16	8		8
	计算机科学与技术		23	12		12
11417	**北京联合大学**	**286**	**2864**	**1589**	**150**	**1439**
	表演		12	6		6
	档案学	5	38	22	3	19
	电气工程及其自动化	5	39	23	3	20
	电子商务	11	77	45	6	39
	电子信息工程	13	121	68	7	61
	法学		130	65		65
	服装与服饰设计	3	22	13	2	11
	工商管理	10	258	134	5	129
	工业工程		30	15		15
	广告学		11	6		6
	国际经济与贸易	8	66	37	4	33
	环境设计		78	39		39
	会计学	37	298	168	19	149
	机械工程		279	140		140
	计算机科学与技术	32	165	99	16	83

续表 5

学校代码	学校名称	本校推荐人数	外校推荐人数	招生计划		
				合计	其中：接收本校	其中：接收外校
	金融学	11	193	103	6	97
	酒店管理	27	23	26	14	12
	旅游管理	15	61	39	8	31
	人力资源管理		54	27		27
	日语	9	3	7	5	2
	生物技术	9	30	20	5	15
	市场营销	14	188	101	7	94
	视觉传达设计	12	70	41	6	35
	数字媒体艺术	21	112	67	11	56
	新闻学		45	23		23
	信息管理与信息系统	12	109	61	6	55
	学前教育	4	138	71	2	69
	音乐学	4	47	26	2	24
	英语	8	167	88	4	84
	音乐学（视障生）	9		5	5	
	计算机科学与技术（听障生）	3		2	2	
	视觉传达设计（听障生）	4		2	2	
14019	**北京警察学院**	**37**		**19**	**19**	
	公安管理学	37		19	19	
11418	**北京城市学院**	**294**	**12**	**158**	**151**	**7**
	产品设计	8		4	4	
	城乡规划	15		8	8	
	传播学	42		21	21	
	服装与服饰设计	2		1	1	
	给排水科学与工程	3		2	2	

续表 6

学校代码	学校名称	本校推荐人数	外校推荐人数	招生计划		
				合计	其中：接收本校	其中：接收外校
	工商管理	45		23	23	
	环境设计	9		5	5	
	会计学	32		16	16	
	计算机科学与技术	3		2	2	
	交通工程	5		3	3	
	金融学	19		10	10	
	旅游管理	12		6	6	
	生物技术	8		4	4	
	通信工程	2		1	1	
	土木工程	26		13	13	
	学前教育	21		11	11	
	中药学	42	5	24	21	3
	药学		7	4		4

北京市教育委员会
北京市民族事务委员会
北京市公安局
北京市体育局
北京市科学技术协会

关于调整和规范高考加分工作实施方案的通知

京教计〔2015〕11号

各区县教委、体育局，各高等学校，各有关委、办、局（总公司）教育处：

为贯彻落实国务院《关于深化考试招生制度改革的实施意见》（国发〔2014〕35号），按照教育部、国家民委、公安部、国家体育总局、中国科学技术协会《关于进一步减少和规范高考加分项目和分值的意见》（教学〔2014〕17号）要求，经市政府专题会议审议并报教育部备案同意，现将本市调整和规范高考加分工作实施方案的相关事项通知如下：

一、充分认识调整和规范高考加分工作的重要意义

近年来，本市积极落实高校招生“阳光工程”的有关要求，不断完善制度，规范管理，强化社会监督，保证了高校招生工作的规范、有序，得到了广大考生、家长和社会各界的理解与支持。高考加分政策对于引导学生全面而有个性地发展、为高校选拔人才提供

多元评价信息发挥了重要作用。但是，随着高校招生方式多元化的推进，部分高考加分项目的作用已逐渐被取代；个别高考加分项目在执行过程中也暴露出一些问题，引起群众强烈反映。因此，根据国务院和教育部等部门有关文件要求，结合首都教育实际，按照"减少项目、缩小范围、降低分数、透明公开"的思路，调整和规范部分高考加分项目和分值，更好地发挥高考加分政策的积极导向作用，确保本市高校招生工作更加公开、公平、公正。

二、调整和规范高考加分的主要内容

（一）加分项目和分值

1. 下列考生，在高考成绩总分的基础上增加 20 分向高校提供档案，由高校审查决定是否录取：

（1）烈士子女；

（2）在服役期间荣立二等功以上或被大军区以上单位授予荣誉称号的退役军人。

2. 下列考生，在高考成绩总分的基础上增加 10 分向高校提供档案，由高校审查决定是否录取：

（1）归侨、华侨子女、归侨子女；

（2）台湾省籍考生；

（3）自主就业的退役士兵。

3.2015 年 1 月 1 日前在高级中等教育阶段已取得下列有关称号、奖励、名次的应届高级中等教育学校毕业考生，在高考成绩总分的基础上增加 5 分向高校提供档案，由高校审查决定是否录取：

（1）省级优秀学生；

（2）获国家二级运动员以上称号（项目限定为田径、篮球、足球、排球、乒乓球、武术、游泳、羽毛球、健美操、跆拳道 10 项）并通过全市统一测试；

（3）重大国际体育比赛集体或个人项目取得前 6 名，全国性体育比赛个人项目取得前 6 名（须出具参加比赛的原始秩序册、成绩单册）；

（4）思想政治品德方面有突出事迹者（含获得以市政府名义制发的见义勇为行为确认证书的考生）；

（5）全国中学生学科奥林匹克竞赛全国决赛一、二、三等奖者；全国青少年科技创新大赛（含全国青少年生物和环境科学实践活动）或“明天小小科学家”奖励活动或全国中小学电脑制作活动一、二等奖者；在国际科学与工程大奖赛或国际环境科研项目奥林匹克竞赛中获奖者。

4. 少数民族考生，在高考成绩总分的基础上增加 5 分向高校提供档案，由高校审查决定是否录取。该政策仅适用于北京市属高等学校招生录取。

5. 下列考生，参加高考并达到有关高等学校投档线的，应予以优先录取：

（1）平时荣获二等功或者战时荣获三等功以上奖励的军人的子女；

（2）因公牺牲军人的子女和一至四级残疾军人的子女；

（3）驻国家确定的三类以上艰苦边远地区和西藏自治区，解放军总部划定的二类以上岛屿工作累计满 20 年的军人的子女；

（4）在国家确定的四类以上艰苦边远地区或者解放军总部划定的特类岛屿工作累计满 10 年的军人的子女；

（5）在飞或停飞不满 1 年或达到飞行最高年限的空勤军人的子女，从事舰艇工作满 20 年的军人的子女，在航天或涉核岗位工作累计满 15 年的军人的子女。

6. 下列考生在与其他考生同等条件下优先录取：

（1）退出部队现役的考生；

（2）残疾人民警察、因公牺牲人民警察的子女、一级至四级残疾人民警察的子女。

（二）相关说明

1. 同时符合多项高考加分条件的考生，不作累计加分，只取最高一项分值作为考生附加分投档。

2. 上述调整和规范高考加分政策从 2015 年开始实施。

3. 关于少数民族考生高考加分项目，将按照教育部整体部署，从 2017 年起，加分考生范围调整为“从边疆、山区、牧区、少数民族聚居地区在高级中等教育阶段转学到本市就读的少数民族考生”，加分分值保持 5 分不变，仅适用于北京市属高等学校招生录取。

三、工作要求

（一）强化加分考生资格审核。各有关部门和单位要按照“谁主管、谁审核、谁负责”的原则，建立健全考生加分资格审核工作机制，确保职责明确、办法清晰，便于考生和社会监督。教育部门要加强对申请高考加分考生资格的审查；体育、科协等部门和单位要加强对相关赛事获奖证书、等级证书的认定和严格管理；民族、公安等部门要严格执行民族成分认定和户籍变更有关工作标准和程序，坚决防范和杜绝违法违规行为的发生。

（二）严肃处理资格造假考生。对弄虚作假、骗取相关加分资格的考生，一经查实，依法依规取消其当年参加高考报名、考试或录取资格，已入学的取消学籍，考生的违规事实记入国家教育考试诚信档案。

（三）建立健全责任追究制度。完善高考加分资格审核工作责任追究制度，对违规违纪责任人依法依规严肃处理；构成犯罪的，移送司法机关，依法追究刑事责任。

本通知自 2015 年 5 月 8 日起施行。

2015 年 4 月 7 日

北京市教育委员会

关于公布2015年成人中等职业学历教育招生专业的通知

京教职成〔2015〕7号

各区县教委，有关中等职业学校：

为贯彻落实《国务院关于加快发展现代职业教育的决定》及《北京市中长期教育改革和发展规划纲要（2010～2020年）》，进一步拓展中等职业学校的办学功能，加大职业技能培训的力度，加快职业技能型人才培养，提高劳动者素质，促进就业与再就业，2015年本市中等职业学校成人中专班和独立设置的成人中等专业学校将继续对社会招生。现将招生专业予以公布（附件1），并提出如下要求，请认真贯彻落实。

一、各学校要按照市教委《关于在我市中等职业学校举办成人学历教育有关问题的通知》（京教职成〔2004〕23号）和《关于2013～2014学年度北京市中等职业学校成人中专新生学籍备案工作的通知》（京教办函〔2014〕8号）精神进行招生、学籍备案和收费。

成人中等职业学历教育招生对象为年满18周岁，具有初中及以上文化程度的从业人员、转岗再就业人员、农村劳动力转移人员、进城务工农民工及其子女（应持暂住证）。如果学生为本市企事业单位在岗从业人员，或学校与企业合作培养的订单班学员，提供相关证明材料，入学年龄可放宽到年满16周岁。

二、各学校要按照教育部《关于制定中等职业学校教学计划的原则意见》（教职成〔2009〕2号）、《关于中等职业学校德育课课程设置与教学安排的意见》（教职成〔2008〕6号）、《关于印发中等职业学校德育课课程教学大纲的通知》（教职成〔2008〕7号）、《关于印发新修订的中等职业学校语文等七门公共基础课程教学大纲的通知》（教职成〔2009〕3号）、《关于印发中等职业学校公共艺术课程教学大纲的通知》（教职成厅〔2013〕2号）和市教委《关于在本市中等职业学校举办成人学历教育有关问题的通知》（京教职成〔2004〕23号）等文件精神开展教育教学。

要根据成人学习特点制定专业教学计划、教学大纲，建立和完善本校成人学历教育教学管理制度，深化教育教学改革，积极推行学分制等弹性学习制度，探索建立“学分银行”制度和学习成果认证制度，鼓励学生终身学习，为成人学生半工半读、工学交替、分阶段完成学业创造条件。

三、各区县教委和学校要高度重视，切实加强对成人中专招生工作的管理和监督，严格按照相关规定审验新生的资质，保证做好新生学籍注册工作。

附件：2015年北京市成人中等职业学历教育招生专业（略）

2015年4月16日

北京市教育委员会

关于公示2015年具有招生资格的高级中等学校名单的通知

京教计〔2015〕12号

各区县教委：

为保障人民群众接受教育的合法权益，完善社会监督机制，维护高级中等学校招生考试工作的正常秩序，确保招生录取工作依法“公开、公平、公正”进行，坚决杜绝违规招生行为，我市2015年继续实行高级中等学校招生资格公示制度。为便于社会监督，现将经市教委、市人力社保局审定的具有招生资格的高级中等学校向社会公示。未经公示的高级中等学校，不得擅自开展招生活动。

附件：1.2015年具有招生资格的普通高中学校名单

2.2015年具有招生资格的普通中专学校名单

3.2015年具有招生资格的职业高中学校名单

4.2015年具有招生资格的技工学校名单

5.2015年具有举办五年制高职资格的高职学院名单

2015年4月23日

附件 1

2015 年具有招生资格的普通高中学校名单

东城区

1. 北京市第一中学
2. 北京市第二中学
3. 北京市第五中学
4. 北京市第十一中学
5. 北京市第二十一中学
6. 北京市第二十二中学
7. 北京市第二十四中学
8. 北京市第二十五中学
9. 北京市第二十七中学
10. 北京市第五十中学
11. 北京市第五十中学分校
12. 北京市第五十四中学
13. 北京市第五十五中学
14. 北京市第六十五中学
15. 北京市第九十六中学
16. 北京市第一零九中学
17. 北京市第一二五中学
18. 北京市第一四二中学
19. 北京市第一六五中学
20. 北京市第一六六中学
21. 北京市第一七一中学
22. 北京市第一七七中学
23. 中央工艺美术学院附属中学

24. 北京市东直门中学
25. 北京宏志中学
26. 北京景山学校
27. 北京市翔宇中学
28. 北京市阳光情学校
29. 北京汇文中学
30. 北京市龙潭中学
31. 北京市广渠门中学
32. 北京市崇文门中学

西城区

1. 北京市第三中学
2. 北京市第四中学
3. 北京市第七中学
4. 北京市第八中学
5. 北京市第十三中学
6. 北京市第三十一中学
7. 北京市第三十五中学
8. 北京市第三十九中学
9. 北京市第四十一中学
10. 北京市第四十四中学
11. 北京市第五十六中学
12. 北京市第一五四中学
13. 北京市第一五六中学
14. 北京市第一五九中学
15. 北京市第一六一中学
16. 北京市第二一四中学
17. 北京市鲁迅中学
18. 北京市月坛中学
19. 北京师范大学实验二龙路中学

20. 北京市西城区实验学校
21. 北京教育学院附属中学
22. 北京师范大学附属实验中学
23. 北京师范大学第二附属中学
24. 北京市铁路第二中学
25. 北京市西城外国语学校
26. 北京市私立汇才中学
27. 北京启喑实验学校
28. 北京市第十四中学
29. 北京市第十五中学
30. 北京市第四十三中学
31. 北京市第六十二中学
32. 北京市第六十三中学
33. 北京市第六十六中学
34. 北京市第一四〇中学
35. 北京师范大学附属中学
36. 北京市回民学校
37. 北京市育才学校
38. 北京师范大学实验华夏女子中学（原北京市华夏女子中学）
39. 北京市徐悲鸿中学
40. 北京市宣武外国语实验学校
41. 北京教育学院宣武分院附属中学

朝阳区

1. 北京市第十七中学
2. 北京市第八十中学
3. 对外经济贸易大学附属中学
4. 北京市日坛中学
5. 北京市陈经纶中学
6. 北京市三里屯一中

7. 北京化工大学附属中学
8. 北京市和平街第一中学
9. 北京第二外国语学院附属中学
10. 北京工业大学附属中学
11. 北京中医学院附属中学
12. 清华大学附属中学朝阳学校
13. 中国科学院附属实验学校
14. 北京市垂杨柳中学
15. 北京青年政治学院附属中学
16. 北京市团结湖第三中学
17. 北京市东方德才学校
18. 北京市朝阳外国语学校
19. 北京市私立北方中学
20. 北京世青国际学校
21. 北京市私立新亚中学
22. 北京拔萃双语学校
23. 北京爱迪学校
24. 北京市朝阳区爱迪外国语学校
25. 北京市华侨城黄冈中学
26. 北京市力迈外国语学校
27. 北京市朝阳区人大附中朝阳分校
28. 中国人民大学附属中学朝阳学校
29. 华中师范大学第一附属中学朝阳学校
30. 北京市实验外国语学校
31. 东北师范大学附属中学朝阳学校
32. 北京国际艺术与科学学校
33. 北京八十学校

海淀区

1. 北大附中香山学校

2. 北方交通大学附属中学
3. 北京大学附属中学
4. 北京科技大学附属中学
5. 北京航空航天大学附属中学
6. 中国矿业大学（北京）附属中学（原北京矿业学院附属中学）
7. 北京理工大学附属中学
8. 北京理工大学附属中学分校
9. 北京农业大学附属中学
10. 北京师范大学第三附属中学
11. 北京石油学院附属中学
12. 北京市八一学校（原北京市八一中学）
13. 北京市北外附属外国语学校
14. 中国人民大学附属中学翠微学校（原北京市翠微中学）
15. 北京市第二十中学
16. 北京市八一学校附属玉泉中学（原北京市第六十七中学）
17. 北京市第十九中学
18. 北京市第四十七中学
19. 北京市第五十七中学
20. 北方交通大学附属中学第二分校（原北京市第一〇五中学）
21. 北京市第一〇一中学
22. 北京市二十一世纪国际学校
23. 北京市海淀区教师进修学校附属实验学校
24. 北京市海淀区尚丽外国语学校
25. 北京市海淀实验中学
26. 北京市海淀外国语实验学校
27. 北京市建华实验学校
28. 北京市科迪实验中学
29. 北京市立新学校
30. 北京市六一中学

31. 北方交通大学附属中学分校（原北京市明光中学）
32. 北京市清华育才实验学校
33. 北京市清华志清中学
34. 北京市师达中学
35. 北京市十一学校
36. 北京市太平路中学
37. 北方交通大学附属中学东校区（原北京市陶行知中学）
38. 北京外国语大学附属中学（原北京市万寿寺中学）
39. 北京市温泉第二中学
40. 北京市一零一实验学校
41. 北京市永定路中学
42. 北京市玉渊潭中学
43. 北京市育英学校
44. 北京市育英中学
45. 北京市知春里中学
46. 北京市中关村外国语学校
47. 北京市中关村中学
48. 北京医学院附属中学
49. 清华大学附属实验学校
50. 清华大学附属中学永丰学校
51. 清华大学附属中学
52. 首都师范大学第二附属中学
53. 首都师范大学附属育新学校
54. 首都师范大学附属中学
55. 中国地质大学附属中学
56. 中国人民大学附属中学
57. 中国人民大学附属中学第二分校
58. 中国人民大学附属中学分校
59. 人大附中西山学校

60. 中央民族大学附属中学
61. 北京市海淀国际学校
62. 北京市盲人学校

丰台区

1. 北京市第十中学
2. 北京市第十二中学
3. 北京市第十八中学
4. 首都经济贸易大学附属中学
5. 北京市丰台区丰台第二中学
6. 北京市首都师范大学附属丽泽中学
7. 北京市丰台区东铁匠营第一中学
8. 北京市大成学校
9. 首都师范大学附属云岗中学
10. 中国教育科学研究院丰台实验学校
11. 北京市丰华中学
12. 北京市中桥外国语学校
13. 北京市第八中学怡海分校
14. 北大附属实验学校
15. 北京市航天中学
16. 北京市明德中学
17. 北京师范大学第四附属中学
18. 北京十二中高中分校
19. 北京新桥外国语高中学校

石景山区

1. 北京市第九中学
2. 首都师范大学附属苹果园中学
3. 北京师范大学励耘实验学校
4. 北京市京源学校
5. 首钢矿山一中

6. 北京市古城中学
7. 北京市礼文中学
8. 北京景山学校远洋分校
9. 北京师范大学附属中学京西校区

门头沟区

1. 北京市大峪中学
2. 北京市育园中学
3. 首都师范大学附属中学永定分校
4. 北京市第八中学门头沟分校
5. 北京市山谷学校

房山区

1. 北京市房山区房山中学
2. 北京市房山区良乡中学
3. 北京市房山区交道中学
4. 北京市房山区坨里中学
5. 北京市房山区长沟中学
6. 北京市房山区周口店中学
7. 北京市房山区琉璃河中学
8. 北京市房山区南尚乐中学
9. 北京市房山区韩村河中学
10. 北京市房山区实验中学
11. 北京师范大学良乡附属中学
12. 首都师范大学附属房山中学
13. 北京市博文学校
14. 北京四中房山分校

燕山

1. 北京师范大学燕化附属中学

昌平区

1. 北京市昌平区第一中学

2. 北京市昌平区第二中学
3. 北京市昌平区第三中学
4. 中央民族大学附属中学昌平学校
5. 北京市昌平实验中学
6. 北京市昌平区前锋学校
7. 北京市昌平区沙河中学
8. 北京昌平新东方外国语学校
9. 北京市私立汇佳学校
10. 北京昌平敬华实验学校
11. 北京昌平临川育人学校
12. 首都师范大学附属回龙观育新学校
13. 北京王府学校
14. 北京市第十五中学南口学校
15. 北京师范大学第二附属中学未来科技城学校
16. 首都师范大学附属中学昌平学校

大兴区

1. 北京市大兴区第一中学
2. 北京市大兴区兴华中学
3. 北京师范大学大兴附属中学
4. 首都师范大学大兴附属中学
5. 北京市大兴区第三中学
6. 北京市大兴区第五中学
7. 北京市大兴区第八中学
8. 北京市大兴区旧宫中学
9. 北京市大兴区魏善庄中学
10. 北京市大兴区采育中学
11. 北京市大兴区榆垡中学
12. 北京市私立君谊中学
13. 北京第二中学亦庄学校

通州区

1. 北京市通州区第二中学
2. 北京市通州区第三中学
3. 北京市通州区第四中学
4. 北京市通州区潞河中学
5. 北京市通州区运河中学
6. 北京市通州区永乐店中学
7. 北京市通州区潞州中学
8. 北京市第二中学（通州校区）
9. 北京市通州区张家湾中学
10. 北京中加学校
11. 北京市时代中学
12. 北京潞河国际教育学园
13. 北京市私立树人·瑞贝学校
14. 首都师范大学附属中学（通州校区）

顺义区

1. 北京市顺义区第一中学
2. 北京市顺义区第二中学
3. 北京市顺义区第九中学
4. 北京市第四中学顺义分校
5. 北京市顺义牛栏山第一中学
6. 北京市牛栏山一中实验学校
7. 北京市顺义区杨镇第一中学
8. 北京市新英才学校
9. 北京市顺义区君诚学校

怀柔区

1. 北京市怀柔区第一中学
2. 北京市怀柔区第二中学
3. 首都师范大学附属红螺寺中学

平谷区

1. 北京市平谷中学
2. 北京市立新学校平谷校区（原北京市平谷区第六中学）
3. 北京市平谷区第五中学
4. 北京师范大学附属中学平谷第一分校
5. 北京市平谷区育才中学

延庆县

1. 北京市延庆县第一中学
2. 北京市延庆县第二中学
3. 北京市延庆县第三中学
4. 北京市延庆县第五中学

密云县

1. 首都师范大学附属密云中学
2. 北京市密云县第二中学
3. 北京市密云县太师庄中学
4. 北京市密云县巨各庄中学
5. 北京师范大学密云实验中学

附件 2

2015 年具有招生资格的普通中专学校名单

一、北京市学校

1. 北京水利水电学校
2. 北京交通运输职业学院中专部
3. 北京市商务科技学校
4. 北京市自动化工程学校
5. 北京市环境与艺术学校

6. 北京市经济管理学校
7. 北京市园林学校
8. 北京金隅科技学校
9. 北京城市建设学校
10. 北京市对外贸易学校
11. 北京市商业学校
12. 北京商贸学校
13. 北京市供销学校
14. 北京市振华旅游学校（丰台区管理）
15. 北京铁路电气化学校
16. 首都铁路卫生学校
17. 北京市海淀区卫生学校
18. 北京市昌平卫生学校
19. 北京市什刹海体育运动学校
20. 北京市第三体育运动学校
21. 首都体育学院附属竞技体育学校
22. 北京市国际艺术学校
23. 中国戏曲学院附属中等戏曲学校
24. 北京舞蹈学院附属中等舞蹈学校
25. 中国音乐学院附属中等音乐专科学校
26. 北京戏曲艺术职业学院中专部
27. 北京卫生职业学院中专部

二、中央部委在京学校

28. 中央音乐学院附属中等音乐学校
29. 中央美术学院附属中等美术学校
30. 北京体育大学附属竞技体育学校

附件3

2015年具有招生资格的职业高中学校名单

东城区

1. 北京国际职业教育学校
2. 北京市国际美术学校
3. 北京市东城区古城职业高中
4. 北京市育人中等职业学校
5. 北京现代职业学校
6. 北京市第一七九中学
7. 北京市东城区特殊教育学校
8. 北京市东城区中央音乐学院鼎石实验学校

西城区

1. 北京市外事学校
2. 北京市实美职业学校
3. 北京启喑实验学校
4. 北京市财会学校
5. 北京市实验职业学校

朝阳区

1. 北京市求实职业学校
2. 北京市劲松职业高中
3. 北京市电气工程学校
4. 北京市朝阳区职业技术学校
5. 北京市朝阳区金色河畔高尔夫学校

海淀区

1. 北京市信息管理学校
2. 北京市盲人学校

3. 北京市健翔学校
4. 北京市海淀寄读学校

丰台区

1. 北京市丰台区职业教育中心学校
2. 北京八一艺术学校
3. 北京市文化艺术职业学校
4. 北京新桥外国语高中学校

石景山区

1. 北京市黄庄职业高中
2. 北京市古城旅游职业学校

门头沟区

1. 北京市门头沟区中等职业学校

房山区

1. 北京市房山区第二职业高中
2. 北京市房山区房山职业学校
3. 北京辅仁音乐舞蹈学校

燕山

1. 北京市燕山职业学校

昌平区

1. 北京市昌平职业学校
2. 北京少林武术学校

大兴区

1. 北京市大兴区第一职业学校
2. 北京市大兴区第二职业学校
3. 北京市爱莲舞蹈学校
4. 北京现代艺术学校
5. 中国网球学校

通州区

1. 北京新城职业学校

2. 北京市现代音乐学校
3. 北京中华商科学校

顺义区

1. 北京市顺义区汽车技术职业高中
2. 北京市顺义区第一职业学校
3. 北京市顺义区新大方职业学校
4. 北京国际标准舞研修学院中专部
5. 北京市音乐舞蹈学校
6. 北京市顺义区水木年华艺术学校

怀柔区

1. 北京市怀柔区职业学校
2. 北京百汇演艺学校

平谷区

1. 北京市平谷区第一职业学校

延庆县

1. 北京市延庆县第一职业学校

密云县

1. 北京市密云县职业学校

附件 4

2015 年具有招生资格的技工学校名单

1. 北京市工贸技师学院（北京市工贸高级技工学校）
2. 北京市仪器仪表高级技工学校
3. 北京电子信息高级技工学校
4. 北京市汽车工业高级技工学校
5. 北京市工业技师学院（北京市工业高级技工学校）

6. 北京市新媒体技师学院
7. 北京轻工技师学院（原北京一轻高级技术学校）
8. 北京科技高级技术学校
9. 首钢技师学院
10. 北京市应用高级技工学校
11. 北京市工艺美术高级技工学校
12. 北京市经贸高级技术学校
13. 北京市公共交通高级技工学校
14. 北京地铁技术学校
15. 北京市市政管理高级技术学校
16. 北京市实验技工学校（北京劳动保障技师学院）
17. 北京二七机车厂技工学校
18. 北京飞机维修工程有限公司航空技工学校
19. 北京市顺义区人力资源和社会保障局技工学校
20. 北京商贸职业技术学校

附件5

2015年具有举办五年制高职资格的高职学院名单

1. 北京电子科技职业学院
2. 北京信息职业技术学院
3. 北京工业职业技术学院
4. 北京农业职业学院
5. 北京政法职业学院
6. 北京京北职业技术学院
7. 北京体育职业学院
8. 北京交通运输职业学院

9. 首都师范大学学前教育学院
10. 北京卫生职业学院
11. 北京财贸职业学院
12. 北京第二外国语学院非通用语学院

北京市教育委员会

关于下达 2015 年市属高校研究生招生计划的通知

京教计〔2015〕14 号

有关市属高等学校：

根据教育部、国家发展改革委《关于下达 2015 年全国研究生招生计划的通知》（教发〔2015〕2 号），按照《北京市中长期教育改革与发展规划纲要（2010～2020 年）》及《北京市“十二五”时期教育改革和发展规划》关于研究生教育事业发展确定的目标和任务，经研究，确定 2015 年市属高校研究生招生计划 11762 人，其中博士生招生计划 806 人，硕士生招生计划 10956 人。现将 2015 年北京市属高校研究生招生计划下达给你们，请遵照执行，并就有关事项通知如下：

一、认真学习贯彻党的十八大精神和十八届三中、四中全会精神，坚持立德树人为根本、提高质量为核心，深化研究生教育综合改革，充分发挥研究生教育事业计划在学校发展中的龙头和引领作用，通过增量安排和存量调整，推进内涵发展，改善办学条件，凝练学科方向，调整学科结构，突出学校特色，提高研究生培养质量和贡献服务能力，不断推进市属高校研究生教育事业科学发展。

二、巩固“科学技术与研究生教育创新工程”建设成果，推进“研究生创新活动计划”和“优博评促计划”，进一步加大投入，提高效率，创新高校人才培养模式，探索学术型和专业学位研究生培养新机制，提升研究生科研创新能力，为首都经济建设、科技进步和社会发展培养应用型、复合型高层次人才。

三、进一步改善办学条件，特别是加强研究生导师队伍建设。各校要统筹考虑研究生、普通高等教育和成人高等教育协调发展，不断改善研究生培养所需的学习、科研、生活等条件，提高研究生教育质量。

四、认真落实各类专项招生计划，协同创新中心研究生专项招生计划、“少数民族高层次骨干人才”研究生招生计划、“服务国家特殊需求人才培养项目”试点高校研究生专项招生计划均在招生规模内单列。请有关高校按照要求，认真落实招生计划。

五、各校在招生录取过程中，要认真遵守国家有关研究生招生的政策和规定，坚决维护招生计划的严肃性。如需调整计划，须经我委与北京教育考试院协商批准。未经批准，任何单位和个人不得擅自变更招生计划。

附件：1. 2015 年研究生招生计划汇总表

2. 2015 年协同创新中心研究生专项招生计划表

3. 2015 年“少数民族高层次骨干人才”研究生招生计划汇总表

4. 2015 年“服务国家特殊需求人才培养项目”试点高校研究生专项招生计划汇总表

5. 2015 年硕士研究生分专业招生计划汇总表（略）

2015 年 5 月 7 日

附件1

2015年研究生招生计划汇总表

单位名称	博士生			硕士生		
	合计	其中：		合计	其中：	
		学术学位	专业学位		学术学位	专业学位
合计	806	676	130	10956	5445	5511
北京工业大学	261	261		2010	1079	931
北方工业大学	3	3		635	357	278
北京工商大学	4	4		865	417	448
北京服装学院	3	3		315	174	141
北京印刷学院				225	123	102
北京建筑大学	3	3		490	211	279
北京石油化工学院				75		75
北京农学院				270	91	179
首都医科大学	261	131	130	938	340	598
首都师范大学	156	156		1890	1111	779
首都体育学院	3	3		220	109	111
北京第二外国语学院				507	235	272
北京物资学院				247	147	100
首都经济贸易大学	70	70		1093	515	578
中国音乐学院	18	18		134	81	53
中国戏曲学院				95	41	54
北京电影学院	24	24		190	78	112
北京舞蹈学院				64	27	37
北京信息科技大学				427	208	219
北京联合大学				136	101	35
北京城市学院				130		130

附件 2

2015 年协同创新中心研究生专项招生计划表

中心名称	参与单位	博士增量安排	存量安排		总规模	
			博士	硕士	博士	硕士
出土文献与中国古代文明研究协同创新中心	其中：首都师范大学	2	1	3	3	3

附件 3

2015 年“少数民族高层次骨干人才”研究生招生计划汇总表

单位名称	博士招生规模	硕士招生规模
合计	10	155
中国音乐学院	6	25
北京电影学院	2	9
北京工商大学	2	55
北京印刷学院		35
北京建筑大学		15
北京联合大学		16

附件 4

2015 年"服务国家特殊需求人才培养项目"试点高校研究生专项招生计划汇总表

单位名称	博士生			硕士生		
	合计	其中：		合计	其中：	
		学术学位	专业学位		学术学位	专业学位
合计	16	16		205		205
北方工业大学	3	3				
北京工商大学	4	4				
北京服装学院	3	3				
北京建筑大学	3	3				
北京石油化工学院				75		75
首都体育学院	3	3				
北京城市学院				130		130

北京市教育委员会

关于编报2015年市属高等学校普通高等教育招生计划的通知

京教计〔2015〕16号

各市属高等学校：

根据国家发展改革委办公厅、教育部办公厅《关于编制2015年普通高等学校招生计划的通知》（发改办社会〔2014〕2801号）精神，结合首都高等教育发展实际，现将编制2015年市属高等学校普通高等教育招生计划的有关事项通知如下：

一、2015年市属高校普通高等教育招生计划总规模

按照《北京市中长期教育改革和发展规划纲要（2010～2020年）》和《北京市“十二五”时期教育改革和发展规划》确定的目标和任务，结合首都城市功能定位、人口调控政策，统筹兼顾社会、经济发展对高层次人才需要以及人民群众接受高等教育的需求，同时考虑大学生就业及高校办学条件等因素，拟安排2015年市属高校招生计划总量83000人，比上年减少1000人左右，其中本科层次招生48000人，高职（专科）层次招生35000人。

二、计划编制的指导思想与基本原则

2015年市属高校普通高等教育招生计划编制工作的指导思想是：贯彻落实十八届三中、四中全会精神，按照教育部、国家发展改革委的有关要求，结合我市具体情况，坚持“控制规模、调整结构、促进改革、提高质量”的基本思路，通过计划编制工作促进我市高等教育事业健康持续发展，将招生计划安排同毕业生就业工作统筹考虑，引导市属高校进一步优化结构、提高质量、办出特色。2015年编制市属高校招生计划的基本原则：

（一）控制招生规模

根据中央对首都“四个中心”的城市战略定位和我市生源变化情况，适当减少市属高校招生总规模。市属高校招生计划总规模比2014年减少1000人左右，根据学校办学定位和首都人才需求调整分学校招生计划，通过计划编制工作引导和促进高校合理定位、各展所长，坚持内涵式发展和特色发展。

（二）调整招生结构

进一步调整招生结构，以突出学校的办学定位、办学层次和办学特色。一是根据首都人口调控政策和生源状况调整市属高校京内外招生结构，继续大幅压缩京外招生规模；二是根据学校办学定位调整本科层次和高职（专科）层次招生结构，适当增加本科层次招生规模，压缩高职招生规模；三是根据学校学科发展和就业状况调整专业招生结构，增加首都经济社会发展急需专业的招生规模，调减长线专业招生规模。

（三）促进改革发展

市属高校招生计划编制工作要与我市高等教育人才培养改革以及考试制度改革相配合，与高等教育功能疏解相配合，共同促进我市各级各类教育的协调发展和我市高考高招相关改革政策的落实。

（四）提高培养质量

市属高校招生计划的安排要根据各校内涵发展的需要，引导学校不断凝练办学特色，提高人才培养的质量以及与首都经济社会发展的契合度。

三、计划编制的有关要求

（一）采取措施改善办学条件，努力提高高等教育质量

各校要根据《教育部关于印发〈普通高等学校基本办学条件指

标（试行）〉的通知》（教发〔2004〕2号）要求，认真核查办学条件，针对学校薄弱环节，制定明确的改进措施。对因办学条件不达标及被教育部确定为“黄”牌的普通高校，市教委将严格审定其招生规模。高职院校要加大实习、实训基地建设，加强校企合作，真正培养生产、建设、管理、服务第一线需要的实用人才。

（二）牢固树立服务首都意识，合理编制招生来源计划

各校要结合首都实际，充分满足首都人民群众对接受高等教育的多样化需求，按照我市严格控制人口规模的要求，大幅压缩京外招生规模。调整京外各省市区的计划安排，保证中西部地区的招生计划需求。

根据教育部文件要求，市属高校要认真完成内地西藏班、内地新疆班和少数民族预科班的计划编制任务。为保证国家部分重点建设项目和艰苦地区、行业的人才需求，经我委批准后，市属高校方可面向边疆少数民族地区用人单位编制定向就业计划。安排定向就业招生计划的高等学校要与具有人事调配权的定向就业单位签订用人需求协议书，并面向生源地全省（区、市）招生。同时要把定向就业招生协议扫描件上传到计划管理系统中。

（三）合理确定学校定位，加大专业结构调整力度

各校在安排分专业招生计划时，要根据我市产业结构调整、社会发展变化对高层次人才培养的需要，深入研究人力资源市场供求状况及高校毕业生就业的实际情况，主动进行专业结构调整，处理好人才培养与就业需求的关系，积极扩大首都经济建设和社会发展急需的学科专业招生规模，坚决减少或停止社会需求不旺、办学条件不足以及就业困难的专业。

本科层次院校要严格控制高职招生规模，集中精力办好本科教育；少数学校确需举办高职，也仅限于社会需求量大而现有高等教育资源培养能力不足的专业。

本科、高职专业设置和调整须按教育部有关文件规定执行。未经教育部备案或批准的本科专业不得安排招生。

（四）严肃纪律以法治教，进一步规范办学行为

各校要坚决贯彻执行《高教法》和教育部有关招生工作规定，依法办学，诚信办学，进一步规范招生行为。高等学校不得借联合办学的名义，设立分校或校外办学点，严禁中等学校挂靠高等学校举办高等教育、专科层次院校挂靠本科院校举办本科层次教育；严禁与“中介机构”或个人签署招生协议；严禁任何形式的不实招生宣传，学校法定代表人应对学校招生章程及有关宣传材料的真实性负责，继续执行公布录取通知书签发人制度；严禁擅自组织生源、未经省级招办核准按拟录取名单擅自寄发录取通知书。

严格计划执行管理，维护计划的严肃性。任何单位和个人，未经教育行政部门批准，不得擅自调整计划。对于未经批准擅自超计划招生的学校，将核减下年度招生计划，并停止在违规招生省份投放计划。严格实行高校招生资格、招生计划与新生学籍电子注册和学历证书电子注册相挂钩的政策，未经我委核准计划或未经省级招办办理录取手续的学生，一律不予新生学籍电子注册。市教委将进一步加大查处力度。

四、计划编制具体说明

（一）请各高校填报《2015 年市属高等学校普通高等教育招生计划（分专业）》《2015 年市属高等学校普通高等教育在京招生计划（分专业）》电子表格文件，于 5 月 20 日前以电子邮件方式报送市教委发展规划处。5 月 20 日前，各高校要报送加盖学校校章的计划备案表（由计划管理系统生成）。

（二）2015 年，各高校继续统一使用全国普通高校招生来源计划网上管理系统编制计划，来源计划的编制、上报、审核、汇总、分送、调整等管理工作均在网上进行。具体编报工作安排参照附件。各高校同时使用内地民族班高校招生计划编报系统编制少数民族预科班计划、内地新疆班和内地西藏班的招生计划。

（三）按教育部要求，除独立设置的本科艺术高等学校的艺术类本科专业外，各高校艺术类专业均应编制分省分专业招生来源计

划。高校编制艺术类专业招生来源计划时可预留不超过本校艺术类专业招生总数15%的招生计划，在录取时根据生源情况调剂使用。艺术类专业计划可分文科、理科或文理综合编制。本科层次院校在年度招生规模内，可以预留不超过本校本科计划总数1%的招生计划，用于调节各地统考上线生源的不平衡。高职（专科）来源计划的编制一律不得安排预留计划。凡预留计划的高校，须在编制来源招生计划系统的“其他类”栏目填报。

（四）各高校的招生章程务必于5月20日前上传到“阳光高考”招生信息及管理平台，经我委审核后，向社会集中公布。

附件：2015年市属高校招生来源计划编制工作具体安排

2015年5月13日

附件

2015年市属高校招生来源计划编制工作具体安排

一、普通高等学校来源计划实施网上编制、执行和管理，各高校必须统一使用“全国普通高校招生来源计划网上管理系统”，来源计划的编制、上报、审核、汇总、分送、调整、执行及相关管理工作均在网上进行。

二、2015年普通高校招生来源计划管理系统与2014年在软件的功能和使用方式上基本一致。2015年的计划管理系统具体包括WEB版系统、CS版客户端系统和WebST安全客户端系统。Web版登录网址为：https：//pzjh.chsi.com.cn/；高等学校CS版计划管理系统客户端登录时需要更新注册表，服务器IP为：211.151.242.101，端口为1001，用户名为院校代码+00；安全客户端继续使用同方 USB Key 进行用户身份验证。

三、各市属高校管理系统的用户名和密码与 2014 年使用的相同，如有问题，可与我委联系解决。要妥善保管计划管理系统的密钥和密码，指定专人负责，一旦遗失或泄漏应立即上报我委。各高校在网上提交的联系方式和来源计划信息必须规范、完整、准确。

四、保送生、艺术特长生、高水平运动员、运动训练、民族传统体育专业、小语种、第二学士学位、职教师资、西藏班、新疆班、少数民族预科班结业生、五年制高职转段、专升本及部分独立设置的艺术类高等学校本科艺术类专业等类型的招生计划可不做分省，其计划数包含在各招生学校 2015 年招生计划总规模之内，在“其他类”项目中编报，需标注生源省份范围的在“其他类分省”中标注。对专业测试合格生源不足的省份，可不编制来源计划，但须在计划编制系统中相应省份计划栏内设置为“0”，同时应在招生简章中作出相应说明，使合格考生可填报志愿。

请各校及时关注计划管理系统中的公告信息，及时下载和研究各省、市、区招生管理部门的有关文件，正确填报分省分专业招生计划的批次、科类等信息。如有问题，请及时与各省、市、区招生管理部门沟通。

五、5 月 16 日前各高校须完成跨省计划安排方案的提交。5 月 20 日前各高等学校完成招生来源计划的编制工作，并提交我委进行审核。

六、市属高校在网上编制的来源计划，要与学校年度招生章程同时提交我委审核，招生章程须于 5 月 20 日前上传至“阳光高考”招生信息发布及管理平台，我委将按照普通高校招生有关规定和要求于 5 月 25 日前在线审核，审核通过的高校招生章程方准予公布。安排定向就业招生计划的高等学校须提交与用人单位签订的定向就业招生用人需求协议书正本扫描件。

七、来源计划网上编制工作结束后，各高校要立即向我委报送加盖学校校章的计划备案表（由计划管理系统生成），5 月 20 日后向有关生源地省级招办报送加盖学校校章并已经教育部备案的计划备案表，并按照各省级招办的工作安排及时核对招生计划及相关信息。

八、市属高校普通高等教育来源计划编制过程中，要保持通讯畅通。

九、来源计划网上管理系统安全子系统（密钥身份认证）。

北京市教育委员会

关于下达 2015 年北京市普通高中和职业高中招生规模的通知

京教计〔2015〕20 号

各区县教委：

根据《北京市中长期教育改革和发展规划纲要（2010～2020年）》和市教委《关于做好 2015 年高级中等学校考试招生工作的意见》（京教计〔2015〕9 号）精神，确定 2015 年北京市普通高中招生计划总规模为 56885 人，其中，优质高中招生计划分配到初中校（以下简称“名额分配”）招生计划 9996 人，市级优质高中教育资源统筹（以下简称“市级统筹”）招生计划 2242 人；职业高中招生计划总规模 7518 人。现将 2015 年北京市分区县普通高中和职业高中招生计划下达给你们，并就计划执行过程中的有关事项通知如下，请一并遵照执行：

一、认真学习贯彻国家和北京市中长期教育改革和发展规划纲要精神，充分发挥事业计划在普通高中和职业高中发展中的引导作用，通过认真编制和落实招生计划，统筹区域教育资源，积极推动普通高中多样化发展，优化中等职业教育结构，整体提升高中阶段教育办学水平和教育质量。

二、继续加强普通高中教育资源的统筹规划和布局调整，不断扩大优质教育资源的覆盖程度，逐步满足人民群众日益增长的对于优质教育资源的需求。

三、积极引导职业高中进一步调整专业结构，提高人才培养质量，适应社会需求。要不断加强区域内各类职业技术人才需求的规律性研究，进一步调整、优化专业结构，统筹好招生、培养和就业，提高人才培养的适应性。同时，要不断探索职业高中培养方式和培养模式的改革，提高人才培养的质量。

四、进一步加强计划、招生管理工作。各区县要立足首都教育发展全局，对所属普通高中和职业高中提出明确要求，严格执行招生计划，维护计划工作的严肃性，未经我委批准，任何单位和个人不得擅自增减招生计划和变更招收方式，严格依照北京教育考试院中招办备案后的新生名册为新生建立学籍。

五、各区县和普通高中要认真制定“名额分配”招生工作的实施方案，积极落实“市级统筹”招生工作要求，确保两项工作公平、公正、公开进行，从而促进义务教育均衡发展、城乡教育协调发展。

附件：2015 年北京市分区县普通高中职业高中招生规模表

2015 年 6 月 29 日

附件

2015年北京市分区县普通高中职业高中招生规模表

区县	普通高中招生计划			职业高中招生计划
	合计	其中："名额分配"计划	其中："市级统筹"计划	
合计	56885	9996	2242	7518
东城	5950	1213	116	705
西城	7325	1534	320	910
朝阳	4533	1091	30	900
丰台	2701	464	120	525
石景山	1600	248	150	290
海淀	13433	1712	747	998
门头沟	850	163	70	150
燕山	392	112		80
房山	2814	200	104	380
通州	2803	657	51	200
顺义	3680	736	30	350
昌平	2110	406	140	570
大兴	2464	304	80	380
怀柔	1380	208		160
平谷	1620	490	284	200
密云	1880	238		400
延庆	1350	220		320

北京市教育委员会

关于继续开展部分成人高校招生考试改革试点的通知

京教计〔2015〕25号

各有关高校，北京教育考试院：

成人高校招生考试改革是我市承担的国家教育体制改革项目之一，对我市高校考试招生制度改革和终身教育体系建设具有较强的推动作用。2014年，经教育部同意，我市在部分市属高校开展了成人高校招生考试改革试点工作。在总结试点经验基础上，经认真研究，2015年拟继续开展成人高校招生考试改革试点工作，并结合部分学校的申请和实际情况，适度扩大试点的范围。现将有关事项通知如下：

一、新增2所学校实施成人高校招生考试改革试点工作。

（一）根据首都师范大学《关于“优秀成教专科和普通高职毕业生免试校内升成教本科”招生改革试点的申请》，同意首都师范大学实施本校高职、成人高起专15%应届优秀毕业生免试推荐就读本校成人专升本学习的入学方式试点工作。

（二）根据首钢工学院《关于给予首钢工学院校企合作办学相关招生政策请示》，同意首钢工学院实施校企合作人才培养模式，试行统考与职业技能测试相结合的入学方式试点工作。

二、实施改革试点的各高校要认真制定改革试点工作实施方案，按照学历教育培养要求，确保人才培养质量。同时，要及时解决改革实践中出现的问题，做好试点经验总结工作。

三、北京教育考试院应保证改革试点招生工作公平、公正、公开进行，并负责审核各高校的改革试点工作实施方案，精心组织和指导试点高校推进改革试点工作。

2015 年 7 月 16 日

北 京 市 教 育 委 员 会
北京市发展和改革委员会

关于下达 2015 年市属高等学校普通高等教育招生计划的通知

京教计〔2015〕27 号

各市属高等学校：

按照教育部、国家发展改革委《关于做好 2015 年普通高等教育招生计划编制和管理工作的通知》（教发〔2015〕4 号）和教育部办公厅《关于做好 2015 年普通高校分省分专业招生计划编制和管理工作的通知》（教学厅〔2015〕5 号）精神，2015 年北京市属高校普通高等教育招生计划总规模为 81583 人，其中本科招生计划 47688 人，高职（专科）招生计划 33895 人。现将 2015 年北京市属高等学校普通高等教育分学校分专业招生计划下达给你们，并就计划执行过程中的有关事项通知如下，请一并遵照执行：

一、各高校要学习贯彻党的十八大、十八届三中、四中全会精神，认真落实《国务院关于深化考试招生制度改革的实施意见》

（国发〔2014〕35号），进一步深化教育领域综合改革，充分发挥事业计划在学校发展中的龙头作用和引导作用，通过认真编制和落实招生计划，稳定高等教育规模，把结构调整放到更加突出位置，促进高等教育入学机会公平，推动高等教育内涵式发展。

二、要统筹考虑学校研究生、普通本专科和成人高等教育协调发展，进一步明确学校发展定位，不断提高高等教育质量。围绕首都经济和社会发展的需求，加强对各类专业人才需求的规律性研究，创新学科专业结构调整优化机制，统筹好招生、培养和就业等各项工作，更好适应首都经济社会发展新要求。高等职业教育要在构建首都现代职业教育体系中发挥重要作用，积极探索高等职业学校分类招考改革，加强与企业、行业的联系，逐步建立招生专业动态调整机制，有针对性地调整和设置专业，加快培养生产、建设、管理、服务一线急需的技能型人才。

三、要继续加大投入，不断改善办学条件。各校要根据自身实际情况，对未达到合格标准的办学条件指标有针对性地采取措施，不断改善办学条件。高等职业教育要特别加强实习、实训基地建设；独立学院要落实《独立学院设置与管理办法》（教育部第26号令）精神和要求，通过不断加大投入，努力改善办学条件，进一步提高办学水平和培养质量。

四、要坚决贯彻执行《高等教育法》和教育部有关规定，维护招生秩序，依法规范办学行为。除经教育部批准或备案的高等学校、分校办学点外，任何单位或机构不得实施高等学历教育。普通高等学校不得借联合办学的名义，设立分校、校外办学点或在低层次学历教育学校举办高层次学历教育。

五、要立足首都高等教育发展全局，加强招生计划和招生录取管理工作。严禁在招生宣传过程中进行虚假宣传、不实承诺、混淆学历教育与非学历教育界限；严禁在录取过程中私自招揽生源、无计划招生或擅自扩大招生规模；严禁向考生收取与录取挂钩的任何费用。

各校要严格执行招生计划，维护计划工作的严肃性。在录取过程中，市属高校对生源计划的调整，一律使用教育部“全国普通高校招生来源计划网上管理系统”在网上进行。对于未经网上审核，擅自增加招生计划的学校，将消减该校下年度招生规模，并停止在违规省市招生的资格。按照教育部要求，对于未经网上审核计划招收的学生，将不予以新生学籍电子注册。同时，各校要加强对不分省的其它类招生计划和少数民族预科班招生计划的管理。未经网上审核，其它类招生计划不得调整为普通类招生计划，不得随意调整少数民族预科班招生范围和招生规模。

六、各校要重视贫困大学生的资助工作。在新生入学后，按照教育部要求，认真做好贫困家庭学生资助政策的宣传工作，做好新生入学“绿色通道”工作，确保新考入普通高等学校的贫困家庭学生顺利入学。

附件：1. 2015 年市属高等学校普通高等教育招生计划总表（略）

2. 2015 年市属高等学校普通高等教育在京招生计划总表（略）

3. 2015 年市属高等学校普通高等教育分省来源计划总表（略）

4. 2015 年市属高等学校普通高等教育分专业招生计划表（略）

5. 2015 年市属高等学校普通高等教育分专业在京招生计划表（略）

6. 2015 年地方所属高等学校招生来源计划表（含定向，略）

7. 2015 年地方所属高等学校招生来源计划表（其中定向，略）

8. 2015 年地方所属高等学校招生来源计划表（其它类，略）

2015 年 10 月 30 日

北京市教育委员会

关于下达2015年北京市属高等学校成人高等教育招生计划的通知

京教计〔2015〕33号

有关市属高等学校：

根据教育部《关于做好2015年全国成人高校分省分专业招生计划编制工作的通知》（教学司〔2015〕20号），结合首都经济建设和社会发展对人才的需求，综合考虑学校办学条件、报名人数等因素，确定2015年市属高等学校成人高等学历教育招生计划总数为22049人，其中本科招生计划10929人，高职（专科）招生计划11120人。现将招生计划下达给你们，并就计划执行过程中的有关事项通知如下，请一并遵照执行。

一、各高校要认真贯彻落实《国务院关于深化考试招生制度改革的实施意见》，严格执行教育部和本市的各项规定，不断提高成人高等教育办学质量和水平。按照《京津冀协同发展规划纲要》中提出的“严控在京高等学校招生人数和办学规模，不再扩大并逐步减少在京高等学校招生规模，大幅压缩中等职业教育和成人教育规模”的要求，积极发展各种形式的非学历教育，特别是大学后继续教育和高层次岗位培训，为首都学习型城市建设和构建终身教育体系做出积极贡献。

二、独立设置成人高校要根据首都经济建设和社会发展的实际需要和本校办学条件，加快调整成人高等教育学科、专业结构，不断提高成人学历教育的培养质量。同时，积极探索社会培训等各种形式的非学历继续教育，不断拓展为社会教育服务的渠道。

三、普通高校举办成人高等学历教育，应与学校举办的研究生、普通本专科等教育事业发展相协调，统筹安排、综合利用学校各项办学条件，确保必要的办学条件，特别是专任教师的数量和质量。

四、各校要依法办学。要切实加强管理，加大投入，改善条件，提高办学质量。教育部和我委将加大对高校办学条件的监测和审核力度，对基本办学条件达不到规定要求的学校，将在高等教育计划安排等方面给予适当限制，并通过媒体向社会公布。严禁任何形式的“超前班”；严禁以“联合办学”等名义将招生计划投放到低层次学校和非高等学历教育机构。对在成人高等教育和继续教育中违规招生、违规办学的单位，将按照暂停招生或限制招生进行处理并予以公布。

五、各校在招生录取过程中，要严格执行招生计划，维护招生计划管理的严肃性。未经批准，任何单位和个人不得擅自变更下达的招生计划。

附件：1. 2015年市属高等学校分学校成人高等教育招生来源计划总表（略）

2. 2015年市属高等学校分学校成人高等教育招生来源计划（专升本）总表（略）

3. 2015年市属高等学校分学校成人高等教育招生来源计划（高起本）总表（略）

4. 2015年市属高等学校分学校成人高等教育招生来源计划（高起专）总表（略）

5. 2015年市属高等学校分学校分专业成人高等教育招生来源计划表（略）

6. 2015年市属高等学校分学校分专业成人高等教育招生来源计划（专升本）表（略）

7. 2015年市属高等学校分学校分专业成人高等教育招生来源计划（高起本）表（略）

8. 2015年市属高等学校分学校分专业成人高等教育招生来源计划（高起专）表（略）

2015年11月17日

学生管理

北京市教育委员会文件选编

(2015)

北京市教育委员会

关于印发北京高校高质量就业创业计划的通知

京教学〔2015〕1号

各高等学校：

现将《北京高校高质量就业创业计划》印发给你们，请认真贯彻执行。

2015年3月4日

北京高校高质量就业创业计划

高校毕业生是国家宝贵的人才资源，是中国特色社会主义现代化建设的生力军。高校毕业生就业创业涉及亿万家庭福祉，事关改革发展稳定大局，是教育领域重要的民生工程。十八届三中全会明确提出，要健全促进就业创业体制机制，促进以高校毕业生为重点的青年就业，实行激励高校毕业生自主创业政策，实施离校未就业高校毕业生就业促进计划。北京地区高校聚集，类型多样，特色鲜明，做好毕业生就业创业工作，是创新型高素质人才培养的重要环节，是首都高等教育的战略选择。为全面深化高等教育综合改革，大力推进北京高校毕业生就业创业工作取得新进展、新突破，促进高校毕业生高质量就业创业，制订本计划。

一、指导思想和目标任务

（一）指导思想

以党的十八大、十八届三中全会和习近平总书记系列重要讲话为指导，全面贯彻落实党中央、国务院和市委市政府关于做好高校毕业生就业创业工作的部署和要求，坚持“构建体系，优化服务，提升能力，保证质量”的基本原则，将高校毕业生就业创业工作纳入人才培养全过程，加大创新创业人才培养力度，提升高校毕业生就业创业能力，强化就业创业服务，改善就业创业环境，为国家经济社会发展和北京建设世界一流和谐宜居之都提供强有力人才支撑。

（二）目标任务

加大改革创新力度，经过5年的建设，实现北京高校大学生高质量就业创业：北京高校毕业生就业创业意识和能力进一步提升，就业创业环境更加公平、公正、规范，毕业生学有所用、充分就业，毕业生就业流向更加合理，地域分布更加广泛，国家重点行业、领域及创新战略发展所需人才得到保障，毕业生、用人单位和社会的满意度始终保持较高水平；大学生创业的政策制度和服务体系更加完善，政府激励创业、社会支持创业、大学生勇于创业的机制基本形成，创业人数持续增长，创业质量不断提高。

二、重点工作

（一）着力构建北京高校大学生创业园孵化体系

加强资源统筹，构建“一街三园”的北京高校大学生创业园孵化体系，为大学生创业免费提供场地支持。一是市教委与中关村管委会、海淀区共同建设“中关村大学生创业一条街”，建立“北京高校大学生创新创业服务中心”，为学生创业提供咨询、辅导、培训、融资、交流等全方位服务；二是在中关村、良乡及沙河高教园区等地分别建设三个市级“大学生创业园”。在此基础上，推动高校加强大学科技园、创业园、创业孵化基地建设，在校内为大学生创新创业实践活动提供场地，力争形成定位准确、布局合理、功能齐全、市校两级互动互补的创业园孵化体系。

（二）进一步加大大学生就业创业资金投入

加大资金投入，设立北京高校大学生就业创业专项资金，支持市校两级创业园建设、示范性创业中心建设、创业团队及创业实践项目，带动高校加大对学生创业的投入，为大学生创业提供更多场地和资金支持。加强对就业创业的组织、领导，加大条件保障，建设一批具有带动引领作用的高校示范性创业中心，持续提升北京高校就业创业工作水平。同时，对符合首都功能定位和发展战略的大学生创业企业及大学生创新创意实践给予支持，力促更多的大学生实现“创业梦”。各高校要加大对大学生就业创业资金投入力度，多渠道筹集资金，广泛吸引金融机构、社会组织、行业协会和企事业单位为大学生就业创业提供资金支持。

（三）切实提高大学生就业创业指导水平

要把大学生职业发展和创新创业教育作为推进高等教育综合改革的重要抓手，将其贯彻人才培养的全过程，面向全体大学生开发开设职业发展和创新创业教育专门课程，纳入学分管理，改进教学方法，增强实际效果。实施“三个一”工程，整体提升就业创业指导水平，引导高校毕业生切实转变就业观念，增强创新创业意识和能力。“三个一”工程即：建设一支专业化的师资队伍。加强高校毕业生就业指导队伍建设，制定大学生职业发展与指导咨询教师的职业标准，采取设立校内专职教师与聘请社会导师相结合的方式，建立一支能为大学生提供更加专业化、个性化职业发展与指导咨询服务的师资队伍。每年进行全覆盖、专业化培训，不断提升队伍的整体业务能力和服务水平。将就业创业指导教师纳入学校教师专业技术职务评聘范畴，并落实相应待遇。编写一系列高质量的指导教材。满足大学生就业创业指导课程需要，结合北京实际，整合编写一系列适合高职、本科、研究生等不同学历层次学生所需的职业生涯规划和就业创业指导通识教材，并鼓励各高校根据学生情况编写适合的校本教材。搭建一个高效的在线指导咨询服务平台。建设"北京地区高校大学生职业发展和创业教育在线学习平台"，宣传相关政策、措施，共享优秀师资和精品课程资源，丰富大学生职业发展与就业创业指导课程的教学形式和内容，实现线上线下互动、指导咨询结合，进一步提高就业创业指导咨询服务效果。

（四）大力提升高校毕业生就业创业服务能力

充分发挥高校作为毕业生求职的主渠道作用，大力支持校园招聘活动。依托"北京大学生就业之家"和高校建设若干个面向行业、郊区县及京外用人单位的就业分市场，建立"市级、校级、地域"等多形式立体化就业市场服务体系，形成大学生就业服务品牌。重点做好高校困难群体大学生的就业帮扶工作，为家庭经济困难学生、残疾学生、少数民族学生等困难群体毕业生建立详细台账，重点推荐，帮助他们尽快实现就业。建立与人力社保部门信息对接机制，及时将离校未就业毕业生的信息转送人社部门，并做好跟踪服务，做到离校不离心，实现全方位、全过程服务。组织大学生参加各类创新创业竞赛、创业模拟等实践活动，实施好新一轮大学生创业引领计划，落实创业培训、工商登记、融资服务、税收减免等各项优惠政策，并提供相应的便捷服务。

（五）推动首都高等教育更好适应经济社会发展需要

各高校要以提高质量为核心，结构调整为突破，加快推进高等教育综合改革，进一步优化培养层次和学科专业结构。完善专业预警、退出和动态调整机制，及时调减就业率持续较低的专业招生计划，使学科专业结构与首都经济社会发展需要相适应、与就业需求相对接。探索建立高校毕业生就业和重点产业人才供需协调机制，推进校地合作、校产联合、校企对接，构建高校与政府部门、行业协会的协同育人机制。

要进一步健全毕业生就业质量年度报告发布机制，完善就业质量评价指标体系，把大学生创新创业能力、就业创业状况作为评价高校的重要内容。建立和完善就业与招生计划、人才培养、经费拨款、院系设置、专业调整的联动机制，建立健全激励和约束机制，推动高校不断优化人才培养结构，提高培养质量，实现特色发展。

三、保障措施

（一）加强组织领导，密切协同配合

市教委会同市人力社保局、市财政局、中关村管委会等相关部门共同推进高校毕业生就业创业工作，围绕首都经济社会发展，培养创新型高素质人才，把大学生就业创业作为重要任务，不断完善政策措施及经费投入机制，为促进大学生高质量就业创业提供切实保障。

（二）健全评估机制

市教委将建立完善检查评估机制，对高校推进工作情况以及工作机制、经费配套、经费支出等进行督查。市教委将成立“北京高校毕业生就业创业专家指导委员会”，为计划的实施提供专业、智力等支持。

高校要按照本计划要求，全面落实有关政策措施，在机构、人员、经费、场地等方面给予保障，并按照相关规定用好资金，更好地为大学生就业创业服务，努力实现高校毕业生高质量就业创业的目标。

北京市教育委员会

关于授予高梧桐等 14 名学生 2014～2015 学年“北京市优秀学生”荣誉称号的决定

京教基一〔2015〕5 号

各区县教委，各中等专业学校，北京西藏中学：

根据教育部和北京市评选省级优秀学生的文件精神，今年市教委继续在本市高中阶段（包括普通高中、职业高中、技工学校、中等专业学校）应届毕业生中按照万分之一比例评选北京市优秀学生。依照评选程序，经北京市优秀学生评审小组审定，决定授予北京汇文中学高梧桐等 14 名学生 2014～2015 学年“北京市优秀学生”荣誉称号。

希望各区县和学校加大优秀学生的宣传力度，充分发挥优秀学生的典型示范作用，激励和引导广大中小学生以他们为榜样，坚定理想，全面发展，学有特长，自觉培育和践行社会主义核心价值观，成为德智体美全面发展的社会主义事业可靠接班人和合格建设者。

附件：2014～2015 学年北京市优秀学生名单

2015 年 5 月 15 日

附件

2014～2015 学年北京市优秀学生名单（14 人）
（排名不分先后）

北京汇文中学	高梧桐（女）
北京市第十二中学	刘乐章
北京师范大学附属中学	韦铭杰
北京市第四中学	侯欣雨（女）
延庆县第一中学	王天宇
北京市陈经纶中学	罗羽菲（女）
北京市第一零一中学	张戎捷（女）
北京市怀柔区第二中学	赫锁琳
北京师范大学良乡附属中学	高健翔
北京市求实职业学校	李亿成
北京国际职业教育学校	李书瑶（女）
北京金隅科技学校	丁云森
北京市供销学校	高苗（女）
北京市商业学校	于丰

北京市教育委员会

关于评选北京地区高校大学生创业优秀团队的通知

京教函〔2015〕209号

各高等学校：

为贯彻落实党中央、国务院及市委市政府关于鼓励大学生自主创业的精神，市教委决定实施北京高校高质量就业创业计划，继续加大学生创业资金投入和场地保障，评选大学生创业优秀团队并给予全方位支持。现将2015年大学生创业优秀团队申报、评选工作的有关事项通知如下：

一、申报对象

（一）普通高等教育全日制在校大学生（包括高职生、本科生和研究生，不含定向生和委培生）创办的企业或创业团队（以下简称创业团队）；

（二）北京地区高校2015届毕业生创业团队。

二、申报条件

（一）应符合首都功能定位和发展战略，符合国家产业、技术政策，具有一定的创新性，市场前景好，且项目无知识产权纠纷；

（二）运行状况较为良好，有较好的市场前景，其申请人应为该企业的法定代表人或团队负责人；

（三）创业团队的创新意识、市场开拓能力、团队合作能力较强；

（四）对大学生创业具有典型示范作用，特别是对北京市大学生创业工作有推动作用；参加过省市级以上大学生创新创业计划大赛并获奖的项目可优先申报并推荐；

（五）创业团队的注册地址及经营地址均应在北京市辖区内。

三、支持方式及额度

（一）资金支持

1. 学校对于未注册的创业团队，根据具体情况予以 0.5 万元至 5 万元的支持资金。

2. 学校对于已注册的创业企业，予以 3 万元至 20 万元的支持资金。

3. 中央高校对创业团队的支持资金按照共建经费中“北京高校大学生创业团队支持项目”已批复的额度和使用要求执行。

4. 北京市属高校对创业团队的支持资金由“就业创业经费定额”中支付，具体支持金额和使用要求按照本校经费使用规定执行。

（二）场地支持

对于有场地需求的创业团队可通过网络平台进行申报，市教委将结合学校评审结果、组织专家进行复审，并最终确定创业团队入驻相应园区。

目前，北京高校大学生创业园（良乡园）可为入驻的创业企业提供 40～80 平方米的免费办公场地。其他园区根据建设情况另行申报。

四、评选方式

优秀创业团队评选分为两个阶段，第一阶段以各高校为单位进行，由学校组织学生申报并组织专家进行筛选，上报拟支持的团队及资金额度。第二阶段由市教委组织专家组进行审核，通过审核后方可最终获得资金支持。

五、具体事项

（一）申报时间：6 月 1 日至 26 日。

（二）学生登陆北京高校高校毕业生就业信息网大学生创业项目申报平台进行申报，网址：www.bjbys.net.cn。

（三）学校按照分配账号登陆平台对创业团队进行筛选并提出拟支持资金额度。各学校的用户名为学校代码（见附件2，略），密码均为123qwe。

（四）学校通过申报系统上报所有参与评审的创业团队以及有场地需求的创业团队。

（五）市教委组织专家组进行审核，并审定各高校支持的团队、资金额度、场地等。

（六）北京高校毕业生就业指导中心对通过审核的创业团队进行后续追踪。

（七）网络申报系统初次使用，请各高校登陆后及时修改账号密码，各高校在使用过程中如有疑问或建议可反馈至北京高校毕业生就业指导中心创业服务部。

此项工作是市教委落实中央精神、支持大学生创业的重要举措，请各高校高度重视，认真组织，广泛动员，严格评审，使支持学生创业的资金发挥最大效益。

附件：1. 创业优秀团队评选标准参考

2. 高校用户名一览表（略）

2015年5月26日

附件1

创业优秀团队评选标准（参考）

1. 创新性要求：项目新颖，有创新、可执行，产品（服务）凸现创意；有专利发明、获得相关奖励。（10分）

2．可行性要求：符合国家产业政策、技术水平较高，团队主营业务描述清楚，合理的利润回报率。（10分）

3．成长性要求：商业模式构建合理、科学，业务开展（或未来业务）稳定且有增长趋势。（10分）

4．定位及盈利性要求：对企业的定位科学准确，有一定的专业知识，有较强的可行性、较高的投资价值；已经获取利润、市场比价及获利的可能性。（15分）

5．市场前景要求：有现实和潜在市场的规模、市场竞争较小、发展空间大、投资成本较低，客户对项目的认知度较高；对市场的分析准确并有独到见解，能发现市场潜在的需求，能客观分析市场的竞争对手，并能采取有效的、合法的应对措施。（20分）

6．团队能力要求：团队负责人具有较全面的能力，能掌握并熟知本团队经营管理的特点；团队成员具有互补性，团队人员分工合理，应变能力和营销能力强；财务分析能体现相关专业知识，项目不同经营时期的经济、财务状况均清晰明了。（10分）

7．技术团队及管理要求：在行业内掌握领先的技术，有较强的专业技术人员；组织结构严谨、合理，管理有效，各职能部门（规划）设立健全，能高效运行，并能形成高效的组织文化。（10分）

8．相关专业知识要求：项目与所学专业的匹配度较高。（5分）

9．申报经费预算要求：理解财政专项申请要求，合理科学分配经费用途，测算有依据、数字准确。（5分）

10．就业推动性要求：能够给毕业生提供的岗位数量、对本校其他学生的创业起到了示范、引领作用。（5分）

说明：2015年6月26日前完成工商注册的团队均按已注册企业申报评审。

北京市教育委员会

转发教育部办公厅关于进一步规范普通高等学校转学工作文件的通知

京教学〔2015〕5号

各高等学校：

现将《教育部办公厅关于进一步规范普通高等学校转学工作的通知》（教学厅〔2015〕1号，以下简称《通知》）转发给你们，并结合北京实际，就有关问题提出具体意见，请一并遵照执行。

一、市教委按照《通知》要求建立健全转学程序，办理高校学生转学程序如下：

（一）由市教委学籍学历管理部门工作人员受理高校报送的《高等学校学生转学申请（确认）表》（见附件1，略）及其他转学相关材料（详见附件2，略）；

（二）对学生基本信息（包括姓名、学校、专业、层次、入学年份、录取分数等）进行核查；

（三）核查学生转学材料；

（四）报市教委学籍学历管理部门负责人复核；

（五）报市教委主管主任确认。

二、市教委建立高校学生转学信息公开机制。市教委在每个月10日前将上个月办理的学生转学结果“北京高校学籍学历服务平台”（http：//bjxj. bjbys. net. cn）上进行公开。

三、各高校要认真按照教育部和市教委要求做好学生转学工作，严禁违规办理转学行为，切实维护高等教育公平公正和学生合法权益。

成人高等教育学生转学可根据实际情况参照执行。

附件：1. 高等学校学生转学申请（确认）表（略）

2. 北京地区高校学生转学相关材料清单（略）

2015 年 7 月 14 日

教育部办公厅

关于进一步规范普通高等学校转学工作的通知

教学厅〔2015〕1 号

各省、自治区、直辖市教育厅（教委），新疆生产建设兵团教育局，部属各高等学校：

为深入贯彻《普通高等学校学生管理规定》（教育部令第 21 号，以下简称《规定》），进一步规范普通高等学校和研究生培养单位（以下统称高校）学生（含研究生）转学工作，维护高等教育公平公正和学生合法权益，现就有关事项通知如下：

一、严格规范转学制度

各省级教育行政部门和各高校要严格按照《规定》要求，以条件明确、手续完备、程序正当、权责清晰为原则，在符合高校招生录取政策的前提下，建立健全学生转学制度，确保转学工作公开、公平、公正。

1. 学生应当在被录取学校完成学业，如患病或者确有特殊困难，无法继续在本校学习的，可申请转学。其中患病学生需提供经转出学校、拟转入学校指定医院检查证明。特殊困难一般指因家庭有特殊情况，确需学生本人就近照顾的；研究生因导师工作调动或健康原因不能继续指导的，以及符合学校规定的其他情形。

2. 申请转学的本专科学生高考分数应达到拟转入学校相关专业在生源地相应年份的高考录取分数。申请转学的研究生拟转入学校与转出学校层次、类型、学科专业水平相当，并需通过拟转入学校学位评定委员会组织的专业考核或学业水平评估。

3. 学生有下列情形之一，不得转学：

（1）入学未满一学期的；

（2）高考分数低于拟转入学校相关专业相应年份录取分数的；

（3）由低学历层次转为高学历层次的；

（4）通过定向就业、艺术类、体育类、高水平艺术团、高水平运动队等特殊招生形式录取的；

（5）未通过普通高等学校招生全国统一考试或未使用高考成绩录取入学的（含保送生、单独考试招生、政法干警、第二学士学位、专升本、五年一贯制、三二分段制等）；

（6）拟转入学校与转出学校在同一城市的；

（7）研究生二区招生单位录取的转入一区招生单位的；

（8）跨学科门类的；

（9）应予退学的；

（10）其他无正当理由的。

4. 转学由学生提出申请，说明理由，转出学校同意；拟转入学校要严格审核转学条件及相关证明，符合本校培养要求且学校有教学能力的，经招生委员会或招生监督部门同意，院、校两级会议集体研究决定，将转入学生名单，表决情况如实记入会议纪要，由校长签署接收函。其中，研究生转学应经拟转入专业导师或导师组讨论同意。转学学生的相关手续和证明材料应一式四份，除学校留存外，同时报拟转入和转出学校所在地省级教育行政部门备案。

二、建立健全信息公开机制

各省级教育行政部门和各高校要进一步建立健全信息公示和公开机制。高校对转学的政策、程序、结果进行公开；对拟转学学生相关信息（主要包括：学生姓名，转出、拟转入学校和专业名称，入学年份，录取分数，转学理由等）通过学校网站进行不少于5个工作日的公示。省级教育行政部门要及时将转学确认程序及结果，通过网站、报刊等形式予以公开。

三、严禁违规转学行为

各省级教育行政部门和各高校要严格规范转学工作，严禁以转学为幌子，变相突破高校招生录取分数线择校、择专业，严禁违反程序、弄虚作假、徇私舞弊、以权谋私等行为。要进一步严肃工作纪律，对转学中的违规行为零容忍，严肃追究违规单位和责任人员责任。因违规行为造成严重后果和恶劣影响的，除追究直接责任人责任外，还应根据领导干部问责相关规定，追究相关领导责任。涉嫌违纪的，按管理权限由纪检监察部门处理；涉嫌犯罪的，移交司法机关处理。有相关违规行为的学生，一经查实，立即取消其转学资格，依据情节轻重，给予相应的处分。

各省级教育行政部门和各高校要结合本地区、本校的实际情况，制订转学的实施细则。

请各省级教育行政部门及时将本通知转发至属地内各高校。

2015年3月13日

北京市教育委员会
北京市人力资源和社会保障局

转发教育部办公厅等部门关于高校毕业生档案转递有关事项文件的通知

京教学〔2015〕6号

各普通高校、研究生培养单位，各区县人力资源和社会保障局：

现将教育部办公厅、人力资源社会保障部办公厅、国家邮政局办公室《关于高校毕业生档案转递有关事项的通知》（教学厅函〔2015〕39号）转发给你们，请遵照执行。

2015年7月14日

教育部办公厅
人力资源社会保障部办公厅
国家邮政局办公室

关于高校毕业生档案转递有关事项的通知

教学厅函〔2015〕39号

各省、自治区、直辖市教育厅（教委）、人力资源社会保障厅（局）、邮政管理局，新疆生产建设兵团教育局、人力资源社会保障局，中国邮政集团公司：

为进一步规范高校毕业生档案转递工作，确保高校毕业生档案转递工作顺利开展，现将有关事项通知如下：

一、2015年高等学校可通过邮政机要通信转递高校毕业生档案，档案转递应遵守邮政机要通信的“寄递范围、封面书写和封装规格”等有关要求。

二、已与邮政部门签署协议的高校，毕业生档案可采用“邮政EMS标准快递”形式转递。转递时档案材料要用统一的信封封装后，再装入专门制作有“高校学生档案专用”标志的统一封套，在封套表面认真填写寄出单位和寄往单位信息，并在封口处加盖寄出单位骑缝章。邮政部门进行单独封袋、单独处理，并开辟专门绿色通道，确保高校毕业生档案转递工作安全、便捷、高效。

三、对涉密高校、涉密专业和到涉密单位就业的高校毕业生档案，应通过邮政机要通信或派专人转递。

四、全国县级以上公共就业和人才服务机构以及经人力资源社会保障部门授权从事流动人员人事档案管理工作的单位，对各高等学校采用“邮政EMS标准快递”形式转递的高校毕业生档案予以接收，并做好有关服务工作。接收时，如发现档案材料存在弄虚作假的现象，可退回至寄出单位。

2015年6月24日

北京市教育委员会

转发教育部办公厅关于做好2015年普通高等学校录取新生入学资格复查和学籍电子注册工作文件的通知

京教函〔2015〕438号

各普通高等学校、研究生培养单位：

现将《教育部办公厅关于做好2015年普通高等学校录取新生入学资格复查和学籍电子注册工作的通知》（教学厅函〔2015〕54号）转发给你们，并结合北京实际，提出如下要求，请一并遵照执行。

一、总体要求

（一）新生学籍电子注册和在校生学年注册工作在教育部中国高等教育学籍学历信息管理平台（以下简称“平台”）进行。

（二）按教育部要求，本科生和研究生新生学籍电子注册工作应于9月完成；高职高专新生学籍电子注册工作应于10月完成；在校生学年电子注册工作应于10月完成。

（三）新生学籍和在校生学年电子注册工作完成后，高校要做好宣传工作，确保学生在教育部网站进行信息查询。对于发现的问题，要及时修改、补充或完善。教育部高校学生学籍信息查询网址：http：//www.chsi.com.cn。

（四）注册工作中，如有业务方面问题请与市教委学生处联系，技术方面问题请与北京高校毕业生就业指导中心联系。

二、新生学籍电子注册

（一）新生学籍变动或信息调整，请在注册后按在校生信息维护处理。

（二）姓名、身份证号等与录取信息不符，属于招生时产生的问题，按教育部要求应由生源省级招生办公室向教育部更正备案的招生信息。

（三）自主招收的港澳台侨学生，请携带高校出具的相关录取手续到现场报送数据，考生号编码规则如下：

港澳台侨本专科：15P5＋5 位学校代码＋6 位流水号　如：15P510002000001

港澳台侨研究生：15Y5＋5 位学校代码＋6 位流水号　如：15Y510003000001

（四）参军、未报到或取消入学资格的新生，应在平台招生数据中标注。同时，做好“免费师范生”“免费医学生”“贫困地区专项生”等特殊学生类型的标注工作。

三、在校生信息维护

（一）及时处理在校生发生的学籍变动和信息调整。新生注册集中办理工作结束后，可于每周三在北京高校毕业生就业指导中心办理相关手续。

（二）按教育部要求，不得在新生入学报到环节更改新生录取专业；不得在新生入学后将艺术、体育类专业学生调整到普通类专业；不得将外国语中学推荐保送录取的学生调整到非外语类专业。

（三）学生改名，提供学校同意修改的材料，并附下述材料之一：

1. 派出所出具的内容包含现用名、曾用名、身份证号及更改时间的改名证明。

2. 同时反映现用名、曾用名、身份证号及更改时间的户口卡复印件，加盖派出所红章。

3. 含有现用名、曾用名、身份证号及更改时间的户口卡原件及复印件。审核后原件返还学校，复印件留存。

（四）身份证号修改，提供学校同意修改的材料，并附公安部门出具的变更证明。变动较大的情况，报请教育部相关部门后确定。

四、学年电子注册

学生升学和上学年发生的学籍变动及奖惩要在平台上进行登记和标注，内容及要求如下：

（一）学籍注册

学生升级后注册前的学籍状态为“待注册”状态，高校应将所有“待注册”的学生注册成下述情况之一：

1. 注册学籍，学生进行“学年注册”后，其学籍状态应变成“注册学籍”，表示该生在新的学年已获得学籍。

2. 暂缓注册，指由于欠缴学费等原因暂时不予学年注册的情况，需要单独进行标注。学生补缴学费后，高校可随时将其学籍状态处理成“注册学籍”。

3. 保留学籍，指由于参军等原因需要保留学籍的情况。退役回校继续学习时应及时处理成“注册学籍”。

（二）学籍变动

指发生的升级、跳级、留降级（重修）、转学（入、出）、转专业、复学情况。

（三）奖惩及违纪处理

按教育部明确的内容，上报奖励或处分情况。如学生存在多项奖励或处分，应据实填报。

新生及学年注册集中办理期间，如有问题可携带相关材料到现场办理。

2015 年 9 月 6 日

教育部办公厅

关于做好 2015 年普通高等学校录取新生入学资格复查和学籍电子注册工作的通知

教学厅函〔2015〕54 号

各省、自治区、直辖市教育厅（教委），新疆生产建设兵团教育局，部属各高等学校：

2015 年普通高等学校录取新生即将陆续报到。为做好新生入学资格复查和学籍电子注册工作，切实保护学生权益、确保招生公平公正、维护高等学校办学秩序，现将新生入学资格复查和学籍电子注册工作有关要求和事项通知如下：

一、认真做好新生入学资格复查

各省级教育行政部门要指导督促属地各高校严格按照国家招生政策规定和学籍管理规定，认真开展新生入学资格复查。各高校要对新生报到所需录取通知书、身份证、户口迁移证、高考加分资格证明等材料与纸质档案、录取名册、电子档案逐一比对核查。要对录取享受高考加分照顾的新生、自主招生录取新生及面向农村学生的各类专项计划录取的新生资格条件进行复核。要组织专家组，对艺术、体育专业或艺术、体育特长生等特殊类型录取新生开展入学专业复测。要认真与生源地省级招办核实存疑信息。对于通过弄虚作假、徇私舞弊方式骗取高考加分资格、录取资格或企图冒名顶替入学的新生、未按规定公示有关资格身份的新生、未经省级招办办理录取手续的新生以及违规“点招”录取的新生，一律不予学籍电子注册，并报告有关部门倒查追责。

各高校不得在新生入学报到环节更改新生录取专业并进行学籍电子注册，尤其不得将艺术、体育类专业学生调整到普通类专业，将外国语中学推荐保送录取的学生调整到非外语类专业。各高校不得将未经省级招生部门审核录取的学生留在学校学习。已经注册学籍的，一经查实，坚决取消学籍，杜绝任何学籍学历遗留隐患。

二、及时准确完成学生电子注册

各高校要严格按照经省级招生部门核准的录取名册和报到入学新生名单，及时上网进行新生学籍电子注册。对于学籍管理系统未提供相关信息的已录新生，有关高校要及时与生源地省级招生办联系核实情况，属于漏报或延报的要及时补报录取数据。严防同姓名同身份证号重复注册，普通本专科学生、研究生，在同一学习时段，只注册一个普通全日制学籍（联合培养的除外）。要进一步加强对专升本、第二学士学位、研究生新生报考的学历资格复核，未通过复核的不予新生学籍电子注册并及时通知学生。要继续做好“免费师范生”“免费医学生”“贫困地区专项生”等特殊学生类型的标注工作。

同时，各省级教育行政部门要指导属地高校按照普通高等学校在校生学年电子注册有关要求，于10月底前准确、完整地标注学年电子注册信息。

三、加强领导，落实责任

各省级教育行政部门、高等学校要高度重视新生入学资格复查、学籍电子注册和在校生学年电子注册工作，加强组织领导，落实职能部门和专人负责责任制，完善考核机制和问责机制。对弄虚作假、将违规招收的学生留在学校等造成的不良后果，高校要承担直接责任。省级教育行政部门要切实履行指导、检查和监督职能，督促高校严格执行招生和学籍管理的有关规定，对擅自超计划招生的高校要按规定严肃处理并追究有关人员责任。各高等学校要加强校内招生、教务、学生、纪检监察和院系等部门的协调配合，规范程序，严格把关，确保新生入学资格复查和学籍电子注册工作及时有序地完成。

2015 年 8 月 12 日

北京市教育委员会

关于公布 2015 年北京地区普通高等学校及研究生培养单位毕业生就业率的通知

京教函〔2015〕562 号

各普通高等学校、研究生培养单位：

2015 年北京地区高校毕业生就业工作已经基本结束。在全国宏观就业形势面临多重压力、高校毕业生人数逐年攀升的情况下，北京地区各普通高等学校及研究生培养单位（以下简称“各单位”）积极探索、扎实工作，不断健全工作机制，完善就业创业扶持体系，形成了一整套促进毕业生高质量就业创业的有效做法，顺利完成了 2015 年毕业生就业工作的预期目标。

截止到 2015 年 10 月 31 日，北京地区高校毕业生整体就业率为 96.8%，略高于去年同期。其中，研究生为 96.7%，本科生为

96.9%，高职（专科）为96.6%。

现将截止到2015年10月31日的各单位2015年毕业生就业率统计结果予以公布，并就有关事项说明如下：

一、本次公布名单为毕业生整体就业率在90%以上的单位，普通高等学校和研究生培养单位分别公布，按单位代码顺序排列（见附件1、2）。

二、各单位要继续以科学、客观、实事求是的态度对待就业率的统计工作，严格按照教育部“四个不准”要求，确保准确、客观地统计本单位毕业生的就业情况。

三、各单位要继续把大学生就业创业工作摆在突出重要位置，加强组织领导，明确任务分工，及时研究解决工作中出现的新情况、新问题。要进一步健全高校毕业生就业质量年度报告制度，加强毕业生就业创业与职业发展状况跟踪调查，完善就业质量评价指标体系，着力提升毕业生就业创业质量和就业创业工作服务水平。

四、从2016年起，各单位要重点统计有就业意愿尚未就业毕业生、暂不就业毕业生等信息，密切关注有就业意愿未就业毕业生的动态，提供有针对性的就业指导服务。

附件：1. 2015年毕业生就业率在90%以上的北京地区普通高等学校名单

2. 2015年毕业研究生就业率在90%以上的北京地区研究生培养单位名单

2015年11月19日

附件 1

2015 年毕业生就业率在 90％以上的北京地区普通高等学校名单

（截止到 2015 年 10 月 31 日）

北京大学
中国人民大学
清华大学
北京交通大学
北京工业大学
北京航空航天大学
北京理工大学
北京科技大学
北方工业大学
北京化工大学
北京工商大学
北京服装学院
北京邮电大学
北京印刷学院
北京建筑大学
北京石油化工学院
中国农业大学
北京农学院
北京林业大学
北京协和医学院
首都医科大学
北京中医药大学
北京师范大学
首都师范大学
首都体育学院
北京外国语大学
北京第二外国语学院
北京语言大学
中国传媒大学
中央财经大学
对外经济贸易大学
北京物资学院
首都经济贸易大学
外交学院
国际关系学院
北京体育大学
中央音乐学院
中国音乐学院
中央美术学院
中央戏剧学院

中国戏曲学院
北京电影学院
北京舞蹈学院
中央民族大学
中国政法大学
华北电力大学
北京工业职业技术学院
北京信息职业技术学院
北京电子科技职业学院
北京科技大学分院
京北职业技术学院
北京交通职业技术学院
首都经济贸易大学分校
北京工业大学分校
中华女子学院
北京信息科技大学
中国矿业大学（北京）
中国石油大学（北京）
中国地质大学（北京）
北京联合大学
北京城市学院
中国青年政治学院
北京青年政治学院
首钢工学院
北京农业职业学院
北京政法职业学院
中国劳动关系学院
北京财贸职业学院
北京北大方正软件技术学院
北京经贸职业学院
北京经济技术职业学院
北京戏曲艺术职业学院
北京汇佳职业学院
北京现代职业技术学院
北京科技经营管理学院
首都师范大学科德学院
北京工商大学嘉华学院
北京科技职业学院
北京邮电大学世纪学院
北京工业大学耿丹学院
北京警察学院
北京经济管理职业学院
北京劳动保障职业学院
北京社会管理职业学院
北京艺术传媒职业学院
北京第二外国语学院中瑞酒店管理学院
北京体育职业学院
北京交通运输职业学院
北京卫生职业学院
北京培黎职业学院
（共 90 所）

附件 2

2015年毕业研究生就业率在90%以上的北京地区研究生培养单位名单

（截止到2015年10月31日）

中国科学院大学
国家行政学院
北京国家会计学院
国际贸易经济合作研究院
中国农业科学院
中国电力科学研究院
中国建筑科学研究院
中国城市规划设计研究院
中国建筑设计研究院
钢铁研究总院
中冶集团建筑研究总院
冶金自动化研究设计院
机械科学研究总院
机械工业自动化研究所
北京机电研究所
中国农业机械化科研院
北京化工冶金研究院
中国航空工业集团公司北京航空精密机械研究所
北京航空材料研究院
北京航空制造工程研究所
航空工业总公司628所
华北计算技术研究所
北京真空电子技术研究所
华北光电技术研究所
中国北方车辆研究所（201所）
中国兵器装备研究院
中国航天科技集团第一研究院
中国航天科工集团第二研究院
航天工业总公司七一所
中国航天科工集团第三研究院
中国航天科技集团第五研究院
中国航天科技集团第十一研究院
煤科院北京建井研究所
煤炭科学研究总院北京煤化所
煤炭科学研究总院北京开采研究所
北京化工研究院
中国铁道科学研究院
交通运输部公路科学研究所

电信科学技术研究院
中国电影艺术研究中心
北京生物制品研究所
中国气象科学研究院
中国地震局地球物理研究所
中国地震局地质研究所
中国地震局地壳应力研究所
中国测绘科学研究院
中国舰船研究院
中国石油化工股份有限公司石油化工科学研究院
北京矿冶研究总院
北京有色金属研究总院
北京市环境保护科学研究院
北京市心肺血管疾病研究所
北京市市政工程研究院
北京市结核病胸部肿瘤研究所
首都儿科研究所
中共北京市委党校
（共56个）

北京市教育委员会
北京市人民政府征兵办公室

关于进一步做好专科学生退役后专升本工作的通知

京教学〔2015〕7号

各有关高校、区县人民政府征兵办公室：

为鼓励高校大学生参军入伍，国家、北京市出台了一系列鼓励政策和措施，越来越多的大学生踊跃报名参军。为深入贯彻落实专科学生退役后专升本的政策，结合《关于做好专科学生退役后免试专升本工作的通知》（京教学〔2013〕3号）、《北京市教育委员会转发教育部办公厅关于进一步做好高校学生参军入伍工作文件的通知》（京教学〔2015〕3号）要求，现就进一步做好有关工作通知如下：

一、明确工作职责

专科学生退役后专升本工作由市教委和市征兵办统筹负责。市教委结合处室职责，经研究，决定今年起将普通高校全日制专科（高职）学生（以下简称“专科学生”）退役后升本科的工作从高教处调整到学生处，由学生处牵头做好此项工作，并具体负责接收、审核相关材料及信息沟通与反馈；发展规划处按照有关规定和原则，负责确定学生升本所对应的高校及专业；北京市教育考试院高招办负责专升本报名、考试、录取等工作；区县人民政府征兵办公室负责本区京外高校学生（北京户籍）回京参军入伍后退役学生相关材料收集、信息采集和初审等工作，报市征兵办汇总；各高校负责本校专升本学生相关材料的收集、信息采集和初审等工作。

二、具体工作要求

（一）北京高校学生免试专升本。按照《关于做好专科学生退役后免试专升本工作的通知》（京教学〔2013〕3号）要求，学生在部队服役期间，获得免试专升本所规定条件的，在完成专科学业后可以申请免试专升本。各高校要严格按照规定，受理学生申请，收集、审核有关材料，并按规定时间报市教委学生处。

（二）京外高校学生免试专升本。各区县人民政府征兵办公室要向北京户籍在京外高校就读并回京参军入伍的学生讲清相关政策，对在服役期间获得免试专升本条件的，明确告知在其退役后2个月内向区县人民政府征兵办公室提出专升本申请及需要提交的材料及时间，确保每一名符合条件的退役大学生都按时提交相关材料。区县人民政府征兵办公室要按照规定，受理学生申请，收集、审核有关材料，并报市征兵办公室审核后，由市教委统一汇总。

（三）定向招考专升本。按照《北京市教育委员会转发教育部办公厅关于进一步做好高校学生参军入伍工作文件的通知》（京教学〔2015〕3号）要求，除获得免试专升本资格的专科学生外，可以直接参加普通专升本报名考试，实行计划单列，录取比例不低于50％。各高校和区县人民政府征兵办公室要向参军入伍大学生讲清政策，及时通知学生按要求报名并参加专升本考试。

三、加强组织领导

做好退役大学生士兵专升本工作对于征集高校学生入伍服义务兵役健康持续发展具有十分重要的意义，各高校、区县人民政府征兵办公室要高度重视，加强组织领导，明确职责分工，要建立主管校（征兵办公室）领导牵头、各部门协调配合的工作机制，明确主责部门及协调配合部门，责任落实到人，确保各项工作按时、按要求顺利完成。

市教委、市征兵办每年将印发具体工作通知，明确各环节的时间、内容和要求等，请各高校和区县人民政府征兵办公室认真做好相关工作。

2015 年 11 月 27 日

教育信息化

北京市教育委员会文件选编

（2015）

北京市教育委员会

关于做好2015年基础教育信息化工作的通知

京教函〔2015〕204号

各区县教委：

按照教育部等五部委《关于印发〈构建利用信息化手段扩大优质教育资源覆盖面有效机制的实施方案〉的通知》（教技〔2014〕6号），现将进一步统筹全市基础教育信息化工作的有关事项通知如下：

一、指导思想和工作目标

深入贯彻党的十八届三中、四中全会和习近平总书记系列重要讲话精神，全面落实中长期教育改革和发展规划纲要，积极创新基本公共教育服务方式，以关注师生实际获得为导向，通过数字化优质基础教育资源的广泛覆盖、信息技术与教育教学的深度融合，有效促进教育公平，提升教育质量。

二、重点工作

（一）全面加强基础教育信息化集约建设

1．优化网络基础支撑环境。全面推进"宽带网络校校通"，市级进一步优化教育网骨干结构，提升骨干环路带宽到40000M，加强网络基础设施环境的承载力与稳定性。在统筹充分利用资源和适度前瞻建设的前提下，各区县要进一步扩充区域、校园教育网络带宽以及互联网出口带宽，2015年首都功能核心区和城市功能拓展区80%、城市发展新区和生态涵养发展区60%以上中小学实现教学区域无线网络覆盖。市、区县、学校要统筹做好网络维护与优化，切实加强信息安全管理。

2. 构建基础教育大数据服务体系。以集约高效建设为导向，建成市级基础教育云计算中心和存储中心，面向区县、学校等各级教育单位开放。推广市级用户统一认证中心与数据交换中心的多级应用，制定与整合数据规范，支持区县数据与认证分中心建设。各区县、学校要基于大数据技术开展特色应用，支撑教育管理、教育教学。鼓励区县、学校云平台与市级云平台互联互通、共享资源，鼓励区县、学校数据应用加快向云端迁移。

3. 推广数字化教育资源共享体系。全面推进“优质资源班班通”，依托数字化教育资源共享平台，建设全市数字教育资源中心。制定资源共享规范，整合北京数字学校、数字图书馆、教育资源网等市级资源，向各区县、学校开放资源接口，在8个区县开展市、区县两级资源融合试点，在15所学校开展市、区县、校三级资源融合试点，重点在备课、教研、评价、作业等环节，形成资源应用长效机制。各试点区县要高度重视，努力实现市、区县两级资源融合、统一登录、一站检索，要指导学校结合实际用好资源。

（二）全面推进教育管理机制创新

4. 打造基础教育管理决策数据支撑平台。积极利用信息技术推动教育治理能力现代化。市级统筹CMIS、体质健康监测、综合素质评价、招生、考试等教育管理基础数据，利用大数据技术，建设教育管理决策数据支撑平台，为辅助教育决策、应急处理提供有力支持。面向区县逐步开放市级教育管理数基础数据服务，支持区县结合实际提升教育管理水平。

5. 完善综合素质评价支撑平台。为贯彻国务院《关于深化考试招生制度改革的实施意见》精神，加强中小学生综合素质评价工作，升级综合素质评价系统，重点加强身份认证、成长记录、客观评价等功能，为深化改革保驾护航。各区县要做好新版综合素质评价系统的应用培训，保证评价的客观有效。鼓励区县、学校应用学生综合素质评价数据，推动管理和教学创新。

（三）全面推进优质教育资源广泛覆盖

6. 推广在线教育服务。高度关注师生实际获得，市级进一步提升“学习信息推送”“阅读与写作辅导”“名师答疑”和“国学教育”等示范性项目水平。建立市、区县、学校分级管理机制，鼓励区县、学校在与市级系统用户统一认证、数据共享的基础上，开发区域特色在线服务项目，重视过程数据收集，重视大数据分析。结合北京市学科教学改进意见的实施，探索在线教育服务与开放性科学实践活动的有效结合。

7. 提供北京数字学校混合式学习服务。整合北京数字学校16000节学科课程、2300个主题微课，立足100所试点学校，向全市提供智慧教育服务。采取网络社区和混合式学习理念，在中华优秀传统文化、科学实践、沟通协作等方面，开发10门线上线下结合的混合学习课程。推动25所数字学校基地学校开展翻转课堂实验。面向全市中小学教师开展微课开发、翻转课堂应用培训，开展微课征集与评选活动。

8. 做好数字化课程教材资源的开发与应用。在组织开发12个年级403册电子教材、征集区县5110件优质资源、定制开发27396件课程辅助资源的基础上，建立市、区县、学校三级数字化课程教材资源开发机制。市级重点推动国家课程16个学科数字教材及配套资源开发，建成“北京市中小学课程教材资源网”，采取“网站＋客户端”形式面向全市中小学提供数字教材服务。开展第二届全市国家课程教材资源配套征集评优活动。各区县、学校要结合实际，有序开发应用地方、校本课程数字化教材。

9. 加强学生网络学习空间的有效应用。全面推进“网络学习空间人人通”，基于北京数字学校，建设综合实践活动记录和评价系统，形成学生个性化学习档案。加强综合素质评价、体质健康监测、在线教育、开放式科学实践活动等系统的数据整合，形成以学生为中心的数据环境，引导学生利用网络空间进行学习管理、协同合作。各区县、学校要积极引导师生科学利用各类网络学习空间，提升学习能力、提高学习效益。

（四）全面形成信息技术与教育教学融合新常态

10. 推进中小学数字校园建设与应用工作。依托数字校园成果共享与应用服务平台逐步向全市300所中小学校提供三至五类共性应用服务，推动实验成果惠及更多学校。探索建立面向全市的在线教育应用商店，形成应用资源准入审核机制，实现企业与学校协同推进教育信息化。稳步推进第二、三批实验校的建设、验收以及年度数字校园星级学校评估工作。颁布数字校园建设指南。各区县要做好本地应用与市级服务的融通，避免重复建设，引导学校切实用好市区两级平台服务。实验校应关注师生实际获得，注重建设模式的转变与创新，力求形成信息技术同教学业务深度融合的新常态。

11. 以信息化手段创新干部教师流动模式。师资配置是基础教育优质均衡发展的关键，根据优秀干部教师的资源属性，以在线教育服务为突破口，探索信息化手段支持下的干部教师流动新模式。落实教育部“一师一优课，一课一名师”活动要求，组织全市不少于20%的学科教师登陆“国家教育资源公共服务平台”，开展网络晒课和网络教研活动。

12. 提升干部教师信息化能力。开展专项培训，不断提升教育管理干部、网管教师信息技术实用技能。采用市区合作，政府购买服务的方式组建专业技术支撑团队，重点面向十个城市发展新区和生态涵养发展区中小学教师提供信息技术应用在线服务。

三、保障措施

（一）加强组织领导

切实加强对基础教育信息化工作的组织领导，加强部门间协同，结合实际落实好全市统一部署，积极运用新理念、新思路、新方法协调解决本区域教育信息化工作的难点问题。

（二）创新建设模式

切实关注师生实际需求和获得，贯彻集约建设理念，做到共性公用、个性定制。区县、学校要用好公共资源和应用平台与资源服务，避免不必要的重复建设。要善于创新机制，积极利用社会企业力量，为师生提供体验好、质量高、个性化的教育资源和服务。

（三）保障经费投入

在保证基础教育信息化经费投入力度的基础上，优化经费结构，切实保障系统运维和改进，体现基础教育信息化由“建设”向“应用”的转变。有序引入社会力量，探索以政府为主体，社会多元投入的长效机制。

（四）加强检查指导

市教委建立基础教育信息化常态检查指导机制，定期组织工作研讨与交流，加强重点任务落实的检查与督促。

2015 年 5 月 25 日

北京市教育委员会

关于公布 2015 年北京市中等职业学校信息化教学比赛获奖结果的通知

京教函〔2015〕356 号

各区县教委、各有关中等职业学校：

2015 年北京市中等职业学校信息化教学比赛各项赛事圆满完成，经过专业评委与大众评委合作评审，共评选出一等奖 24 项，二等奖 35 项，三等奖 46 项，优秀组织奖 10 项，现将获奖名单予以公布（见附件）。

各区县教委、各学校应进一步提高对信息化教学比赛的重视程度，加大宣传和投入力度，完善区级、校级比赛机制，支持鼓励教师强化现代信息技术应用、积极改造传统课堂、全面提升信息化教学水平，推进本市职业教育内涵发展、特色发展。

附件：1. 2015 年北京市中等职业学校信息化教学比赛作品获奖名单

2. 2015 年北京市中等职业学校信息化教学比赛优秀组织奖名单

2015 年 7 月 20 日

附件 1

2015 年北京市中等职业学校信息化教学比赛作品获奖名单

一、信息化教学设计

一等奖

学校	参赛作品	教师姓名
北京国际职业教育学校	旗袍展示步态	张蕾、杨柳、尹青骊
北京国际职业教育学校	Unit 8 Fighting Against Pollution	范元美、杨蕊、马冉冉
北京市昌平职业学校	舞台综艺妆造型	王晔、罗英、贾光宏
北京市电气工程学校	电动风阀执行器的安装	王连风
北京市电气工程学校	遗嘱继承的法律咨询服务	王霖、赵靖、张慧荣
北京市经济管理学校	多摄像机序列编辑技术	席倩、武宏、孙宇

续表

学校	参赛作品	教师姓名
北京市盲人学校	雨霖铃	陈瑜
北京市商业学校	欣赏交响童话《彼得与狼》	王欣、刘相俊、蒋舒雅
北京市商业学校	车辆配载作业	毕丽丽、王彩娥、于寅虎
北京市外事学校	函数的实际应用举例	胡亚敬、刘肖影、康杰
北京市信息管理学校	女士优雅型整体形象设计	李洋
北京市信息管理学校	印刷品折页方案设计	张侨
北京市信息管理学校	正弦型曲线	朱建鹏
北京市信息管理学校	Have you ever done a part-time job	丁沫
北京市自动化工程学校	管接头的数控车削加工	钟志刚
北京市自动化工程学校	乙酸的性质	李玉、刘瑞霞、马颜
北京现代职业学校	配制一定物质的量浓度的溶液	郑潇洁、马燕红、黄海燕

二等奖

学校	参赛作品	教师姓名
北京城市建设学校	从故宫太和殿“龙”纹饰看古代宫殿建筑装饰文化的一般意义	关颖
北京市昌平职业学校	肉制品中大肠菌群的测定	杨丽丽、高鑫、李伊畅
北京市昌平职业学校	幼儿歌曲演唱——《小星星》	岳楠、葛秋霞、朱厚颖
北京市昌平职业学校	平面两点间距离	方荣卫、王茗茗、于龙
北京市昌平职业学校	普遍联系与人际和谐	刘萍、马春宇、杜晓丹
北京市昌平职业学校	Festival Customs	王姿、纪春花、崔雪
北京市房山区第二职业高中	置换特效的应用——微短片制作	王妙一
北京市房山区房山职业学校	用声音讲故事——《摇篮曲》	王铮、宋春玲、于海峰
北京市丰台区职业教育中心学校	两个基本计数原理	边琪
北京市黄庄职业高中	中国元素旗袍系列设计	李洋、尤凤娇、杨红

续表

学校	参赛作品	教师姓名
北京市劲松职业高中	甲油勾绘作品的设计与制作	王金玲
北京市劲松职业高中	红葡萄酒侍酒服务	姚蕾
北京市平谷区第一职业学校	世间最美的坟墓	崔玉英、刘东生
北京市求实职业学校	网络打印机的安装与测试	沈天瑢、刘佳
北京市求实职业学校	等比数列前 n 项和公式及应用	车菲、刘雁
北京市求实职业学校	在实践中提高人生发展能力	贾若
北京市商务科技学校	出库备货作业	王晓玲、刘洪涛、吉瑜敏
北京市实美职业学校	给定材料的语言游戏设计	李莹
北京铁路电气化学校	单相桥式整流电路	冷丽娟、孔莉、乔剑铎
北京铁路电气化学校	继电保护动作电流测试	许云雅、刘惠英、姜攀
北京铁路电气化学校	已知正切函数值求角	贾慧、高凡、侯俊平
北京现代职业学校	银行汇票的签发——对公业务	王爱、汪淳、吴峥
北京现代职业学校	等差数列的前 n 项和	贾景会、张君、任玉仙
密云县职业学校	If you want to talk, you can go online	齐明月、段美超、崔引红
首都铁路卫生学校	心肺复苏	任丽伟、李胜萍、侯骏
延庆县第一职业学校	指数函数	张海保、朱世勇、段明华

三等奖

学校	参赛作品	教师姓名
北京城市建设学校	储蓄，让财富安全又方便	白昕
北京金隅科技学校	熟料烧成系统故障处理	徐超
北京金隅科技学校	图层蒙版	高静、谢金友、张黎
北京商贸学校	LOGO 创意与制作	吕予阳
北京商贸学校	指数函数	侯静
北京市财会学校	固定资产清理核算	郑华艳

续表 1

学校	参赛作品	教师姓名
北京市大兴区第二职业学校	卜算子·咏梅	陈光
北京市大兴区第一职业学校	人身检查	孙守双
北京市第一七九中学	光盘盘面设计与制作	陈白雪、李楠、马騄
北京市对外贸易学校	特装展位设计及搭建	刘扬
北京市丰台区职业教育中心学校	动感地带	李佳、郭金萍
北京市丰台区职业教育中心学校	自选图形的使用——绘本的设计与制作	马莉、黄传强、李宇哲
北京市供销学校	站扫、开门立岗	袁哲
北京市怀柔区职业学校	牛顿第三定律	刘明月
北京市环境与艺术学校	书法	代虹、杨智坤
北京市黄庄职业高中	一元二次不等式的图像解法	秦英辉、陆发芹、李芝霞
北京市经济管理学校	高中生日膳食能量分析与初步调整	张策
北京市门头沟区中等职业学校	三层交换机实现 VLAN 间的通信	黄灿
北京市平谷区第一职业学校	锯削方法	郭秀梅
北京市商务科技学校	赏析《教我如何不想他》	石晓云
北京市实美职业学校	婚礼新娘快速变妆	王珊
北京市实美职业学校	乙醇	董宗泽
北京市实验职业学校	绘制纸包装模切轮廓图	薛炳楠、罗海红、董鲁平
北京市外事学校	我的母亲	陈洁鹏、康敏、冯玉
北京市信息管理学校	幼儿园小班娃娃家方案设计	张文慧
北京市园林学校	叶形识别	崔妍
北京市自动化工程学校	边城	苑艳艳、鲍文慧
北京水利水电学校	氨氮测定	刘晓晴、李良会、郑仕杰
北京水利水电学校	了解计算机	田伟、郑仕杰

续表 2

学校	参赛作品	教师姓名
密云县职业学校	祝福——祥林嫂悲剧命运解析	杨鑫鑫、毛艳、吕萌
首都铁路卫生学校	用发展的观点看待顺境与逆境	王慧、刘文娟、侯俊
首都铁路卫生学校	A Balanced Diet	胡波
延庆县第一职业学校	美容院眼部护理——眼部按摩	申发宁、牛春芳、王红

二、信息化课堂教学

一等奖

学校	参赛作品	教师姓名
北京市昌平职业学校	更换安全气囊	张翔、谭红霞、李黎华
北京市电气工程学校	新娘捧花设计制作	张燕、陈琢、宋晓珍
北京市丰台区职业教育中心学校	健康之路——心肺耐力训练	李卓
北京市商业学校	小规模纳税人——增值税核算与缴纳	李颖超、丛秀云、杨国萍
北京市外事学校	颁奖服务礼仪	刘雨楠、吴瑞雰、邓晶
北京铁路电气化学校	机械手搬运站气动控制回路安装与调试	邢燕鹏、张福顺、李梅
延庆县第一职业学校	《百歌百川行》——少数民族民歌欣赏	张颖、韩雪健、龙云杰

二等奖

学校	参赛作品	教师姓名
北京国际职业教育学校	办公场所花卉装饰	胡萌、王珂、李兰
北京国际职业教育学校	养成良好的职业行为习惯	徐婕、焦燕红、张搏
北京市昌平职业学校	外植体的消毒与接种	晁慧娟、王小婧、张颖
北京市电气工程学校	对数的概念	杨旭慧、李国民、于萍
北京市劲松职业高中	The convenience store is over there	贾尚谕、张艳红
北京市盲人学校	颈肩部肌肉的触诊——斜方肌	李元、王虹、向华

续表

学校	参赛作品	教师姓名
北京市信息管理学校	调整白平衡	周静
北京市自动化工程学校	气动换向回路的设计	屈君君
延庆县第一职业学校	虹吸壶冲调咖啡	刘秋月、蒋冬厚、程伟

三等奖

学校	参赛作品	教师姓名
北京国际职业教育学校	存货按实际成本计价的核算	耿昭明、秦昆、张宇
北京金隅科技学校	二维工作台导轨的检测与调整	马蔷
北京市对外贸易学校	琶音	陈霏
北京市房山区房山职业学校	Word 对象的环绕方式设置与叠放次序调整—幼儿园 Word 电子板报制作	吕放
北京市丰台区职业教育中心学校	幼儿故事的导入方法	冯涓涓
北京市怀柔区职业学校	Unit4 How can I get to themuseum?	何花
北京市经济管理学校	微生物接种——倾注法接种	彭坚
北京市平谷区第一职业学校	ABC 理论让我更快乐	杨小丽
北京市商务科技学校	网络摄像头的安装与配置	张金秀
北京市信息管理学校	走近合唱	白天华
密云县职业学校	检测进气凸轮轴位置传感器电路	刘凤良
首都铁路卫生学校	Down 综合征	刘琨
顺义区第一职业学校	交通运输方式的选择	寇翠娜

附件 2

2015 年北京市中等职业学校信息化教学比赛优秀组织奖名单

朝阳区教育委员会
东城区教育委员会
昌平区教育委员会
海淀区教育委员会
西城区教育委员会
延庆县教育委员会
北京市商业学校
北京市自动化工程学校
北京铁路电气化学校
北京市昌平职业学校

北京市教育委员会

关于转发职业院校数字校园建设规范的通知

京教职成〔2015〕14 号

各区县教委、各职业院校：

现将教育部《关于发布职业院校数字校园建设规范的通知》（教职成函〔2015〕1 号）转发给你们，请遵照执行，并将有关事项通知如下：

一、各区县教委、各职业院校要进一步提高职业教育信息化对支撑引领北京市职业教育现代化发展的认识水平，按照《职业院校数字校园建设规范》（请在教育部职成司网页：http：//www. moe. gov. cn/s78/A07/“政策文件”下载）要求，深化信息技术与职业教育融合，推进教学模式改革，不断提高技术技能人才培养质量。

二、根据教育部文件要求，中央电化教育馆拟在全国遴选 300 所职业院校数字校园建设实验校，请各学校结合自身发展需求积极申报，并于 2015 年 9 月 15 日前将《职业院校数字校园建设实验校申报书》（附件 2）一式 2 份报送至前门西大街 109 号市教委职成处（中职）、高教处（高职）。

三、为做好北京市职业教育信息化和数字化校园建设规划，请各职业院校认真填写《北京市职业院校信息化建设与应用现状调查表》（附件 3，略），并于 2015 年 9 月 20 日前发送至联系人邮箱。

附件：1. 教育部关于发布《职业院校数字校园建设规范》的通知

2. 中央电化教育馆关于遴选职业院校数字校园建设实验校的通知

3. 北京市职业院校信息化建设与应用现状调查表（略）

2015 年 7 月 27 日

附件 1

教育部

关于发布《职业院校数字校园建设规范》的通知

教职成函〔2015〕1 号

各省、自治区、直辖市教育厅（教委），各计划单列教育局，新疆生产建设兵团教育局：

为贯彻落实全国职业教育工作会议精神，规范和推动职业院校数字校园建设，促进信息技术与职业教育的深度融合，按照《教育信息化十年发展规划（2011～2020 年）》关于“加强教育信息化标准规范制定和应用推广”的要求，特制订《职业院校数字校园建设规范》（以下简称《规范》）。现予发布，请参照执行。

职业院校数字校园建设是一个持续优化和完善的过程，为确保该项工作顺利进行，各地要加强对《规范》的学习和宣传，制订工作推进方案，完善配套支持政策，积极通过试点带动，示范引领等方式，推动职业院校数字校园建设走上规范化、科学化轨道；要积极总结借鉴国内外先进经验，坚持应用驱动，把技术先进性与学校教学和管理实际需求紧密结合，突出职业教育特色，避免出现建、用“两张皮”的现象；要形成共建共享机制，将数字校园建设作为推动职业教育信息化工作的重要抓手，吸引多方力量参与，加强互联互通，解决好“信息孤岛”问题，有效提升信息使用效率与效益。

各地在职业院校数字校园实施过程中，如有问题、意见和建议，请及时报我部职业教育与成人教育司。

附件：职业院校数字校园建设规范（略）

2015 年 1 月 15 日

附件 2

中央电化教育馆

关于遴选职业院校数字校园建设实验校的通知

教电馆〔2015〕119 号

各省、自治区、直辖市电教馆（中心），新疆生产建设兵团中小学电教馆：

为深入贯彻全国职业教育工作会议和《教育信息化十年发展规划（2011～2020 年）》精神，推广落实《职业院校数字校园建设规范》，提升职业院校信息化建设和应用水平，经商教育部职业教育与成人教育司，决定在全国遴选一批职业院校数字校园建设实验校。现将有关事项通知如下：

一、目标任务

2015 到 2020 年，在全国分批遴选 300 所职业院校数字校园建设实验校，按照《职业院校数字校园建设规范》开展探索和试验，加强建设、创新应用、提升水平，发挥辐射带动作用，为促进职业教育信息化加快发展积累经验、提供案例。

实验任务包括：信息技术促进教育教学模式改革；信息技术提升校企合作效果；虚拟仿真实训系统或基地建设与应用；校本特色数字化教学资源应用；开放教育资源特色应用；信息技术支持下的

教师培训和教师专业能力提升；信息化引领学校组织变革、管理和服务创新；其他有特色的信息化建设和应用。

二、申报条件

1. 学校“一把手”高度重视，有明确清晰的学校信息化发展愿景，有可观测的数字校园建设目标和具体有效的举措。

2. 学校的信息基础设施比较完善，在数字校园应用服务、教学资源建设与应用、工作和保障机制等方面取得一定进展，具有特色。

3. 所在区域教育行政部门重视职业教育和信息化建设工作，有强有力的支持。

三、组织实施

此项工作由中央电化教育馆负责实施，各地电教部门在当地职业教育行政主管部门指导下开展相关工作。

实验校建设周期为三年，通过过程性监控，确保建设质量。实验分为三个阶段：

1. 院校申报，省级教育行政主管部门推荐，中央电教馆组织评审。通过终审的院校，根据评审意见改进完善申报方案，复核通过后启动建设任务。

2. 实验校每年提交年度工作报告。建设两年时，提交中期建设报告，由专家组提出改进意见，院校根据专家反馈意见进行改进。

3. 建设三年期满后，实验校提交总结报告，由专家组进行评审，对成绩突出、建设好的实验校给予宣传表彰；对建设不好、问题突出、没有相应成果的学校，取消实验校资格。

四、有关事项

（一）申报程序

1. 各院校自愿申报并填写《职业院校数字校园建设实验校申报书》（见附件，电子版请在“国家教育资源公共服务平台”http：//www.eduyun.cn/或“中央电化教育馆”http：//www.ncet.edu.cn/

等网站下载），报本地省级电教部门汇总后，统一报至省级教育行政主管部门。

2. 经省级教育行政主管部门审核后，确定本地 5 所推荐院校（其中中职 3 所、高职 2 所）。

3. 各省级电教部门将本地省级行政主管部门推荐的院校申报材料纸质版于 2015 年 9 月 30 日前统一报送至我馆。

（二）组织评审

我馆将组织专家对各院校申报材料进行评审，从中遴选首批 100 所实验校。

附件：职业院校数字校园建设实验校申报书（略）

2015 年 6 月 23 日

北京市教育委员会

关于开展 2015 年市属高校信息系统安全检查工作的通知

京教函〔2015〕475 号

各有关市属高校：

为应对当前北京市教育行业信息安全工作面临的严峻形势，监督、指导各学校信息安全等级保护制度的贯彻落实，坚决防止发生重大信息安全事件（事故），保障市属高校信息化发展和重要网络设施、信息系统及数据安全，现定于 2015 年 9 月至 11 月开展市属高校信息系统（含网站，下同）安全检查工作，现就有关事项通知如下。

一、检查范围

市教委所属预算下达的市属高等学校，包括学校的行政机关、下属院系和教辅单位。

二、检查内容

全面检查学校所有面向公共服务的信息系统安全建设、运行、支撑保障措施实施情况。具体检查内容如下：

（一）信息系统安全管理情况。信息安全责任制建立及落实情况，包括信息安全主管领导、信息安全管理机构、信息安全工作人员履职以及岗位责任等。

（二）信息系统基本情况。包括各信息系统建设、管理、维护、信息安全经费投入情况。

（三）信息安全等级保护工作落实情况。重点检查各信息系统定级、备案、安全整改和等级测评情况。

（四）信息系统技术防护情况。各信息系统的信息技术安全规划、安全防护设备部署、保护策略制定情况，网络边界管理、日志及安全审计管理、恶意代码防范管理、安全漏洞管理、终端管理、数据的备份与恢复、数据安全保护、软件正版化等情况。

（五）信息系统运维管理情况。各信息系统的风险评估情况，安全事件处置报告情况，追责情况，应急队伍建设、应急预案及演练情况，信息系统运维服务情况。

三、时间安排及检查方式

此次安全检查按照“谁主管谁负责、谁运行谁负责”的原则，采取学校自查、现场抽查的方式开展。

（一）学校自查

2015 年 9 月至 10 月，各学校依据检查内容要求，组织开展自查。对自查过程中发现的问题和薄弱环节，各学校要及时组织整改。

（二）现场抽查

11 月份将在各学校开展自查的基础上，组织现场抽查。

四、工作要求

（一）各学校要按照本通知要求加强组织领导，明确工作责任，确保自查工作有序开展。各学校信息安全主管部门要加强对本校检查工作的组织和统筹协调，坚持问题导向，突出重点，确保检查工作不留死角，不走过场。

（二）各学校于 2015 年 10 月 8 日前将 2015 年信息系统安全检查自查报告（见附件 1）和信息系统安全情况自查表（见附件 2，略）加盖学校公章，与电子版（刻光盘）一并报送北京教育网络和信息中心。

附件请登陆北京市教育委员会网站（www. bjedu. gov. cn）“信息公开”栏目下载。

附件：1. 2015 年信息系统安全检查自查报告参考模板

2. 信息系统安全情况自查表（略）

2015 年 9 月 23 日

附件 1

2015 年信息系统安全检查自查报告参考模板

一、学校信息系统安全检查工作组织开展情况

概述此次安全检查工作组织开展情况、所检查的信息系统基本情况。

二、学校信息系统安全工作情况

对照《关于开展 2015 年市属高校信息系统安全检查工作的通

知》要求，逐项、详细描述学校对信息系统安全管理总体情况、信息系统基本情况、信息安全等级保护工作落实情况、信息系统技术防护情况、信息系统运维管理情况的自查结果。

三、学校检查发现的主要问题和面临的威胁分析

（一）发现的主要问题和薄弱环节

（二）面临的安全威胁和风险

（三）整体安全状况的基本判断

四、改进措施及整改效果

（一）改进措施

（二）整改效果

五、关于加强信息安全工作的意见和建议

人事·机构

北京市教育委员会文件选编

（2015）

北京市教育委员会

关于认定王玲湘等58名同志为北京市特级教师的决定

京教人〔2015〕3号

有关区县教委：

你区县关于重新认定特级教师的请示收悉。根据市教委、市人力社保局、市财政局印发的《北京市特级教师管理办法》（京教人〔2008〕10号）的规定，外省市特级教师调入本市须进行重新认定后，方可享受本市特级教师的相关待遇。

经北京市特级教师重新认定专家组的评议，市教委审核，同意认定清华大学附属小学王玲湘等58名同志（具体名单见附件）为北京市特级教师，从2015年1月1日起享受北京市特级教师待遇。

附件：2014年经市教委同意重新认定特级教师名单

2015年2月16日

附件

2014年经市教委同意重新认定特级教师名单

姓名	工作单位	任教学科	所在区县
王玲湘	清华大学附属小学	语文	海淀区
曹　君	北京亦庄实验小学	语文	大兴区
孙　唯	大兴区亦庄第二小学	语文	大兴区
徐福文	北京工业大学附属中学	语文	朝阳区
王健龙	北京市和平街一中	语文	朝阳区
郭　锋	北京市樱花园实验学校	语文	朝阳区
赵长河	北京丰台二中	语文	丰台区
张　挥	北京市第十中学	语文	丰台区
史建筑	北京市十一学校	语文	海淀区
张永玲	大兴区第一中学	数学	大兴区
张宏伟	北京亦庄实验小学	数学	大兴区
肖志军	北京工业大学附属中学	数学	朝阳区
贾应红	北京市第八十中学	数学	朝阳区
李晓云	北京市第八十中学	数学	朝阳区
李俊平	北京市润丰学校	数学	朝阳区
陈守俊	北京市和平街一中	数学	朝阳区
董昌玉	北京市团结湖第三中学	数学	朝阳区

续表 1

姓名	工作单位	任教学科	所在区县
刘明成	北京市五路居第一中学	数学	朝阳区
孙丕训	北京市陈经纶中学	数学	朝阳区
龚浩生	北京市陈经纶中学	数学	朝阳区
王慧兴	清华附中朝阳学校	数学	朝阳区
赖咸权	北京中学	数学	朝阳区
张　健	北京丰台二中	数学	丰台区
庞金典	北京市第十八中学	数学	丰台区
马　芬	首都师范大学附属丽泽中学	数学	丰台区
郭文华	北京市云岗中学	数学	丰台区
罗　霞	北京市立新学校	数学	海淀区
许艳新	北京市第八十中学	英语	朝阳区
李　华	北京市日坛中学	英语	朝阳区
赵　叶	北京市陈经纶中学	英语	朝阳区
马　莉	北京市第十二中学	英语	丰台区
房立新	北京市十一学校	英语	海淀区
马成霞	北京理工大学附中	英语	海淀区
程中一	北京二中亦庄学校	英语	大兴区
宁秀霞	清华附中朝阳学校	政治	朝阳区
王　伟	昌平二中	政治	昌平区

续表 2

姓名	工作单位	任教学科	所在区县
闫新全	北京工业大学附属中学	物理	朝阳区
韩叙虹	北京市第八十中学	物理	朝阳区
胡友永	北京市第八十中学	物理	朝阳区
黄国义	人大附中朝阳学校	物理	朝阳区
翟　磊	朝阳区教育研究中心	物理	朝阳区
冯　波	北京中学	物理	朝阳区
罗倩敏	北京市第十八中学	物理	丰台区
张　适	北京市育英学校	物理	海淀区
董现平	北京市大峪中学	物理	门头沟区
胡尚生	北京市第二外国语大学附中	化学	朝阳区
荆连有	北京市第九十四中学	化学	朝阳区
李　蓉	北京市东方德才学校	化学	朝阳区
李继良	北京市第八十中学	化学	朝阳区
赵玉泉	北京市第八十中学	化学	朝阳区
刘子远	北京市日坛中学	化学	朝阳区
陶汪来	北京市育英学校	化学	海淀区
姜　成	北京市顺义区杨镇第一中学	化学	顺义区
赵　越	北京市第八十中学	生物	朝阳区
郑修海	北京市和平街一中	生物	朝阳区
秦超勇	北京市第十二中学	生物	丰台区
乔　伟	北京丰台二中	生物	丰台区
刘　辉	北京市日坛中学	历史	朝阳区

北　京　市　教　育　委　员　会
北京市人力资源和社会保障局

关于授予许美琳等248名同志北京市特级教师荣誉称号的决定

京教人〔2015〕4号

各区县教委、燕山教委，市教委有关直属单位：

根据原国家教委、人事部、财政部《特级教师评选规定》和市教委、市人力社保局《关于做好北京市特级教师评选工作的通知》(京教人〔2014〕2号)，经北京市特级教师评选委员会评选、公示，并报市政府批准，决定授予许美琳等248名同志“北京市特级教师”荣誉称号，从2015年1月1日起享受特级教师津贴等有关待遇。

希望受到表彰的特级教师珍惜荣誉，再接再厉，再创佳绩。广大教师和教育工作者要向受表彰的北京市特级教师学习，弘扬奉献精神、求真精神和创新精神，树立科学发展观，为首都基础教育优质、均衡发展做出新的贡献。

各区县教委和有关直属单位要充分发挥特级教师的示范带头作用，按照市区两级的安排，有计划地组织新评选的特级教师到远郊区县和薄弱学校进行交流和开展送教、帮教活动，不断提高我市基础教育师资队伍的整体水平；要进一步加强对特级教师的管理工作，积极创造有利条件提高其业务能力和师德水平，进一步促进我市基础教育事业的发展。

附件：2014 年北京市特级教师名单

2015 年 2 月 28 日

附件

2014 年北京市特级教师名单

姓名	工作单位	性别	任教学科
许美琳	北京市朝阳区教育研究中心	女	学前教育
陈　立	北京市西城区教育研修学院	女	学前教育
刘洪霞	北京教育学院丰台分院	女	学前教育
吴欣萍	北京市第四幼儿园	女	学前教育
范惠静	北京教育学院丰台分院	女	学前教育
赵兰香	北京市怀柔区教科研中心	女	学前教育
于渊莘	北京市朝阳区劲松第一幼儿园	女	学前教育
朱继文	北京市丰台区丰台第一幼儿园	女	学前教育
杨丽欣	北京市朝阳区枣营幼儿园	女	学前教育
申桂红	北京市西城区槐柏幼儿园	女	学前教育
李建丽	北京市西城区棉花胡同幼儿园	女	学前教育
刘　燕	北京市六一幼儿院	女	学前教育
刘　洁	北京市门头沟区教师进修学校	女	学前教育
黄　珊	北京师范大学实验幼儿园	女	学前教育
王　岚	北京市西城区三教寺幼儿园	女	学前教育

续表1

姓 名	工作单位	性别	任教学科
戴晓萱	北京市东城区东四五条幼儿园	女	学前教育
张宝兰	北京市顺义区建南幼儿园	女	学前教育
秦书华	空军直属机关蓝天幼儿园	女	学前教育
徐立芬	北京市朝阳区惠新里幼儿园	女	学前教育
晏　红	北京市清华洁华幼儿园	女	学前教育
邹　平	北京市东城区前门幼儿园	女	学前教育
吴东慧	北京市丰台区芳庄第三幼儿园	女	学前教育
郑佳珍	北京明天幼稚集团	女	学前教育
张立军	北京教育科学研究院	男	语文
吴宝文	北京市昌平区昌盛园小学	女	语文
赵方红	延庆县教育科学研究中心	女	语文
王文丽	北京市东城区教育研修学院	女	语文
贾红斌	北京师范大学实验小学	女	语文
刘燕君	北京市东城区回民实验小学	女	语文
李银环	北京市通州区培智学校	女	语文
王化英	北京市海淀区四季青学区	女	语文
孔凡艳	北京市顺义区教育研究考试中心	女	语文
李洁玲	北京小学	女	语文
项连弟	密云县第三小学	女	语文
赵成会	北京市房山区教师进修学校	女	语文
乔静敏	北京市平谷区教育研修中心	女	语文
郑瑞芳	中国人民大学附属小学	女	语文
何　杰	北京师范大学第二附属中学	男	语文

续表 2

姓 名	工作单位	性别	任教学科
胡金城	北京师范大学附属平谷中学	男	语文
苏建忠	北京师范大学良乡附属中学	男	语文
宋京艳	北京市丰台区丰台第二中学	女	语文
李朝晖	北京市第十中学	女	语文
金英华	北京师范大学燕化附属中学	女	语文
辛加伟	北京市顺义区第一中学	男	语文
凤 潇	北京市朝阳区教育研究中心	女	语文
王建稳	北京市八一中学	女	语文
周 群	北京景山学校	女	语文
廖昌燕	中国人民大学附属中学	女	语文
何 郁	北京市朝阳区教育研究中心	男	语文
李岫泉	北京市通州区潞河中学	男	语文
王友珍	北京市通州区潞河中学	女	语文
闫存林	北京市十一学校	男	语文
张雪燕	北京市密云县第二中学	女	语文
宋淑英	首都师范大学附属中学永定分校	女	语文
贾俊坤	北京市昌平区第五中学	女	语文
黄玉慧	北京市海淀区教师进修学校	女	语文
管然荣	北京教育学院丰台分院	男	语文
桂彩丽	延庆县教育科学研究中心	女	语文
贾小林	北京市第八十中学	男	语文
柴 荣	北京市第二十二中学	女	语文
梁继元	北京市顺义牛栏山第一中学	男	语文

续表 3

姓 名	工作单位	性别	任教学科
陈　洪	北京市第十七中学	男	语文
刘大庆	北京市房山区窦店中学	男	语文
代兴玲	北京西藏中学	女	语文
张秋爽	北京市顺义区教育研究考试中心	女	数学
韩玉娟	北京第一师范学校附属小学	女	数学
王彦伟	北京市东城区教师研修中心	女	数学
陈立华	北京市朝阳区实验小学	女	数学
刘劲苓	北京第二实验小学	女	数学
武维民	北京小学长阳分校	女	数学
李兰瑛	北京市海淀区中关村第二小学	女	数学
陈凤伟	北京市东城区史家胡同小学	女	数学
李惠玲	北京小学	女	数学
王　敏	北京小学大兴分校	女	数学
魏淑娟	北京市朝阳区实验小学	女	数学
陈玉宏	北京市昌平区二毛学校	男	数学
赵　静	密云县第二小学	女	数学
王海芝	北京市平谷区教育研修中心	女	数学
李　宁	北京大学附属小学	男	数学
黎　宁	北京市陈经纶中学	女	数学
徐文兵	清华大学附属中学	男	数学
白雪峰	北京教育学院朝阳分院	男	数学
王文英	北京市朝阳区教育研究中心	女	数学
董　武	北京市昌平区第一中学	男	数学

续表 4

姓 名	工作单位	性别	任教学科
郑拴平	北京市第十二中学	男	数学
虎占智	北京市第二中学亦庄学校	男	数学
王治珍	北京市第八十中学	女	数学
王芝平	北京市第一四二中学（北京宏志中学）	男	数学
由广慧	北京市大兴区德茂中学	女	数学
赵鸿雁	清华大学附属中学	女	数学
孙 枫	北京市顺义牛栏山第一中学	女	数学
裴艳萍	北京市门头沟区新桥路中学	女	数学
李振雷	北京教育学院丰台分院	男	数学
许 雪	北京市昌平区第一中学	男	数学
焦艳玲	北京市第二中学亦庄学校	女	数学
王小丹	北京教育学院宣武分院	女	数学
徐 红	北京市第八十中学	女	数学
刘晓燕	北京市海淀北部新区实验学校	女	数学
王春辉	北京市第八中学	男	数学
梁宇学	首都师范大学附属中学	女	数学
刘永江	北京市第九中学	男	数学
嵇文红	北京市芳星园中学	女	数学
毛 英	首都师范大学附属育新学校	女	数学
谭文军	北京市通州区第六中学	女	数学
范先荣	北京科技大学附属中学	男	数学
王长青	北京市怀柔区第五中学	男	数学
李春雷	北京师范大学良乡附属中学	男	数学

续表 5

姓名	工作单位	性别	任教学科
程　岚	中国人民大学附属中学	女	英语
朱丽萍	北京市朝阳区教育研究中心	女	英语
汪　艳	北京市第八中学	女	英语
毛　筠	北京市第一〇一中学	女	英语
赵春青	延庆县第一中学	女	英语
李旭争	北京市昌平区第三中学	女	英语
张秋会	密云县巨各庄中学	女	英语
严彩莉	北京市丰台区丰台第二中学	女	英语
赵　盈	北京市第一六六中学	女	英语
刘丽云	北京市大兴区第一中学	女	英语
蒋炎富	北京市第十二中学	女	英语
王建兴	北京市昌平区小汤山中学	男	英语
秦月年	北京市第十七中学	男	英语
孙林晖	北京市怀柔区第三中学	女	英语
范　冰	北京大学附属小学	女	英语
闻　超	北京师范大学良乡附属中学	女	英语
刘士忠	北京市顺义区杨镇第一中学	男	英语
毕　勤	北京市西城区教育研修学院	女	英语
马　力	北京市通州区第六中学	女	英语
王运淼	北京市西城区教育研修学院	男	物理
刘丹杰	北京市海淀区教师进修学校	女	物理
丁庆红	北京教育学院石景山分院	男	物理
方习鹏	北京市十一学校	男	物理

续表 6

姓 名	工作单位	性别	任教学科
荆宝生	北京市海淀区教师进修学校	男	物理
王 岳	北京市第九中学	男	物理
穆双龙	北京市顺义区教育研究考试中心	男	物理
李志刚	北京市昌平实验中学	男	物理
杨凤娟	北京师范大学大兴附属中学	女	物理
张学芳	北京市通州区运河中学	女	物理
王莉萍	北京师范大学附属中学	女	物理
王丽军	北京师范大学良乡附属中学	女	物理
郑蔚青	北京工业大学附属中学	女	物理
孔德英	北京市第九十四中学	女	物理
张荣合	北京市平谷中学	男	物理
乔延芳	北京市通州区潞河中学	女	物理
张海生	北京市房山区窦店中学	男	物理
任宝华	北京市海淀区教师进修学校	女	化学
吴卫东	北京市第八十中学	男	化学
王小磊	首都师范大学附属中学	女	化学
张建国	北京师范大学附属实验中学	男	化学
岳 波	北京汇文中学	男	化学
陈 争	北京市第一〇一中学	女	化学
赵 研	北京市苹果园中学	女	化学
宋晓敏	北京市八一中学	女	化学
刘松伟	北京师范大学附属中学	男	化学
吴海君	北京市密云县第二中学	男	化学

续表7

姓名	工作单位	性别	任教学科
吴殿更	北京市大兴区第七中学	男	化学
刘宇宏	北京市怀柔区第一中学	女	化学
张红英	北京市首都师范大学附属丽泽中学	女	化学
邵正亮	北京市大峪中学	男	化学
刘桂军	北京市第五中学分校	女	化学
东启云	北京市顺义区第一中学	男	化学
刘焕亮	北京师范大学良乡附属中学	男	化学
葛继宁	北京市昌平区第二中学	女	化学
王翠霞	北京市通州区永乐店中学	女	化学
安　军	北京市第一〇一中学	女	生物
陈月艳	北京市第四中学	女	生物
乔文军	北京教育科学研究院	男	生物
于　璇	北京大学附属中学	女	生物
王庆红	北京市日坛中学	女	生物
周有祥	北京市昌平区第一中学	男	生物
李　媛	北京市第十中学	女	生物
马九林	北京市通州区潞河中学	男	生物
吴春萍	北京市京源学校	女	生物
刘　玮	北京市门头沟区雁翅中学	女	生物
孙　健	北京市大兴区德茂中学	男	生物
高振奋	北京教育科学研究院	男	地理
刘继忠	北京市育才学校	男	地理
丁　利	中国人民大学附属中学	女	地理

续表 8

姓 名	工作单位	性别	任教学科
张 悦	北京市广渠门中学	女	地理
汪春燕	北京市十一学校	女	地理
赵 卿	北京市陈经纶中学	男	地理
李春旺	北京市门头沟区教师进修学校	男	地理
王 建	北京师范大学良乡附属中学	男	地理
全 斌	北京市通州区教师研修中心	男	地理
吴京梅	北京市第二中学	女	地理
赵利剑	北京市第四中学	男	历史
关劲松	清华大学附属中学	男	历史
安丽萍	北京市京源学校	女	历史
郭建国	北京市昌平区第四中学	男	历史
王宏伟	北京师范大学附属实验中学	男	历史
郭燕红	北京市第十二中学	女	历史
张启凤	北京市通州区教师研修中心	女	历史
许连生	北京市顺义区杨镇第一中学	男	历史
赵 薇	北京教育科学研究院	女	通用技术
蒙广平	北京市顺义区第一中学	男	信息技术
李伟臣	密云县教研中心	男	科学
马 涛	北京市海淀区教育信息中心	男	信息技术
周学荣	北京市昌平区教师进修学校	女	特殊教育
于 文	北京市海淀区培智中心学校	女	生活适应
王素英	北京市朝阳区教育研究中心	女	科学
韩 静	北京市朝阳区青少年活动中心	女	校外教育

续表 9

姓名	工作单位	性别	任教学科
何立新	北京大学附属小学	男	信息技术
陈　阳	北京市陈经纶中学	男	信息技术
李月芝	北京市大兴区第五中学	女	心理
李西刚	北京市门头沟区龙泉小学	男	信息技术
陈　姗	北京市海淀区五一小学	女	品德与生活
祖雪媛	北京市朝阳区白家庄小学	女	品德与社会
郑丹娜	北京市朝阳区垂杨柳中心小学	女	品德与社会
王礼新	北京教育科学研究院	男	政治
康　利	北京市朝阳区教育研究中心	男	思想品德
张　洁	北京市陈经纶中学	女	政治
戴　颖	北京大学附属中学	女	政治
王书明	北京市大兴区教师进修学校	男	政治
荣淑印	北京市顺义区第八中学	女	思想品德
祖　平	北京师范大学第二附属中学	女	政治
黄　京	北京市第十八中学	女	政治
欧阳立英	北京市怀柔区第一中学	女	政治
曹桂琴	密云县西田各庄中学	女	思想品德
黄　虹	北京市八一中学	女	体育
武凤鸣	北京市第九中学	男	体育
孟　艳	北京市第二中学	女	舞蹈
秦治军	中国人民大学附属小学	男	体育
韩新会	北京市第一六六中学	男	体育
陈建勤	北京市第十七中学	男	体育

续表 10

姓 名	工作单位	性别	任教学科
朱春平	北京市第十二中学	男	体育
茹春华	北京市顺义区教育研究考试中心	女	体育
韩国太	北京市第九十四中学	男	体育
郭金贵	北京市海淀区中关村第三小学	男	体育
王　琰	北京市第一五六中学	女	体育
年淑跃	北京市大兴区教师进修学校	女	美术
吴　蔚	北京市朝阳区青少年活动中心	女	美术
李永亮	北京市通州区教师研修中心	男	美术
刘世彬	北京市石景山外语实验小学	女	美术
张宏旺	北方交通大学附属中学	男	美术
张宝青	北京市平谷区山东庄中学	男	美术
孙联群	北京启喑实验学校	男	美术
李　磊	北京教育学院朝阳分院	女	音乐
蔡　萍	北京市朝阳区教育研究中心	女	音乐
缪　军	北京市东城区教师研修中心	女	音乐
张建云	北京市大兴区少年宫	女	音乐
范汝梅	北京市东城区史家胡同小学	女	音乐
陈　琪	北京市海淀区艺术职业学校	女	音乐
柳燕君	北京教育科学研究院	女	机械
吴　莹	北京市求实职业学校	女	金融财会
汪珊珊	北京市外事学校	女	酒店服务与管理
田毅敏	延庆县第一职业学校	女	民间工艺
宋友山	北京市电气工程学校	男	制冷和空调

续表 11

姓名	工作单位	性别	任教学科
张俊英	北京市朝阳区教育研究中心	女	金融学
吴亚芹	北京市昌平职业学校	女	园林
王胜旭	北京市房山区第二职业高中	男	汽车维修

北京市教育委员会

关于做好2015年春季北京地区高等学校教师资格认定工作的通知

京教函〔2015〕87号

各高等学校：

2015年春季高校教师资格认定工作即将开始。为了保证此项工作的顺利进行，现将有关事项通知如下：

一、认定范围

北京地区高等学校中专门从事教学工作，拟受聘于高校教师职务的在编在岗教师（含高等学校附属医院临床教学人员、高校专职辅导员）。

二、时间安排

4月3日至10日，申请人登录www.bjtcc.org.cn（北京市教师资格网）进行网上申报；

4月13日至17日，高校对申请人员进行公示；

4 月 20 日至 21 日，非授权委托认定高校集体报送申请人员材料；

4 月 24 日前，授权委托认定高校完成申报人员体检、认定材料审核、教育教学能力测试、专家审查委员会表决等相关工作；

4 月 28 日至 29 日，授权委托认定高校集体报送申请人员材料；

5 月 15 日起，非授权委托认定高校申请人员教育教学能力测试准考证下载打印；

6 月初，非授权委托认定高校申请人员教育教学能力测试（以准考证上测试时间为准）；

6 月 12 日，非授权委托认定高校申请人员教育教学能力测试成绩查询；

6 月 29 日至 30 日，发放教师资格证书。

三、报送材料要求

（一）授权委托认定高校

1.《教师资格认定申请表》（含思想品德鉴定表）原件一式 2 份；

2.《北京市申请高等学校教师资格人员情况汇总表》一式 1 份（见附件 1，略）；

3. 高校申请认定教师资格人员公示名单（见附件 4，略）

4. 高校申请认定教师资格人员公示结果（见附件 5，略）。

（二）非授权委托认定高校

1.《教师资格认定申请表》（含思想品德鉴定表）原件一式 2 份；

2. 修学高等教育学、高等教育心理学证明原件及复印件；

3. 学历证明复印件；

4. 体检证明原件及复印件；

5. 普通话水平证明原件及复印件；

6. 身份证明复印件；

7. 标准一寸证件照1张；

8. 北京市申请高等学校教师资格人员情况汇总表一式1份（见附件1，略）；

9. 提供申请人1年内列入教学计划的教学工作量统计及计划表（加盖教务部门和人事部门公章）（见附件2、3，略）；

10. 高校专职辅导员需提供学校人事部门出具的相关证明；

11. 高校申请认定教师资格人员公示名单（见附件4，略）；

12. 高校申请认定教师资格人员公示结果（见附件5，略）；

遗失和毁损的证书需要补发和换发的，相关材料于春季集体报送认定申请时一并报送。

四、工作要求

（一）教师资格认定作为教育行政许可事项，程序合法性、办结时效性强，各高校要高度重视，加强组织领导。要确定专人负责，认真学习相关政策，严格按照全市统一部署精心组织，周密安排，积极做好相关政策的宣传和解释工作，对申请人员进行必要的教育教学能力测试培训，保证质量，确保认定工作的顺利开展。

（二）各授权委托高校要严格按照教师资格认定工作程序，制定本年度的教师资格认定工作方案，做好本校申请人员的申请及受理、面试与试讲、审核与认定等相关工作。各类表格填报内容完整，资料齐全。

（三）各非授权委托高校要做好信息发布，人员组织管理等工作，做好申请资格审查、材料收集及初审等，掌握各时间节点，及时通知本校需要参加教育教学能力测试人员按时参加测试并做好后期测试结果的反馈。

（四）各高校应安排专人作为网络系统管理员负责核实和确认本校申请人的网报信息。按要求规范操作，核实和确认本校申请人员网报信息的真实性以及与报送的《教师资格认定申请表》内容的一致性。妥善保管登录账户和密码，确保申请人信息安全。

《教师资格认定申请表》中“现从事职业”一栏，高校教师应填写“在职教学人员”；高校专职辅导员应填写“其他专业技术和管理人员”。

（五）各高校要做好申请人申请认定资料整理归档工作，及时将《教师资格认定申请表》归入个人人事档案。

（六）各高校在开展教师资格认定工作中，须严肃纪律、依法实施，严禁弄虚作假。特别是对申请人是否具备申请资格进行严格自查。对违反规定，损害申请人利益、甚至影响教师资格制度依法实施，并造成严重后果的，将按照相关法律、法规追究有关人员的责任。对授权委托高校弄虚作假，违反政策规定的，将按照《教师资格条例》和《〈教师资格条例〉实施办法》取消其授权委托资格。

（七）教师资格认定的相关政策请查询北京市教师资格网（http：//www. bjtcc. org. cn）。

五、联系方式（略）

附件：1. 北京市申请高等学校教师资格人员情况汇总表（略）

2. 申请高校教师资格人员 2014～2015 学年第一学期教学工作量统计表（样表，略）

3. 申请高校教师资格人员 2014～2015 学年第二学期教学计划表（样表，略）

4. 高校申请认定教师资格人员公示名单（样表，略）

5. 高校申请认定教师资格人员公示结果（公示无异议模板，略）

2015 年 3 月 24 日

北京市教育委员会

关于做好第十一届北京市高等学校教学名师奖评选工作的通知

京教高〔2015〕4号

各普通高等学校：

为发挥教学名师的示范榜样作用，深化教育教学改革，促进教育质量内涵发展，根据市教委《关于进一步提高北京高等学校人才培养质量的意见》（京教高〔2012〕26号），经研究，市教委决定组织开展第十一届北京市高等学校教学名师奖的评选表彰工作。现将有关事项通知如下：

一、评选范围

普通高等学校（经教育部正式批准或核准）中承担本科、高职高专教学任务的专任教师。

各校在规定限额内（附件1，略）推荐候选人，前十届市级教学名师奖获得者不参加本届市级教学名师奖评选。

已退休参评教师须为学校返聘教师，并由学校出具返聘证明。

二、表彰奖励

本届拟表彰的北京市级教学名师奖获得者为80名左右，获奖教师由市教委颁发荣誉证书。

三、评选条件

（一）本届教学名师奖评选优先考虑长期承担基础课教学任务、

教学效果好、学生评价高、同行专家认可的一线教师，特别是为低年级学生授课的优秀教师。

（二）各高校现任校级领导原则上不参加本届评审，现任校级领导最终入选比例将严格控制在5%以内。

（三）本科院校市级教学名师奖候选人一般应具有20年以上（含20年，统计时间截止到2014年12月31日）高等教育教学经历，特别优秀者可放宽至15年；具有高级专业技术职称；2012～2014年度，面向本校本科学生实际课堂教学平均不少于64学时/年（临床医学类实际授课学时计算可包括临床带教学时数）。

（四）高职高专院校候选人一般应具有10年（含10年，统计时间截止到2014年12月31日）以上高职高专教学经历；2012～2014年度，承担本校教学任务平均不少于240学时/年。

（五）其它条件请参照《北京市高等学校教学名师奖评选指标体系（本科部分）》（附件2）和《北京市高等学校教学名师奖评选指标体系（高职高专部分）》（附件3）。

四、评选程序

（一）符合上述评选条件的教师向所在学校提出申请，由学校择优向市教委推荐。

（二）为真实反映候选人的教学水平和教学效果，本届教学名师奖评选将采取评价课堂教学录像、查阅文字资料、听取现场授课和会议终评等方式确定第十一届北京市高等学校教学名师奖名单。

（三）申报教学名师奖的候选人要提交其主讲的一门课程中两学时课堂的教学录像。评审期间，市教委将在北京市教学名师奖建设项目专题网站（网址：http：//mstd. bnu. edu. cn/）上公开各候选人的教学录像，并接受专家、教师、学生的评价。

（四）各高校推荐的市级教学名师奖候选人还须准备20分钟的现场观摩课。观摩课时间安排等相关事宜另行通知。

（五）请各高校在2015年5月22日前，将下列申报材料报送至北京师范大学教务处，逾期不报视为放弃。

1. 纸质版材料：

（1）候选人汇总表（加盖学校公章，附件4，略）一式1份；

（2）候选人推荐表一式6份（含一份原件），如有附件请单独装订成册，并限报1份；

（3）候选人本年度承担教学任务的课表复印件（加盖学校公章）；

2. 电子版材料：（前三项电子版文件用U盘拷贝，课堂教学录像刻录在一张光盘上）

（1）候选人汇总表电子版（附件4，略）；

（2）候选人推荐表电子版；

（3）候选人个人资料电子版（资料符合附件5〈略〉要求）；

（4）候选人两学时课堂教学录像光盘（教学录像符合附件6要求）；

候选人推荐表及相关表格可登录北京市教委高等教育处网站http：// gjc. bjedu. gov. cn查看下载。

（六）申报教师须如实填写申报表，提交有关材料。凡存在弄虚作假、徇私舞弊行为者，一经查实，取消其评选资格，且连续三届不得申报“教学名师奖”。

（七）评审结果将在市教委网站进行公示。各高等学校在评选、推荐过程中，也须设立公示环节。各高等学校要高度重视教学名师奖评审工作，并认真组织，坚持标准，宁缺毋滥。

（八）请各高校上报1名教学名师奖工作联系人，并于5月11日前，通过电子邮件将联系人有关情况（附件7，略）发至市教委高教处信箱。

（九）申报材料提交地点：（略）

附件：1. 第十一届北京市高等学校教学名师奖候选人名额分配方案（略）

2. 北京市高等学校教学名师奖评选指标体系（本科部分）

3. 北京市高等学校教学名师奖评选指标体系（高职高专部分）

4. 第十一届北京市高等学校教学名师奖候选人（本科部分/高职高专部分）汇总表（略）

5. 第十一届北京市高等学校教学名师奖候选人个人资料清单（略）

6. 课堂教学录像要求（略）

7. 第十一届北京市高等学校教学名师奖评选表彰工作联系人信息表（略）

2015 年 4 月 28 日

附件 2

北京市高等学校教学名师奖评选指标体系（本科部分）

1. 教师风范

政治立场坚定，积极实施素质教育；师德高尚，爱岗敬业、关爱学生、教风端正、教书育人、为人师表；严谨笃学，富有创新协作精神。

2. 教学能力与水平

教学思想与内容

遵循教育规律和人才成长规律，教育思想先进，符合时代要求；教学内容安排合理，条理性强，符合认知规律；理论联系实际，注重学生综合素质和能力培养；能及时把国内外教改成果以及学科最新发展成果引入教学，信息量大，达到国际同类课程水平。

教学艺术与方法

注重学思结合，注重因材施教；课程讲授能激发学生的学习兴趣，培育学生的主动精神和创造性思维；积极开展教学方法研究与应用，科学、合理、有效使用现代教育技术，效果好，有自己研制的多媒体课件；注重知行统一；中文授课部分使用普通话。

教学改革与成就

主持过重大教改项目，在教学内容、教学方法改革方面取得突出成绩，做出重要贡献，获得省部级以上奖励；发表多篇高质量的教改教研论文或出版具有一定影响的教改教研专著。

教学效果

教学效果好，主讲课程在全国同领域内有较大影响；形成独特而有效的教学风格，在国内起到示范作用；学生评价优秀。

教材建设

自编、主编高水平、有特色、版本新的教材，获省部级以上奖励。

3. 教学梯队建设与贡献

自觉指导和帮助中青年教师不断提高教学水平，重视教学队伍建设，作为课程主持人或主讲教师对形成结构合理的教学梯队、形成本校该领域教学的历史地位做出重要贡献。4. 科学研究与学术水平

科研能力

主持或承担多项高级别科研项目，科研成果多，获省部级以上奖励（特殊学科的，酌情考虑）。

学术成就

出版多部科研专著或发表多篇高质量的科研论文，科研成果的学术意义或社会经济效益大。

学术地位

具有高尚的学术道德，学术造诣高，在同领域具有较高学术地位和知名度。

5. 外语水平

具有宽广的国际视野，外语交流能力强，有用外语发表的学术论文，能使用外语讲授课程知识要点（特殊学科的，酌情考虑）。

备注：本表各项指标不设具体分值。

附件 3

北京市高等学校教学名师奖评选指标体系（高职高专部分）

1. 教师风范与教学经历

政治立场坚定，以教书育人为己任；敬业爱岗，以全身心投入为常态；治学严谨，知行统一，师德高尚，为人师表。

2. 企业经历与行业影响力

累计具有企业相关技术岗位 3 年以上工作经历，拥有至少一项中级（国家职业资格四级）以上有效职业资格；一直在行业协会（或企业、单位、机构等）中兼任相关技术职务或担任一定职务，在行业企业的技术领域具有一定影响力，且近 3 年取得有实质性工作成果。

3. 教学能力与水平

教学效果

教学效果好。注重分析学生个体特点，坚持因材施教、个性化发展；关心学生成长，注重培养学生的职业道德和职业精神；教学设计重视学生在校学习与实践工作的一致性，积极开展行动导向教学实践；教学方法灵活多样，有效激发学生学习兴趣；通过导师制等形式提高学生自主学习能力；合理利用信息技术和现代教育技术，建立了先进的现代教学环境，提高教学效率。教学效果学生反映良好。

教学研究

教学研究能力强。学习、借鉴先进职业教育理念和经验，结合我国国情，积极研究高等职业教育教学特点与规律，发展高等职业教育理论；及时跟踪产业发展趋势和行业动态，制定科学的专业发展规划和实施方案；分析职业岗位（群）任职要求和变化，积极开展人才培养模式改革研究与实践，成效显著。

资源建设

资源整合能力强。有效整合社会资源，开展教学条件特别是实训实习条件的建设，开发实训项目，建设各类实训平台；编写先进、适用的高职（数字化）教材，开展以企业为核心的教学资源建设，并为其他高职院校共享，社会认可度高。

教学管理

教学管理水平高。根据高职教育特点，探索出校企合作、工学结合人才培养的有效教学组织、实施形式；在教学做合一、生产性实训、顶岗实习等方面的机制、制度建设有创新举措；改革学生学习评价方法，利用信息技术平台，提高教学管理水平，成效显著。

4. 社会服务能力

面向行业企业实际需求，开展相关培训、生产和技术服务项目，取得良好实际效果，服务收益高；独立或与行业企业合作开展技术应用性研究及应用推广，成效显著。

5. 教学团队建设

利用自身影响力，有效吸引行业企业一线技术骨干参与专业人才培养，兼职教师队伍水平高；指导专业教师参与教学实践和项目实施，不断提高青年教师教学水平；重视师德教风建设，促进教师职业素质养成，带动形成良好的“传、帮、带”团队文化。教学团队建设水平高。

备注：本表各项指标不设具体分值。

北京市教育委员会

关于加强中小学教师校本培训工作的意见

京教函〔2015〕190号

各区县教委：

为进一步加强北京市中小学教师校本培训工作，提高校本培训的针对性和实效性，有效促进教师专业发展，按照国务院《关于加强教师队伍建设的意见》（国发〔2012〕41号）和教育部《关于深化教师培训模式改革　提高培训质量的意见》（教师〔2013〕6号）精神，根据北京市教师培训工作有关政策要求，结合基础教育综合改革的新形势，现就加强中小学教师校本培训工作提出如下意见。

一、性质与意义

（一）校本培训是为了满足学校和教师发展的需要，以学校教育教学改革和发展所面临的实际问题为中心，充分利用校内外培训资源，紧密结合教育教学和教研科研活动，由学校自主规划和组织实施的具有自主性、灵活性和针对性的教师培训活动。

（二）校本培训是促进教师专业发展的重要途径，开展校本培训有利于解决学校和教师教育教学实践中遇到的真实问题，提升教育教学质量；有利于将校外参加培训学习的成果在学校内辐射与转化，促进市区校各级培训的系统联动；有利于缓解教师培训的工学矛盾，提高培训的效率和效益；有利于学校形成良好的学习共同体和专业发展生态环境，促进学习型组织的建设。

二、目标与原则

（一）培训目标

1. 遵循立德树人的根本要求，增强教师教书育人的责任感和使命感，强化教师依法施教的意识，提高教师的师德水平；掌握教育教学的理论与方法，以及学生身心发展规律与特点，提高教师的专业水平；引导教师积极主动适应素质教育的要求，理解掌握课程、教材、教学、考试、评价改革的要求，提高教师教育教学能力和教科研能力。

2. 紧密结合学校实际和发展规划，将教师个人发展需求与学校发展要求有机结合开展培训，建设学习型组织，提高学校教师队伍整体素质，并形成学校办学特色，实现学校办学目标与可持续发展。

（二）培训原则

1. 整体性原则。校本培训要面向全体教师，既注意分岗位、分学科、分层次提出不同要求，又注意跨学科、跨学段、跨层次相互交流借鉴，保障每个教师都得到应有的发展。学校要将校本培训规划纳入学校中长期发展规划中，根据教师队伍的实际情况和培训资源，规划好校本培训的目标、任务、措施、条件，并制定年度培训计划。

2. 针对性原则。校本培训要围绕学校的办学目标和特色，以提高教育教学质量为核心，以提升教师专业能力为重点，在充分调研校情师情学情的基础上设计科学的培训计划和方案，开展有针对性的培训。

3. 实效性原则。要采取得力措施激发教师学习和发展的动力，引导教师积极参与培训活动，积极思考并主动消化培训内容。要注重创新培训模式，运用多种培训方式，发挥多种方式的综合效应。要加强对培训效果的及时检查与评估，及时反馈与改进培训。要立足课堂教学，引导教师将培训成果在教育教学实践中进行转化，解决教育教学中的实际问题，确保培训的实效性。

4. 开放性原则。校本培训应充分挖掘、聚合并利用校内外优质资源，与市区级教师培训及教研机构、高等院校、社会教育机构等建立合作关系。采取走出去、请进来的方式，聘请有关专家进行指导。采取整合学区、校区、教育集团或联盟内各校等多种方式，组成校本培训联合体，实现优势互补，共同提升。充分利用网络平台，加强信息资源的利用。

三、内容与方式

（一）校本培训内容要以中小学教师专业发展标准、学校发展目标和教师队伍的实际为依据，紧密围绕提高教师职业道德修养和文化素养，更新专业理念和专业知识，夯实学科教学能力和研究能力，加强信息技术与课堂教学的融合等方面进行设计。培训内容要充分突出针对性、实践性、先进性、适切性，注重理论知识向实践的转化和实践知识向理论的转化。

（二）校本培训要根据培训的目标和内容，选择恰当有效的培训方式，可以课例研究、行动研究、课题研究、专业学习为主，辅之以多种方式，将理论学习与实践应用、集中培训与自主学习、个体反思与团队研讨、专家指导与教师互助结合起来。

四、组织与管理

校本培训实行统一领导，分级管理。市、区、校按照相应职责做好校本培训工作。

（一）市教委负责全市中小学教师校本培训的宏观管理工作，北京市中小学中等职业学校教师培训中心负责对区县校本培训工作的业务指导、检查和评估，在全市开展校本培训先进单位的经验总结、表彰奖励和成果展示。

（二）各区县教委负责本区县中小学校本培训规划的制定，建立健全本区县校本培训的管理和激励机制，强化制度管理，将校本培训作为对学校绩效考核的必要内容。按照相关规定落实和保障校本培训经费，保证校本培训的开展。加大对校本培训示范校的支持力度，发挥示范校的辐射带动作用。鼓励学区内、教育集团或联盟内学校之间加强校际合作，整合优质资源进行校际联动与协作培训。

各区县教师培训机构要配合区县教委做好中小学校本培训规划的制定，做好对学校校本培训工作的组织指导、方案审定、过程指导、效果评价、成果验收、学分认定等工作。要整合相关教师教育资源，积极开发优质校本培训课程，为校本培训提供智力支持和专业服务。要充分发挥本区域内特级教师、学科教学带头人、骨干教师在校本培训中的示范、引领和辐射作用。

（三）中小学校长是校本培训工作的第一责任人。学校要将校本培训纳入目标管理，制定每五年一个周期的校本培训规划和年度实施方案，并上报本区县教师培训机构进行审核、备案。要建立规范的校本培训常规管理制度、考核评价制度、档案管理制度和经费保障制度，明确校本培训的管理部门，安排专人负责校本培训工作。要给予校本培训经费保障，在年度公用经费预算总额5%的培训经费中优先保证校本培训，并合规有效使用。

2015年5月13日

北京市教育委员会

关于公布 2015 年北京市属高等学校教师发展基地研修人员录取名单的通知

京教函〔2015〕200 号

各市属高校：

经学校推荐、市教委审核，2015 年北京大学、清华大学、北京师范大学、中国人民大学、北京外国语大学和北京交通大学 6 个“北京市属高等学校教师发展基地”（以下简称“教师发展基地”）共录取 90 名研修学员，现将名单予以公布。

研修学员将于 8 月下旬或 9 月上旬到各教师发展基地开展为期 1 年的研修工作，具体报到时间将由北京市高等学校师资培训中心另行通知。

研修学员研修期间，各有关高校安排他们在本校工作，确保研究工作顺利进行。

附件：2015 年北京市属高等学校教师发展基地研修人员录取名单

2015 年 5 月 21 日

附件

2015年北京市属高等学校教师发展基地研修人员录取名单

北京大学录取研修学员名单（17人）：

姓名	所在学校	接受部/院系	专业	导师
迟姚玲	北京石油化工学院	工学院	纳米材料	曹安源
王景香	北京财贸职业学院	光华管理学院	会计学	龚六堂　李琦
胡敏	北京信息科技大学	光华管理学院	商务统计与经济计量	龚六堂　王汉生
武艳	北京舞蹈学院	教育学院	教育学	岳昌君　施晓光
韩文琰	北京青年政治学院	经济学院	财政学	王曙光　王大树
王洪波	首都师范大学	马克思主义学院	科学社会主义	孙蚌珠　孙代尧
姚成贺	首都经济贸易大学	外国语学院	英美文学	程朝翔
杨明军	北京财贸职业学院	外国语学院	英语	钱军
孔海龙	北京工商大学	外国语学院	英语语言文学	付志明　申丹
杨波	首都医科大学	外国语学院	英语语言文学（英美文学）	丁宏为
姚华	北京农学院	医学部	病理学	尹玉新
张新赞	北京工商大学	艺术学院	艺术学	王一川
李芳芳	北京联合大学	艺术学院	艺术学	彭锋
程思	北京舞蹈学院	艺术学院	艺术学理论	王一川
裴晏	中国戏曲学院	艺术学院	影视理论	陈旭光
史博	北京舞蹈学院	中文系	比较研究	漆永祥　戴锦华
郭凌云	首都经济贸易大学	中文系	现代汉语	漆永祥　袁毓林

清华大学录取研修学员名单（18 人）：

姓名	所在学校	接受部/院系	专业	导师
巫建	北京印刷学院	美术学院	工业设计	蔡军
袁萱	北京印刷学院	美术学院	信息艺术设计	祝卉
王雪莹	北方工业大学	美术学院	视觉传达设计	马泉
李万军	北京财贸职业学院	美术学院	美术学	鲁晓波
杨晓娟	北京工业大学	美术学院	环境艺术设计	宋立民
马玲	北京服装学院	美术学院	服装艺术设计	李薇
高璐静	北京联合大学	美术学院	信息艺术设计	吴冠英
李珂	北京电子科技职业学院	美术学院	服装艺术设计	张宝华
李鹏	北京经济管理职业学院	美术学院	新媒体艺术	王之纲
陈艾东	北京石油化工学院	微电子所	信息科学技术	白国强
田园	北京联合大学	经管学院	经管类	武康平
赵庆聪	北京信息科技大学	经管学院	信息管理与信息系统	刘红岩
王云蔚	北京印刷学院	新闻传播学院	传播学	陈昌凤
贾清秀	北京服装学院	材料学院	材料学	李明
王剑波	首都经济贸易大学	法学院	刑法学	黎宏
盖洪燕	首都师范大学	马克思主义学院	马克思主义中国化	肖贵清
赵玮	北京工业大学	建筑学院	风景园林设计	朱育帆
周震	首都医科大学	医学院	医学统计学	白净

北京师范大学录取研修学员名单（18人）：

姓名	所在学校	接受部/院系	专业	导师
聂茜	北京服装学院	心理学院	心理学	张学民
郜莹	北京服装学院	体育与运动学院	体育教育训练学	姚明焰
寇颖娇	北京联合大学	法学院	民商法学	林艳琴
吴芳	北京联合大学	教育学部	学前教育学	霍力岩
联燚	北京联合大学	艺术与传媒学院	音乐与舞蹈学	张小梅
常子冠	北京联合大学	教育学部	教育技术学	武法提
陈建成	北京信息科技大学	马克思主义学院	思想政治教育	周良书
王斐	北京印刷学院	艺术与传媒学院	戏剧与影视学	肖永亮
石秦	首都师范大学	艺术与传媒学院	音乐与舞蹈学	郭兰兰
郭晶	首都师范大学	艺术与传媒学院	音乐与舞蹈学	肖向荣
丁传伟	首都体育学院	汉语文化学院	语言学及应用语言学	王学松
王欢	中国戏曲学院	心理学院	心理学	陈英和
马帅	中国戏曲学院	文学院	中国古代文学	李真瑜
刘爱利	首都师范大学	地理学与遥感科学学院	人文地理学	周尚意
赵苏	中国音乐学院	心理学院	心理学	林崇德
田嵩	北京第二外国语学院	教育学部	教育技术学	余胜泉
孙晓东	北京服装学院	信息科学与技术学院	计算机应用技术	武仲科
张方风	北京物资学院	系统科学学院	系统理论	狄增如

中国人民大学录取研修学员名单（17 人）：

姓名	所在学校	接受部/院系	专业	导师
乌日娜	北京财贸职业学院	财政金融学院	金融学	何平
于国旺	北方工业大学	公共管理学院	行政管理	康晓光
申秋燕	北京联合大学	国际关系学院	社交礼仪和修养	金正昆
王慧敏	北京经济管理职业学院	经济学院	经济学	韩玉军
毛锦华	北京财贸职业学院	商学院	市场营销	郭国庆
张军	北京物资学院	商学院	会计学	姜付秀
马丽仪	北京联合大学	商学院	管理科学与工程	毛基业
邵争艳	北京服装学院	商学院	财务学（财务管理方向）	王化成
王彦芳	北京联合大学	商学院	财务学	支晓强
李宜	北方工业大学	商学院	会计学	叶康涛
李晓非	北京信息科技大学	商学院	企业管理	刘军
田松青	首都师范大学	社会与人口学院	社会学（农民工就业与市民化）	洪大用
李杨	首都师范大学	外国语学院	外国语学院	吴红云
马红	北京青年政治学院	外国语学院	英语语言文学	杨敏
王冲	首都经济贸易大学	新闻学院	传播学	陈力丹
过节	北京舞蹈学院	哲学院	美学	张法
王洁	首都师范大学	信息学院	信息技术	孟小峰

北京外国语大学录取研修学员名单（12人）：

姓名	所在学校	接受部/院系	专业	导师
周欣奕	北京财贸职业学院	国际商学院	商务谈判 商务英语	张继红　陈茵
李燕	北京电子科技职业学院	英语学院	英语教育 与跨文化交际研究	孙有中
何芸	北京联合大学	语言所	外国语言学 及应用语言学	韩宝成
冯燕	北京联合大学	文学所	世界文学 与比较文学	汪剑钊
贺君婷	北京物资学院	中国外语 教育研究中心	应用语言学二语习得	许家金
韩乐	首都医科大学	中国外语 教育研究中心	二语习得及教学法	文秋芳
石蕾	首都医科大学	英语学院	英语语言文学	张剑
高新宁	北京经济管理职业学院	英语学院	英/汉翻译	马会娟
刘宏	北京建筑大学	中国外语教育 研究中心	第二语言习得	戴曼纯
张琼	北京信息科技大学	中文学院	中西文学文化比较	魏崇新
邓慧萍	中国音乐学院	中国外语 教育研究中心	外语教学研究	文秋芳
蒋春生	北京物资学院	海外汉学 研究中心	比较文学	张西平

北京交通大学录取研修学员名单（8人）：

姓名	所在学校	接受部/院系	专业	导师
柴少宗	北京经济管理职业学院	经管学院	市场营销	王树祥
王琳娜	北京电子科技职业学院	电子信息工程学院	电子技术	刘颖
莫立坡	北京工商大学	理学院	数学	于永光
王笛	北京联合大学	理学院	金融统计	王军
曹著明	北京电子科技职业学院	机械工程学院	机械制造及自动化	蔡永林
陈容红	北京电子科技职业学院	电子信息工程学院	自动化控制理论与控制工程	陈后金
吴萍	北京联合大学	理学院	光学工程	滕枫
沈桂兰	北京联合大学	计算机学院	计算机科学与技术	于剑

北京市教育委员会

关于公布第十一届北京市高等学校教学名师奖获奖名单的通知

京教函〔2015〕382号

各普通高等学校：

根据市教委《关于做好第十一届北京市高等学校教学名师奖评选工作的通知》（京教函〔2015〕5号），经学校推荐、现场教学观摩课评价、评审专家组评议、评审委员会投票、市教委审核并公示，决定授予北京大学平新乔等84名教师第十一届北京市高等学校教学名师奖，现予公布。

各高等学校要深入贯彻落实国家和北京市教育综合改革，积极发挥教学名师奖获得者的示范榜样作用和对年轻教师的传、帮、带作用，激励和帮助年轻教师的成长，引导广大教师积极投身教育教学改革，增强师资队伍水平，提高人才培养质量。

附件：第十一届北京市高等学校教学名师奖获奖名单

2015年7月28日

附件

第十一届北京市高等学校教学名师奖获奖名单

序号	学校名称	姓名
1	北京大学	平新乔
2	北京大学	李海潮
3	北京大学	陈徐宗
4	中国人民大学	吴晶妹
5	中国人民大学	张斌
6	中国人民大学	陈力丹
7	清华大学	孙明君
8	清华大学	王红
9	清华大学	张雄
10	北京师范大学	陈英和
11	北京师范大学	周尚意
12	北京师范大学	孙波

续表 1

序号	学校名称	姓名
13	中国农业大学	杜凤沛
14	中国农业大学	张淑敏
15	北京航空航天大学	刘建伟
16	北京航空航天大学	张华
17	北京理工大学	张京英
18	北京理工大学	罗庆生
19	北京交通大学	戴胜华
20	北京交通大学	房海蓉
21	北京化工大学	孙军
22	北京化工大学	李保山
23	北京科技大学	刘立
24	北京科技大学	金龙哲
25	北京体育大学	高颀
26	北京外国语大学	王军
27	北京林业大学	段克勤
28	北京协和医学院	张学
29	北京邮电大学	张晓光
30	北京中医药大学	赵进喜
31	北京中医药大学	侯俊玲
32	对外经济贸易大学	钱爱民
33	华北电力大学	李英
34	外交学院	高飞
35	中国传媒大学	丁迈
36	中国政法大学	李立
37	中华女子学院	李树杰
38	中央财经大学	李建军

续表 2

序号	学校名称	姓名
39	中央财经大学	刘俊勇
40	中国地质大学（北京）	白中科
41	中国地质大学（北京）	张长厚
42	中国矿业大学（北京）	易成
43	中国矿业大学（北京）	朱红青
44	中国石油大学（北京）	谢庆宾
45	中国人民公安大学	李艳
46	中央戏剧学院	张先
47	中央音乐学院	王建华
48	北京工业大学	李云章
49	北京工业大学	孙治荣
50	首都师范大学	王淑芹
51	首都师范大学	骆力明
52	首都医科大学	赵明
53	首都医科大学	王宁利
54	首都经济贸易大学	郎丽华
55	首都经济贸易大学	刘娟
56	北京工商大学	梁珣
57	北京建筑大学	欧阳文
58	北方工业大学	赵俊兰
59	北京信息科技大学	周金和
60	北京联合大学	张洪颖
61	北京电影学院	黄丹
62	北京服装学院	王越平
63	中国音乐学院	高佳佳
64	北京农学院	陈娆

续表 3

序号	学校名称	姓名
65	首都体育学院	颜天民
66	北京石油化工学院	王玉海
67	北京舞蹈学院	孟广城
68	北京第二外国语学院	王成慧
69	北京印刷学院	李晋尧
70	北京城市学院	王海霞
71	北京工业职业技术学院	王芳
72	北京电子科技职业学院	陈淑姣
73	北京财贸职业学院	蔡洪胜
74	北京青年政治学院	景晓娟
75	北京经济管理职业学院	魏彩慧
76	北京劳动保障职业学院	何福贵
77	北京农业职业学院	张孝和
78	北京政法职业学院	王辅政
79	首钢工学院	李钢
80	北京汇佳职业学院	王雁
81	北京交通职业技术学院	王艳红
82	北京社会管理职业学院	赵淑英
83	北京戏曲艺术职业学院	蔡国盈
84	北京信息职业技术学院	安海权

北京市教育委员会

关于做好 2015 年秋季北京地区高等学校教师资格认定工作的通知

京教函〔2015〕445 号

各高等学校：

2015 年秋季高校教师资格认定工作即将开始。为了保证此项工作的顺利进行，现将有关事项通知如下：

一、认定范围

北京地区高等学校中专门从事教学工作，拟受聘于高校教师职务的在编在岗教师（含高等学校附属医院临床教学人员、高校专职辅导员）。

二、时间安排

9 月 18 日至 25 日，申请人登录（北京市教师资格网）进行网上申报；

10 月 8 日至 15 日，高校对申请人员进行公示；

10 月 22 日至 23 日，非授权委托认定高校集体报送申请人员材料；

10 月 23 日前，授权委托认定高校完成申报人员体检、认定材料审核、教育教学能力测试、专家审查委员会表决等相关工作；

10 月 26 日至 27 日，授权委托认定高校集体报送申请人员材料；

11月6日起，非授权委托认定高校申请人员教育教学能力测试准考证下载打印；

11月14日至15日，非授权委托认定高校申请人员教育教学能力测试（以准考证上测试时间为准）；

11月20日，非授权委托认定高校申请人员教育教学能力测试成绩查询；

12月底至2016年1月初，发放教师资格证书。

三、报送材料要求

（一）授权委托认定高校

1.《教师资格认定申请表》（含思想品德鉴定表）原件一式2份；

2.《北京市申请高等学校教师资格人员情况汇总表》一式1份（见附件1，略）；

3.高校申请认定教师资格人员公示名单（见附件4，略）；

4.高校申请认定教师资格人员公示结果（见附件5，略）。

（二）非授权委托认定高校

1.《教师资格认定申请表》（含思想品德鉴定表）原件一式2份；

2.修学高等教育学、高等教育心理学证明原件及复印件；

3.学历证明复印件；

4.体检证明原件及复印件；

5.普通话水平证明原件及复印件；

6.身份证明复印件；

7.标准一寸证件照1张；

8.北京市申请高等学校教师资格人员情况汇总表一式1份（见附件1，略）；

9.提供申请人1年内列入教学计划的教学工作量统计及计划表（加盖教务部门和人事部门公章）（见附件2、3，略）；

10. 高校专职辅导员需提供学校人事部门出具的相关证明；

11. 高校申请认定教师资格人员公示名单（见附件4，略）；

12. 高校申请认定教师资格人员公示结果（见附件5，略）；

遗失和毁损的证书需要补发和换发的，相关材料于春季集体报送认定申请时一并报送。

四、工作要求

（一）教师资格认定作为教育行政许可事项，程序合法性、办结时效性强，各高校要高度重视，加强组织领导。要确定专人负责，认真学习相关政策，严格按照全市统一部署精心组织，周密安排，积极做好相关政策的宣传和解释工作，对申请人员进行必要的教育教学能力测试培训，保证质量，确保认定工作的顺利开展。

（二）各授权委托高校要严格按照教师资格认定工作程序，制定本年度的教师资格认定工作方案，做好本校申请人员的申请及受理、面试与试讲、审核与认定等相关工作。各类表格填报内容完整，资料齐全。

（三）各非授权委托高校要做好信息发布，人员组织管理等工作，做好申请资格审查、材料收集及初审等，掌握各时间节点，及时通知本校需要参加教育教学能力测试人员按时参加测试并做好后期测试结果的反馈。

（四）各高校应安排专人作为网络系统管理员负责核实和确认本校申请人的网报信息。按要求规范操作，核实和确认本校申请人员网报信息的真实性以及与报送的《教师资格认定申请表》内容的一致性。妥善保管登录账户和密码，确保申请人信息安全。

《教师资格认定申请表》中“现从事职业”一栏，高校教师应填写“在职教学人员”；高校专职辅导员应填写“其他专业技术和管理人员”。

（五）各高校要做好申请人申请认定资料整理归档工作，及时将《教师资格认定申请表》归入个人人事档案。

（六）各高校在开展教师资格认定工作中，须严肃纪律、依法实施，严禁弄虚作假。特别是对申请人是否具备申请资格进行严格自查。对违反规定，损害申请人利益、甚至影响教师资格制度依法实施，并造成严重后果的，将按照相关法律、法规追究有关人员的责任。对授权委托高校弄虚作假，违反政策规定的，将按照《教师资格条例》和《〈教师资格条例〉实施办法》取消其授权委托资格。

（七）教师资格认定的相关政策请查询北京市教师资格网（http：//www.bjtcc.org.cn）。

五、联系方式（略）

附件：1. 北京市申请高等学校教师资格人员情况汇总表（略）
2. 申请高校教师资格人员 2014～2015 学年第二学期教学工作量统计表（样表，略）
3. 申请高校教师资格人员 2015～2016 学年第一学期教学计划表（样表，略）
4. 高校申请认定教师资格人员公示名单（样表，略）
5. 高校申请认定教师资格人员公示结果（公示无异议模板，略）

2015 年 9 月 9 日

财　务

北京市教育委员会文件选编
（2015）

北京市教育委员会
北京市财政局

关于印发2016年度教育部门预算重点投入方向与项目指南的通知

京教计〔2015〕29号

各区县教委、财政局，市属高等学校、中等职业学校，市教委直属单位：

为充分反映教育事业发展对公共财政的需求，明确年度部门预算投入，发挥预算计划对资金安排的指导作用，提高资金使用效益，在征求各预算单位意见的基础上，结合首都教育改革和发展的目标和本市2016年重点工作，编制了《2016年度教育部门预算重点投入方向与项目指南》。现印发给你们，请遵照执行。

2015年10月16日

2016年度教育部门预算
重点投入方向与项目指南

为充分反映教育事业发展对公共财政的需求，明确年度部门预算投入，发挥预算计划对资金安排的指导作用，提高资金使用效益，在征求各预算单位意见的基础上，结合首都教育改革和发展的目标和本市2016年重点工作，编制了2016年度教育部门预算重点投入方向与项目指南。

一、指导思想和总体目标

（一）指导思想

深入贯彻落实党的十八大和十八届三中、四中全会精神，深入学习贯彻习近平总书记系列重要讲话和对北京工作的重要指示精神，认真落实教育中长期规划纲要和京津冀协同发展规划纲要，结合“十三五”教育规划的研究编制，以建成公平、优质、创新、开放的首都教育体系为指引，以立德树人为根本任务，以促进教育公平、提高教育质量为主线，充分发挥公共财政的保障、支撑、引导和激励作用，坚持统筹安排、保障重点、分类投入、绩效导向，进一步巩固教育优先发展地位，促进教育领域综合改革，努力办好人民满意的首都教育，为建设国际一流的和谐宜居之都提供有力支撑。

（二）总体目标

通过年度财政资金的科学、合理投入，不断扩大学前教育有效供给，着力推进义务教育优质均衡发展，促进高中教育多样化特色发展，建设现代职业教育体系，提升高等教育科技创新人力和人才培养质量，扶持民办教育特色办学，完善终身教育体系，改善教育基础设施条件，提升教师队伍综合素质，构建京津冀教育协同发展新格局。使教育经费支出结构不断优化，资金使用效益继续提升。

二、基本原则

（一）坚持深化教育改革

教育经费投入要面向深化教育领域综合改革的大项目、亟需领域倾斜，推进经费投入改革，优化经费投入结构，合理划分经费投入责任，完善市、区财政对各级各类学校生均财政拨款标准和稳定增长机制，提升经费投入对教育改革的保障能力。

（二）坚持教育协调发展

面向构建公平、优质、创新、开放的首都教育体系，统筹各类教育发展的热点、难点和重点问题进行合理保障，通过持续投资、分步推进、绩效优先、细化管理，推动不同学段教育的有效衔接，促进各级各类教育协调发展。

（三）坚持提升育人质量

围绕立德树人的根本任务，优化教育经费支出结构，加大对人员和软件建设的投入力度，向教学环节、创新型人才培养、教师队伍建设等方向倾斜，完善教育财政转移支付制度，增加教育财政一般性转移支付力度，促进育人质量提升。

（四）坚持优化布局结构

将京津冀协同发展与优化首都教育布局结构相结合，根据首都城市功能定位和市民需求，通过财政资金的政策调控和引导作用，推动部分教育功能有序疏解，促进各级各类教育在京津冀区域内合理布局。

三、2016年度预算重点投入方向与项目

（一）坚持立德树人，推进基础教育高质量发展

1. 全面推进中小学生素质教育。落实《北京市中小学培育和践行社会主义核心价值观实施意见》提出的相关任务，实施“一十百千”工程。推进综合素质提升工程、学校德育特色与创新工程，推进连环画阅读计划和少儿影片进校园活动，推进义务教育阶段课外活动计划。继续推进全市中小学中华优秀传统文化素养提升计

划。积极推进中小学教育质量综合评价改革和教学方式改进。落实中小学校体育工作三年行动计划，推进文化、体育、艺术、科技、国防教育活动和社团建设，大力推进校园足球计划和中小学生体育运动技能提升计划，推进高等学校和社会力量参与小学体育、美育发展计划，加大远郊区县乡镇校外教育活动站建设，加强学生卫生、健康项目建设。开展北京学生艺术节、科技节、体育文化节、中小学运动会等活动。积极探索创新人才培养模式，深入实施“翱翔计划”“雏鹰计划”，实施远郊区县学生到城区“游学”项目。面向全市初中学生实施“初中开放性科学实践活动”项目。

2. 多种方式扩大学前教育有效供给。实施《北京市第二期学前教育三年行动计划（2015～2017 年）》。继续支持新建改扩建幼儿园，努力扩大学位供给。对部分未进行过达标改造的公办幼儿园实施办园条件达标改造，支持部分普惠性民办幼儿园实施修缮改造，确保幼儿园安全防护设施达标，整体提升办园条件。实施公办性质幼儿园运行扶持项目，为其稳定运行提供保障。对普惠性民办幼儿园给予补贴，鼓励支持社会力量多形式办园。实施学前教育质量提升项目，做好《3～6 岁儿童学习与发展指南》实验区改革和实验项目推进工作。加强 0 至 3 岁早期教育基地建设。

3. 促进义务教育优质均衡发展。全面落实市委、市政府《关于推进义务教育优质均衡发展的意见》，提高本市义务教育办学水平和教育质量。改善农村学校、薄弱学校和参与改革学校办学条件。持续鼓励高校、社会力量通过创办附中附小、参与学科建设、培训或输出师资、开放场所和资源等多种方式支持中小学发展、引导教研员投入一线教学实践。继续通过高校和民办教育机构引进外教参与中小学英语教学改革。构建数字化教育教学资源应用平台和教育管理平台，完善在线教育服务体系，推动扩大优质教育资源覆盖面，并支持区县和学校推广扩优成果。支持区县深入推进学区制建设并完善其管理机制，多种形式推进集团化办学、学校联盟等多种优质资源统筹模式，积极扩大优质教育资源覆盖面。开展引进优质社会教育资源进学校试验。鼓励和引导公办学校、民办学校积极接收随迁子女，促进已审批自办校提升办学质量。

4. 推动普通高中多样化特色发展。巩固完善市级优质高中统筹机制，扩大优质高中教育资源，继续推进特色高中建设，推进高中创新条件支撑工程，提高高中多样化发展保障水平。鼓励城区优质高中在远郊区县举办寄宿制学校，探索民办机制，逐步将示范高中国际部向远郊区县一体化学校转移。

5. 深化基础教育课程教材改革。结合我市中高考改革实施方案，进一步做好高中自主课程建设实验，深入推进义务教育阶段课改“遨游计划”实施。落实新修订的义务教育课程计划，切实增强中小学校课程建设自主权。加强学科实践活动课程建设，落实各学科平均应有不低于10％课时用于开展校内外综合实践活动的要求。落实国家学生法治教育大纲，推进中小学法治教育内容系统化、科学化。加强首都特色课程教材及配套资源体系建设。针对教学中突出问题，深入改进学科教育，加强学生创新精神、实践能力培养。依托信息技术，探索可服务于每一个学生的优质课程资源提供方式，提升教师学生的“实际获得”水平，推进基本公共教育服务转型。

6. 加强特殊教育、民族教育和专门教育。落实国家特教提升计划，进一步推进特殊教育质量提升工程，创建市级融合教育示范学校，持续加强义务教育学校市级示范性资源教室建设和通用无障碍环境建设，实现特殊教育学校办学条件完全达标，利用现代信息技术积极开发优质特殊教育课程资源，全面提高残疾儿童少年的教育和康复水平。进一步推进民族教育提升工程，改善承办“内地民族班”学校和民族中小学的办学条件，提高教育质量。进一步加强专门教育，支持专门教育学校改善办学条件，达到新颁办学条件标准，加强校本课程建设，探索办学模式创新。

（二）适应首都城市功能定位，推动职业教育转型发展

1. 贯彻落实《国务院关于加快发展现代职业教育的决定》，推

进职业教育综合改革。鼓励优质学校通过兼并、托管、合作办学等形式，加快对职业院校布局结构的调整。构建现代职业教育体系，扎实推进高端技术技能人才贯通培养试验，深化“3+2”中高职衔接和“五年一贯制”高职改革，推动中高职院校开展“3+3”衔接培养合作办学。

2. 加强职业院校内涵发展，提升职业教育对经济社会发展的贡献力。加强职业院校教学及管理队伍建设，开展院校长领导力培训和教师教学能力提升培训，支持信息化教学能力建设。继续推进职业教育集团化办学，大力支持公共实训基地和技能大师工作室建设。加强职业教育国际交流合作，大力推动中德、中美、中瑞职业教育合作项目。紧密围绕京津冀协同发展战略，建设北京职业教育服务津冀课程资源库。

3. 提高职业教育人才培养质量，实施职业素养提升工程。建设职业院校践行社会主义核心价值观实践教育基地。通过“一校一品”德育品牌评选、“职业院校创新创业设计”大赛、职业院校技术技能比赛等丰富多彩的活动，全面提升职业院校人才培养质量。

4. 推进学习型城市建设。全面实施《学习型城市建设行动计划（2016～2020年）》，建设一批北京市民终身学习示范基地。选拔培训一批市级社区教育学习指导师。加快京学网建设，制定市级教学资源准入标准，采用引进、合作、共建、购买等多种方式，共建学习超市，建立市民终身学习账户和管理系统。加大对新型职业农民的培训力度，研究制定学习型城市建设监测评价体系。开展学习型城市建设国际交流活动。

（三）提升人才培养质量，促进高等教育内涵式发展

1. 提高高校人才培养质量。支持一流大学和一流学科建设。开展以“双培计划”、“外培计划”、“实培计划”为重点的“北京高校高水平人才交叉培养计划”，深化部属高校与市属高校合作共建，全面提升首都高等教育整体质量。积极推动具有集群优势和共享机制的专业群试点工作，加强专业建设和专业结构调整。加强课程体

系建设，开展教育教学改革立项与研究，开展大学生学科竞赛，加强实践教学改革，加大教学质量监督和评价。开展卓越人才培养计划，深化产学研合作，创新人才培养机制。推动北京学院试点建设和学分制改革试点。

2. 提高高校创新服务能力。全面落实“京校十条”，培育2011协同创新中心，继续实施“创新能力提升计划项目”和“重大成果转化项目”，继续加强北京实验室建设，综合推进学科建设，支持市属高校“服务国家特殊需求博士人才培养项目”，推进产学研、国内外联合研究生培养基地二期建设。实施“北京高等学校高精尖创新中心建设计划”。支持建设高端智库，推动高校智库开展国际交流合作，加强智库研究人员队伍建设。继续加强高校哲学社会科学研究基地建设。

3. 推动高校毕业生高质量就业创业。实施北京高等学校高质量就业创业计划。加大推进大学生创业工作力度，着力构建“一街三园”的北京高校大学生创业园孵化体系，推动高校加强大学科技园、创业园、创业孵化基地建设。进一步保障大学生就业创业资金投入，为大学生就业创业提供更多场地和资金支持。加强就业创业队伍和教材建设，切实提高大学生就业创业指导水平，大力提升指导和服务能力。

（四）坚持扶优扶强，引导民办教育健康有序发展

探索民办学校与公办学校合作的途径、机制，助推民办教育转型发展。探索扩大政府购买民办教育资源服务的方式和途径。鼓励兴办优质特色民办中小学校，持续支持在远郊区县建设一批优质民办中小学校。加大民办教育分类指导和分类管理力度，完善民办教育政府专项投入扶持机制，继续实施民办教育发展促进项目，进一步突出引导性和层次性，推动民办学校重点围绕服务首都经济社会发展，加强特色建设。加强对民办教育的监管和服务，建设民办教育行政管理信息化平台。

（五）有序疏解教育领域非首都功能，推动京津冀协同发展

1. 有序疏解部分教育功能。落实《京津冀协同发展规划纲要》，推动在京部分普通高等学校本科教育有序迁出，老校区向研究生培养基地、研发创新基地和重要智库转型，支持有条件的北京普通高等学校、中等职业学校通过部分院系搬迁、办分校、联合办学等方式向外疏解。引导东城区、西城区中等职业学校向郊区县疏解。

2. 增强对首都核心功能的教育服务保障能力。统筹考虑城乡空间结构和人口分布变化，合理调整配置教育资源。落实人口调整政策，推动中心城区教育资源提升质量、规模适度。聚焦市行政副中心建设，设立市行政副中心教育发展专项计划，紧密围绕市属行政事业单位及相关服务部门的疏解转移需求，加快完善教育配套设施和教学资源配置，满足就业人员就地居住的需要。

3. 推动教育事业合作发展。发挥首都教育资源优势，推动建立健全区域教育合作机制，引导教育资源优化布局。鼓励扶持在京高等学校通过合作办学、学科共建、教师交流挂职等多种模式，开展区域教育合作。支持组建“京津冀高等学校联盟”，促进高等学校优质教学科研资源共享。通过合作办学、组建集团等方式，支持京津冀职业教育统筹发展，优化学校、专业布局。推进优质基础教育资源向远郊区县和周边地区辐射，推动一体化学校、集团学校、联盟学校在课程教学、文化建设、师资队伍等方面共建共享。加强教育对口支援。

（六）扩大教育开放，提升首都教育国际化水平

适应首都建设国际交往中心的需要，进一步优化首都教育对外交往格局。研究探索在境外设立教育合作联络、教师培训、学生交流基地，深入推进和港澳台地区教育合作，继续办好京港澳台学生和国际学生交流项目等品牌活动。深入推进“留学北京行动计划”，吸引更多“一带一路”国家留学生来京留学。积极引进海外著名学者来京开展教学科研活动。做好高水平中外合作办学项目的创新试点，引进一批高水平合作项目。加强外语人才培养，提高北京学生

赴境外学习、交流、研修的规模和质量。积极开展汉语国际推广，稳步发展境外办学。进一步统筹首都院校孔子学院建设布局，扩大教师和志愿者境外任教规模，加大网络教学课程开发。加强首都教育的国际推介宣传，提升首都教育的国际影响力。

（七）深化人事制度改革，提升教师队伍综合素质

1. 加强中小幼校（园）长、教师人才队伍建设。加大幼儿园园长、教师在职继续教育培训力度。实施幼教师资培养项目，提高师资供给能力。支持筹办“北京市小学干部教师专业发展促进中心”和中小学干部教师体验式培训基地建设。加大对中小学干部教师适应深化教育领域综合改革要求的培训。支持中小学语文、书法等学科教师开展专题培训。鼓励优秀校长和骨干教师到农村学校、薄弱学校工作和任教。重点实施“名师发展工程”、“名校长（园长）发展工程”，加大干部境外培训力度，继续实施“农村教师素质提升工程”。开展初任班主任上岗培训、在岗班主任轮训、骨干心理教师和班主任培训。实施北京市校园足球教师境内外专项培训计划。

2. 加强职业学校教师队伍素质提高。支持职业院校教师信息化教学大赛及青年教师专业技能大赛，支持职教名师、专业带头人、优秀青年骨干教师、专业创新团队培养。开展职业院校校长和教学管理人员培训，建立市职业教育教师实践企业基地，实施教师企业实践计划、教师国内培训计划和教师国外培训计划。实施“校外职教名师讲学计划”，支持国内外高端技术技能人才到职业院校访学。

3. 加快高校高素质专业化教师队伍建设。做好高层次引进人才、长城学者、创新团队、青年拔尖人才和青年英才选拔培养工作。继续选派百名优秀青年教师到北京大学、清华大学等高校进行研修。加强对高校一线专职思想政治理论课教师的补助。

（八）深化教育督导改革，全面提升教育督导专业化水平

1. 加强教育督导基础建设。落实《关于深化北京市教育督导

改革的意见》提出的各项任务，筹备成立北京教育督导委员会。健全督政、督学、监测评估三位一体的教育督导体系，完善各级各类教育督导与监测评估制度。开展督学资格认证、督学聘任、课程研发、督学轮训和督导室主任高级研修。开展京津冀教育督导协同发展、教育督导与评价交流研讨等国内外交流与合作。

2. 加强政府履职情况和学校办学情况督导。继续开展对区县教育发展水平的综合督导评价。开展对市政府有关部门、区县政府和行业（企业）执行教育法律法规，落实国家教育方针政策，履行发展教育职责的督导。开展对区县政府推进义务教育优质均衡发展情况的督导检查。继续开展校外教育、特殊教育、社区教育、成人教育和民办教育等专项督导检查，以及教育改革发展中热点难点问题的专项督导。组织开展学校教育教学工作的督导。组织开展督学责任区建设和中小学校责任督学挂牌督导。加强中小学责任督导挂牌督导条件保障。围绕深化基础教育综合改革开展专项督导调研。开展培育和践行社会主义核心价值观情况、义务教育优质均衡发展情况等专项督导调研。开展中小学办学体制改革、学科教学改革情况等首都教育综合改革热点难点督导调研。开展教师队伍建设情况督导调研。

3. 加强督导信息化建设。加强教育督导信息管理应用系统建设，探索现代信息技术对创新教育督导方式、促进教育公平、扩大教育资源、提高教育质量的支撑作用，提高教育督导信息化水平。

4. 实施教育督导评估与监测。实施义务教育学校办学状况、教育教学的评估评价。实施区县学前教育发展状况、义务教育实施情况和均衡发展状况、中小学校减负工作常态监测。开展研究生学位论文抽检。开展北京市区县教育工作满意度调查。引导、规范第三方机构和社会力量参与教育评估监测。

（九）落实资助政策，提高各级各类教育学生资助水平

落实各级各类教育助学政策，提高资助水平，保证家庭经济困难学生顺利完成学业。实施市属高校及中等学校学生奖、助学金，

以及国家助学贷款风险补偿金等学生资助项目。实施在京高校困难学生生活补助项目。继续保障落实北京市高校学生境外学习奖学金，资助市属高校在籍本科生和研究生公派赴境外交流学习。发挥高校学生食堂价格平抑资金的作用，支持高校食堂“农校对接”直供基地建设。

（十）优化投入结构，改善学校办学条件

1. 加强学校基础设施建设。改善各级各类学校教学、科研、后勤和生活环境，支持设备设施安全标准达标。完成市属高校三年建设规划，推进大学新校区和高教园区建设。推进学校体育、艺术场馆（地）、专业教室设备设施建设以及军训基地设施设备改造工作。推进城乡中小学建设工程，切实加强教育装备安全与质量管理工作。落实学前教育第二个“三年行动计划”中幼儿园办园条件的改善。加强校园生态改造建设，落实北京市节能减排和环境治理全民行动计划，支持学校使用节能新技术、新产品，加快节能技改，推动节能减排能源应用监测平台和新能源示范教室的建设。加强高校后勤标准化建设，推进中小学校食堂新建、改扩建。支持各级各类学校食堂加强食品卫生安全管理。

2. 加强学校信息化建设。坚持统筹规划、整合资源、加强服务、提升效益的原则，坚持应用导向和机制创新的方向，加大市、区县、学校三级统筹建设和应用的力度，完善数字化教育服务体系。开发丰富优质数字化教学资源，重点开发师资短缺课程资源，形成信息化阶段亮点。加强学校无线网络建设，提升教育网络服务水平。

3. 构建学校安全管理防控体系，提升校园安全防范能力。推进大中小学校“平安校园”建设，完善学校安全技术防控体系建设，配齐校园安防设施设备，推进全市区县、中小学、幼儿园建设高科技技防平台。

4. 强化以服务为根本的新闻宣传工作，完善教育基本公共服务体系。服务教育改革发展需要，贴近家长和学生的实际需求，搭建以需求为导向的服务型传播平台，以全媒体方式打造“吹风预热、权威发布、专家解读、公众参与”四位一体的教育信息传播模式。满足群众需求，回应社会关切，主动策划宣传，强化政策解读，为首都教育改革发展营造良好舆论氛围。

（十一）加强文化建设，提升学校文化传承与创新能力

1. 加强学校文化建设。支持教育文化环境的建设和营造，积极培育学校文化特色，提升学校办学品质，增强校园文化软实力。推动大学文化建设，支持鼓励高校建设并开放专业博物馆，继续推进中华优秀传统文化研究，加大对文史哲等传统学科的支持力度，充分发挥学校环境育人功能的同时，服务首都文化大繁荣、大发展。

2. 积极开展丰富多彩的文化体育活动。支持市属高等艺术院校学生实践能力的培养，开展北京市大学生音乐节、合唱节、高雅艺术进校园、民族艺术进校园、非物质文化遗产进校园、国际青少年艺术周等系列活动，积极推进青少年国内外文化体育交流活动。

学校后勤

北京市教育委员会文件选编

(2015)

北 京 市 教 育 委 员 会
北京市住房和城乡建设委员会

关于印发中小学校舍安全保障长效机制年检工作指南的通知

京教建〔2015〕10号

各区县教委、住房城乡建设委，各有关单位：

为贯彻落实国务院办公厅《转发教育部等部门关于建立中小学校舍安全保障长效机制意见的通知》（国办发〔2013〕103号）、《北京市房屋建筑使用安全管理办法》（北京市人民政府令第229号）和市政府办公厅《转发市教委等部门关于建立北京市中小学校舍安全保障长效机制意见的通知》（京政办发〔2014〕49号）等文件精神，更好地指导各区县和学校开展中小学校舍安全年检工作，我们制定了《中小学校舍安全保障长效机制年检工作指南》。现印发给你们，请遵照执行。

2015年7月8日

北京市教育委员会

关于切实做好新学期学校安全管理和后勤服务保障工作的通知

京教勤〔2015〕3号

各区县教委，各高等学校、中等职业学校，各民办高等教育机构，各直属单位：

近期，全国多个地区发生重特大安全生产事故，特别是天津港“8·12”瑞海国际物流有限公司危险品仓库发生的特别重大火灾爆炸事故，造成重大人员伤亡和财产损失。党中央、国务院高度重视，习近平总书记、李克强总理等中央领导同志先后作出重要指示批示。国务院和教育部、北京市委市政府迅速召开安全生产电视电话会议，要求全面开展危险化学品、易燃易爆物品检查和学校安全大检查，深化“打非治违”和专项整治工作，维护北京教育系统安全稳定。2015年秋季新学期开学在即，为切实做好各级各类学校安全管理和后勤服务保障工作，努力维护学校正常的教学秩序，确保师生生命财产安全和校园安全稳定，现将有关事项通知如下：

一、全面落实安全责任

各区县教委和各级各类学校要高度重视安全管理工作，牢固树立“红线意识”和底线思维，切实增强抓好安全工作的紧迫感和责任感，将维护学校安全稳定作为教育工作的重要内容摆上议事日程并列入各项工作计划。开学前，学校要结合领导班子碰头会、教职员工大会和干部培训班等，认真传达贯彻习近平总书记、李克强总理对天津港瑞海国际物流有限公司危险品仓库爆炸事故和安全生产工作的重要批示精神，专题研究部署新学期学校安全管理工作，按照“党政同责、一岗双责、失职追责”的要求，成立本单位深化“打非治违”和安全专项整治工作领导小组，进一步健全安全防范措施，强化安全责任落实，将安全管理责任细化、分解、落实到每个领导、每个部门、每个岗位、每位人员，形成全员、全过程、全方位的安全责任体系，真正做到认识到位、管理到位、责任落实，不断提高学校安全管理水平。

二、深入推进安全教育

要充分利用校内外各种教育资源，广泛开展安全教育，切实提高广大师生的安全防范意识和自救自护能力。新学期开学初，各级各类学校要结合夏末秋初季节交替和秋季安全事故的规律、特点，利用开学典礼、军训、重大集会等活动，以消防安全、交通安全、食品安全、人身安全、防盗防骗、应急知识和防溺水、防雷电、防煤气中毒等安全知识为重点，集中开展一次安全教育。中小学校要重点加强防范学生溺水的安全教育工作，坚决遏制学生溺水死亡事故多发势头；各级各类学校要采取各种有效形式，有针对性地开展应急演练活动，切实提高应急演练的参与面，增强演练实效，提升安全意识。

三、全面开展易燃易爆危险化学品和校园安全隐患排查

各区县教委和各级各类学校要深刻汲取“8·12”天津港区瑞海国际物流有限公司危险品仓库特别重大火灾爆炸事故教训，切实加强安全工作领导，全面加强学校安全管理。要按照“全覆盖、零容忍”的总体要求，深入开展以危险化学品安全为重点，覆盖消防安全、校车安全、食品安全、校园安全、校舍安全及特种设备安全等领域的“打非治违”专项行动和专项整治。开学前，对校园安全措施落实情况进行一次全面疏理，组织开展一次以学生宿舍、食堂、教室、图书馆、教学楼、礼堂等重点人员密集场所和消防设施、校园交通以及技防、物防等各类安全设备设施，实验实训基地、实验研究场所、教学实验室和实验用品仓库等危化品区域，校园施工现场、各类校办企业、学校老旧房屋等单位，油气输送管道、电网线路、水电气暖设施等部位和电梯、锅炉、压力容器等特种设备为重点的全方位、全覆盖的校园安全隐患排查整治。隐患排查工作要细化具体项目、细化责任区域、细化责任人，做到不走过场、不留死角。排查发现的各类安全隐患要登记造册，严格落实整改措施、整改时限和整改责任人，坚决做到隐患不整改不放过，防范措施不落实不放过。

要全面加强学校实验室危险化学物品的管理，严格管理制度和管理责任，严防管理失控。开学初，各级各类学校要立即组织对危险化学品和易燃易爆物品的存储场所及使用、管理情况进行一次全面彻底的大检查，做到不留死角、不留盲区。重点检查易燃、易爆、剧毒等危险化学品储存、运输、使用、处置、排放等环节是否符合规定要求，管理是否严格规范，领用、回收台账是否健全；废弃的剧毒品危险化学品处置是否安全规范；危险化学品和易燃易爆物品的安全管理制度是否健全、监管责任是否落实；实验室设施设备是否安全运行，消防设施是否配齐，防火、防爆和防盗管理措施是否完善；应急预案是否建立，各项安全管理措施是否落实到位，专兼职管理人员是否取得上岗资格证书等，确保不因危险化学物品出现安全隐患及事故。

四、不断加强校园治安防范

进一步健全完善大中小学、幼儿园内部治安保卫制度，加强人防、物防建设。中小学、幼儿园要建立严格的门卫管理制度，认真落实外来人员、车辆、物品进出询问、登记、检查制度，上课期间实行封闭管理，防止无关人员进入校园威胁师生安全；有住宿生的学校和幼儿园要加强值班，加强校园治安巡逻，防止发生治安事件。各级各类学校要进一步加强学生校内外集体活动的管理，认真落实相关安全保障措施，修订完善各类突发安全事件应急预案，开展应急演练，不断提高应对处置突发事件的能力。要加强与公安部门的联系，建立健全联合会商和情况通报制度，防止发生涉校涉生恐怖活动，确保师生安全。

持续推进技防建设。各区县教委和各级各类学校要根据首都综治办印发的《关于首都综治委科技创安专项组 2015 年工作要点的通知》（首综办〔2015〕31 号）要求，继续大力推进中小学及幼儿园技防系统达标建设，至 2015 年 12 月，按照建设标准实现各区县中小学、幼儿内部视频监控系统 100%与本区县教委视频监控平台联网整合并完成验收工作，监控图像与公安平台联网率达到 100%，中小学、幼儿园出入口等重点场所部位安装“一键式”报警求助装置达到 100%。继续推进高校校园技防系统建设和平安校园信息化管理平台建设，提高校园安全与服务管理工作精细化、智能化水平。

五、突出抓好消防安全工作

严格落实消防安全主体责任和各项火灾防控措施，将消防安全责任落实到人、落实到岗。加大对实验室、食堂、学生公寓、变电场所等重点部位和地下空间、高层建筑、施工现场、易燃易爆危险场所、人员密集场所、校内居民区等重点场所的检查和管理，防范各类火险、火灾发生。开学前后，各级各类学校要开展一次全面消防设施检查，对消防设施损坏、停用的要及时修复、启用；对灭火器材、应急照明和疏散指示标志不足、损坏或失效的要及时增配、更换；要加强疏散通道的管理，及时拆除影响安全疏散和应急救援的障碍，清除应急通道上的杂物，确保学校人员集中场所内各疏散通道和安全出口畅通；严格规范用火、用电、用气等消防安全管理，加强对学生宿舍的巡查工作，杜绝学生违章用火、用电现象，坚决防止发生火灾事故。

六、统筹做好交通安全管理工作

各区县教委和各级各类学校要按照《校车安全管理条例》和《北京市校车安全管理暂行规定》的要求，进一步加强校内交通安全管理，主动配合有关部门维护学校周边交通秩序，对学校所有的自有车辆特别是校车定期进行全面彻底的维护检修。要根据学生生源情况，及时、合理调整校车运营线路和站点设置，积极沟通协调相关部门对新开通的线路进行安全检查维护，确保校车途经路段的安全。组织师生外出集体活动要严格审批并签订协议，严密组织，确保出行交通安全。

七、认真做好安全生产工作

切实加强校园安全生产管理，加大对水、电、气、热和施工现场的安全检查力度，提出具体要求，落实管理责任。无论是新建还是改扩建工程，学校必须与施工方签订安全协议，督促施工方严格按照安全生产规定和施工程序作业，落实安全要求，设置安全警示标志，杜绝学生进入工地现场，杜绝一切安全事故发生。

八、持续做好高校后勤服务保障

开学前，要对后勤各类设备设施和消防器材提前调试、检修，对存在的安全隐患进行及时整改，确保校园水电气暖等设施设备安全平稳运行。对校园、教室楼、学生公寓等各类区域进行全面保洁，营造整洁安全、温馨和谐的校园环境。

全面开展食品卫生安全排查，以学校食堂、学生营养餐为重点，着重检查学校食堂人员卫生、环境卫生以及食品原料采购、存储、加工、销售等各环节食品安全管理制度和规范的落实情况，学校饮用水设施卫生管理制度落实情况等。

认真细致做好开学后的餐饮工作。积极参加“农校对接”直供基地采购，提前做好原材料储备和各项准备工作。努力提高饭菜质量和服务水平，确保饭菜卫生安全和价格稳定。

九、强化校内用餐食品安全管理

各区县教委要按照市教委《关于进一步规范中小学校饮食管理工作的通知》要求，规范中小学、幼儿园就餐和饮用水管理，坚持安全第一原则，明确学校管理责任人。确保食品原材料采购来自正规渠道并索证取票，严格按照工作流程加工操作，特别是要对就餐场所进行彻底消毒，严防食物中毒事故和食源性疾患发生。食堂无论是由学校自办还是社会企业承办，学校作为管理主体都要负主要责任。

有外供餐的区县，要严格按照市教委《关于调整完善本市中小学营养餐管理工作的通知》要求，进一步完善外供餐管理。区县在选择学生营养餐供餐服务单位时，要强化监督管理，将食品安全作为企业资质遴选的重要内容，不能以包带管。市教委将与市食药监部门一起严格检查学校集体用餐配送企业准入许可管理。

按规定设有商品部（小卖部）的学校，应严格控制和管理汉堡包、方便面等食品，预防小卖部食品造成的食品安全事故。

十、严格落实值班和应急值守制度

各区县教委和学校要进一步完善值班值守制度，严格执行领导在岗带班和职能部门干部以及安全管理人员24小时值班制度，确保校园安全问题能够早发现、早控制、早处置，遇有突发事件和安全事故，要按照“先口头、后书面”的原则第一时间报告有关部门和上级教育主管部门并及时、稳妥处置。

进入秋冬季节，各区县教委和各级各类学校要提前筹划，早作安排，妥善做好应对极端天气、预防煤气中毒、预防滑冰溺水、扫雪铲冰、森林防火教育和依法安全燃放烟花爆竹等季节性安全管理工作。

各区县教委要将本通知内容迅速传达到本辖区每一所学校（含幼儿园）；高等学校、民办高等教育机构、中等职业学校和直管直属单位要传达到所属每个部门。教育部和市教委将适时组织检查组对各级教育部门、各学校开展学校安全整治情况进行专项检查。

2015 年 9 月 2 日

北京市教育委员会

关于协助做好缓解中小学幼儿园周边交通拥堵的通知

京教函〔2015〕636 号

各区教委：

学校周边交通秩序是检验城市文明发展程度的重要指标，也是影响学生出行安全的重要因素，事关广大师生的生命安全与健康。目前，北京市公安局正在全市范围内开展缓解交通拥堵专项工作。为进一步改善校园周边交通秩序，保障学生出行安全，根据《北京市公安局关于协助开展中小学幼儿园周边交通缓堵专项工作的函》（京公文保发字〔2015〕1 号）的要求，教育行政部门和学校要协助公安交管部门做好缓解校园周边交通拥堵相关工作。现将有关事宜通知如下：

一、广泛开展交通安全宣传教育

要充分利用校园网络平台、家校通短信平台和班级博客等手段，通过主题班会、团队活动、课外活动课等方式，深入开展交通安全和行为规范宣传教育，提高学生及家长的交通安全意识，积极倡导文明出行，绿色出行，安全出行。通过开展“以学生带动家长，家长带动社会”的“小手拉大手”活动，引导家长自觉树立遵守交通法规的良好形象，促进接送学生车辆文明通行、有序停车。对已经具备一定自理能力、离校近的中学生，倡导步行或骑车上学，离校远的搭乘公交车上下学，有效缓解学校周边的交通压力。要以发放《致家长一封信》的形式，号召家长尽量骑自行车或搭乘公共汽车接送学生上放学；向开车接送学生的家长发出倡议：服从交警指挥，选择恰当的位置有序停车，不在学校门口的道路上违规掉头、逆行，即停即走，减少在学校门口附近停车对交通造成的影响，为学校周边营造良好的道路交通环境。

二、全面加强学校内部安全管理

学校要根据不同年级和学生年龄持续推进实施错峰、错时放学制度，并及时告知家长，为家长准确准时接送学生提供便捷，避免家长同时拥堵在校园门口集中等待，确保学生有序出入校园。

要强化校门值班制度，学生上学、放学高峰时段，学校安保人员、辅导老师等应到校园门口协助做好交通疏导工作，主动接领、护送学生，引导家长、学生安全通行，确保学生安全及学校门前路段畅通；同时，要加强校内教职工私家车管理，做到人车分流、文明行驶、有序停放。

三、加强联动，凝聚工作合力

缓解学校周边交通拥堵工作涉及多个部门职能，必须相互配合、协调联动。各区教委要提高认识，高度重视，指导学校加强与属地交通管理部门的联系沟通，健全协调联动机制，齐抓共管，形成合力，共同做好校园周边道路交通安全工作。

2015年12月24日

安全·保卫

北京市教育委员会文件选编

(2015)

北京市教育委员会

关于预防学生溺水事故切实做好学生安全工作的通知

京教函〔2015〕187号

各区县教委：

4月份，四川省和辽宁省分别发生学生溺水死亡事故。为切实避免本市发生学生溺水事故，保障学生安全，根据教育部《关于预防学生溺水事故做好学生安全工作的通知》（教督厅〔2015〕1号，以下简称《通知》）要求，结合本市实际，现将有关要求通知如下：

一、加强预防溺水安全教育。要从溺水安全事故中吸取深刻教训，将安全工作重心切实转移到预防上来，结合工作实际，开展有针对性的预防溺水安全教育。通过新闻媒体、校园网、校园广播等载体及QQ群、微信公众号、微博等媒体，宣传预防溺水安全常识，落实好教育部防溺水工作“六不”要求，不私自下水游泳，不擅自与他人结伴游泳，不在无家长或教师带领的情况下游泳，不到无安全设施、无救援人员的水域游泳，不到不熟悉的水域游泳，不熟悉水性的学生不擅自下水施救，切实提高学生预防溺水的警惕性和自觉性。近期，本市各学校要广泛开展一次预防溺水教育活动，切实保障学生安全。

二、做好危险水域安全防范。结合本区域野外水源情况要主动向区县党委、政府汇报，组织有关部门加强重点水域安全管理，普遍开展对学生溺水安全隐患排查巡查，及时在危险路段及水域设置安全警示标牌，设立安全隔离带、防护栏等，做到及时了解险情，及时消除隐患。

三、完善溺水安全防范预案。制订详细的安全防范预案，落实好安全责任制，为预防溺水工作提供有力的制度保障。各学校要通过《给家长的一封信》、家长会等形式，加强对家长的宣传，增强家长的安全意识和监护人责任意识。要严格学生请假制度，对未请假擅自离校的学生及时与家长取得联系，了解学生离校的原因，并建立制度严格要求学生不得到危险水域嬉水或游泳。

四、健全事故信息报告制度。严格按照教育部有关文件要求，对涉及学生溺水伤亡事故要及时报告。对于迟报或瞒报的要追究单位领导责任。

各区县教委要将本通知精神传达到每一所中小学校、每一名学生、教师和家长，并认真抓好落实。

2015 年 5 月 13 日

北京市教育委员会

关于做好教育系统火灾防控工作的通知

京教函〔2015〕234 号

各区县教委，各高等学校、民办高等教育机构、中等职业学校，市教委直属单位：

今年是全面落实党的十八大、十八届三中、四中全会精神的关键之年，是世界田径锦标赛、抗日战争胜利70周年纪念活动等一系列高规格重大活动举办之年。为做好火灾防控工作，确保教育系统消防安全形势稳定和重大活动消防安全，根据北京市防火委员会印发的《“打基础、强整治、严管控”社会面火灾防控暨夏季消防检查工作方案的通知》（以下简称《通知》），现将有关工作通知如下：

一、工作目标

贯彻落实市委、市政府工作部署，坚持“党政同责、一岗双责”，坚持“属地管理、条块结合、以块为主”，按照“标本兼治、重在治本、综合治理”的原则，全面排查火灾隐患，集中整治影响消防安全稳定突出问题，深入开展消防宣传教育，着力夯实火灾防控基础，加强重大活动“点上”特殊管控和“面上”严防严控。防止发生较大以上火灾事故，努力实现“点上绝对安全，线上万无一失，面上安定有序”的目标。

二、工作范围及重点

（一）开展火灾隐患排查整治。各区县教委和各级各类学校（以下简称“学校”）要集中开展以人员密集场所、高层地下建筑、易燃易爆单位和在建工程等为主要内容的火灾隐患排查整治专项行动，对校园内部的重点区域进行全面的检查。检查重点包括以下内容：一是消防安全主体责任的落实情况；二是消防安全管理制度的落实情况；三是消防应急救援预案制定及组织演练情况；四是消防安全教育情况；五是消防设备设施设置是否符合国家标准、行业规范；六是高层学生公寓用电和消防通道、实验室用电用火、食堂用电用气、消防设施设备运行情况；七是疏散通道、应急照明、安全指示标识和安全出口（特别是人员密集场所）的设置和数量是否符合要求、是否保持通畅；八是出租房屋、居民区等火灾防控是否存在薄弱环节；九是校园高层建筑、地下空间、施工现场以及易燃易爆等火灾高危场所。

（二）开展夏季消防检查。根据市防火委的《通知》，为落实监管责任，提高单位的自我管理水平，增加火灾防控能力，消防部门将对各行业部门、单位开展夏季消防检查。各区县教委和学校要在隐患排查整治的基础上，进一步固化成果，夯实防控基础，确保不出现火灾事故。

三、实施步骤

（一）动员部署阶段（即日起至6月30日）

各区县教委和学校要召开火灾防控工作动员会，深入动员部署，结合工作实际制定具体实施方案，细化量化目标任务和工作措施，逐项落实到岗位、人员，明确工作职责，签订消防安全责任状，全力开展本单位社会面火灾防控工作，确保全方位、深层次动员部署好此次工作。

（二）全面实施阶段（12月1日前）

落实消防安全行业监管、专项监管、综合监管、属地监管责任，各区县教委和学校结合安全监管职责和任务分工，加大本单位火灾隐患排查整治力度。一是开展摸底，准确掌握消防安全情况，健全消防工作台账，细化工作措施。二是全面排查，要配合本辖区消防部门，对所辖区域学校、幼儿园开展火灾隐患排查，坚决杜绝一切火灾事故的发生。三是隐患整治，要根据火灾隐患排查的情况，进一步加大整治力度，明确落实整治责任，及时消除安全隐患。

（三）总结固化阶段（12月31日前）

各区县教委和学校要认真总结经验做法，查找工作中存在的不足，研究建立提高单位消防安全自我管理水平和火灾隐患常态化排查整治长效机制，巩固深化活动成果。

四、工作要求

（一）高度重视，提高认识。坚决贯彻落实习近平总书记“党政同责、一岗双责、齐抓共管”“坚持管行业必须管安全、管业务必须管安全、管经营必须管安全”等一系列重要指示精神，充分认识做好教育系统社会面火灾防控工作的艰巨性、重要性和复杂性，坚决克服松懈麻痹思想，集中精力、人力抓好火灾防控，确保教育系统不发生火灾。

（二）加强领导，周密部署。各区县教委和学校要切实加强组织领导，精心筹划，周密部署，成立以主要负责人任组长的领导小组，制定本地区教育系统和学校工作方案，主动争取公安、消防、安监等部门支持，明确职责任务，加强组织协调和指挥调度，确保取得实效。要全面分析消防安全形势，找准消防安全存在的突出问题和火灾防控薄弱环节，研究制定有针对性地解决措施，层层分解、明确、细化工作任务和整改责任。

（三）明确责任，整体防控。要进一步明确责任，细化防控措施，做到统筹推进，严防失控漏管，确保火灾防控不留“死角”。从现在开始到年底，始终保持首都教育系统火灾隐患排查整治的高压态势，大力营造消防安全声势，坚决防止发生造成严重社会影响的火灾事故，务必做到对火灾隐患实行“零容忍”，发现一处整改一处，对排查出的各类火灾隐患务必全部整改完毕或得到有效控制。

（四）广泛宣传，全员参与。各区县教委和学校要坚持边治理防控边宣传教育，结合火灾形势和消防工作需求，充分利用各种媒介、各类载体，开展多渠道、多层次、多形式的消防安全宣传教育，以普及防火灭火基本常识和逃生自救技能为重点，不断提高消防安全意识和自防自救能力，使消防安全知识普及到每个部门和每一名师生。

（五）阶段汇总，定期反馈。加强工作情况信息反馈，安排专人梳理汇总阶段工作情况，经单位主管领导审核后，于每个工作阶段完成之后3日内报阶段总结。

2015年6月8日

中共北京市委教育工作委员会
北　京　市　教　育　委　员　会
北京市人民政府教育督导室

关于加强大中小学毒品预防教育工作的通知

京教基一〔2015〕7号

各区县教委、燕山教委，各普通高等学校、中专学校：

为贯彻落实市委市政府及市禁毒委关于加强禁毒工作的要求，全面加强大中小学生毒品预防教育，坚持从源头治理，不断创新大中小学开展毒品预防教育的形式，增强教育效果，根据市禁毒委办公室《关于深入贯彻中共北京市委北京市人民政府关于加强禁毒工作的意见的通知》（京禁毒办字〔2015〕20号）部署，结合全市学校实际，提出如下意见：

一、充分认识禁毒工作的严峻形势，进一步增强开展毒品预防教育的责任感

近年来，受国际毒潮持续泛滥和国内消极因素影响，我市进入毒品加速蔓延期，吸贩毒处于快速发展阶段，已逐步成为境内外吸贩毒人员较为集中的城市，跨国毒品贩运、国内毒品跨区域中转集散地，青少年健康成长面临诸多不利因素，毒品预防教育面临严峻形势。中央及各级领导对此高度重视，多次就加强禁毒和毒品预防教育做出重要指示。从源头治理，加强毒品预防教育工作，是保障青少年健康成长、建设“法治北京”和“平安北京”的需要，对于促进首都和谐稳定具有重要意义。

各普通大中小学要从维护首都社会稳定的政治高度，从促进学生健康发展的现实需要，充分认识开展毒品预防教育的重要性、长期性、艰巨性，切实增强做好毒品预防教育工作的责任感、使命感和紧迫感，履行好宣传教育责任。要认真学习贯彻市委市政府关于加强禁毒工作文件精神，主动发挥学校教育教学主渠道、校园宣传主阵地等优势，不断扩大毒品预防教育宣传的覆盖面，力争落实到每一所学校、每一位学生。

二、充分发挥学校教育的优势，积极推动毒品预防教育进课堂

在普通高等学校、普通中专学校、职业高中学校、普通中小学（含民办中小学），要将毒品预防教育纳入学校德育课程和德育工作计划。全市普通中小学校要继续认真贯彻落实《中小学毒品预防教育专题大纲》，将毒品预防教育纳入学校课程体系，把毒品预防教育纳入学校的教育教学计划安排。落实从小学五至六级每学年4课时，初中阶段每学年6课时、高中阶段每学年不少于4课时接受毒品预防集中教育的课时及教育内容的要求。职业高中学校和普通中专学校要结合《中等职业学校德育大纲》，纳入德育课程，保证开展好落实好毒品预防教育。高等学校要结合新生教育、思想政治理论课和相关课程，将毒品预防教育纳入其中，覆盖到全体学生。

三、充分整合教育资源，推动毒品预防教育的深入开展

各普通大中小学要将毒品教育与宣传纳入“平安校园”创建之中。抓住6月3日（虎门销烟日）、6月26日（国际禁毒日）等重要节点的教育契机，将集中组织开展毒品预防教育与学校的公民道德教育、法治教育、健康教育、安全教育有机结合。平时要将预防教育的内容与掌握公民基本道德规范要求、学习相关法律法规、有关健康知识及安全教育等相结合。要开展有针对性的警示教育，遵循大中小学生的成长规律与特点，适应学生参与社会实践活动的现实需求，采取丰富多彩、学生喜闻乐见的形式，培养学生自觉远离毒品、抵御毒品侵害的意识和能力。

分层分类推进大中小学生的入学安全教育。中小学生重在认知毒品的危害以及识别毒品的传播形式，远离不健康娱乐场所；大中专学生重在识别毒品对身心健康的危害，以及对个人学业与人生造成的严重影响。

四、重视动员社会力量，协同学校开展预防宣传教育

各区县教委、普通大中小学校要主动争取当地公安部门、有关专业社会机构与研究部门的专业力量，整合资源、多方协同、形成合力，不断增强毒品预防教育与宣传工作力量。要积极争取学生家长和学校所在社区治安管理部门的支持与协同，普通中小学要主动发挥家长委员会、家长学校、家长教师协会和法制副校长的作用，共同参与到学校的预防教育宣传工作之中，监督并落实未成年人的家庭教育、家庭监管与校外教育的责任。普通中专和高等学校，要积极争取学生家长和学校所在社区治安管理部门的支持与协同，通过向家长发送通知书等多种方式，密切与大中专学生家长的沟通，发挥家庭教育督促作用。

各区县教委、普通大中小学校要充分发挥全国禁毒教育基地、强制戒毒所、共青团与志愿者服务组织等专业机构的教育协同作用。通过定期组织师生参观专题教育展览、观摩禁毒教育影视作品等开展教育宣传；通过组织学生承担禁毒教育义务宣传员、禁毒形象大使、志愿者服务等社会角色，增强学生的社会责任感。

五、加强监督管理，严防在校学生滋生吸毒行为

各普通大中小学要进一步加强对学生中易涉毒群体的教育管理。特别要关注城乡结合部地区的普通中小学（含民办）、职业高中学校以及接收外省市户籍较多的普通中专学校、部分艺术类高职和普通高等学校的毒品预防教育与宣传，加大工作力度，明确职责分工，落实管理责任，在大中小学生中最大限度避免滋生吸毒人员。

各区县教委要加强对辖区内普通中小学、职业高中学校毒品预防教育进课堂情况的定期视导，及时加强指导，不断提升课堂教育效果。

要将区域学校、普通中专校落实情况纳入德育专项督导考核内容，加强监督和指导。

要认真贯彻相关要求，并将落实学生毒品预防教育宣传工作信息及时报送市教委各相关处室。

2015年6月29日

北京市教育委员会

关于切实加强教育系统电梯安全管理工作的通知

京教函〔2015〕531号

各区县教委，各高等学校，直属单位：

近期全国各地发生多起电梯安全事故，造成多名人员伤亡。为认真汲取事故教训，切实加强北京市各级各类学校和直管直属单位电梯运行安全管理工作，确保不发生电梯安全事故，现将有关事项通知如下：

一、全面开展电梯安全专项检查

各级各类学校和直管直属单位要立即组织相关专业人员对本校、本单位配备的所有在用电梯逐台进行安全隐患和风险排查，逐一评估建档，对“问题电梯”要在专业部门的指导下逐台制订和落实整改方案，及时消除隐患和风险。对使用年限达10年以上的老旧电梯，要在安全评估的基础上，根据实际情况制订更新、改造和维修等整改措施。对安全隐患和风险暂时不能消除的电梯，要坚决停止使用，确保不发生电梯安全事故。

二、全面落实电梯安全管理责任

各级各类学校和直管直属单位要进一步明确本校、本单位内每部电梯安全管理的责任部门和责任人，通过签订责任书或公示责任人等方式落实管理责任。要建立健全从采购、安装、使用到改造、修理、报废等各环节管理要求，明确电梯使用管理规定。按照“一机一档”的要求，建立电梯等特种设备技术档案，增强特种设备安全可追溯性。要严格按照相关规定做好每台电梯的使用登记和定期检验工作，并设置使用登记、定期检验合格标志及安全警示标志，尤其对学生公寓、教学楼、实验楼等人员密集场所的电梯要定期和经常性地开展自查。进一步制定、完善电梯事故应急处置预案，定期开展应急救援演练。按规定配足持证安全管理人员和货梯作业人员，加强专业知识的培训。要加大宣传力度，特别要向学生传播安全乘梯、遇电梯故障如何应对、自救等相关知识。

三、全面加强电梯维保工作监管

确保电梯安全运行，严格遵守安全技术和制度规定是前提，加强日常维护保养是关键。各级各类学校要切实加强对电梯维保工作的监督检查，要求维保单位按时进行检查维护，并认真做好维保记录。要经常派人到实地查看维保工作开展情况，对维保工作不负责、不认真的现象要立即提出纠正意见，屡教不改的要及时更换维保单位，并向当地质量技术监督部门反映。

四、积极加强与专业部门的沟通联系

电梯等特种设备安全管理的专业性较强，各地教育行政部门和各高校要主动加强与当地质量技术监督部门及特种设备检验检测单位的联系，争取其在安全检查、专业培训、业务指导等工作中给予支持，切实堵塞安全管理漏洞，共同提高学校电梯安全隐患排查治理能力，防止电梯安全事故发生。

各单位应于2015年11月16日完成本区县、本学校电梯隐患排查工作，于11月20日前将《重点（非住宅）电梯安全隐患情况统计表》报北京学校后勤事务中心。

附件：重点行业（非住宅）电梯安全隐患排查情况统计表（略）

2015年11月2日

北京市教育委员会

关于开展学校安全大检查“回头看”工作的通知

京教函〔2015〕617号

各区教委，高等学校、中等职业学校，直属单位：

根据《北京市安全生产委员会办公室转发国务院安委会关于开展安全生产大检查“回头看”的通知》（京安办发〔2015〕66号）和《北京市安全生产委员会办公室关于贯彻落实国家安全监管总局会议精神扎实做好安全生产大检查“回头看”的通知》（京安办发〔2015〕67号）要求，经研究，决定从现在起到今年年底，在全市教育系统组织开展学校安全大检查“回头看”工作，现将有关事项通知如下：

一、总体要求

认真贯彻落实党的十八届五中全会精神和习近平总书记、李克强总理等中央和教育部、市委市政府领导关于加强安全生产工作的一系列重要指示要求，进一步深化以危险化学品、实验室、校车、学生食堂、宿舍、特种设备等为重点的学校安全大检查工作，着力消除事故隐患，解决存在的突出问题，提升学校安全管理水平，促进全市学校安全形势持续稳定好转。

二、检查的主要内容

着重检查前一阶段学校安全大检查深化“打非治违”和专项整治行动中发现的各类重大隐患和突出问题整改落实情况，以及当前学校安全工作各项措施落实情况。

（一）教育行政部门主要检查内容

1. 建立健全“党政同责、一岗双责、齐抓共管”学校安全责任体系情况，着重检查学校安全工作岗位责任是否层层落实、督察考评。

2. 督促整改重大安全隐患，着重检查是否对所有重大隐患及时进行了督促整改，并建立了档案；对一时难以完成整改的重大隐患是否实行了挂牌督办，并协调制定了整改方案，落实了防范措施。

3. 解决突出问题情况，着重检查是否针对上级督查检查发现的突出问题，制定了有针对性的整治措施并抓好落实。

4. 抓好当前学校安全工作情况，着重检查贯彻落实《北京市教育委员会关于切实做好新学期学校安全管理和后勤服务保障工作的通知》（京教勤〔2015〕3 号）要求是否扎实有效；是否对岁末年初学校安全工作进行了专题部署，是否组织落实了校园安全防范措施。

（二）学校主要检查内容

1. 学校安全岗位责任是否落实，安全教育、应急演练是否正常开展。

2. 是否建立健全学校安全隐患排查治理制度，实现学校安全隐患排查治理常态化，实行隐患排查治理闭环管理。

3. 是否对学校安全大检查深化“打非治违”和专项整治行动

以及危险化学品、易燃易爆物品大排查大整治工作中发现的所有隐患建立了台账，并逐一按要求进行整改；对一时难以整改的重大隐患是否制定了整改方案，落实了防范措施，做到整改责任、措施、资金、时限、预案“五落实”。

三、检查方式

（一）学校全面自查。各区教育行政部门组织辖区学校对前一阶段大检查工作中发现的所有隐患和问题整改落实情况进行“回头看”；对已完成整改的重大隐患，及时报告属地政府、教育行政部门及有关部门销号。

（二）教育行政部门重点督查。区教育行政部门对辖区内所有学校逐一复查，市教育行政部门将按照不少于30%的比例进行抽查，重点对今年以来安全综治检查中发现的问题进行跟踪督查。

四、工作要求

（一）加强组织领导，强化责任落实。要高度重视此次安全大检查“回头看”工作，切实加强组织领导，精心谋划，周密部署，认真开展安全隐患自查自纠；要立即抽调人员、组织力量，对辖区内的重点学校、重点部位、重点区域采取暗访暗查、随机抽查、交叉检查等方式进行全面检查，做到不留死角、不留盲区。

（二）紧密结合实际，狠抓工作落实。要结合本地本校实际进一步细化分解“回头看”主要内容，编制检查督查计划表，按照计划实行对表检查，切实增强检查的规范化、精细化水平，确保工作到位、措施到位、责任落实。

（三）加强沟通协调，凝聚工作合力。要积极发挥校园及周边治安综合治理机构和校车安全管理机构综合协调职能作用，主动邀请安监、公安、消防、交通、交管、综治等有关部门开展联合检查，提高督查检查的科学性和专业性。

（四）加大问责力度，确保工作实效。要切实加强对安全大检查“回头看”工作的问责力度，对不认真履行监管职责、隐患整改责任不落实、不及时整改的，要倒查学校和教育行政部门及责任人的责任，确保取得实效。

各单位要认真总结工作经验，及时收集汇总安全大检查“回头看”工作情况，总结报告于 2015 年 12 月 28 日前报送市教委学校后勤处。

2015 年 12 月 15 日

监察·审计

北京市教育委员会文件选编

（2015）

北京市教育委员会

关于做好2015年北京普通高校艺术类专业招生监察工作的通知

京教监〔2015〕1号

各有关高等学校：

2015年普通高校艺术类专业招生考试工作即将开始。为保证考试公平、规范、安全和有序，现就招生监察工作的有关事项通知如下：

一、完善制度，进一步规范艺术类专业招生工作

高校艺术类专业招生考试工作历来备受关注。各高校要建立健全各项规章制度，切实保障好艺术类专业招生考试工作有章可循。

认真贯彻教育部关于普通高等学校艺术类专业招生办法、普通高等学校招生录取工作监督办法等有关文件精神，制定出符合本校实际情况、切实可行的招生章程和规定，严禁制定与国家规定相违背的招生办法。招生章程和规定一旦确定后要及时向社会公布，录取过程中高校应严格依据招生章程和规定开展艺术类专业招生工作，不得随意变更。

协助招生考试部门完善各项规章制度，严格考试管理，严肃考风考纪。做到招生政策、招生计划、工作程序、收费项目和标准、考试和录取结果、咨询和监督电话“六公开”，以信息公开、程序公开、操作规范、结果透明为目标落实教育部关于高校招生的“阳光工程”。

二、加强监督，确保艺术类专业考试顺利进行

进一步健全招生工作领导小组和招生监察工作机构，严格按照文件规定的要求、程序、办法开展招生考试及监察工作，切实加强艺术类专业招生考试的管理和监督，确保招生工作顺利有序进行。

监察部门要按照“全程参与，重点监督”的原则，督促招生部门认真执行严格的程序规范，加强对艺术类专业招生考试试题命制、考试、评卷、面试等重点环节的监督检查，做到人员到位、职责到位、监督到位。

艺术类招生考试工作环节多，持续时间长，专业性强，各高校招生工作小组和招生监察工作机构应及时妥善处理好考试中有争议的评分行为，确保考试评分客观、公正。

三、严肃纪律，严格落实责任追究制度

各艺术类专业招生高校要严肃招生工作纪律，坚持“一岗双责”，进一步落实招生工作责任制和责任追究制。

各高校要公布举报信箱和电话，纪检监察部门应认真及时处理好考生投诉和来访信件，自觉接受社会监督。监察部门要加强对艺术类专业招生重要环节、重点岗位的监督检查，按照“谁主管，谁负责”的原则，对未认真履行工作职责、违反工作规定和纪律的单位及人员，按照有关规定及时立案查处，并追究相关领导的责任。

四、做好总结，切实提高艺术类专业招生监察工作成效

各高校监察部门要结合形势的发展和艺术类专业招生的实际，认真总结艺术类专业招生监察过程中的经验和不足，在此基础上不断改进工作办法，务求实效，切实加强招生监察工作。

为加强对招生监察工作的指导，市教委将组成艺术类专业招生考试巡视组，对部分高校的专业考试以及招生监察工作的开展情况进行巡视检查。

1月20日前，各高校要将艺术类专业考试的具体时间安排传真至市教委监察处。9 月 10 日前，高校监察部门要将开展艺术类招生考试监察工作的总结电子版发送至市教委监察处邮箱。

2015 年 1 月 16 日

北京市教育委员会

转发教育部等五部门关于 2015 年规范教育收费治理教育乱收费工作实施意见的通知

京教办〔2015〕18 号

各区县教委、燕山教委，各区县发展改革委、财政局、审计局、文委，各高等学校，各有关单位：

经北京市治理教育乱收费局际联席会议研究，现将教育部等五部门《关于 2015 年规范教育收费治理教育乱收费工作的实施意见》（教办〔2015〕6 号）转发给你们，并提出如下要求请一并贯彻落实。

一、明确治理工作主体责任和监督责任工作分工

各级教育行政部门要承担起治理工作的主体责任，不断强化“管行业必须管行风”“谁主管谁负责”的责任意识和担当意识，坚决纠正各种违规收费行为和办学行为。

各级各类学校要切实承担起治理工作的主体责任，一手抓业务工作，一手抓治理工作。一手抓依法办学，一手抓规范收费。

教育纪检监察部门要承担治理工作的监督责任，认真履行“再监督、再检查”的职责，强化责任追究。要通过经常性检查、专项检查、重点督查、直接查办等多种形式的检查，突出监督检查的针对性和实效性，强化问题整改落实。对整改工作不重视、不到位，敷衍塞责，要加强跟踪复查、重点督办和约谈问责。对教育乱收费问题，该发现没有发现，发现问题不报告、不处理的，要按失职渎职行为严肃问责。对屡禁不止、性质严重、影响恶劣的乱收费问题，不仅要对直接责任人给予党政纪处分和组织处理，还要严肃追究主管部门有关责任人的领导责任，并进行点名公开通报。

继续发挥市区两级治理教育乱收费局际联席会议和高校相应治理机构的作用，认真研究制定辖区及学校落实教育部等五部门《关于2015年规范教育收费治理教育乱收费工作的实施意见》（教办〔2015〕6号）的工作措施和实施方案，着力解决教育收费的突出问题。

二、突出治理重点，狠抓工作落实

（一）治理中小学违规补课及其乱收费问题

坚决治理“课堂内容课外补”、学校组织参与有偿补课、教师在社会培训机构对学生有偿补课、学校通过社会培训机构变相开展有偿补课、以家长委员会等形式组织有偿补课等问题。学校、教研机构、校外培训机构等不得在课余时间、双休日、寒暑假和其他法定节假日组织在校中小学生集体补课或上新课并收取费用；严禁公办中小学教职工在校外教育机构兼职、组织或参与有偿补课；严禁公办中小学通过家长委员会组织学生补课收费；公办中小学不得违反国有资产出租出借管理规定，向校外培训机构提供补课场所和设施等。

要把治理违规补课及其乱收费问题纳入教育督导和责任督学挂牌督导，将中小学校、在职教师是否参与违规补课及其乱收费，作为考核评优的重要内容。

（二）巩固规范教育收费问题治理成果

坚持义务教育阶段免试就近入学，教育行政部门、有关单位和学校不得以任何名义收取与学生入学挂钩的款（物），切实解决“以钱择校”问题。坚决禁止学校私自招生、违规在小学非毕业年级提前招生、采取或者变相采取考试、测试、面试等形式选拔学生，不得将各种竞赛成绩、奥数考试成绩、奖励、证书等作为学生入学的依据，不得单独或和社会培训机构联合举办以选拔生源为目的的奥数班、“占坑班”等各类培训班，坚决杜绝“以分择生”的行为。坚决抵制招生过程中打招呼、递条子等不正之风，坚决拒绝说情请托、权学交易等“以权入学”不良行为。

加强对普通高中中外合作办学项目、体育、艺术、科技特长生招生项目、特色高中改革试验项目的管理，不得随意增加项目招生规模和变更项目招生方式；严禁各区县和招生学校擅自调整招生计划和变更招生方式；严禁以借读生的名义高收费。

加强普通高中涉外办学收费行为监管。经批准的普通高中举办中外合作办学项目，其收费项目和标准按照《中外合作办学条例》及其实施办法有关规定执行。公办普通高中单方面引进国际课程，以课程改革实验班等名义办学的，所需费用纳入学校办学经费，不得向学生收取本市统一规定的高中学费以外的任何费用。

加强对普通高等学校违规招生、转学等问题的治理，进一步规范普通高等学校转学工作，严格转学条件、审批程序和信息公开等环节。加强对自主招生以及艺术类、体育类专业招生、高水平艺术团、高水平运动队招生的规范管理和监督检查，维护公平公正。

（三）开展教师违规收受学生及家长礼品礼金等问题的治理

各级教育行政部门及各级各类学校要严格执行《严禁教师违规收受学生及家长礼品礼金等行为的规定》，开展廉洁从教警示教育活动，引导广大干部教师坚决抵制收受礼品礼金、接受宴请等利用职务之便谋取不正当利益的行为。将治理教师违规收受礼品礼金等师德突出问题作为开学检查、教育督导和责任督学挂牌督导的重要内容。要抓住教师节、开学、毕业等重要时间节点，组织开展专项检查。

三、加强财务管理，严格财经纪律

任何部门和学校不得自行设立收费项目，制定或调整收费标准，扩大收费范围。进一步规范服务性收费和代收费的管理，严格执行市教委等三部门印发的《北京市公办学校代收费、服务性收费管理办法》（京教财〔2010〕29号）。

对未纳入中小学和高等学校代收费项目目录、幼儿园代办服务性收费项目的费用，学校或幼儿园一律不得代收。义务教育阶段不得收取军训服装费、伙食费，高中学校不得收取军训服装费和伙食费之外与军训有关的任何费用；代收学生儿童大病医疗保险费必须按代收费管理要求及时入学校财务账，不得私自存放或直接交社保中心；学校、幼儿园不得代办学生、幼儿商业保险，也不得为商业机构入校、入园办理商业保险、“校讯通”等提供便利条件，更不得允许保险公司进校设点推销、销售商业保险。学校、幼儿园及保健所不得将社会机构引进学校、幼儿园对学生、幼儿进行有偿检查和治疗。

禁止将教育教学活动、教学管理范围内的事项纳入服务性收费和代收费。不得将图书馆查询和电子阅览费、午休管理服务费、课后看护费、自行车看管费等作为服务性收费和代收费事项。加强学校食堂的财务管理，不得加收伙食管理费，严禁与学生伙食无关的费用从伙食费中列支。

2015年7月16日

教　　育　　部
国　家　发　改　委
财　　政　　部
审　　计　　署
国家新闻出版广电总局

关于2015年规范教育收费治理教育乱收费工作的实施意见

教办〔2015〕6号

各省、自治区、直辖市教育厅（教委）、发展改革委、物价局、财政厅（局）、审计厅（局）、新闻出版广电局，新疆生产建设兵团教育局、发展改革委、财务局、审计局、新闻出版广电局，有关部门（单位）教育司（局），教育部直属各高等学校：

为贯彻落实党的十八大、十八届三中、四中全会精神和习近平总书记系列重要讲话精神，全面落实党中央和国务院的部署要求，坚决严明各项纪律和规矩，全面落实治理工作责任，切实解决补课乱收费、择校乱收费、违规招生转学、收受礼品礼金等突出问题，坚决遏制乱办学、乱招生、乱收费现象，现就做好2015年规范教育收费治理教育乱收费工作提出如下意见。

一、主要任务

（一）重点治理中小学违规补课及其乱收费问题

全面部署治理中小学违规补课及其乱收费问题。教育部研究出台严禁中小学和教师违规补课及其乱收费的规定，部署推进专项治理工作。坚持从严治教、疏堵结合和标本兼治的原则，强化主体责任和责任追究，以省级为单位开展集中整治。把治理违规补课及其乱收费问题纳入开学检查重点内容，并组织开展专项督查。省级教育部门要按照文件要求，结合实际，研究制订疏堵结合、标本兼治的实施方案和配套政策措施，统一明确禁止中小学校和教师违规补课及其乱收费行为。对于确需补课的高中毕业班级，应以答疑、辅导等形式进行，不得违规向学生收取费用，省级教育行政部门要明确程序、严格标准、规范操作。

各省级教育行政部门要统一组织集中整治，对不符合规定的补课及其乱收费行为进行清理整顿。要把治理违规补课及其乱收费问题纳入教育督导和责任督学挂牌督导，将中小学校、在职教师是否组织或参与违规补课及其乱收费，作为考核评优的重要内容。紧盯节假日等重要时间节点，加大对违规补课及其乱收费行为的查处力度，发现一起，查处一起，严肃追究直接责任和领导责任，并进行公开实名曝光。

（二）深化高校违规招生等突出问题治理

认真贯彻落实《国务院关于深化考试招生制度改革的实施意见》《教育部关于做好2015年普通高校招生工作的通知》等文件精神，大力整治违规招生、转学等突出问题，保障考试招生制度改革顺利推进。各地要切实落实教育部等五部门《关于进一步减少和规范高考加分项目和分值的意见》，取消部分全国性加分项目，减少地方性加分项目。教育部将组织开展高校招生工作专项检查，对减少和规范高考加分政策执行情况进行重点督查。各省级教育行政部门、高等学校要进一步规范普通高等学校转学工作，按照有关文件要求制订出台实施细则，严格转学条件资格、审批程序和信息公开等环节。对转学过程中降低标准、违反程序、弄虚作假、以权谋私等问题要严肃查处。

加强对自主招生以及艺术类、体育类专业招生、高水平艺术团、高水平运动队招生工作的规范管理和监督检查，维护公平公正。严禁公办普通高校与社会培训机构联合招生，严肃查处违规办学、虚假宣传、欺诈招生及乱收费等侵害学生正当权益的问题，对违规高校，要核减招生计划及相关教育经费，并对领导干部进行严肃问责。继续深化高校“天价培训班”治理，严肃查处培训中的腐败行为。

（三）严格规范高等学校学费标准的调整

各省（区、市）要对年生均教育培养成本进行全面监审，高校学费标准应严格按照不高于生均培养成本25％核定。高校学费标准调整要按照“平稳有序、逐步推进”的原则进行，按规定召开听证会，充分听取社会有关方面意见，既要考虑学校的教育培养成本，又要充分考虑群众的承受能力。各有关部门和高等学校要严格执行《教育收费公示制度》的有关规定，通过多种方式公示教育收费具体项目和标准，确保学生的知情权，广泛接受社会监督。要全面落实《国务院关于建立健全普通本科高校、高等职业学校和中等职业学校家庭经济困难学生资助政策体系的意见》（国发〔2007〕13号）文件规定的各项资助政策，进一步完善“奖、贷、助、补、减”等资助措施，帮助家庭经济困难学生解决实际问题，不能因学费标准调整而影响学生的正常学习和生活。

（四）持续巩固规范教育乱收费问题治理成果

继续巩固深化义务教育阶段择校乱收费问题治理。坚持并不断完善划片就近入学机制，大力加强中小学生学籍管理系统建设应用，监控各地入学情况，所有中小学生的招生入学、转学、退学等工作必须在电子学籍系统如实反映，做到人籍一致，实现学籍管理全覆盖、无死角。各城市所有县（市、区）公办义务教育阶段学校要全面实行划片就近入学政策，落实就近免试入学方案；19个重点大城市要巩固成果，达到规定的要求，防止“择校热”反弹。进一步扩大优质普通高中招生名额分配到区域内初中的比例。严禁以任何名义收取与入学挂钩的费用。

深入推进中小学教辅材料散滥问题治理。国家新闻出版广电总局、教育部、国家发展改革委将修订《中小学教辅材料管理办法》。各地要认真落实教辅材料使用管理各项要求，全面完成对中小学各学段教辅材料的评议推荐工作，实现“一科一辅”政策全面落地。严禁任何部门、单位和个人违规干预、插手教辅材料评议推荐和选用工作。不得在教科书选用目录、教辅材料评议公告之外向学校、学生推荐征订、强制订购图书、报刊、杂志等。严肃查处违背自愿原则订购教辅材料，以及以指定参考、暗示诱导等方式搞“一科多辅”等侵害群众利益的行为。

规范普通高中涉外办学及收费行为。教育部将研究出台文件，规范普通高中开设国际课程。各地要按要求对普通高中国际班、国际部进行清理规范，在满足人民群众合理需求的基础上，推动高中涉外办学健康发展。

（五）深入开展教师违规收受礼品礼金等问题治理

各地教育行政部门和各级各类学校要深入贯彻落实中央八项规定精神，严格执行《严禁教师违规收受学生及家长礼品礼金等行为的规定》，建立健全领导责任制和工作机制，开展廉洁从教警示教育活动，组织引导广大干部教师坚决抵制收受礼品礼金、接受宴请等利用职务之便谋取不正当利益的行为。将治理教师违规收受礼品礼金等师德突出问题作为开学检查、教育督导和责任督学挂牌督导的重要内容。要结合本地实际，抓住教师节、开学等重要时间节点，组织开展专项检查。对有令不行、有禁不止、顶风违纪的行为，发现一起、查处一起、曝光一起，追责一起。

（六）进一步规范学校服务性收费和代收费行为

各地要严格遵守教育收费纪律，严格落实国家对各级各类学校服务性收费和代收费项目和收费标准的管理规定，不得将教育教学活动、教学管理范畴内应免费提供服务的事项、国家已明确规定纳入公用经费开支或已明令禁止收取的项目列为服务性收费或代收费项目。各地要组织开展对各级各类学校收费项目及收费标准进行清理检查，凡是与国家教育收费政策不一致的，应尽快废止或修订。

严禁越权设立收费项目、未经审批收费或突破已经审批的收费标准收费。严禁各级各类学校代收商业保险费，不得允许保险公司进校设点推销、销售商业保险。严禁学校收取午休管理费（看护费），严禁学校在军训期间向学生收取军训费、住宿费、交通费、照相费等费用。

（七）加强中央教育民生工程资金使用情况监督检查

各地要贯彻落实国务院关于加大对公共资金使用情况监督检查的工作部署，以义务教育、职业技术教育、学前教育专项资金以及各类奖助学金等为重点，加强教育民生资金落实情况的监督检查。各级教育、财政等部门要充分利用信息技术和手段对资金使用管理等关键环节加强监管，保证专款专用，及时足额拨付；审计部门要强化对教育民生资金的审计监督。严肃查处套取、挤占、挪用、贪污教育民生资金等违纪违法行为，确保中央重大教育民生工程得到不折不扣贯彻落实，让民生资金真正惠及急需资助的困难群体。

二、工作要求

（一）落实治理工作责任。业务主管部门要承担起治理工作的主体责任，不断强化“管行业必须管行风”“谁主管谁负责”的责任意识和担当意识，建立压力传导、责任传递的责任落实机制，自觉维护国家政策的严肃性和权威性，严守教育收费纪律，继续保持治理教育乱收费的高压态势，坚决纠正各种违规收费行为和办学行为。各级教育部门和各级各类学校都要切实承担起治理工作的主体责任，一手抓业务工作，一手抓治理工作，把治理工作深度融入各项工作中，切实做到同部署、同推进、同考核。

（二）加大监督检查力度。全国治理教育乱收费部际联席会议办公室将组织开展 2015 年规范教育收费治理教育乱收费专项检查，加强联席会议机制建设和会商制度，加强对纠正违规有偿补课、违规收费和收受礼品礼金等突出问题的监督检查。各地教育纪检部门要认真履行“再监督、再检查”职责，采取日常检查与专项检查相结合，增强监督检查的针对性和实效性，强化问题整改落实，对整改工作不重视、不到位，敷衍塞责的，要加强跟踪复查、重点督办和约谈问责，推动教育收费各项政策落实到位。

（三）强化责任追究。各地教育行政部门要高度重视乱收费信访举报办理工作，加大对重点信访举报的直查直办和通报力度，对群众信访举报要落实查办和督办责任，做到件件有着落、事事有回音。要建立完善治理工作问责制，对于教育乱收费问题，该发现没有发现的，发现问题不报告、不处理的，要按失职渎职行为严肃问责。对屡禁不止、性质严重、影响恶劣的乱收费问题，不仅要对直接责任人给予党政纪处分和组织处理，还要严肃追究主管部门有关负责人的领导责任，并进行点名公开通报。

请各地将贯彻落实情况及时报送全国治理教育乱收费部际联席会议办公室。

2015 年 6 月 3 日

交流合作

北京市教育委员会文件选编

（2015）

北京市教育委员会

关于做好2016年国家留学基金资助出国留学人员选拔工作的通知

京教函〔2015〕590号

各有关单位：

2016年国家留学基金受理工作即将开始，为保障选拔工作顺利进行，现将有关事宜通知如下：

一、选派名额

按照国家公派出国留学选派方针和年度选派计划，国家留学基金管理委员会2016年将在全国选拔各类出国留学人员29000名，其中“国家建设高水平大学公派研究生项目”8500人（其中攻读博士学位研究生3000人，联合培养博士研究生5500人），国家公派硕士研究生项目800人，国家公派高级研究学者项目、访问学者（含博士后研究）项目3500人（高级研究学者200人，访问学者（含博士后）3300）人，博士生导师短期出国交流项目500人，优秀本科生国际交流项目4200人，国际区域问题研究及外语高层次人才培养项目和政府互换项目（与有关国家互换奖学金计划）1950人，艺术类特别培养项目300人，国外合作项目2500人，高校合作项目（青年骨干教师出国研修项目）3800人，其它项目2950

人。

二、申报程序

（一）申报受理：受国家留学基金管理委员会委托，北京市教委所属北京市国际教育交流中心负责受理“211 工程”建设高校外的北京地区高等院校、科研院所的申报、受理工作。

（二）政策咨询：北京市教委所属北京市国际教育交流中心从即日起接受咨询。

（三）各受理项目网上报名时间：

1. 国家公派高级研究学者及访问学者（含博士后研究）

项目：2016 年 1 月 5 日～1 月 15 日。

2. 国家建设高水平大学公派研究生项目、国家公派硕士研究生项目、艺术类人才特别培养项目：2016 年 3 月 20 日～4 月 5 日。

3. 国外合作项目：北京市教委所属北京市国际教育交流中心负责部分国外合作项目的受理，请根据各项目选派类别的不同按照规定时间进行网上报名。

请各单位申请人在以上期限内登陆国家公派留学基金管理信息平台（http：//apply.csc.edu.cn）进行网上报名。

（四）提交材料及工作要求：

请各单位做好宣传、指导、咨询工作，并根据各项目的受理时间做好网上报名工作，同时请各单位在各项目的网上报名时间内将申请人的书面材料按照各项目要求整理好后统一交到北京市国际教育交流中心。

三、文件查阅

国家留学基金管理委员会《2016 年国家基金资助出国留学人员选拔简章》等相关文件及项目指南可登陆国家留学基金委网（http：//www.csc.edu.cn）查阅。

2015 年 12 月 1 日

语言文字

北京市教育委员会文件选编

(2015)

北 京 市 教 育 委 员 会
北京市语言文字工作委员会

关于加强高等学校语言文化建设的意见

京教语〔2015〕1号

各高等学校：

为进一步贯彻落实国家语言文字法律法规和《国家中长期语言文字事业改革和发展规划纲要（2012～2020年）》，现就加强高等学校的语言文化建设提出如下意见：

一、明确高校语言文化建设的内涵和意义

语言是国家和民族的重要特征，既是文化的核心内容，又是文化的主要载体。语言文化建设是文化建设的重要组成部分，学校的语言文化建设是学校文化建设的重要内容和途径，在全社会的语言文化建设中发挥源头、辐射和示范作用。作为文化生产和传播的重要源头，高等学校是语言文化建设的重要阵地。高校语言文化，是指在高校这一特定社会环境中人们运用语言符号系统所进行的生产、传承、创造活动及其成果。

高校语言文化建设的内容主要包括以下方面：语言资源建设、语言标准建设、语言学科建设、语言环境建设、语言技术建设、语言制度建设、语言机构建设、语言队伍建设、语言能力建设、语言和谐建设、语言安全建设、语言传播建设。

加强高校语言文化建设，对于提升国家和国民的语言能力、构建和谐的社会语言生活、确保国家的语言和文化安全、向世界传播国家语言及其所承载的文化具有重大意义；对于“讲述好中国故事，传递好中国声音”，特别是对助力我国“一带一路”战略具有重大意义；对于提高学校的文化创造力和综合竞争力具有重大意义。

二、认识高校语言文化建设的现状与存在的问题

高校语言文化建设是我们面临的一项新课题、新任务，具有较大的提升和发展空间。

（一）开展语言资源建设、对语言资源进行研发和利用的高校为数甚少。高校特别是拥有语言学科的高校一般都有着丰富的语言资源，如师生的方言资源、少数民族语言资源、来华外国留学生语言资源、语言学科资源等，但语言资源的意识或者说“语言资源观”未及树立。

（二）语言标准建设欠缺。一方面表现为师生的国家通用语言文字意识有待加强，对语言文字规范标准的知晓度尚待提高，校园用语用字的不规范现象还不同程度地存在着；另一方面，能够积极开展和参与制定国家语言文字规范标准的高校为数不多。

（三）语言学科建设方面，本市高校在全国名列前茅，涵盖汉语、若干少数民族语言、英语、法语、德语、日语、俄语、阿拉伯语、西班牙语等，但语种规划程度远远不够，距离“全语种”语言教学和人才培养体系仍有巨大差距。语言管理、语言战略、语言规划和语言政策学科及课程建设非常薄弱。

（四）语言环境建设与学校的形象和社会声誉直接相关，规范标准、文明得体而又具有个性化魅力的校园语言环境直接体现着师生良好的文化素养。但目前关注校园语言环境整体规划设计的高校，寥寥无几。

（五）语言技术建设与计算机学科、信息技术学科、语言工程学科密切关联。虽然拥有计算机学科、信息技术学科的高校为数众多，但有能力开展语音识别、语音合成、文字识别、文字设计、语言康复、机器翻译等语言智能技术研发的高校为数甚少。

（六）语言制度建设亟待加强。对于《国家通用语言文字法》及相关的法律法规和方针政策、全国推广普通话宣传周、语言文字规范化示范校的创建、国家语言事业的规划，在相当多的高校，宣传、参与和执行的力度极为薄弱。

（七）语言机构建设方面，在市语委的组织倡导下，一般在高校均设有语言文字工作领导小组，但都很虚化，基本上有名无实。高校语言文字工作极为边缘化、管理功能严重缺位。

（八）语言队伍建设致力于完成语言文字工作管理、语言教育培训、语言能力测评、语言科学研究、语言技术研发、语言志愿服务等任务，在不同的学校，其发展程度极不均衡。从语言文字工作管理来看，学校没有专职人员，一般都是兼职，甚至并未明确指定兼职人员。

（九）语言能力是高校语言文化建设的重要价值指向，主要由师生的国家通用语言文字能力、外语能力、民族语言文字能力、方言能力等构成。语言能力建设方面的问题主要表现为：学生的国家通用语言文字应用能力呈滑坡趋势；大多数学生的外语应用能力事倍功半；外语小语种教育规划缺失导致一些语种人才储备空白，已经影响到我国的地缘政治利益、国际贸易利益和司法实践等。

（十）语言和谐建设既是语言文化建设的内容，也是语言文化建设的重要目标，旨在实现语言生活中主体性与多样性的统一，使各种语言文字在不同的领域各就其位，发挥好各自的作用。这种基于构建和谐的社会语言生活的高校人文教育，目前还未能在我国高等教育的目标中得以明确体现。

（十一）语言安全建设包含五个层面：一是对国家濒危语言资源的抢救与保护；二是确保国家通用语言文字的主体地位；三是防止语言文字社会应用的普遍失范；四是防止公民个体语言素质的普遍弱化；五是跨境语言涉及的国家安全问题和地缘政治相关联的语

言文字问题。语言安全建设尚未提到我国高等教育的议事日程上来。

（十二）语言传播涉及两个层面：一是语言在同一文化系统内部的传播；二是语言在不同文化系统间的传播，事关文化开放式发展、争取国际话语权、提升国家软实力等重大问题。学校作为语言文字工作的源头和主阵地，对内的文化传承和对外的文化传播是其重大使命。语言传播建设的使命意识、自觉意识还需进一步强化。

三、切实加强高校语言文化建设

（一）树立“大语言”观，夯实高校语言资源建设、高校语言标准建设、高校语言学科建设的基础。

语言文化视野中，语言已不再是语种、言语层面的简单、纯粹的“小语言”，而是融入社会经济建设、文化范畴中的“大语言”。语言不再是单纯的科研资源，而是一种宝贵的社会经济资源，需要下大力气保护、开发，并善加利用，需要加强学科建设以培育、推进规范标准的建设。

高校在语言标准建设中的作为有两个方面：一是为国家语言标准建设提供人才和智力支持；二是积极宣传贯彻国家语言文字规范标准。根据高校人群特点，创新工作方式，强化国家通用语言文字规范意识的培养，提高高校语言文字规范化水平，提升师生语言文字应用能力，创建语言文字规范化示范高校。

加强应用语言学学科建设。注重培养、扶持学科带头人和领军人物，支持其开展学术、业务研究与创新。提升学科地位和学术影响力。促进语言学研究方法和研究手段的现代化。鼓励跨学科、跨领域开展研究，鼓励协同创新。在此基础上，应着眼地缘政治、国际战略和国际交往的需要，布局小语种人才的培养，做好小语种人才的储备；应用语言学学科建设应立足国家语言文化建设的需求，支持发展“语言管理”“语言战略”“语言规划”“语言政策”等学科。

（二）科学规划，积极推进高校语言环境建设、高校语言技术建设。

包含用语用字在内的学校语言环境，要按照规范标准、文明得体、富于个性魅力的要求，进行统一的规划建设，使语言文字规范化工作进入教室、宿舍、食堂、宣传品、网站、校园文化活动等物理和虚拟空间，使语言文字规范化工作贯穿到教育、教学的全方位、全过程，做到“润物细无声”。对于出现在社会和校园中的新的语言现象如网络语言、新词语、新语体等，要从语言自身发展规律出发，加以正确引导。在校园环境方面，鼓励规划建设语言文化主题校园。

语言技术是语言资源向经济、文化领域的功能拓展，是语言产业的基础。有条件的高校要组织力量研发语言技术，开展语言技术的知识产权保护研究、语言产业扶持政策研究、语言产业发展规划研究、语言产业的经济贡献度研究和语言产业的统计指标体系的研究，从各方面研究促进本市和我国语言产业的发展。积极申办语言产业科技园，促进语言技术成果及时转化为生产力。

（三）创新履责，以高校语言制度建设、高校语言机构建设、高校语言队伍建设统领整体工作。

促进高校语言文化建设长效机制的形成。高校语言制度建设，一是要在贯彻落实国家语言文字法律法规和方针政策方面，发挥示范作用；二是要建立、健全与完善语言文字规范化管理制度，如《学校公文规范化制度》《校园标识系统规范化制度》《学校网站语言规范化制度》《课堂、课件语言规范化制度》《学校会议语言规范化制度》等。

高校语言机构建设和语言队伍建设要从学校实际出发，建立专门机构，安排专职人员，或者指定相关的机构和人员负责学校语言文字工作，同时注意发挥相关学生社团的作用。要加强与上级语言文字工作机构的工作联系并接受其业务指导。有条件的高校要建设语言能力测评机构、语言学术研究机构、语言技术研发机构以及相应的人才队伍，为国家和本市语言事业的繁荣及语言产业的发展做出积极的贡献。

（四）提高认识，努力提升高校语言能力，构建和谐的校园语言生活，促进实现国家语言和文化安全，加强中华语言与文化的有效传播。

要纠正“重外语轻国语”的偏向，重视学生国家通用语言文字应用能力的培养，营造重视语文素养的氛围，为国家通用语言文字教育创造良好环境。推进大学语文教学改革，确立大学语文课程应有的地位，并组织在校大学生积极参加普通话水平测试、汉字应用水平测试、汉语综合能力测试等国家级语言文字水平能力测试。民族院校要注重发展国家通用语言文字和民族语言文字的双语教育。高校还要着力改革外语教育模式，不断提高外语教育质量。重视研究并做好语言教育规划，从国家政治、经济、军事、外交战略利益出发，并考虑重大国际活动和灾害救援对语言服务的需求，充分布局各语种人才的培养。总之，高校要着眼于培养多语多言人才，这是高校语言能力建设的方向。

高校和谐语言生活建设，要遵循语言发展规律，正确认识和处理好正式场合与非正式场合的语用关系、汉族师生与少数民族师生的语用关系、各方言地区师生的语用关系、中国学生与国际学生的语用关系、物理空间与虚拟空间的语用关系等，总之是要体现校园语言生活的多样性、丰富性、鲜活性，体现校园语言生活主体性与多样性的统一。高校人文教育要使学生树立起跨文化的理解与宽容以及文化生态多样性的理念，认识到文化生态多样性是建立在语言生态多样性基础之上的。

在促进实现国家语言和文化安全方面，高校要发挥学科和人才优势，积极作为，从法制、标准、技术等层面，为国家濒危语言资源的抢救与保护，为确保国家通用语言文字使用的主体地位，为防止语言文字社会应用的严重失范，为提高国民语言能力和国家语言实力，为争取包括虚拟空间在内的国际话语权，为维护国家的地缘政治利益和安全，做出高校语言文字工作应有的贡献。

高校语言传播建设要实现语言文字工作“校内规范应用、国内示范辐射、国际有效传播”的目标。工作重点在于发挥学科和人才优势，做好宣传推介，一方面“引进来”，吸引更多国际学生来京进行汉语学习；一方面“走出去”，加强对外语言交流，开发优质的国际汉语课程教材。培养优秀的翻译人才，致力于翻译出版国学精华文献、文学作品和学术著作，对外传播汉语文化，促进中国文化的开放式发展，为提升国家文化软实力做出较大的贡献。

四、努力创建语言文字规范化示范校

开展语言文字规范化示范校创建活动，是国家语言文字工作的重要举措。本市中小学已广泛深入地开展了创建活动。市教委、市语委决定今明两年在本市普通高校、成人高校中开展语言文字规范化示范校创建活动，认定12所示范校。对申报创建示范校的高校，市语委办将通过调研指导，提炼工作经验，提出整改意见，做出是否予以认定的决定。对认定的示范校，授予语言文字规范化示范校标牌，给予鼓励引导性经费支持，列入市语委、市人事局“北京市语言文字工作先进单位”表彰名单。

请各高等学校对照《北京市高等学校语言文字规范化示范创建标准》（附件1），加强学校的语言文化建设。工作卓有成效的学校，可填写《北京市高等学校语言文字规范化示范校申报表》（附件2，略），并于2015年10月30日前（第一批申报院校）或2016年4月30日前（第二批申报院校）一式2份报送市语委办。

附件：1. 北京市高等学校语言文字规范化示范创建标准

2. 北京市高等学校语言文字规范化示范校申报表（略）

2015年6月4日

附件 1

北京市高等学校语言文字规范化示范创建标准

Ⅰ级指标	Ⅱ级指标	指标内涵及说明	调研内容
Ⅰ－1 指导思想	Ⅱ－1 思想认识	1. 学校各级领导对语言文字规范化及高校语言文字工作的意义和作用认识到位、定位准确，熟悉国家语言文字法律法规、方针政策； 2. 师生正确认识语言文字规范化的意义、作用，树立语言文字规范意识，熟悉国家语言文字法律法规、方针政策及规范标准。	1. 学校的自评报告，以及学校各级领导在各种场合的讲话，撰写的文章等； 2. 学校领导和师生对国家语言文字法律法规的知晓率，以及对规范标准的认知程度。
	Ⅱ－2 目标定位	1. 将语言文字工作纳入学校日常管理，列入学校工作议事日程； 2. 将语言文字工作纳入学校精神文明建设和校园文化建设； 3. 将语言文字工作纳入素质教育和人才培养。	1. 学校发展规划和年度工作计划； 2. 校领导班子有研究语言文字工作的记录； 3. 学校精神文明和校园文化建设工作材料； 4. 学校语言文字类课程建设情况。
Ⅰ－2 管理体制	Ⅱ－3 组织机构	1. 建立由校级领导担任主任的学校语言文字工作委员会； 2. 学校语言文字工作职能部门和责任人职责明确，工作落实； 3. 有语言文字工作经费，并逐步增长。	1. 组建学校语言文字工作委员会的有关文件； 2. 职能部门工作职责，及履行语言文字工作职责情况； 3. 工作经费使用情况。
	Ⅱ－4 工作体系	1. 建立覆盖各院、系、部、处的语言文字工作体系，责任到人； 2. 有序推进各项工作，工作体系运转正常。	1. 团委、学生会落实班级语言文字工作联络员，工作体系成员名单； 2. 工作体系运转情况。

续表 1

Ⅰ级指标	Ⅱ级指标	指标内涵及说明	调研内容
Ⅰ－3 工作措施	Ⅱ－5 规划计划	1. 制订学校语言文字工作规划和年度工作计划，有年度工作总结，按计划推进工作； 2. 各院、系、部、处有年度语言文字工作计划和工作总结。	1. 校语委工作规划、计划及总结； 2. 各院、系、部、处年度工作计划和总结。
Ⅰ－3 工作措施	Ⅱ－6 规章制度	1. 建立健全校语委工作制度； 2. 建立对相关部门履行语言文字工作职责的绩效考核制度； 3. 将语言文字规范化要求纳入对教师的相关管理制度； 4. 将语言文字规范化要求纳入对学生的相关管理制度； 5. 建立健全校园用语用字监督管理制度。	1. 校语委及办事机构工作例会等会议制度，对校内各单位的述职考评制度，档案、信息、公文等行政规范制度的执行情况； 2. 学校对各部门履行语言文字工作职责进行绩效考核的材料； 3. 教师录用、聘任、考核、评优、晋升、评教等工作中落实语言文字规范化要求的情况； 4. 学生评优、社会实践活动等工作中落实语言文字规范化要求的情况； 5. 校园用语用字监测、审核制度执行情况。
	Ⅱ－7 宣传教育	1. 开展国家语言文字法律法规和规范标准的教育培训； 2. 在校园内创设良好的语言文字规范化宣传环境； 3. 开展经常性、形式多样的宣传活动； 4. 面向社会开展语言文字规范化宣传、咨询和服务活动； 5. 学校语言文字工作网站（网页）信息更新及时。	1. 开展讲座、培训等活动的材料； 2. 校园内宣传设施的设置情况； 3. 推广普通话宣传周活动及日常宣传教育活动的材料； 4. 开展语言文字规范化宣传教育社会实践活动的材料； 5. 学校语言文字工作网站（网页）。
	Ⅱ－8 科学研究	1. 结合学科建设，开展语言文字本体研究、应用研究、技术开发及教学研究； 2. 开展语言文字应用及管理的调查和研究。	相关论文、论著、调查报告、课题研究报告等。

续表 2

I级指标	Ⅱ级指标	指标内涵及说明	调研内容
Ⅰ－3 工作措施	Ⅱ－9 语言测试	1. 依法推进师生普通话培训和测试工作； 2. 师生普通话水平达到法律法规规定的等级要求。	1. 普通话培训测试的推进计划； 2. 参加测试的教师人数及达标情况； 3. 参加测试的学生人数及达标情况。
	Ⅱ－10 文字测试	1. 依法推进师生汉字应用水平培训和测试工作； 2. 师生汉字应用水平达到国家规定的等级要求。	1. 汉字应用水平测试的推进计划； 2. 参加测试的教师人数及达标情况； 3. 参加测试的学生人数及达标情况。
Ⅰ－4 通用语言	Ⅱ－11 教育教学	以普通话为基本的教育教学用语。	课堂教育教学用语情况。
	Ⅱ－12 校园用语	以普通话为基本的校园用语。	1. 集体活动用语情况； 2. 广播电视宣传用语情况； 3. 会议用语情况； 4. 师生在公共场合的交谈用语情况。
Ⅰ－5 通用文字	Ⅱ－13 教育教学	以规范汉字为基本的教育教学用字。	1. 课堂教学教师板书、电脑课件用字情况； 2. 自编教材、讲义、试卷等用字情况。
	Ⅱ－14 校园用字	以规范汉字为基本的校园用字。	1. 校牌、标牌、指示牌、宣传栏、电子屏幕、海报等校园环境用字情况； 2. 学校公文、印章等用字情况； 3. 学校报刊及图书、音像电子出版物用字情况； 4. 名片、奖状、证书、招生广告、纪念品等宣传资料用字情况； 5. 集体活动用字情况。

北 京 市 教 育 委 员 会
中 共 北 京 市 委 宣 传 部
北京市人力资源和社会保障局
北 京 市 文 化 局
北 京 市 新 闻 出 版 广 电 局
北京市语言文字工作委员会
北 京 卫 戍 区 政 治 部
共 青 团 北 京 市 委

关于开展第18届全国推广普通话宣传周活动的通知

京教语〔2015〕3号

各区县教委、党委宣传部、人力社保局、文委、广电局（广电中心）、语委，卫戍区各单位，团委，各市属高校：

根据全国推普周领导小组工作安排，第18届全国推广普通话宣传周活动时间定于2015年9月14日至20日。现将教育部等九部门《关于开展第18届全国推广普通话宣传周活动的通知》（教语用函〔2015〕1号）转发给你们，并就有关事项通知如下：

一、突出主题

今年是《中华人民共和国国家通用语言文字法》颁布实施15周年，适逢中国人民抗日战争暨世界反法西斯战争胜利70周年，本届推普周活动要以此为契机，紧紧围绕“依法推广普通话，提升国家软实力”的宣传主题，以宣传国家通用语言文字的法律法规、方针政策和语言文字规范标准知识为主要内容，全面贯彻落实国家语言文字事业规划纲要，充分认识国家通用语言文字的法律地位，推广和规范使用国家通用语言文字，提升国民语言能力，弘扬社会主义核心价值观和中华民族优秀传统文化，提高国家文化软实力。

二、创新方式

各单位、各部门要依托学校、党政机关、新闻媒体、公共服务行业等重点领域，广泛发动社会各界群众，组织开展具有地方或行业特色的宣传教育活动，充分利用各种媒体加大宣传力度，拓宽覆盖面，扩大影响力，切实增强宣传效果。同时注重拓展活动的载体和途径，创新工作方式，积极运用网络、微信、微博、手机报等新媒体，探索开展投入少、效果好、人民群众乐于接受的活动形式。要贯彻落实中央八项规定，厉行节约，反对浪费，节俭举办各项活动。

三、注重实效

各单位、各部门要高度重视，认真策划，精心组织，使广大群众通过活动增强依法、规范应用国家通用语言文字的意识，不断提高国家通用语言文字应用水平。各区县语委、市语委各成员单位应结合本地区、本系统实际制定推普周活动方案。各高校推普周活动由本校语言文字工作领导小组负责组织实施。推普周活动方案请于8月30日前报市语委办公室。

四、做好总结

市语委决定9月20日为全市集中宣传活动日。请各区县语委、市语委各成员单位、各高校积极开展各具特色的宣传教育活动，自行设计制作宣传品。市语委将制作本届推普周主题宣传画及北京市语言文化地图，领取时间另行通知。推普周活动结束后，请及时总结并于9月30日前报市语委办公室。

2015年7月18日

教育部等九部门关于开展第18届全国推广普通话宣传周活动的通知

教语用函〔2015〕1号

各省、自治区、直辖市教育厅（教委）、党委宣传部、人力资源社会保障厅（局）、公务员局、文化厅（局）、新闻出版广电局、语委、团委，各军区、各军兵种、各总部、军事科学院、国防大学、国防科学技术大学、武警部队政治部，新疆生产建设兵团教育局、党委宣传部、人力资源社会保障局、公务员局、文化局、新闻出版广电局、语委、团委，教育部直属各高等学校：

经国务院批准，自1998年起，每年9月第三周为全国推广普通话宣传周（以下简称“推普周”）。定于2015年9月14至20日开展第18届全国推普周，现就有关事项通知如下。

一、指导思想

全面贯彻党的十八大和十八届三中、四中全会精神，深入贯彻习近平总书记系列重要讲话精神，全面落实国家语言文字法律法规和方针政策，大力推广和规范使用国家通用语言文字，提升国民语言能力，弘扬社会主义核心价值观和中华民族优秀传统文化，提高国家文化软实力。

二、活动主题

依法推广普通话，提升国家软实力。

三、主要内容

（一）推普周期间，全国推普周领导小组将分别在河南安阳市、甘肃会宁县和浙江诸暨店口镇等地组织举办重点宣传活动，并将继续组织领导小组成员单位赴有关重点城市和重点行业进行巡视、观摩、检查。

（二）各省级语言文字工作、宣传、教育、人社、文化、新闻出版广电、共青团、少先队等部门、组织，部队各级政治机关，都应结合各自的特点和实际情况，开展各具特色的宣传活动。

（三）全国推普周领导小组办公室（教育部语用司）继续制发宣传海报和公益广告，各省（区、市）和各行业系统也可结合本届推普周主题及各地特色，自行设计制作各种宣传品，并通过媒体广泛宣传。

四、工作要求

（一）紧扣主题，切实增强宣传效果。今年是《国家通用语言文字法》发布实施15周年，适逢中国人民抗日战争暨世界反法西斯战争胜利70周年，各地要充分认识国家通用语言文字的法律地位，准确把握语言文字法律法规赋予的重要职责，紧扣主题，大力宣传国家语言文字法律法规和方针政策，弘扬爱国主义精神和革命传统。要加强舆论引导，充分利用各种媒体加大宣传力度，拓宽覆盖面，扩大影响力，切实增强宣传效果。

（二）统筹城乡，全面提升国民语言能力。要加强领导，统筹谋划，协调联动，建立和完善分工协作、齐抓共管、协调有效的工作机制。充分发挥推普周整合引领作用，将推普周宣传活动与日常工作有机结合。在夯实城市推普工作基础的同时，加大农村、边远、少数民族地区推普工作力度，不断提高城乡人民群众对学习掌握国家通用语言文字重要性的认识，提升依法规范使用国家通用语言文字的意识和水平。

（三）创新形式，坚持厉行节约办活动。要继续将全面贯彻落实语言文字规划纲要作为当前最重要的工作和抓手，创新宣传手段、监管机制和服务方式，运用法治思维和法治方式来推动语言文字工作的科学发展。创新活动内容、载体和方式，积极运用微博、微信、手机报等新媒体，探索开展投入少、效果好、人民群众乐于接受的活动形式。要严格贯彻落实中央八项规定精神，厉行节约，反对浪费，节俭举办各项活动。

五、相关事项

（一）各省级语言文字工作部门，要根据本通知要求，积极会同宣传、教育、人社、文化、新闻出版广电、共青团、少先队等部门、组织，尽快制订本届推普周活动方案，并于推普周后对活动成效及时总结。请将活动方案和活动总结分别于7月30日前、10月15日前报送全国推普周领导小组办公室。

（二）各省级宣传、人社、文化、新闻出版广电、共青团等部门、组织，军队和武警部队相关部门，请将各自活动方案及有关总结情况及时报中央各部门和总政治部宣传部，并抄送全国推普周领导小组办公室。

（三）各地教育和语言文字工作部门要大力支持、配合相关部门和行业系统开展推普周宣传活动。各级各类学校要根据自身特点认真组织开展推普周宣传活动，充分发挥学校主阵地作用。

2015年6月16日

北 京 市 教 育 委 员 会 办 公 室
北京市语言文字工作委员会办公室

转发教育部关于举办 2015 年两岸大学生汉字文化创意大会的通知

京教语办〔2015〕1 号

各市属高校：

现将《关于举办 2015 两岸大学生汉字文化创意大会的通知》（教语用司函〔2015〕25 号）转发给你们，请各学校高度重视，按要求认真做好组织、宣传工作。

2015 年 10 月 13 日

关于举办2015两岸大学汉字文化创意大会的通知

教词用司函〔2015〕25号

各省、自治区、直辖市教育厅（教委）、语委，新疆生产建设兵团教育局、语委，部属各高等学校：

为贯彻落实习近平总书记关于促进两岸关系和平发展的讲话精神，增进两岸同胞福祉，促进心灵沟通，增强两岸同胞的民族认同、文化认同、国家认同，共同传承中华优秀传统文化，建设共同精神家园，经研究，决定委托中国语文现代化学会举办2015两岸大学生汉字文化创意大会，现将有关事项通知如下。

一、大会主题

传承与创造。

二、举办方式及时间

大会包括两岸大学生汉字文化创意作品征集、两岸大学生汉字文化创意作品展、两岸大学生汉字文化创意研讨会3个部分。

两岸大学生汉字文化创意作品征集网上报送时间为2015年9月18日～10月30日，作品报送至大会秘书处邮箱：nyysczysjc@163.com；入围作品实物原作或模型及设计作品展览原件于2015年11月20日前报送至大会秘书处（详见附件1）。

汉字文化创意作品展和研讨会于2015年12月中旬在南京艺术学院举行，具体时间另行通知。

三、组织机构

1. 指导单位：两岸合编中华语文工具书大陆编委会、台湾中华文化总会。

2. 主办单位：中国语文现代化学会。

3. 承办单位：江苏省语言文字应用学会、南京艺术学院。

大会秘书处设在南京艺术学院。

大会设评审专家委员会，由两岸汉语言文字研究专家及学者，美术、书法、视觉设计、表演等领域的专家组成，负责制定评审细则，独立开展评审工作。

四、参加对象

高校在校学生（包含硕士、博士研究生），并邀请台湾高校在校学生（包含硕士、博士研究生）参加。

五、工作要求

各省（区、市）教育行政部门、语言文字工作部门和各高等学校要高度重视此次活动，做好组织发动工作。要充分认识到两岸大学生汉字文化创意大会对加强两岸文化交流、推进两岸青年共同弘扬传承中华优秀传统文化、实现心灵契合的重要意义，并向在校学生进行广泛宣传，充分动员大学生积极参加。选拔活动要与学校教育教学有机融合、相互促进，确保不影响学校的正常教育教学。要认真收集相关文字、图片和视频等资料，积极配合、支持承办单位和媒体做好宣传报道。

两岸大学生汉字文化创意大会结束后，所有入选及获奖者均可获得由主办单位颁发的入选及获奖证书。教育部语用司不另行通知比赛结果。

附件：1. 2015 两岸大学生汉字文化创意大会方案

2. 2015 两岸大学生汉字文化创意作品征集报名表（略）

2015 年 9 月 10 日

附件 1

2015 两岸大学生汉字文化创意大会方案

2015 两岸大学生汉字文化创意大会由两岸大学生汉字文化创意作品征集、两岸大学生汉字文化创意作品展、两岸大学生汉字文化创意研讨会 3 个部分组成。

一、征集作品类型

设计作品（包括汉字视觉设计、产品设计、空间设计、交互设计、数字多媒体设计、新媒体软件设计、动漫及网络游戏设计等）；美术、书法及篆刻作品；其他以汉字为主题的表演类作品（包括但不局限于诵读、舞蹈、音乐、器乐等各类表演形式）。

二、作品要求及提交格式

（一）初评作品提交要求。

初评作品提交均以平面方式提交作品照片、设计效果图（模型图片）、视频，具体要求如下：

1. 报送设计作品电子稿件（或实物模型照片电子稿），电子文件不小于 5M；表演类作品截取片段即可，视频输出格式为 mpeg 或 mp4，时长 60 至 180 秒，大小不超过 30M。

2. 作品以“学校名称＋作者姓名＋作品名称＋种类”命名，整个文件包以“学校名称＋总作品件数”命名，并附上作品报名表（电子版）发送至大会秘书处邮箱：nyysczysjc@163. com。

3. 初评作品网上报送时间为 2015 年 9 月 18 日～10 月 30 日。

（二）复评作品提交要求。

第一类：实物类作品。

1. 实物类设计作品或模型长、宽、高尺寸原则上不得超过 120cm，作品如因需要超出尺寸，须向大会秘书处提出申请及说明。提交实物作品或模型的同时，提交作品设计说明，设计说明应以电子版的方式刻录光盘，并在光盘包装正面用楷体字以“学校名称＋作者姓名＋作品名称＋种类＋联系方式”格式注明信息。设计说明应图文并茂，有一定的版式设计（如有特殊展示要求，应以效果图形式表现，特殊展示所需及展示工作由作者本人承担）。

2. 美术作品：连外框尺寸长、宽各不超过 150cm；书法、篆刻作品：尺寸不超过四尺宣纸（约 69cm×138cm），需托裱。

3. 实物作品或模型在提交时应自行包装完好，在包装外部及实物作品或模型底部用楷体字以“学校名称＋作者姓名＋作品名称＋种类＋联系方式”格式注明信息。

4. 所有实物类作品须在底部或背面附上报名表。

第二类：非实物类作品。

根据不同类别提供各类相应可供运行的源文件，并对其设计原理、呈现方式及运用效果作详细阐述。

第三类：表演类作品。

以汉字为主题的表演类作品（包括但不局限于诵读、舞蹈、音乐、器乐等各类表演形式），呈现方式应为视频，视频输出格式为 mpeg 或 mp4，时长不超过 180 秒，电子稿大小不超过 30M，可附效果图、录音剪辑样板等作为附件说明。

进入复评的所有作品若为实物作品，须以实物原作形式另附报名表一并寄送至大会秘书处；若为非实物类作品，则按复评要求统一刻录光盘另附报名表一并寄送至大会秘书处。

三、参评者资料处理与作品版权事项

1. 所有可由电子文件再行制作的作品概不退件，美术、书法、篆刻及其他不可再制的特殊作品予以退件。

2. 参评作品必须是参评者本人（或团体）的原创作品，如有抄袭他人创意、想法的行为，或作品发生知识产权、版权纠纷等，大会秘书处将取消其参评资格，追回获得奖项，并由参评者自行承担后果。

3. 评审专家委员会拥有作品评选的绝对权利，大会秘书处有权拒收对各国文化、民族尊严或道德有侵犯以及不符合参评要求的作品。

4. 主办单位（中国语文现代化学会）拥有将参评作品之版面使用于展览、平面出版物、新闻宣传的权利。

四、作品评审方案

（一）评审方式。

评审分为三轮：

第一轮：评出500件进入复评的作品。大会秘书处向入围作者发送入围通知，明确双方的责任、权利和义务，入围作者在此期间制作实物或模型。所有入围作者须将包装完整的入围作品实物原作或模型及作品设计说明于2015年11月20日前，报送至大会秘书处。

第二轮：评出200件入展作品。

第三轮：评出获奖作品92件。其中，一等奖5名、二等奖12名、三等奖25名、优秀奖50名。

（二）评审标准。

1. 创意因素：作品需具有较高的设计创意。能体现主题文化和艺术性的完美统一、体现原创性和个性化的完美统一，并具有专业发展前沿性。

2. 技术因素：作品必须具备相关工艺制作技术。制作完整、严谨，主题鲜明，内容丰富，且具有文化感染穿透力。

3. 艺术性因素：参评者需要在作品中体现艺术审美。能准确表现主题，有较强的艺术感染力。

4. 实用因素：作品充分考虑到在现实生活中达到的现实效果及应用价值。具有较强的实用性，通俗易懂又具备创意。

5. 实验性因素：作品充分考虑到前瞻性，具有一定的设计探索。

6. 环保因素：作品应考虑体现绿色、简约、低碳，具有环保理念设计。

五、参评说明

大会秘书处保留本办法最终解释权，与本次活动有关的任何未尽事宜，均由大会秘书处进一步制定规则并进行解释。

教育督导

北京市教育委员会文件选编

(2015)

北京市教育委员会
北京市人民政府教育督导室

关于开展规范幼儿园保育教育工作防止和纠正“小学化”现象专项督导检查的通知

京教函〔2015〕182号

各区县教委、燕山教委；政府教育督导室：

为进一步贯彻落实国务院《关于当前发展学前教育的若干意见》（国发〔2010〕41号）和教育部《幼儿园教育指导纲要（试行）》《关于规范幼儿园保育教育工作防止和纠正“小学化”现象的通知》（教基二〔2011〕8号），规范办园行为，防止和纠正“小学化”现象，保障幼儿健康快乐成长，市教委、市政府教育督导室决定于5月10日至7月10日联合开展专项督导检查，具体工作安排如下：

一、专项督导检查范围

各区县教委、各种类型幼儿园。

二、专项督导检查内容

各区县教委和幼儿园贯彻落实《教育部关于规范幼儿园保育教育工作防止和纠正“小学化”现象的通知》（教基二〔2011〕8号）的情况（督导检查重点见附件1）。

三、专项督导检查方式

此次专项督导检查采取各类型幼儿园自查，区县教委和督导室全面排查，市教委和市政府教育督导室联合组建专项督导检查组重点抽查，同时组织召开相关座谈会的方式进行。

四、专项督导检查安排

（一）全面自查。5月10日前，各种类型幼儿园对照专项督导检查内容开展全面自查，并及时将自查报告上报到本区县教委。

（二）区县排查。5月20日前，各区县教委根据各幼儿园自查报告，联合区政府教育督导室，统一组织对各种类型幼儿园进行全面排查，并于5月30日前将自查报告报送市政府教育督导室综合处（自查报告的格式见附件2）。

（三）市级抽查。6月20日前，市教委、市政府教育督导室联合组成四个检查组（见附件3，略），分赴相关区县开展重点抽查，每个检查组在每个区县检查幼儿园3至4所。

（四）召开座谈会。6月30日前，市教委、市政府教育督导室联合组织召开相关区县教委学前科科长和相关幼儿园园长两个座谈会，具体时间、地点和参加人员另行通知。

五、工作要求

各区县教委要高度重视此次专项督导检查工作，加强组织领导，明确职责，认真组织各类型幼儿园全面自查，联合区政府教育督导室开展全面排查，按时完成各项工作任务；要坚持以查促管、以查促改的原则，认真贯彻教育部《关于规范幼儿园保育教育工作防止和纠正“小学化”现象的通知》（教基二〔2011〕8号）的各项要求，全面加强幼儿园保育教育工作管理，促进每一个幼儿健康快乐发展。

附件：1. 专项督导检查重点内容

2. 区县自查报告内容要求

3. 北京市专项督导检查组安排（略）

2015年5月18日

附件 1

专项督导检查重点内容

各区县教委、幼儿园贯彻落实《教育部关于规范幼儿园保教工作防止和纠正“小学化”现象的通知》的情况（包括开展了哪些工作，取得的主要成效和经验，存在的主要问题及原因分析，改进措施，意见和建议），基本内容如下：

区县教委

1. 幼儿园不得以举办兴趣班、特长班和实验班为名，提前教授拼音、写字、笔算等小学教育内容。

2. 幼儿园不得给幼儿布置书面家庭作业。

3. 严禁教育行政部门推荐和组织征订各种幼儿教材和教辅材料。

4. 幼儿园不得要求家长统一购买各种幼儿教材和教辅材料。

5. 依法坚持就近免试入学制度，严禁小学举办各种形式的考核、面试、测试等招生选拔考试，不得将各种竞赛成绩作为招生的依据。

6. 严禁小学提前招收不足入学年龄的幼儿接受义务教育。

7. 坚持小学一年级“零起点”教学，不得随意改变教学计划，加快教学进度。

8. 严禁一切形式的小学入学考试。

幼儿园

1. 不遵守幼儿园一日活动规范，执行小学作息时间，按小学课表上课。

2. 不得要求家长统一购买各种幼儿教材和教辅材料；不得统一使用教材和教辅材料。

3. 不得以举办兴趣班、特长班和实验班为名，提前教授拼音、写字、笔算等小学教育内容。

4. 在教学方法上不尊重幼儿身心发展的规律和学习特点，不以游戏为基本活动，将幼儿教学课堂化，以课堂讲授代替活动与游戏。

5. 不得给幼儿布置书面家庭作业。

6. 要创设多种区域活动空间，配备丰富的玩具、游戏材料和幼儿读物，为幼儿自主游戏和学习探索提供机会和条件。

附件 2

区县自查报告内容要求

一、组织幼儿园开展全面自查，组织教委和督导室开展全面排查的基本情况；

二、本区县学前教育的基本情况（包括教育部门办园、其他性质的公办幼儿园、民办园的园所数和在园幼儿数，附设幼儿园（班）教育机构数和在园幼儿数）；

三、落实《教育部关于规范幼儿园保教工作防止和纠正“小学化”现象的通知》的情况（包括开展了哪些工作，取得的主要成效和经验，存在的主要问题及原因分析，改进措施）。

四、对规范幼儿园保教工作防止和纠正“小学化”现象的意见和建议。

文件字拼音索引

说明：本索引依据文件字第一个拼音字母，按汉语拼音字母顺序排列（相同文件字以编号为序）。文件字后用“/”隔开标明该文件所在的页码。

J

后　　记

《北京市教育委员会文件选编》为各级各类教育机构从事教育教学活动及行政管理提供政策指导，也为北京教育系统史志部门存史修志工作提供重要资料信息。

该书出版工作由北京市教育委员会主持，市教委办公室负责文件的搜集、筛选和终审；北京教育志编纂委员会办公室负责编辑、出版和发行工作。参加2015卷文件选编组稿、编审、编校、索引等工作的有周彤、钱进军、许鸿弘、李晓秋、邱小培及北京教育志编纂委员会办公室的有关同志。

该书入选文件范围广、数量多，在文件核对过程中难免有疏漏和错误的地方，敬请使用单位和读者原谅，并提出宝贵意见。

《北京市教育委员会文件选编》编写组

2016年6月

声　明

本书如有印刷、装订等质量问题，请与《北京市教育委员会文件选编》编写组联系调换。

编写组地址：北京市东城区夕照寺街

东玖大厦B座802室

邮 政 编 码：100061

电　　　话：87194371

传　　　真：87194370

电 子 信 箱：szb@bjedu.gov.cn

图书在版编目（CIP）数据

北京市教育委员会文件选编．2015 / 北京市教育委员会办公室编．—北京：方志出版社，2017.1
ISBN 978-7-5144-2325-9

Ⅰ.①北… Ⅱ.①北… Ⅲ.①教育工作—文件—汇编—北京—2015 Ⅳ.①G527.1

中国版本图书馆 CIP 数据核字（2017）第 013746 号

北京市教育委员会文件选编（2015）

编　　者：北京市教育委员会办公室
责任编辑：齐　笑

出 版 人：冀祥德
出 版 者：方志出版社
地址　北京市朝阳区潘家园东里 9 号（国家方志馆 4 层）
邮编　100021
网址　http://www.fzph.org
发　　行：方志出版社发行中心
电话（010）67110500
经　　销：各地新华书店
印　　刷：北京印刷集团有限责任公司

开本：850×1168　1/32
印张：28
字数：735 千字
版次：2017 年 1 月第 1 版　2017 年 1 月第 1 次印刷
印数：0001～3000 册
ISBN 978-7-5144-2325-9　定价：50.00 元